NCS in PSAT

문제해결능력(상황판단)

+ 무료NCS특강

SD에듀
(주)시대고시기획

2023 최신판
NCS in PSAT
문제해결능력(상황판단)

Always with you

사람의 인연은 길에서 우연하게 만나거나 함께 살아가는 것만을 의미하지는 않습니다.
책을 펴내는 출판사와 그 책을 읽는 독자의 만남도 소중한 인연입니다.
SD에듀는 항상 독자의 마음을 헤아리기 위해 노력하고 있습니다. 늘 독자와 함께하겠습니다.

머리말

NCS는 산업현장에서 직무를 수행하기 위해 요구되는 지식·기술·태도 등의 내용을 국가가 체계화한 것이다. 기업에서는 직무분석자료, 인적자원관리 도구, 인적자원개발 프로그램, 특화 자격 신설, 일자리 정보제공 등을 원하고, 기업교육훈련기관은 산업현장의 요구에 맞는 맞춤형 교육훈련과정을 개설하여 운영하기를 원한다. 이에 따라 능력 있는 인재를 개발해 핵심인프라를 구축하고, 나아가 국가경쟁력을 향상시키기 위해 국가직무능력표준이 필요하다.

PSAT(Public Service Aptitude Test : 공직 적격성 테스트)는 공무 수행에 필요한 기본적 지식과 소양, 자질 등을 갖추고 있는지를 종합적으로 평가하는 시험이다. NCS 시험에 있어 PSAT형은 대부분 많은 공사·공단에서 평가하는 핵심적인 영역인 의사소통능력, 수리능력, 문제해결능력 총 3개 영역에서 출제가 된다. 이때, 문제해결능력의 경우 주어진 상황에 대한 이해와 추론 및 분석능력 등을 요구하므로, 다양한 유형의 문제에 대한 이해와 풀이를 통해 고득점을 획득하는 것이 필요하다.

이에 따라 SD에듀에서는 NCS 도서 시리즈 1위의 출간 경험을 토대로 다음과 같은 특징을 가진 도서를 출간하였다.

도서의 특징

❶ PSAT 최신기출문제로 출제 유형 확인!
  • 2022년 7급 상황판단 PSAT 최신기출문제를 통해 최근 PSAT형 출제 경향을 파악할 수 있도록 하였다.

❷ 공사공단 필기시험 출제 영역 맞춤 예상문제로 실력 상승!
  • NCS 기출유형확인+기본문제+심화문제를 수록하여 NCS 필기시험에 완벽히 대비할 수 있도록 하였다.

❸ 모의고사로 완벽한 실전 대비!
  • 철저한 분석을 통해 실제 유형과 유사한 PSAT 최종점검 모의고사를 수록하여 자신의 실력을 최종 점검할 수 있도록 하였다.

❹ 다양한 콘텐츠로 최종 합격까지!
  • 가이드를 통해 NCS 및 문제해결능력 학습법, PSAT 상황판단을 설명하여 채용을 준비하는 데 부족함이 없도록 하였다.
  • 온라인 모의고사와 AI면접 응시쿠폰을 제공하여 채용 전반을 대비할 수 있도록 하였다.

끝으로 본 도서를 통해 공사·공단 채용을 준비하는 모든 수험생 여러분이 합격의 기쁨을 누리기를 진심으로 기원한다.

NCS직무능력연구소 김현철 외

직업기초능력 소개

직업기초능력의 개념

직업기초능력이란 모든 직업인들에게 필요한 공통적이고 핵심적인 능력이다. 대부분의 직종에서 직무를 성공적으로 수행하는 데 공통적으로 요구되는 지식, 기술, 태도 등을 말한다.

직업기초능력의 중요성

❶ 업무성과의 핵심요소
❷ 공통적으로 요구되는 능력
❸ 자기 동기부여, 자기관리, 창의력, 문제해결능력의 근본

직업기초능력의 평가

❶ 직무상황의 제시 : 직업적 개연성 및 구체적 미션 제공
⋯› 문항에서 제시되는 상황은 직업적인 개연성이 있어야 함 ➡ 직무자들이 회사에서 겪을 수 있는 상황
⋯› 문항의 발문에서는 문항에 제시된 직무자가 수행해야 하는 업무가 무엇인지가 구체적으로 명시되어야 할 뿐만 아니라, 업무와 관련된 사항(목적, 수행 이유, 관련 업무 등)도 함께 제시해야 함

❷ 직무수행에 실제로 필요한 능력을 평가 문항에 반영
⋯› 실제 업무 상황에서 필요한 능력을 평가하는 문항

직업기초능력 시험의 유형 및 특징

구분	특징
모듈형	• 이론 · 개념을 활용하여 문제를 해결하는 유형 • 채용기업 및 직무에 따라 직업기초능력 10개 영역 중 선별하여 출제 • 기업의 특성을 고려한 직무 관련 문제를 출제 • 대개 1문제당 1분의 시간이 소요 • 주어진 상황에 대한 판단 및 이론 적용을 요구
PSAT형	• 대부분 의사소통능력, 수리능력, 문제해결능력을 중심으로 진행되며, 일부 기업의 경우 자원관리능력, 조직이해능력이 출제됨 • 자료에 대한 추론 및 해석 능력을 요구
피듈형 (PSAT형+모듈형)	• 기초 · 응용 모듈을 구분하여 문제를 해결하는 유형 • '기초인지모듈'과 '응용업무모듈'로 구분하여 출제 • PSAT형보다 난이도가 낮은 편 • 유형이 정형화되어 있고, 유사한 유형의 문제가 세트로 출제됨

◎ 문제해결능력 학습법

질문의 의도를 정확하게 파악하라!

문제해결능력은 문제에서 무엇을 묻고 있는지 정확하게 파악하여 풀이방향을 설정하는 것이 가장 효율적인 방법이다. 특히 조건이 주어지고 답을 찾는 창의적·분석적인 문제가 주로 출제되고 있기 때문에 처음에 정확한 풀이방향이 설정되지 않는다면 시간만 허비하고 결국 문제도 풀지 못하게 되므로 첫 번째로 문제 의도 파악에 집중해야 한다.

중요한 정보는 반드시 표기하라!

문제 의도를 정확하게 파악하기 위해서는 문제에서 중요한 정보는 반드시 표시나 메모를 하여 하나의 조건, 단서도 잊고 넘어가는 일이 없도록 해야 한다. 실제 시험에서는 시간의 압박과 긴장감으로 정보를 잘못 적용하거나 잊고 지나쳐 틀리는 실수가 많이 발생하므로 사전에 충분한 연습이 필요하다. 가령 명제 문제의 경우 주어진 명제와 그 명제의 대우를 본인이 한눈에 파악할 수 있도록 기호화, 도식화하여 메모하면 흐름을 이해하기가 더 수월하다. 또한, 이를 통해 자신만의 풀이 순서와 방향, 기준이 생길 것이다.

반복 풀이를 통해 취약 유형을 파악하라!

길지 않은 한정된 시간 동안 모든 문제를 다 푸는 것은 조금 어려울 수도 있다. 따라서 고득점을 얻을 수 있는 방법은 효율적인 문제풀이다. 특히 반복적인 문제풀이를 통해 본인의 취약 유형을 파악하는 것이 중요하다. 취약 유형 파악은 종료시간이 임박했을 때 빛을 발할 것이다. 풀 수 있는 문제부터 빠르게 풀고 취약 유형은 나중에 푸는 효율적인 문제풀이를 통해 최대한의 고득점을 받는 것이 중요하며, 본인의 취약 유형을 파악하기 위해서는 많은 문제를 풀어봐야 한다.

타고나는 것이 아니므로 열심히 노력하라!

대부분의 수험생들이 문제해결능력은 공부해도 실력이 늘지 않는 영역이라고 생각한다. 하지만 그렇지 않다. 문제해결능력이야말로 노력을 통해 충분히 득점이 가능한 영역이다. 정확한 질문 의도 파악, 취약한 유형의 반복적인 풀이, 빈출 유형 파악 등의 방법으로 충분히 실력을 향상할 수 있다. 자신감을 갖고 공부하기 바란다.

◯ 문제해결능력 세부사항

하위 능력		교육내용
사고력	K (지식)	• 창의적 사고의 개념 • 창의적 사고의 구성요소 • 창의적 사고의 개발 원리 • 창의적 사고 개발 방법의 종류 • 논리적 사고의 개념 • 논리적 사고의 구성요소 • 논리적 사고의 개발 원리 • 논리적 사고 개발 방법의 종류 • 비판적 사고의 개념 • 비판적 사고의 구성요소 • 비판적 사고의 개발 원리 • 비판적 사고 개발 방법의 종류
	S (기술)	• 주변 환경에 대해서 유심히 관찰하고 기록 • 발상의 전환을 통해서 다양한 관점을 적용 • 핵심적인 아이디어를 식별 • 사고의 오류가 무엇인지를 확인하여 제시 • 아이디어 간의 관계 유형을 파악하여 제시 • 아이디어를 비교, 대조해서 순서화하여 제시 • 사실과 의견을 구분하여 제시 • 신뢰할 수 있는 정보자료를 획득 • 문제를 다양한 관점에서 검토하여 정리 • 주장이나 진술에 포함된 편견을 발견하여 제시 • 특정한 문제상황에서 가능한 많은 양의 아이디어를 산출 • 다듬어지지 않은 아이디어를 보다 치밀한 것으로 발전 • 고정적인 사고방식이나 시각 자체를 변화시켜 다양한 해결책 발견
	C (상황)	• 업무를 수행함에 있어서 창의적으로 생각해야 하는 경우 • 업무의 전후관계를 논리적으로 생각해야 하는 경우 • 업무 내용이나 상사의 지시를 무조건 수용하지 않고 비판적으로 생각해야 하는 경우 • 업무와 관련해서 자신의 의사를 합리적으로 결정해야 하는 경우 • 업무와 관련된 새로운 프로세스를 개발해야 하는 경우 • 업무와 관련해서 문제가 발생하였을 때 합리적으로 해결해야 하는 경우

문제 처리 능력	K (지식)	• 문제의 개념 : 바람직한 상태와 현 상태의 괴리 • 문제의 유형 : 발생형 문제, 탐색형 문제, 설정형 문제 • 문제의식의 장해 요인 • 문제해결을 위한 요소 • 문제해결의 기본적 사고 및 장애요소 • 문제해결의 절차 • 문제해결 절차의 기법 이론
	S (기술)	• 해결해야 할 문제를 체계적으로 상세히 기술 • 문제해결에 필요한 자료를 수집·정리 • 실행 가능한 대안들을 나열 • 적절한 기법을 사용하여 문제의 전후 맥락을 파악하고 제시 • 잠재적 장애요소를 파악하고 대응방안을 수립 • 효율적이고 효과적인 해결안을 제시 • 문제점들 간의 상관관계와 중요도를 도출 • 문제해결에 필요한 능력들을 실증적으로 제시 • 대안에 따라 영향을 받게 될 사람, 부서의 이해관계를 제시 • 합리적 방법으로 최적대안을 평가·선정하여 실행 • 문제를 해결할 창의적 아이디어와 혁신적 조치를 제안
	C (상황)	• 업무 수행 중 발생하는 문제를 적절히 해결해야 하는 경우 • 변화하는 주변 환경과 현장 상황을 파악해서 업무의 핵심에 도달해야 하는 경우 • 주어진 업무를 처리하는 서류를 다루는 경우 • 문제해결을 위한 사례를 분석, 개발, 적용해야 하는 경우 • 공정 개선 및 인원의 효율적인 운영이 필요한 경우

PSAT 상황판단 소개

PSAT란?

▸ 공직 적격성 평가(Public Service Aptitude Test)는 공직자에게 필요한 소양과 자질을 측정하는 시험으로, 논리적 · 비판적 사고능력, 자료의 분석 및 추론능력, 판단 및 의사결정능력 등 종합적 사고력을 평가한다.

▸ PSAT은 새로운 상황에서 적응하는 능력과 문제해결, 판단능력을 주로 측정하고 있기 때문에 학습능력보다는 공직자로서 당면하게 될 업무와 문제들에 대한 해결능력과 종합적이고 심도 있는 사고력을 요하는 문제가 중점적으로 출제된다.

상황판단이란?

상황판단 영역은 상황의 이해능력, 추론 및 분석 능력, 문제해결능력, 판단 및 의사결정능력 등을 검정한다. 구체적으로 주어진 상황을 이해 · 적용하여 문제점을 발견하는 능력 및 이러한 문제를 해결하기 위하여 다양한 가능성(대안)을 제시하고 일정한 기준에 의해서 최선의 대안을 선택하는 능력을 측정한다.

왜 NCS 문제해결능력(상황판단) in PSAT을 풀어야 하는가?

문제해결능력은 NCS 기반 채용을 진행하는 대다수의 공기업에서 출제되며 고득점을 얻으려면 다른 영역보다 많은 노력이 필요하지만 그만큼 변별력을 가진 영역이므로 포기하지 말고 꾸준하게 노력해야 한다. 국가직무능력표준에 따르면 NCS 문제해결능력의 세부 유형은 사고력과 문제처리능력으로 나눌 수 있다. 필기시험에서는 주어진 문장을 토대로 논리적으로 추론하여 참 또는 거짓을 구분하거나 연역추론을 활용한 명제 문제 유형과 상황에 대한 환경 분석 결과를 통해 주요 과제를 도출하는 형식의 문제가 출제된다. 또한, 피라미드 구조, 5Why, So What 기법, 3C 분석, SWOT 분석과 같이 분석 도구를 활용한 문제도 출제된다. 이처럼 문제해결능력은 업무 수행에 있어 상황에서의 적응능력과 문제해결, 판단능력을 평가한다. 따라서 PSAT 상황판단을 통해 이해력, 추론력, 분석력, 평가력 등을 평가하고, 이를 바탕으로 업무 수행 능력을 확인하는 것이 필요하다.

◇ 평가항목의 주요 내용

1 이해력

▸ 제시된 상황의 주요 쟁점 및 문제점을 이해할 수 있는 능력
▸ 주어진 개념, 원리 등을 새로운 상황이나 구체적인 사례에 적용할 수 있는 능력

 이해력 항목은 주어진 정보 속에 숨어 있는 문제와 그 문제의 본질을 찾는 능력을 측정한다. 평소 우리 주변에서 일어나는 이슈나 상황에는 어떤 것들이 있는지, 어떤 흐름으로 흘러가는지에 관심을 갖는다면 이해력 함양에 많은 도움이 될 것이다.

2 추론력

▸ 상황을 해결하기 위해 주요 요인을 추리하여 대안을 설정하고, 그 대안의 실행전략을 유추할 수 있는 능력

 추론력 항목은 우리가 해결하기로 정한 문제의 대안을 찾아나가는 능력을 측정한다. 이 항목에서는 복합적인 문제가 주어졌을 때, 이를 해결하기 위해 고려해야 할 요인이 무엇이며, 어떠한 요인이 결과에 어떻게 영향을 미치는지 추론하는 능력을 측정한다.

3 분석력

▸ 여러 형태의 대안을 비교 분석하고, 그에 따른 결과를 예측하는 능력

 분석력 항목은 다양한 기법을 통해 대안을 분석하고 이를 토대로 대안이 가져올 결과를 예측하여, 최적의 대안을 선택함에 있어 정보 제공 등으로 도움을 줄 수 있는 능력을 측정한다. 다양한 기법의 세부적인 내용은 모르더라도 기법에 대한 개념과 논리는 이해하는 것이 바람직하다. 또한 이러한 기법이 주는 정보를 이해하고 이를 자신의 통찰력과 연결하여 미래를 예측하는 훈련을 반복해 보는 것이 좋다.

4 평가력

▸ 문제해결을 위한 다양한 형태의 대안을 평가하는 기준을 설명하고 비교 · 평가하여, 합리적 대안을 선택하는 판단 및 의사결정능력

학습방법 평가력 항목은 최종적으로 대안을 비교 · 평가하여 최적의 대안을 도출해내고 대안의 시행결과를 평가 · 환류하는 능력을 측정한다. 대안의 장점과 단점을 비교해보고, 여러 기준을 통해 대안을 비교 · 평가하는 방식의 훈련을 권한다. 이러한 훈련은 타 항목과 마찬가지로 평소 주변의 현상에 대해 분석적 · 평가적인 시각에서 관심을 가지고 이해하려는 노력을 통해 효율적으로 성장시킬 수 있다.

이 책의 구성과 특징

PSAT 최신기출문제로 출제 경향 파악

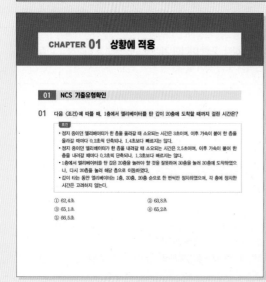

2022년 7급 상황판단 PSAT 최신기출문제를 수록하여 최근 출제 경향을 파악할 수 있도록 하였다.

NCS 문제해결능력 in PSAT로 단계별 학습

NCS 기출유형확인＋기본문제＋심화문제를 통해 체계적으로 문제해결능력을 학습할 수 있도록 하였다.

최종점검 모의고사를 활용한 실전 연습

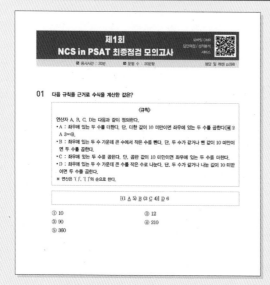

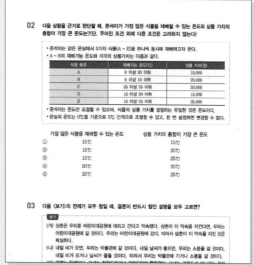

PSAT형 문제로 구성된 최종점검 모의고사를 통해 양질의 문제풀이로 NCS 필기시험에 대비할 수 있도록 하였다.

상세한 해설로 정답과 오답을 완벽하게 이해

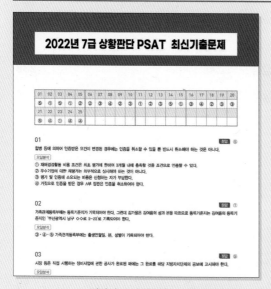

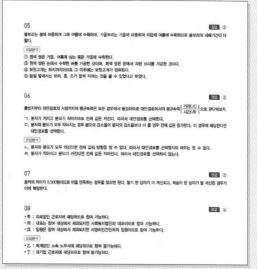

정답과 오답에 대한 상세한 해설을 수록하여 혼자서도 학습을 할 수 있도록 하였다.

이 책의 차례

Add+

2022년 7급 상황판단 PSAT 최신기출문제

01 다음 글을 근거로 판단할 때 가장 적절한 것은?

제○○조

재해경감 우수기업(이하 '우수기업'이라 한다)이란 재난으로부터 피해를 최소화하기 위한 재해경감 활동으로 우수기업 인증을 받은 기업을 말한다.

제□□조

① 우수기업으로 인증받고자 하는 기업은 A부 장관에게 신청하여야 한다.

② A부 장관은 제1항에 따라 신청한 기업의 재해경감활동에 대하여 다음 각 호의 기준에 따라 평가를 실시하고 우수기업으로 인증할 수 있다.

  1. 재난관리 전담조직을 갖출 것

  2. 매년 1회 이상 종사자에게 재난관리 교육을 실시할 것

  3. 재해경감활동 비용으로 총예산의 5% 이상 할애할 것

  4. 방재관련 인력을 총인원의 2% 이상 갖출 것

③ 제2항 각 호의 충족 여부는 매년 1월 말을 기준으로 평가하며, 모든 요건을 갖춘 경우 우수기업으로 인증한다. 다만 제3호의 경우 최초 평가에 한하여 해당 기준을 3개월 내에 충족할 것을 조건으로 인증할 수 있다.

④ 제3항에서 정하는 평가 및 인증에 소요되는 비용은 신청하는 자가 부담한다.

제△△조

A부 장관은 인증받은 우수기업을 6개월마다 재평가하여 다음 각 호의 어느 하나에 해당하는 때에는 인증을 취소할 수 있다. 다만 제1호의 경우에는 인증을 취소하여야 한다.

1. 거짓이나 그 밖의 부정한 방법으로 인증을 받은 경우

2. 인증 평가기준에 미달되는 경우

3. 양도·양수·합병 등에 의하여 인증받은 요건이 변경된 경우

---

① 처음 우수기업 인증을 받고자 하는 甲기업이 총예산의 4%를 재해경감활동 비용으로 할애하였다면, 다른 모든 기준을 충족하였더라도 우수기업으로 인증받을 여지가 없다.

② A부 장관이 乙기업을 평가하여 2022. 2. 25. 우수기업으로 인증한 경우, A부 장관은 2022. 6. 25.까지 재평가를 해야 한다.

③ 丙기업이 우수기업 인증을 신청하는 경우, 인증에 소요되는 비용은 A부 장관이 부담한다.

④ 丁기업이 재난관리 전담조직을 갖춘 것처럼 거짓으로 신청서를 작성하여 우수기업으로 인증을 받은 경우라도, A부 장관은 인증을 취소하지 않을 수 있다.

⑤ 우수기업인 戊기업이 己기업을 흡수합병하면서 재평가 당시 일시적으로 방재관련 인력이 총인원의 1.5%가 되었더라도, A부 장관은 戊기업의 인증을 취소하지 않을 수 있다.

02 다음 글과 상황을 근거로 판단할 때, 김가을의 가족관계등록부에 기록해야 하는 내용으로 적절하지 않은 것은?

제○○조
① 가족관계등록부는 전산정보처리조직에 의하여 입력·처리된 가족관계 등록사항에 관한 전산정보자료를 제□□조의 등록기준지에 따라 개인별로 구분하여 작성한다.
② 가족관계등록부에는 다음 사항을 기록하여야 한다.
　　1. 등록기준지
　　2. 성명·본·성별·출생연월일 및 주민등록번호
　　3. 출생·혼인·사망 등 가족관계의 발생 및 변동에 관한 사항

제□□조
출생을 사유로 처음 등록을 하는 경우에는 등록기준지를 자녀가 따르는 성과 본을 가진 부 또는 모의 등록기준지로 한다.

〈상황〉

경기도 과천시 ☆☆로 1-11에 거주하는 김여름(김해 김씨)과 박겨울(밀양 박씨) 부부 사이에 2021년 10월 10일 경기도 수원시 영통구 소재 병원에서 남자아이가 태어났다. 이 부부는 태어난 아이의 이름을 김가을로 하고 과천시 ▽▽주민센터에 출생신고를 하였다. 김여름의 등록기준지는 부산광역시 남구 ◇◇로 2-22이며, 박겨울은 서울특별시 마포구 △△로 3-33이다.

---

① 서울특별시 마포구 △△로 3-33
② 부산광역시 남구 ◇◇로 2-22
③ 2021년 10월 10일
④ 김해
⑤ 남

다음 글을 근거로 판단할 때 가장 적절한 것은?

제○○조
정비사업이란 도시기능을 회복하기 위하여 정비구역에서 정비사업시설을 정비하거나 주택 등 건축물을 개량 또는 건설하는 주거환경개선사업, 재개발사업, 재건축사업 등을 말한다.

제□□조
특별자치시장·특별자치도지사·시장·군수·구청장(이하 '시장 등'이라 한다)은 노후불량건축물이 밀집하는 구역에 대하여 정비계획에 따라 정비구역을 지정할 수 있다.

제△△조
시장 등이 아닌 자가 정비사업을 시행하려는 경우에는 토지 등 소유자로 구성된 조합을 설립해야한다.

제◇◇조
① 시장 등이 아닌 사업시행자가 정비사업 공사를 완료한 때에는 시장 등의 준공인가를 받아야 한다.
② 제1항에 따라 준공인가신청을 받은 시장 등은 지체 없이 준공검사를 실시해야 한다.
③ 시장 등은 제2항에 따른 준공검사를 실시한 결과 정비사업이 인가받은 사업시행 계획대로 완료되었다고 인정되는 때에는 준공인가를 하고 공사의 완료를 해당 지방자치단체의 공보에 고시해야 한다.
④ 시장 등은 직접 시행하는 정비사업에 관한 공사가 완료된 때에는 그 완료를 해당 지방자치단체의 공보에 고시해야 한다.

제☆☆조
① 정비구역의 지정은 공사완료의 고시가 있는 날의 다음 날에 해제된 것으로 본다.
② 제1항에 따른 정비구역의 해제는 조합의 존속에 영향을 주지 않는다.

---

① 甲특별자치시장이 직접 정비사업을 시행하려는 경우에는 토지 등 소유자로 구성된 조합을 설립해야 한다.

② A도 乙군수가 직접 시행하는 정비사업에 관한 공사가 완료된 때에는 A도지사에게 준공인가신청을 해야 한다.

③ 丙시장이 사업시행자 B의 정비사업에 관해 준공인가를 하면, 토지 등 소유자로 구성된 조합은 해산된다.

④ 丁시장이 사업시행자 C의 정비사업에 관해 공사완료를 고시하면, 정비구역의 지정은 고시한 날 해제된다.

⑤ 戊시장이 직접 시행하는 정비사업에 관한 공사가 완료된 때에는 그 완료를 戊시의 공보에 고시해야 한다.

04 다음 글을 근거로 판단할 때 가장 적절한 것은?

제○○조
① 선박이란 수상 또는 수중에서 항행용으로 사용하거나 사용할 수 있는 배 종류를 말하며 그 구분은 다음 각 호와 같다.
   1. 기선 : 기관(機關)을 사용하여 추진하는 선박과 수면비행선박(표면효과 작용을 이용하여 수면에 근접하여 비행하는 선박)
   2. 범선 : 돛을 사용하여 추진하는 선박
   3. 부선 : 자력(自力)항행능력이 없어 다른 선박에 의하여 끌리거나 밀려서 항행되는 선박
② 소형선박이란 다음 각 호의 어느 하나에 해당하는 선박을 말한다.
   1. 총톤수 20톤 미만인 기선 및 범선
   2. 총톤수 100톤 미만인 부선

제□□조
① 매매계약에 의한 선박 소유권의 이전은 계약당사자 사이의 양도합의만으로 효력이 생긴다. 다만 소형선박 소유권의 이전은 계약당사자 사이의 양도합의와 선박의 등록으로 효력이 생긴다.
② 선박의 소유자(제1항 단서의 경우에는 선박의 매수인)는 선박을 취득(제1항 단서의 경우에는 매수)한 날부터 60일 이내에 선적항을 관할하는 지방해양수산청장에게 선박의 등록을 신청하여야 한다. 이 경우 총톤수 20톤 이상인 기선과 범선 및 총톤수 100톤 이상인 부선은 선박의 등기를 한 후에 선박의 등록을 신청하여야 한다.
③ 지방해양수산청장은 제2항의 등록신청을 받으면 이를 선박원부(船舶原簿)에 등록하고 신청인에게 선박국적증서를 발급하여야 한다.

제△△조
선박의 등기는 등기할 선박의 선적항을 관할하는 지방법원, 그 지원 또는 등기소를 관할 등기소로 한다.

① 총톤수 80톤인 부선의 매수인 甲이 선박의 소유권을 취득하기 위해서는 매도인과 양도합의를 하고 선박을 등록해야 한다.

② 총톤수 100톤인 기선의 소유자 乙이 선박의 등기를 하기 위해서는 먼저 관할 지방해양수산청장에게 선박의 등록을 신청해야 한다.

③ 총톤수 60톤인 기선의 소유자 丙은 선박을 매수한 날부터 60일 이내에 해양수산부장관에게 선박의 등록을 신청해야 한다.

④ 총톤수 200톤인 부선의 소유자 丁이 선적항을 관할하는 등기소에 선박의 등기를 신청하면, 등기소는 丁에게 선박국적증서를 발급해야 한다.

⑤ 총톤수 20톤 미만인 범선의 매수인 戊가 선박의 등록을 신청하면, 관할 법원은 이를 선박원부에 등록하고 戊에게 선박국적증서를 발급해야 한다.

05 다음 글을 근거로 판단할 때 가장 적절한 것은?

조선 시대 쌀의 종류에는 가을철 논에서 수확한 벼를 가공한 흰색 쌀 외에 밭에서 자란 곡식을 가공함으로써 얻게 되는 회색 쌀과 노란색 쌀이 있었다. 회색 쌀은 보리의 껍질을 벗긴 보리쌀이었고, 노란색 쌀은 조의 껍질을 벗긴 좁쌀이었다.

남부 지역에서는 보리가 특히 중요시되었다. 가을 곡식이 바닥을 보이기 시작하는 봄철, 농민들의 희망은 들판에 넘실거리는 보리뿐이었다. 보리가 익을 때까지는 주린 배를 움켜쥐고 생활할 수밖에 없었고, 이를 보릿고개라 하였다. 그것은 보리를 수확하는 하지, 즉 낮이 가장 길고 밤이 가장 짧은 시기까지 지속되다가 사라지는 고개였다. 보리 수확기는 여름이었지만 파종 시기는 보리 종류에 따라 달랐다. 가을철에 파종하여 이듬해 수확하는 보리는 가을보리, 봄에 파종하여 그해 수확하는 보리는 봄보리라고 불렀다.

적지 않은 농부들이 보리를 수확하고 그 자리에 다시 콩을 심기도 했다. 이처럼 같은 밭에서 1년 동안 보리와 콩을 교대로 경작하는 방식을 그루갈이라고 한다. 그렇지만 모든 콩이 그루갈이로 재배된 것은 아니었다. 콩 수확기는 가을이었으나, 어떤 콩은 봄철에 파종해야만 제대로 자랄 수 있었고 어떤 콩은 여름에 심을 수도 있었다. 한편 조는 보리, 콩과 달리 모두 봄에 심었다. 그래서 봄철 밭에서는 보리, 콩, 조가 함께 자라는 것을 볼 수 있었다.

① 흰색 쌀과 여름에 심는 콩은 서로 다른 계절에 수확했다.
② 봄보리의 재배 기간은 가을보리의 재배 기간보다 짧았다.
③ 흰색 쌀과 회색 쌀은 논에서 수확된 곡식을 가공한 것이었다.
④ 남부 지역의 보릿고개는 가을 곡식이 바닥을 보이는 하지가 지나면서 더 심해졌다.
⑤ 보리와 콩이 함께 자라는 것은 볼 수 있었지만, 조가 이들과 함께 자라는 것은 볼 수 없었다.

06 다음 글을 근거로 판단할 때, 〈보기〉에서 적절한 것을 모두 고르면?

甲의 자동차에 장착된 내비게이션 시스템은 목적지까지 운행하는 도중 대안경로를 제안하는 경우가 있다. 이때 이 시스템은 기존경로와 비교하여 남은 거리와 시간이 어떻게 달라지는지 알려준다. 즉 목적지까지의 잔여거리(A)가 몇 km 증가·감소하는지, 잔여시간(B)이 몇 분 증가·감소하는지 알려준다. 甲은 기존경로와 대안경로 중 출발지부터 목적지까지의 평균속력이 더 높을 것으로 예상되는 경로를 항상 선택한다.

> **보기**
> ㄱ. A가 증가하고 B가 감소하면 甲은 항상 대안경로를 선택한다.
> ㄴ. A와 B가 모두 증가하면 甲은 항상 대안경로를 선택한다.
> ㄷ. A와 B가 모두 감소할 때 甲이 대안경로를 선택하는 경우가 있다.
> ㄹ. A가 감소하고 B가 증가할 때 甲이 대안경로를 선택하는 경우가 있다.

① ㄱ, ㄴ   ② ㄱ, ㄷ
③ ㄴ, ㄷ   ④ ㄴ, ㄹ
⑤ ㄷ, ㄹ

07 다음 글을 근거로 판단할 때 가장 적절한 것은?

甲은 정기모임의 간식을 준비하기 위해 과일 가게에 들렀다. 甲이 구매한 과일의 가격과 수량은 아래 표와 같다. 이때 과일 가게 사장이 준 영수증을 보니, 총 228,000원이어야 할 결제 금액이 총 237,300원이었다.

〈과일 구매 내역〉

구분	사과	귤	복숭아	딸기
1상자 가격(원)	30,700	25,500	14,300	23,600
구입 수량(상자)	2	3	3	2

① 한 과일이 2상자 더 계산되었다.
② 두 과일이 각각 1상자 더 계산되었다.
③ 한 과일이 1상자 더 계산되고, 다른 한 과일이 1상자 덜 계산되었다.
④ 한 과일이 1상자 더 계산되고, 다른 두 과일이 각각 1상자 덜 계산되었다.
⑤ 두 과일이 각각 1상자 더 계산되고, 다른 두 과일이 각각 1상자 덜 계산되었다.

08 다음 자료를 근거로 판단할 때, 甲 ~ 戊 중 휴가지원사업에 참여할 수 있는 사람을 모두 고르면?

〈2023년 휴가지원사업 모집 공고〉

□ 사업 목적
  • 직장 내 자유로운 휴가문화 조성 및 국내 여행 활성화
□ 참여 대상
  • 중소기업·비영리민간단체·사회복지법인·의료법인 근로자. 단, 아래 근로자는 참여 제외
    − 병·의원 소속 의사
    − 회계법인 및 세무법인 소속 회계사·세무사·노무사
    − 법무법인 소속 변호사·변리사
  • 대표 및 임원은 참여 대상에서 제외하나, 아래의 경우는 참여 가능
    − 중소기업 및 비영리민간단체의 임원
    − 사회복지법인의 대표 및 임원

〈甲 ~ 戊의 재직정보〉

구분	직장명	직장 유형	비고
간호사 甲	A병원	의료법인	근로자
노무사 乙	B회계법인	중소기업	근로자
사회복지사 丙	C복지센터	사회복지법인	대표
회사원 丁	D물산	대기업	근로자
의사 戊	E재단	비영리민간단체	임원

① 甲, 丙
② 甲, 戊
③ 乙, 丁
④ 甲, 丙, 戊
⑤ 乙, 丙, 丁

※ 다음 글을 읽고 이어지는 질문에 답하시오. [9~10]

'국민참여예산제도'는 국가 예산사업의 제안, 심사, 우선순위 결정과정에 국민을 참여케 함으로써 예산에 대한 국민의 관심도를 높이고 정부 재정운영의 투명성을 제고하기 위한 제도이다. 이 제도는 정부의 예산편성권과 국회의 예산심의·의결권 틀 내에서 운영된다.

국민참여예산제도는 기존 제도인 국민제안제도나 주민참여예산제도와 차이점을 지닌다. 먼저 '국민제안제도'가 국민들이 제안한 사항에 대해 관계부처가 채택 여부를 결정하는 방식이라면, 국민참여예산제도는 국민의 제안 이후 사업심사와 우선순위 결정과정에도 국민의 참여를 가능하게 함으로써 국민의 역할을 확대하는 방식이다. 또한 '주민참여예산제도'가 지방자치단체의 사무를 대상으로 하는 반면, 국민참여예산제도는 중앙정부가 재정을 지원하는 예산사업을 대상으로 한다.

국민참여예산제도에서는 3~4월에 국민사업제안과 제안사업 적격성 검사를 실시하고, 이후 5월까지 각 부처에 예산안을 요구한다. 6월에는 예산국민참여단을 발족하여 참여예산 후보사업을 압축한다. 7월에는 일반국민 설문조사와 더불어 예산국민참여단 투표를 통해 사업선호도 조사를 한다. 이러한 과정을 통해 선호순위가 높은 후보사업은 국민참여예산사업으로 결정되며, 8월에 재정정책자문회의의 논의를 거쳐 국무회의에서 정부예산안에 반영된다. 정부예산안은 국회에 제출되며, 국회는 심의·의결을 거쳐 12월까지 예산안을 확정한다.

예산국민참여단은 일반국민을 대상으로 전화를 통해 참여의사를 타진하여 구성한다. 무작위로 표본을 추출하되 성·연령·지역별 대표성을 확보하는 통계적 구성방법이 사용된다. 예산국민참여단원은 예산학교를 통해 국가재정에 대한 교육을 이수한 후, 참여예산 후보사업을 압축하는 역할을 맡는다. 예산국민참여단이 압축한 후보사업에 대한 일반국민의 선호도는 통계적 대표성이 확보된 표본을 대상으로 한 설문을 통해, 예산국민참여단의 사업선호도는 오프라인 투표를 통해 조사한다.

정부는 2017년에 2018년도 예산을 편성하면서 국민참여예산제도를 시범 도입하였는데, 그 결과 6개의 국민참여예산사업이 선정되었다. 2019년도 예산에는 총 39개 국민참여예산사업에 대해 800억 원이 반영되었다.

09 윗글을 근거로 판단할 때 가장 적절한 것은?

① 국민제안제도에서는 중앙정부가 재정을 지원하는 예산사업의 우선순위를 국민이 정할 수 있다.

② 국민참여예산사업은 국회 심의·의결 전에 국무회의에서 정부예산안에 반영된다.

③ 국민참여예산제도는 정부의 예산편성권 범위 밖에서 운영된다.

④ 참여예산 후보사업은 재정정책자문회의의 논의를 거쳐 제안된다.

⑤ 예산국민참여단의 사업선호도 조사는 전화설문을 통해 이루어진다.

10 윗글과 상황을 근거로 판단할 때, 다음 중 甲이 보고할 연도별 수치를 바르게 짝지은 것은?

〈상황〉

2019년도 국민참여예산사업 예산 가운데 688억 원이 생활밀착형사업 예산이고 나머지는 취약계층지원사업 예산이었다. 2020년도 국민참여예산사업 예산 규모는 2019년도에 비해 25% 증가했는데, 이 중 870억 원이 생활밀착형사업 예산이고 나머지는 취약계층지원사업 예산이었다. 국민참여예산제도에 관한 정부부처 담당자 甲은 2019년도와 2020년도 각각에 대해 국민참여예산사업 예산에서 취약계층지원사업 예산이 차지한 비율을 보고하려고 한다.

	2019년도	2020년도
①	13%	12%
②	13%	13%
③	14%	13%
④	14%	14%
⑤	15%	14%

11 다음 자료를 근거로 판단할 때, 네 번째로 보고되는 개정안은?

△△처에서 소관 법규 개정안 보고회를 개최하고자 한다. 보고회는 아래와 같은 기준에 따라 진행한다.

- 법규 체계 순위에 따라 법 – 시행령 – 시행규칙의 순서로 보고한다. 법규 체계 순위가 같은 개정안이 여러 개 있는 경우 소관 부서명의 가나다순으로 보고한다.
- 한 부서에서 보고해야 하는 개정안이 여럿인 경우, 해당 부서의 첫 번째 보고 이후 위 기준에도 불구하고 그 부서의 나머지 소관 개정안을 법규 체계 순위에 따라 연달아 보고한다.
- 이상의 모든 기준과 무관하게 보고자가 국장인 경우 가장 먼저 보고한다.

〈보고 예정 개정안〉

개정안명	소관 부서	보고자
A법 개정안	예산담당관	甲사무관
B법 개정안	기획담당관	乙과장
C법 시행령 개정안	기획담당관	乙과장
D법 시행령 개정안	국제화담당관	丙국장
E법 시행규칙 개정안	예산담당관	甲사무관

① A법 개정안
② B법 개정안
③ C법 시행령 개정안
④ D법 시행령 개정안
⑤ E법 시행규칙 개정안

12 다음 글과 상황을 근거로 판단할 때, 甲이 선택할 사업과 받을 수 있는 지원금을 바르게 짝지은 것은?

○○군은 집수리지원사업인 A와 B를 운영하고 있다. 신청자는 하나의 사업을 선택하여 지원받을 수 있다. 수리 항목은 외부(방수, 지붕, 담장, 쉼터)와 내부(단열, 설비, 창호)로 나누어진다.

〈사업 A의 지원기준〉

• 외부는 본인부담 10%를 제외한 나머지 소요비용을 1,250만 원 한도 내에서 전액 지원
• 내부는 지원하지 않음

〈사업 B의 지원기준〉

• 담장과 쉼터는 둘 중 하나의 항목만 지원하며, 각각 300만 원과 50만 원 한도 내에서 소요비용 전액 지원
• 담장과 쉼터를 제외한 나머지 항목은 내·외부와 관계없이 본인부담 50%를 제외한 나머지 소요비용을 1,200만 원 한도 내에서 전액 지원

〈상황〉

甲은 본인 집의 창호와 쉼터를 수리하고자 한다. 소요비용은 각각 500만 원과 900만 원이다. 甲은 사업 A와 B 중 지원금이 더 많은 사업을 선택하여 신청하려고 한다.

	사업	지원금
①	A	1,250만 원
②	A	810만 원
③	B	1,250만 원
④	B	810만 원
⑤	B	300만 원

다음 자료를 근거로 판단할 때, 〈보기〉에서 적절한 것을 모두 고르면?

〈甲의 요일별 기본업무량〉

요일	월	화	수	목	금
기본업무량	60	50	60	50	60

甲은 기본업무량을 초과하여 업무를 처리한 날에 '칭찬'을, 기본업무량 미만으로 업무를 처리한 날에는 '꾸중'을 듣는다. 정확히 기본업무량만큼 업무를 처리한 날에는 칭찬도 꾸중도 듣지 않는다. 이번 주 甲은 방식1 ~ 방식3 중 하나를 선택하여 업무를 처리한다.

• 방식1 : 월요일에 100의 업무량을 처리하고, 그다음 날부터는 매일 전날 대비 20 적은 업무량을 처리한다.
• 방식2 : 월요일에 0의 업무량을 처리하고, 그다음 날부터는 매일 전날 대비 30 많은 업무량을 처리한다.
• 방식3 : 매일 60의 업무량을 처리한다.

보기

ㄱ. 방식1을 선택할 경우 화요일에 꾸중을 듣는다.
ㄴ. 어느 방식을 선택하더라도 수요일에는 칭찬도 꾸중도 듣지 않는다.
ㄷ. 어느 방식을 선택하더라도 칭찬을 듣는 날수는 동일하다.
ㄹ. 칭찬을 듣는 날수에서 꾸중을 듣는 날수를 뺀 값을 최대로 하려면 방식2를 선택하여야 한다.

① ㄱ, ㄷ   ② ㄱ, ㄹ
③ ㄴ, ㄷ   ④ ㄴ, ㄹ
⑤ ㄴ, ㄷ, ㄹ

14 다음 글을 근거로 판단할 때, 〈보기〉에서 적절한 것을 모두 고르면?

○○부의 甲국장은 직원 연수 프로그램을 마련하기 위하여 乙주무관에게 직원 1,000명 전원을 대상으로 연수 희망 여부와 희망 지역에 대한 의견을 수렴할 것을 요청하였다. 이에 따라 乙은 설문조사를 실시하였고, 甲과 乙은 그 결과에 대해 대화를 나누고 있다.

甲 : 설문조사는 잘 시행되었나요?

乙 : 예. 직원 1,000명 모두 연수 희망 여부에 대해 응답하였습니다. 연수를 희망하는 응답자는 43%였으며, 남자직원의 40%와 여자직원의 50%가 연수를 희망하는 것으로 나타났습니다.

甲 : 연수 희망자 전원이 희망 지역에 대해 응답했나요?

乙 : 예. A지역과 B지역 두 곳 중에서 희망하는 지역을 선택하라고 했더니 B지역을 희망하는 비율이 약간 더 높았습니다. 그리고 연수를 희망하는 여자직원 중 B지역 희망 비율은 연수를 희망하는 남자직원 중 B지역 희망 비율의 2배인 80%였습니다.

보기

ㄱ. 전체 직원 중 남자직원의 비율은 50%를 넘는다.
ㄴ. 연수 희망자 중 여자직원의 비율은 40%를 넘는다.
ㄷ. A지역 연수를 희망하는 직원은 200명을 넘지 않는다.
ㄹ. B지역 연수를 희망하는 남자직원은 100명을 넘는다.

① ㄱ, ㄷ
② ㄴ, ㄷ
③ ㄴ, ㄹ
④ ㄱ, ㄴ, ㄹ
⑤ ㄱ, ㄷ, ㄹ

15 다음 자료를 근거로 판단할 때, 〈보기〉에서 甲이 지원금을 받는 경우를 모두 고르면?

- 정부는 자영업자를 지원하기 위하여 2020년 대비 2021년의 이익이 감소한 경우 이익 감소액의 10%를 자영업자에게 지원금으로 지급하기로 하였다.
- 이익은 매출액에서 변동원가와 고정원가를 뺀 금액으로, 자영업자 甲의 2020년 이익은 아래와 같이 계산된다.

구분	금액	비고
매출액	8억 원	판매량(400,000단위)×판매가격(2,000원)
변동원가	6.4억 원	판매량(400,000단위)×단위당 변동원가(1,600원)
고정원가	1억 원	판매량과 관계없이 일정함
이익	0.6억 원	8억 원 − 6.4억 원 − 1억 원

보기

ㄱ. 2021년의 판매량, 판매가격, 단위당 변동원가, 고정원가는 모두 2020년과 같았다.

ㄴ. 2020년에 비해 2021년에 판매가격을 5% 인하하였고, 판매량, 단위당 변동원가, 고정원가는 2020년과 같았다.

ㄷ. 2020년에 비해 2021년에 판매량은 10% 증가하고 고정원가는 5% 감소하였으나, 판매가격과 단위당 변동원가는 2020년과 같았다.

ㄹ. 2020년에 비해 2021년에 판매가격을 5% 인상했음에도 불구하고 판매량이 25% 증가하였고, 단위당 변동원가와 고정원가는 2020년과 같았다.

① ㄴ
② ㄹ
③ ㄱ, ㄴ
④ ㄴ, ㄷ
⑤ ㄷ, ㄹ

16 다음 자료를 근거로 판단할 때 적절하지 않은 것은?

K시는 부서 성과 및 개인 성과에 따라 등급을 매겨 직원들에게 성과급을 지급하고 있다.

- 부서 등급과 개인 등급은 각각 S, A, B, C로 나뉘며 등급별 성과급 산정비율은 다음과 같다.

성과 등급	S	A	B	C
성과급 산정비율(%)	40	20	10	0

- 작년까지 부서 등급과 개인 등급에 따른 성과급 산정비율의 산술평균을 연봉에 곱해 직원의 성과급을 산정해왔다.
  - 성과급＝연봉×[(부서 산정비율＋개인 산정비율)/2]
- 올해부터 부서 등급과 개인 등급에 따른 성과급 산정비율 중 더 큰 값을 연봉에 곱해 성과급을 산정하도록 개편하였다.
  - 성과급＝연봉×max{부서 산정비율, 개인 산정비율}
- ※ max{a, b}＝a와 b 중 더 큰 값

〈K시 소속 직원 甲～丙의 연봉 및 성과 등급〉

구분	작년			올해		
	연봉 (만 원)	성과 등급		연봉 (만 원)	성과 등급	
		부서	개인		부서	개인
甲	3,500	S	A	4,000	A	S
乙	4,000	B	S	4,000	S	A
丙	3,000	B	A	3,500	C	B

① 甲의 작년 성과급은 1,050만 원이다.
② 甲과 乙의 올해 성과급은 동일하다.
③ 甲～丙 모두 작년 대비 올해 성과급이 증가한다.
④ 올해 연봉과 성과급의 합이 가장 작은 사람은 丙이다.
⑤ 작년 대비 올해 성과급 상승률이 가장 큰 사람은 乙이다.

17 다음 글을 근거로 판단할 때 가장 적절한 것은?

> 甲부처 신입직원 선발시험은 전공, 영어, 적성 총 3개 과목으로 이루어진다. 3개 과목 합계 점수가 높은 사람순으로 정원까지 합격한다. 응시자는 A~G이며, 7명의 과목 성적에 대해서는 다음과 같은 사실이 알려졌다.
> - 전공시험 점수 : A는 B보다 높고, B는 E보다 높고, C는 D보다 높다.
> - 영어시험 점수 : E는 F보다 높고, F는 G보다 높다.
> - 적성시험 점수 : G는 B보다도 높고 C보다도 높다.
>
> 합격자 선발 결과, 전공시험 점수가 일정 점수 이상인 응시자는 모두 합격한 반면 그 점수에 달하지 못한 응시자는 모두 불합격한 것으로 밝혀졌고, 이는 영어시험과 적성시험에서도 마찬가지였다.

① A가 합격하였다면, B도 합격하였다.
② G가 합격하였다면, C도 합격하였다.
③ A와 B가 합격하였다면, C와 D도 합격하였다.
④ B와 E가 합격하였다면, F와 G도 합격하였다.
⑤ B가 합격하였다면, B를 포함하여 적어도 6명이 합격하였다.

18 다음 자료를 근거로 판단할 때, 〈보기〉에서 적절한 것을 모두 고르면?

> 甲과 乙이 아래와 같은 방식으로 농구공 던지기 놀이를 하였다.
> - 甲과 乙은 5회씩 도전하고, 합계 점수가 더 높은 사람이 승리한다.
> - 2점 슛과 3점 슛을 자유롭게 선택하여 도전할 수 있으며, 성공하면 해당 점수를 획득한다.
> - 5회의 도전 중 4점 슛 도전이 1번 가능한데, '4점 도전'이라고 외친 후 뒤돌아서서 슛을 하여 성공하면 4점을 획득하고, 실패하면 1점을 잃는다.
>
> **〈甲과 乙의 농구공 던지기 결과〉**
>
> (성공 : ○, 실패 : ×)
>
> | 구분 | 1회 | 2회 | 3회 | 4회 | 5회 |
> |------|-----|-----|-----|-----|-----|
> | 甲 | ○ | × | ○ | ○ | ○ |
> | 乙 | ○ | ○ | × | × | ○ |

보기

ㄱ. 甲의 합계 점수는 8점 이상이었다.
ㄴ. 甲이 3점 슛에 2번 도전하였고 乙이 승리하였다면, 乙은 4점 슛에 도전하였을 것이다.
ㄷ. 4점 슛뿐만 아니라 2점 슛, 3점 슛에 대해서도 실패 시 1점을 차감하였다면, 甲이 승리하였을 것이다.

① ㄱ   ② ㄴ
③ ㄱ, ㄴ   ④ ㄱ, ㄷ
⑤ ㄴ, ㄷ

19 다음 글을 근거로 판단할 때, A군 양봉농가의 최대 수는?

- A군청은 양봉농가가 안정적으로 꿀을 생산할 수 있도록 양봉농가 간 거리가 12km 이상인 경우에만 양봉을 허가하고 있다.
- A군은 반지름이 12km인 원 모양의 평지이며 군 경계를 포함한다.
- A군의 외부에는 양봉농가가 존재하지 않는다.
※ 양봉농가의 면적은 고려하지 않음

① 5개　　　　　　　　　　　　② 6개
③ 7개　　　　　　　　　　　　④ 8개
⑤ 9개

20 다음 글을 근거로 판단할 때, 빈칸 ㉠에 들어갈 수로 가장 적절한 것은?

甲 : 그저께 나는 만 21살이었는데, 올해 안에 만 23살이 될 거야.
乙 : 올해가 몇 년이지?
甲 : 올해는 2022년이야.
乙 : 그러면 네 주민등록번호 앞 6자리의 숫자를 모두 곱하면 ＿㉠＿ 이구나.
甲 : 그래, 맞아!

① 0　　　　　　　　　　　　　② 81
③ 486　　　　　　　　　　　　④ 648
⑤ 2,916

21 다음 글과 상황을 근거로 판단할 때, 올해 말 A검사국이 인사부서에 증원을 요청할 인원은 몇 명인가?

농식품 품질 검사를 수행하는 A검사국은 매년 말 다음과 같은 기준에 따라 인사부서에 인력 증원을 요청한다.

- 다음 해 A검사국의 예상 검사 건수를 모두 검사하는 데 필요한 최소 직원 수에서 올해 직원 수를 뺀 인원을 증원 요청한다.
- 직원별로 한 해 동안 수행할 수 있는 최대 검사 건수는 매년 정해지는 '기준 검사 건수'에서 아래와 같이 차감하여 정해진다.
  - 국장은 '기준 검사 건수'의 100%를 차감한다.
  - 사무 처리 직원은 '기준 검사 건수'의 100%를 차감한다.
  - 국장 및 사무 처리 직원을 제외한 모든 직원은 매년 근무시간 중에 품질 검사 교육을 이수해야 하므로, '기준 검사 건수'의 10%를 차감한다.
  - 과장은 '기준 검사 건수'의 50%를 추가 차감한다.

〈상황〉

- 올해 A검사국에는 국장 1명, 과장 9명, 사무 처리 직원 10명을 포함하여 총 100명의 직원이 있다.
- 내년에도 국장, 과장, 사무 처리 직원의 수는 올해와 동일하다.
- 올해 '기준 검사 건수'는 100건이나, 내년부터는 검사 품질 향상을 위해 90건으로 하향 조정한다.
- A검사국의 올해 검사 건수는 현 직원 모두가 한 해 동안 수행할 수 있는 최대 검사 건수와 같다.
- 내년 A검사국의 예상 검사 건수는 올해 검사 건수의 120%이다.

① 10명　　　　　　　　② 14명
③ 18명　　　　　　　　④ 21명
⑤ 28명

22 다음 자료를 근거로 판단할 때, 〈보기〉에서 적절한 것을 모두 고르면?

- 甲, 乙, 丙 세 사람은 25개 문제(1 ~ 25번)로 구성된 문제집을 푼다.
- 1회차에는 세 사람 모두 1번 문제를 풀고, 2회차부터는 직전 회차 풀이 결과에 따라 풀 문제가 다음과 같이 정해진다.
  - 직전 회차가 정답인 경우
    : 직전 회차의 문제 번호에 2를 곱한 후 1을 더한 번호의 문제
  - 직전 회차가 오답인 경우
    : 직전 회차의 문제 번호를 2로 나누어 소수점 이하를 버린 후 1을 더한 번호의 문제
- 풀 문제의 번호가 25번을 넘어갈 경우, 25번 문제를 풀고 더 이상 문제를 풀지 않는다.
- 7회차까지 문제를 푼 결과, 세 사람이 맞힌 정답의 개수는 같았고 한 사람이 같은 번호의 문제를 두 번 이상 푼 경우는 없었다.
- 4, 5회차를 제외한 회차별 풀이 결과는 아래와 같다.

(정답 : ○, 오답 : ×)

구분	1	2	3	4	5	6	7
甲	○	○	×			○	×
乙	○	○	○			×	○
丙	○	×	○			○	×

보기

ㄱ. 甲과 丙이 4회차에 푼 문제 번호는 같다.
ㄴ. 4회차에 정답을 맞힌 사람은 2명이다.
ㄷ. 5회차에 정답을 맞힌 사람은 없다.
ㄹ. 乙은 7회차에 9번 문제를 풀었다.

① ㄱ, ㄴ
② ㄱ, ㄷ
③ ㄴ, ㄷ
④ ㄴ, ㄹ
⑤ ㄷ, ㄹ

23 다음 글을 근거로 판단할 때 적절하지 않은 것은?

> △△팀원 A~G는 새로 부임한 팀장 갑과 함께 하는 환영 식사를 계획하고 있다. 모든 팀원은 아래 조건을 전부 만족시키며 갑과 한 번씩만 식사하려 한다.
> • 함께 식사하는 총인원은 4명 이하여야 한다.
> • 단둘이 식사하지 않는다.
> • 부팀장은 A, B뿐이며, 이 둘은 함께 식사하지 않는다.
> • 같은 학교 출신인 C, D는 함께 식사하지 않는다.
> • 입사 동기인 E, F는 함께 식사한다.
> • 신입사원 G는 부팀장과 함께 식사한다.

① A는 E와 함께 환영식사에 참석할 수 있다.
② B는 C와 함께 환영식사에 참석할 수 있다.
③ C는 G와 함께 환영식사에 참석할 수 있다.
④ D가 E와 함께 환영식사에 참석하는 경우, C는 부팀장과 함께 환영식사에 참석하게 된다.
⑤ G를 포함하여 총 4명이 함께 환영식사에 참석하는 경우, F가 참석하는 환영식사의 인원은 총 3명이다.

24 다음 글을 근거로 판단할 때, 빈칸 ㉠에 들어갈 수로 가장 적절한 것은?

> 甲과 乙은 같은 층의 서로 다른 사무실에서 근무하고 있다. 사무실은 일직선 복도의 양쪽 끝에 위치하고 있으며, 두 사람은 복도에서 항상 자신만의 일정한 속력으로 걷는다.
> 甲은 약속한 시각에 乙에게 서류를 직접 전달하기 위해 자신의 사무실을 나섰다. 甲은 乙의 사무실에 도착하여 서류를 전달하고 곧바로 자신의 사무실로 돌아올 계획이었다.
> 한편 甲을 기다리고 있던 乙에게 甲의 사무실 쪽으로 가야 할 일이 생겼다. 그래서 乙은 甲이 도착하기로 약속한 시각보다 ㉠ 분 일찍 자신의 사무실을 나섰다. 乙은 출발한 지 4분 뒤 복도에서 甲을 만나 서류를 받았다. 서류 전달 후 곧바로 사무실로 돌아온 甲은 원래 예상했던 시각보다 2분 일찍 사무실로 복귀한 사실을 알게 되었다.

① 2
② 3
③ 4
④ 5
⑤ 6

25 다음 글과 상황을 근거로 판단할 때 가장 적절한 것은?

제○○조
① 재외공관에 근무하는 공무원(이하 '재외공무원'이라 한다)이 공무로 일시 귀국하고자 하는 경우에는 장관의 허가를 받아야 한다.
② 공관장이 아닌 재외공무원이 공무 외의 목적으로 일시귀국하려는 경우에는 공관장의 허가를, 공관장이 공무 외의 목적으로 일시귀국하려는 경우에는 장관의 허가를 받아야 한다. 다만 재외공무원 또는 그 배우자의 직계존·비속이 사망하거나 위독한 경우에는 공관장이 아닌 재외공무원은 공관장에게, 공관장은 장관에게 각각 신고하고 일시 귀국할 수 있다.
③ 재외공무원이 공무 외의 목적으로 일시 귀국할 수 있는 기간은 연 1회 20일 이내로 한다. 다만 다음 각 호의 어느 하나에 해당하는 경우에는 이를 일시귀국의 횟수 및 기간에 산입하지 아니한다.
  1. 재외공무원의 직계존·비속이 사망하거나 위독하여 일시 귀국하는 경우
  2. 재외공무원 또는 그 동반가족의 치료를 위하여 일시 귀국하는 경우
④ 제2항에도 불구하고 다음 각 호의 어느 하나에 해당하는 경우에는 장관의 허가를 받아야 한다.
  1. 재외공무원이 연 1회 또는 20일을 초과하여 공무 외의 목적으로 일시귀국하려는 경우
  2. 재외공무원이 일시귀국 후 국내 체류기간을 연장하는 경우

〈상황〉

A국 소재 대사관에는 공관장 甲을 포함하여 총 3명의 재외공무원 甲~丙이 근무하고 있다. 아래는 올해 1월부터 7월 현재까지 甲~丙의 일시귀국 현황이다.
• 甲 : 공무상 회의 참석을 위해 총 2회(총 25일)
• 乙 : 동반자녀의 관절 치료를 위해 총 1회(치료가 더 필요하여 국내 체류기간 1회 연장, 총 17일)
• 丙 : 직계존속의 회갑으로 총 1회(총 3일)

---

① 甲은 일시귀국 시 장관에게 신고하였을 것이다.
② 甲은 배우자의 직계존속이 위독하여 올해 추가로 일시귀국하기 위해서는 장관의 허가를 받아야 한다.
③ 乙이 직계존속의 회갑으로 인해 올해 3일간 추가로 일시귀국하기 위해서는 장관의 허가를 받아야 한다.
④ 乙이 공관장의 허가를 받아 일시귀국하였더라도 국내 체류기간을 연장하였을 때에는 장관의 허가를 받았을 것이다.
⑤ 丙이 자신의 혼인으로 인해 올해 추가로 일시귀국하기 위해서는 공관장의 허가를 받아야 한다.

아이들이 답이 있는 질문을 하기 시작하면 그들이 성장하고 있음을 알 수 있다.

-존 J. 플롬프-

문제해결능력(상황판단) in PSAT

01 NCS 기출유형확인

01 다음 〈조건〉에 따를 때, 1층에서 엘리베이터를 탄 갑이 20층에 도착할 때까지 걸린 시간은?

> **조건**
>
> - 정지 중이던 엘리베이터가 한 층을 올라갈 때 소요되는 시간은 3초이며, 이후 가속이 붙어 한 층을 올라갈 때마다 0.2초씩 단축되나, 1.4초보다 빠르지는 않다.
> - 정지 중이던 엘리베이터가 한 층을 내려갈 때 소요되는 시간은 2.5초이며, 이후 가속이 붙어 한 층을 내려갈 때마다 0.3초씩 단축되나, 1.3초보다 빠르지는 않다.
> - 1층에서 엘리베이터를 탄 갑은 20층을 눌러야 할 것을 잘못하여 30층을 눌러 30층에 도착하였으나, 다시 20층을 눌러 해당 층으로 이동하였다.
> - 갑이 타는 동안 엘리베이터는 1층, 30층, 20층 순으로 한 번씩만 정차하였으며, 각 층에 정차한 시간은 고려하지 않는다.

① 62.4초
② 63.8초
③ 65.1초
④ 65.2초
⑤ 66.5초

02 다음은 K공사의 재난적 의료비 지원사업에 대한 자료이다. 이에 대해 적절한 설명을 한 사람을 〈보기〉에서 모두 고르면?

〈재난적 의료비 지원사업〉

- 개요
  질병·부상 등으로 인한 치료·재활 과정에서 소득·재산 수준 등에 비추어 과도한 의료비가 발생해 경제적 어려움을 겪게 되는 상황으로 의료비 지원이 필요하다고 인정된 사람에게 지원합니다.
- 대상질환
  1. 모든 질환으로 인한 입원환자
  2. 중증질환으로 외래진료를 받은 환자
  ※ 중증질환 : 암, 뇌혈관, 심장, 희귀, 중증난치, 중증화상질환
- 소득 기준
  – 기준중위소득 100% 이하 : 지원 원칙(건보료 기준)
  – 기준중위소득 100% 초과 200% 이하 : 연소득 대비 의료비부담비율을 고려해 개별심사 후 지원
  ※ 재산 과표 5.4억 원 초과 고액재산 보유자는 지원 제외
- 의료비 기준
  1회 입원에 따른 가구의 연소득 대비 의료비 발생액[법정본인부담, 비급여 및 예비(선별)급여 본인부담]이 기준금액 초과 시 지원
  – 기초생활수급자, 차상위계층 : 80만 원 초과 시 지원
  – 기준중위소득 50% 이하 : 160만 원 초과 시 지원
  – 기준중위소득 100% 이하 : 연소득의 15% 초과 시 지원

보기

가 : 18세로 뇌혈관 치료 때문에 외래진료를 받은 학생에게 이 사업에 대해 알려주었어. 학생의 집은 기준중위소득 100%에 해당되기 때문에 지원을 받을 수 있는 거야.

나 : 이번에 개인 질환으로 입원했는데, 200만 원이 나왔어. 기준중위소득 50%에 해당되는데 지원금을 받을 수 있어 다행이야.

다 : 어머니가 심장이 안 좋으셔서 외래진료를 받고 있는데 돈이 많이 들어. 기준중위소득 200%에 속하는데 현금은 없지만 재산이 5.4억 원이어서 심사에 지원도 못하고 요즘 힘드네.

라 : 요즘 열이 많이 나서 근처 병원으로 통원 치료하고 있어. 기초생활수급자인 내 형편으로 볼 때, 지원금을 받는 데 문제없겠지?

① 가, 나　　　　　　　　② 가, 다
③ 나, 다　　　　　　　　④ 다, 라
⑤ 나, 라

03 다음은 제품 생산에 따른 공정 관리를 나타낸 자료이다. 이에 대한 설명으로 적절한 것을 〈보기〉에서 모두 고르면?(단, 각 공정은 동시 진행이 가능하다)

공정 활동	선행 공정	시간(분)
A. 부품 선정	없음	2
B. 절삭 가공	A	2
C. 연삭 가공	A	5
D. 부품 조립	B, C	4
E. 전해 연마	D	3
F. 제품 검사	E	1

※ 공정 간 부품의 이동 시간은 무시한다.
※ A공정부터 시작되며 공정별로 1명의 작업 담당자가 수행한다.

보기

ㄱ. 전체 공정을 완료하기 위해서는 15분이 소요된다.
ㄴ. 첫 제품 생산 후부터 1시간마다 3개씩 제품이 생산된다.
ㄷ. B공정이 1분 더 지연되어도 전체 공정 시간은 변화가 없다.

① ㄱ
② ㄴ
③ ㄱ, ㄷ
④ ㄴ, ㄷ
⑤ ㄱ, ㄴ, ㄷ

04 A씨는 전세버스 대여를 전문으로 하는 K회사에 근무하고 있다. 지난 10년 동안 상당한 규모로 성장해온 K회사는 현재 보유하고 있는 버스의 현황을 실시간으로 파악할 수 있도록 식별 코드를 부여하였다. 식별 코드 부여 방식과 자사보유 전세버스 현황을 참고할 때, 다음 중 적절하지 않은 것은?

〈식별 코드 부여 방식〉

[버스등급] – [승차인원] – [제조국가] – [모델번호] – [제조연월]

버스등급	코드	제조국가	코드
대형버스	BX	한국	KOR
중형버스	MF	독일	DEU
소형버스	RT	미국	USA

예 BX – 45 – DEU – 15 – 1510

2015년 10월 독일에서 생산된 45인승 대형버스 15번 모델

〈자사보유 전세버스 현황〉

BX – 28 – DEU – 24 – 1308	MF – 35 – DEU – 15 – 0910	RT – 23 – KOR – 07 – 0628
MF – 35 – KOR – 15 – 1206	BX – 45 – USA – 11 – 0712	BX – 45 – DEU – 06 – 1105
MF – 35 – DEU – 20 – 1110	BX – 41 – DEU – 05 – 1408	RT – 16 – USA – 09 – 0712
RT – 25 – KOR – 18 – 0803	RT – 25 – DEU – 12 – 0904	MF – 35 – KOR – 17 – 0901
BX – 28 – USA – 22 – 1404	BX – 45 – USA – 19 – 1108	BX – 28 – USA – 15 – 1012
RT – 16 – DEU – 23 – 1501	MF – 35 – KOR – 16 – 0804	BX – 45 – DEU – 19 – 1312
MF – 35 – DEU – 20 – 1005	BX – 45 – USA – 14 – 1007	–

① 보유하고 있는 소형버스의 절반 이상은 독일에서 생산되었다.

② 대형버스 중 28인승은 3대이며, 한국에서 생산된 차량은 없다.

③ 보유 중인 대형버스는 전체의 40% 이상을 차지한다.

④ 중형버스의 모델은 최소 3가지 이상이며, 모두 2013년 이전에 생산되었다.

⑤ 미국에서 생산된 버스 중 중형버스는 없으며, 모두 2015년 이전에 생산되었다.

05 K공사는 부대시설 건축을 위해 A건축회사와 계약을 맺었다. 다음의 계약서를 보고 건축시설처의 L대리가 파악할 수 있는 내용으로 가장 적절한 것은?

공사도급계약서

상세시공도면 작성(제10조)

(1) '을'은 건축법 제24조 제4항에 따라 공사감리자로부터 상세시공도면의 작성을 요청받은 경우에는 상세시공도면을 작성하여 공사감리자의 확인을 받아야 하며, 이에 따라 공사를 하여야 한다.

(2) '갑'은 상세시공도면의 작성범위에 관한 사항을 설계자 및 공사감리자의 의견과 공사의 특성을 감안하여 계약서상의 시방에 명시하고, 상세시공도면의 작성비용을 공사비에 반영한다.

안전관리 및 재해보상(제11조)

(1) '을'은 산업재해를 예방하기 위하여 안전시설의 설치 및 보험의 가입 등 적정한 조치를 하여야 한다. 이때 '갑'은 계약금액의 안전관리비 및 보험료 상당액을 계상하여야 한다.

(2) 공사현장에서 발생한 산업재해에 대한 책임은 '을'에게 있다. 다만, 설계상의 하자 또는 '갑'의 요구에 의한 작업으로 인한 재해에 대하여는 그렇지 아니하다.

응급조치(제12조)

(1) '을'은 재해방지를 위하여 특히 필요하다고 인정될 때에는 미리 긴급조치를 취하고 즉시 이를 '갑'에게 통지하여야 한다.

(2) '갑'은 재해방지 및 기타 공사의 시공상 긴급·부득이하다고 인정할 때에는 '을'에게 긴급조치를 요구할 수 있다.

(3) 제1항 및 제2항의 응급조치에 소요된 경비에 대하여는 제16조 제2항의 규정을 준용한다.

---

① 응급조치에 소요된 비용은 '갑'이 부담한다.

② '을'은 산업재해를 예방하기 위한 조치를 해야 하고, '갑'은 계약금액에 이와 관련한 금액을 책정해야 한다.

③ '을'은 재해방지를 위하여 미리 긴급조치를 취할 수 있고, 이를 '갑'에게 알릴 의무는 없다.

④ 공사현장에서 발생한 모든 산업재해에 대한 책임은 '을'에게 있다.

⑤ 공사감리자는 '을'에게 상세시공도면 작성을 요청할 수 있고, 이에 대한 비용은 '을'이 책임진다.

06 갑은 효율적인 월급 관리를 위해 A ~ D펀드 중 하나를 골라 가입하려고 한다. 〈조건〉에 따라 비교하여 다음과 같은 결과를 얻었을 때, 〈보기〉에서 적절한 것을 모두 고르면?

- 둘을 비교하여 우열을 가릴 수 있으면 우수한 쪽에는 5점, 아닌 쪽에는 2점을 부여한다.
- 둘을 비교하여 어느 한 쪽이 우수하다고 말할 수 없는 경우에는 둘 다 0점을 부여한다.
- 각 펀드는 다른 펀드 중 두 개를 골라 총 4번의 비교를 했다.
- 총합의 점수로는 우열을 가릴 수 없으며 펀드와의 비교를 통해서만 우열을 가릴 수 있다.

〈결과〉

A펀드	B펀드	C펀드	D펀드
7점	7점	4점	10점

보기

ㄱ. D펀드는 C펀드보다 우수하다.
ㄴ. B펀드가 D펀드보다 우수하다고 말할 수 없다.
ㄷ. A펀드와 B펀드의 우열을 가릴 수 있으면 A ~ D까지의 우열순위를 매길 수 있다.

① ㄱ
② ㄱ, ㄴ
③ ㄱ, ㄷ
④ ㄴ, ㄷ
⑤ ㄱ, ㄴ, ㄷ

07 K공사는 철도사고의 예방에 힘쓰는 한편 이와 동시에 철도사고가 발생했을 경우 안전하고 신속한 대응태세를 확립하기 위한 비상대응훈련을 실행하고 있다. 다음은 철도사고의 종류, 형태, 대상, 위치를 고려하여 비상사고 유형을 분류하고 코드화한 자료이다. 이를 참고할 때, 〈보기〉의 상황과 코드가 바르게 연결되지 않은 것은?

〈비상사태 유형분류〉

사고 종류	철도사고 형태	철도사고 대상	철도사고 위치
충돌사고(C)	1. 열차정면충돌	1. 전동열차 2. 고속열차 3. 여객열차 4. 여객·위험물 열차 5. 시설·전기분야	1. 역내 2. 본선구간 3. 터널 4. 교량
충돌사고(C)	2. 열차추돌		
충돌사고(C)	3. 열차측면충돌		
탈선사고(R)	1. 열차탈선		
화재사고(F)	1. 열차화재		
화재사고(F)	2. 차량화재		
화재사고(F)	3. 역사화재		
위험물(H)	1. 화학공업(유류)		
위험물(H)	2. 화약류(화약, 폭약, 화공품)		
위험물(H)	3. 산류(황산 등)		
위험물(H)	4. 가스류(압축·액화가스)		
위험물(H)	5. 가연성물질(액체·고체류)		
위험물(H)	6. 산화부식제		
위험물(H)	7. 독물류(방사능물질, 휘산성)		
위험물(H)	8. 특별취급 화공품(타르류 등)		
자연재해(N)	1. 침수(노반유실)		
자연재해(N)	2. 강설		
자연재해(N)	3. 지진		
테러(T)	1. 독가스 테러		
테러(T)	2. 폭발물 테러		
테러(T)	3. 생화학(탄저균) 테러		
차량 및 시설장애(I)	1. 차량고장 및 장애		
차량 및 시설장애(I)	2. 시설고장 및 장애		
차량 및 시설장애(I)	3. 전기고장 및 장애		

〈비상사고의 코드화〉

구분	사고 종류	사고 형태	사고 대상	사고 위치
사용문자	문자	숫자	숫자	숫자
표기방법	C : 충돌사고 R : 탈선사고 F : 화재사고 H : 위험물 N : 자연재해 T : 테러 I : 차량 및 시설장애	세부적인 사고 유형을 오름차순 숫자로 표현	1. 전동열차 2. 고속열차 3. 여객열차 4. 여객·위험물 열차 5. 시설·전기분야	1. 역내 2. 본선구간 3. 터널 4. 교량

보기

(가) 사고 상황 : ○○터널 내 여객열차와 위험물수송열차 정면충돌

(나) 사고 상황 : ○○터널 내 여객열차 탈선

(다) 사고 상황 : ○○터널 내 여객열차 화재

(라) 사고 상황 : ○○터널 내 황산 수송열차 누출 발생

(마) 사고 상황 : 여객열차 본선구간 폭우로 인한 선로침수로 노반 유실 발생

① (가) : C143

② (나) : R133

③ (다) : F133

④ (라) : H343

⑤ (마) : N134

| 01 | 기본문제

01 다음은 성적 평적 기준표에 따라 산출한 △△교과목 성적산출 자료이다. 이에 대한 설명으로 적절한 것을 〈보기〉에서 모두 고르면?

K대학교 교과목 성적 평정(학점)은 총점을 기준으로 상위 점수부터 하위 점수까지 A+, A0, B+ ~ F 순으로 한다. 등급별 비율은 아래 성적 평정 기준표를 따르되, 상위 등급의 비율을 최대 기준보다 낮게 배정할 경우에는 잔여 비율을 하위 등급 비율에 가산하여 배정할 수 있다. 예컨대 A등급 배정 비율은 10 ~ 30%이나, 만일 25%로 배정한 경우에는 잔여 비율인 5%를 하위 등급 하나에 배정하거나 여러 하위 등급에 나누어 배정할 수 있다. 한편 A ~ D 등급 내에서 +와 0의 비율은 교수 재량으로 정할 수 있다.

〈성적 평정 기준표〉

등급	A		B		C		D		F
학점	A+	A0	B+	B0	C+	C0	D+	D0	0 ~ 40
비율(%)	10 ~ 30		20 ~ 35		20 ~ 40		0 ~ 40		

※ 평정대상 총원 중 해당 등급 인원 비율

〈△△교과목 성적산출 자료〉

성명	총점	순위	성명	총점	순위
양다경	99	1	양대원	74	11
이지후	97	2	권치원	72	12
이태연	93	3	김도윤	68	13
남소연	89	4	권세연	66	14
김윤채	86	5	남원중	65	15
엄선민	84	6	권수진	64	16
이태근	79	7	양호정	61	17
김경민	78	8	정호채	59	18
이연후	77	9	이신영	57	19
엄주용	75	10	전희연	57	19

※ 평정대상은 총 20명임

> **보기**
>
> ㄱ. 평정대상 전원에게 C+ 이상의 학점을 부여할 수 있다.
> ㄴ. 79점을 받은 학생이 받을 수 있는 가장 낮은 학점은 B0이다.
> ㄷ. 5명에게 A등급을 부여하면, 최대 8명의 학생에게 B+학점을 부여할 수 있다.
> ㄹ. 59점을 받은 학생에게 부여할 수 있는 학점은 C+, C0, D+, D0, F 중 하나이다.

① ㄱ, ㄴ   ② ㄱ, ㄹ
③ ㄷ, ㄹ   ④ ㄱ, ㄷ, ㄹ
⑤ ㄴ, ㄷ, ㄹ

02 다음 글을 근거로 판단할 때, 〈보기〉에서 적절한 것을 모두 고르면?

K국의 영유아보육법은 영유아가 안전하고 쾌적한 환경에서 건강하게 성장할 수 있도록 다음과 같이 어린이집의 보육교사 최소 배치 기준을 규정하고 있다.

연령	보육교사 대 영유아비율
(1) 만 1세 미만	1 : 3
(2) 만 1세 이상 만 2세 미만	1 : 5
(3) 만 2세 이상 만 3세 미만	1 : 7

위와 같이 연령별로 반을 편성하고 각 반마다 보육교사를 배치하되, 다음 기준에 따라 혼합반을 운영할 수 있다.

혼합반 편성	보육교사 대 영유아비율
(1)과 (2)	1 : 3
(2)와 (3)	1 : 5
(1)과 (3)	편성 불가능

① ㄱ
② ㄴ
③ ㄷ
④ ㄱ, ㄴ
⑤ ㄱ, ㄷ

03 다음 글을 근거로 판단할 때, 방에 출입한 사람의 순서로 가장 적절한 것은?

방에는 1부터 6까지의 번호가 각각 적힌 6개의 전구가 놓여있다.

왼쪽 ←　　　　　　　　　　　　　　　　　　　　　　　　　　　　→ 오른쪽

전구 번호	1	2	3	4	5	6
처음 상태	켜짐	켜짐	켜짐	꺼짐	꺼짐	꺼짐

A ~ C가 각각 한 번씩 홀로 방에 들어가 자신이 정한 규칙에 의해서만 전구를 켜거나 끄고 나왔다. A ~ C의 규칙은 다음과 같다.
- A는 번호가 3의 배수인 전구가 켜진 상태라면 그 전구를 끄고, 꺼진 상태라면 그대로 둔다.
- B는 번호가 2의 배수인 전구가 켜진 상태라면 그 전구를 끄고, 꺼진 상태라면 그 전구를 켠다.
- C는 3번 전구는 그대로 두고, 3번 전구를 기준으로 왼쪽과 오른쪽 중 켜진 전구의 개수가 많은 쪽의 전구를 전부 끈다.
- 다만 켜진 전구의 개수가 같다면 양쪽에 켜진 전구를 모두 끈다.
- 마지막 사람이 방에서 나왔을 때, 방의 전구는 모두 꺼져 있었다.

① A − B − C
② A − C − B
③ B − A − C
④ B − C − A
⑤ C − B − A

04 다음 글을 근거로 판단할 때, 〈보기〉를 연주하기 위해 ㉔를 누른 상태로 줄을 튕기는 횟수는?

줄이 하나인 현악기가 있다. 이 악기는 줄을 누를 수 있는 지점이 ㉮부터 ㉞까지 총 11곳 있고, 이 중 어느 한 지점을 누른 상태로 줄을 튕겨서 연주한다. ㉮를 누르고 줄을 튕기면 A음이 나고, ㉯를 누르고 줄을 튕기면 A음보다 반음 높은 소리가 난다. 이런 식으로 ㉮ ~ ㉞순으로 누르는 지점을 옮길 때마다 반음씩 더 높은 소리가 나며, 최저 A음부터 최고 G음까지 낼 수 있다.
이들 음은 다음과 같은 특징이 있다.
- 반음 차이 두 개의 합은 한음 차이와 같다.
- A음보다 B음이, C음보다 D음이, D음보다 E음이, F음보다 G음이 한음 높고, 둘 중 낮은 음보다 반음 높은 음은 낮은 음의 이름 오른쪽에 #을 붙여 표시한다.
- B음보다 C음이, E음보다 F음이 반음 높다.

보기

E D# E D# E B D C A A A B E G B C

① 0회
② 1회
③ 2회
④ 3회
⑤ 4회

05 다음 자료와 상황을 근거로 판단할 때, 〈보기〉에서 적절한 것을 모두 고르면?

K국에서는 모든 법인에 대하여 다음과 같이 구분하여 주민세를 부과하고 있다.

구분	세액(원)
• 자본금액 100억 원을 초과하는 법인으로서 종업원 수가 100명을 초과하는 법인	500,000
• 자본금액 50억 원 초과 100억 원 이하 법인으로서 종업원 수가 100명을 초과하는 법인	350,000
• 자본금액 50억 원을 초과하는 법인으로서 종업원 수가 100명 이하인 법인 • 자본금액 30억 원 초과 50억 원 이하 법인으로서 종업원 수가 100명을 초과하는 법인	200,000
• 자본금액 30억 원 초과 50억 원 이하 법인으로서 종업원 수가 100명 이하인 법인 • 자본금액 10억 원 초과 30억 원 이하 법인으로서 종업원 수가 100명을 초과하는 법인	100,000
• 그 밖의 법인	50,000

〈상황〉

법인	자본금액(억 원)	종업원 수(명)
갑	200	( )
을	20	( )
병	( )	200

보기

ㄱ. 갑이 납부해야 할 주민세 최소 금액은 20만 원이다.
ㄴ. 을의 종업원이 50명인 경우 10만 원의 주민세를 납부해야 한다.
ㄷ. 병이 납부해야 할 주민세 최소 금액은 10만 원이다.
ㄹ. 갑, 을, 병이 납부해야 할 주민세 금액의 합계는 최대 110만 원이다.

① ㄱ, ㄴ ② ㄱ, ㄷ
③ ㄱ, ㄹ ④ ㄴ, ㄷ
⑤ ㄴ, ㄹ

다음 글을 근거로 판단할 때, 국제행사의 개최도시로 선정될 곳은?

> 갑사무관은 대한민국에서 열리는 국제행사의 개최도시를 선정하기 위해 다음과 같은 후보도시 평가표를 만들었다. 후보도시 평가표에 따른 점수와 국제해양기구의 의견을 모두 반영하여, 합산점수가 가장 높은 도시를 개최도시로 선정하고자 한다.

〈후보도시 평가표〉

구분	서울	인천	대전	부산	제주
1) 회의 시설 　– 1,500명 이상 수용가능한 대회의장 보유 등	A	A	C	B	C
2) 숙박 시설 　– 도보거리에 특급 호텔 보유 등	A	B	A	A	C
3) 교통 　– 공항접근성 등	B	A	C	B	B
4) 개최 역량 　– 대규모 국제행사 개최 경험 등	A	C	C	A	B

※ A : 10점, B : 7점, C : 3점

〈국제해양기구의 의견〉

- 외국인 참석자의 편의를 위해 '교통'에서 A를 받은 도시의 경우 추가로 5점을 부여해 줄 것
- 바다를 끼고 있는 도시의 경우 추가로 5점을 부여해 줄 것
- 예상 참석자가 2,000명 이상이므로 '회의 시설'에서 C를 받은 도시는 제외할 것

① 서울　　　　　　　　　② 인천
③ 대전　　　　　　　　　④ 부산
⑤ 제주

07 다음 〈조건〉을 근거로 판단할 때, 〈보기〉에서 적절한 것을 모두 고르면?

- 한글 단어의 '단어점수'는 그 단어를 구성하는 자음으로만 결정된다.
- '단어점수'는 각기 다른 자음의 '자음점수'를 모두 더한 값을 그 단어를 구성하는 자음 종류의 개수로 나눈 값이다.
- '자음점수'는 그 자음이 단어에 사용된 횟수만큼 2를 거듭제곱한 값이다. 단, 사용되지 않는 자음의 '자음점수'는 0이다.
- 예를 들어 글자 수가 4개인 '셋방살이'는 ㅅ 3개, ㅇ 2개, ㅂ 1개, ㄹ 1개의 자음으로 구성되므로 '단어점수'는 $(2^3 + 2^2 + 2^1 + 2^1)/4$의 값인 4점이다.

※ 의미가 없는 글자의 나열도 단어로 인정한다.

ㄱ. '각기'는 '논리'보다 단어점수가 더 높다.
ㄴ. 단어의 글자 수가 달라도 단어점수가 같을 수 있다.
ㄷ. 글자 수가 4개인 단어의 단어점수는 250점을 넘을 수 없다.

① ㄴ
② ㄷ
③ ㄱ, ㄴ
④ ㄱ, ㄷ
⑤ ㄱ, ㄴ, ㄷ

다음 〈조건〉과 목차를 근거로 판단할 때, 〈보기〉에서 적절한 것을 모두 고르면?

조건

- 책 A는 목차와 같이 구성되어 있고, 비어 있는 쪽은 없다.
- 책 A의 각 쪽은 제1절부터 제14절까지 14개의 절 중 하나의 절에 포함된다.
- 갑은 3월 1일부터 책 A를 읽기 시작해서, 1쪽부터 마지막 쪽인 133쪽까지 순서대로 읽는다.
- 갑은 한번 읽기 시작한 절은 그날 모두 읽되, 하루에 최대 40쪽을 읽을 수 있다.
- 갑은 절 제목에 '과학' 또는 '정책'이 들어간 절을 하루에 한 개 이상 읽는다.

〈목차〉

보기

ㄱ. 3월 1일에 갑은 책 A를 20쪽 이상 읽는다.
ㄴ. 3월 3일에 갑이 제6절까지 읽었다면, 갑은 3월 5일까지 책 A를 다 읽을 수 있다.
ㄷ. 갑이 책 A를 다 읽으려면 최소 5일 걸린다.

① ㄱ
② ㄴ
③ ㄱ, ㄴ
④ ㄱ, ㄷ
⑤ ㄴ, ㄷ

09 다음 글을 근거로 판단할 때, 〈보기〉에서 적절한 것을 모두 고르면?

소아기 예방접종 프로그램에 포함된 백신 A ~ C는 지속적인 항체 반응을 위해서 2회 이상 접종이 필요하다.

최소 접종연령(첫 접종의 최소연령) 및 최소 접종간격을 지켰을 때 적절한 예방력이 생기며, 이러한 예방접종을 유효하다고 한다. 다만 최소 접종연령 및 최소 접종간격에서 4일 이내로 앞당겨서 일찍 접종을 한 경우에도 유효한 것으로 본다. 그러나 만약 5일 이상 앞당겨서 일찍 접종했다면 무효로 간주하고 최소 접종연령 및 최소 접종간격에 맞춰 다시 접종하여야 한다.

다음은 백신의 최소 접종연령 및 최소 접종간격을 나타낸 표이다.

종류	최소 접종연령	최소 접종간격			
		1, 2차 사이	2, 3차 사이	3, 4차 사이	4, 5차 사이
백신 A	12개월	12개월	–	–	–
백신 B	6주	4주	4주	6개월	–
백신 C	6주	4주	4주	6개월	6개월

다만 백신 B의 경우 만 4세 이후에 3차 접종을 유효하게 했다면, 4차 접종은 생략한다.

> **보기**
>
> ㄱ. 만 2세가 되기 전에 백신 A의 예방접종을 2회 모두 유효하게 실시할 수 있다.
> ㄴ. 생후 45개월에 백신 B를 1차 접종했다면, 4차 접종은 반드시 생략한다.
> ㄷ. 생후 40일에 백신 C를 1차 접종했다면, 생후 60일에 한 2차 접종은 유효하다.

① ㄱ
② ㄴ
③ ㄷ
④ ㄱ, ㄴ
⑤ ㄱ, ㄷ

10 다음 K도서관 자료 폐기 지침을 근거로 판단할 때 가장 적절한 것은?

〈K도서관 자료 폐기 지침〉

가. 자료 선정

도서관 직원은 누구든지 수시로 서가를 살펴보고, 이용하기 곤란하다고 생각되는 자료는 발견 즉시 회수하여 사무실로 옮겨야 한다.

나. 목록 작성

사무실에 회수된 자료는 사서들이 일차적으로 갱신 대상을 추려내어 갱신하고, 폐기 대상 자료로 판단되는 것은 폐기심의대상 목록으로 작성하여 폐기심의위원회에 제출한다.

다. 폐기심의위원회 운영

폐기심의위원회 회의(이하 '회의'라 한다)는 연 2회 정기적으로 개최한다. 회의는 폐기심의대상 목록과 자료의 실물을 비치한 회의실에서 진행되고, 위원들은 실물과 목록을 대조하여 확인하여야 한다. 폐기심의위원회는 폐기 여부만을 판정하며 폐기 방법의 결정은 사서에게 위임한다. 폐기 대상 판정시 위원들 사이에 이견(異見)이 있는 자료는 당해 연도의 폐기 대상에서 제외하고, 다음 연도의 회의에서 재결정한다.

라. 폐기 방법

(1) 기증 : 상태가 양호하여 다른 도서관에서 이용될 수 있다고 판단되는 자료는 기증 의사를 공고하고 다른 도서관 등 희망하는 기관에 기증한다.

(2) 이관 : 상태가 양호하고 나름의 가치가 있는 자료는 자체 기록보존소, 지역 및 국가의 보존 전문도서관 등에 이관한다.

(3) 매각과 소각 : 폐지로 재활용 가능한 자료는 매각하고, 폐지로도 매각할 수 없는 자료는 최종적으로 소각 처리한다.

마. 기록 보존 및 목록 최신화

연도별로 폐기한 자료의 목록과 폐기 경위에 관한 기록을 보존하되, 폐기한 자료에 대한 내용을 도서관의 각종 현행자료 목록에서 삭제하여 목록을 최신화한다.

※ 갱신 : 손상된 자료의 외형을 수선하거나 복사본을 만듦

---

① 사서는 폐기심의대상 목록만을 작성하고, 자료의 폐기 방법은 폐기심의위원회가 결정한다.

② 폐기 대상 판정시 폐기심의위원들 간에 이견이 있는 자료의 경우, 바로 다음 회의에서 그 자료의 폐기 여부가 논의되지 않을 수 있다.

③ 폐기심의위원회는 자료의 실물을 확인하지 않고 폐기 여부를 판정할 수 있다.

④ 매각 또는 소각한 자료는 현행자료 목록에서 삭제하고, 폐기 경위에 관한 기록도 제거하여야 한다.

⑤ 사서가 아닌 도서관 직원은, 이용하기 곤란하다고 생각되는 자료를 발견하면 갱신하거나 폐기심의대상 목록을 작성하여야 한다.

11 다음 글을 근거로 판단할 때, K연구소 신입직원 A ～ G의 부서배치 결과로 적절하지 않은 것은?

> K연구소에서는 신입직원 7명을 선발하였으며, 신입직원들을 부서에 배치하고자 한다. 각 부서에서 요구한 인원은 다음과 같다.
>
> | 정책팀 | 재정팀 | 국제팀 |
> |:---:|:---:|:---:|
> | 2명 | 4명 | 1명 |
>
> 신입직원들은 각자 원하는 부서를 2지망까지 지원하며, 1, 2지망을 고려하여 이들을 부서에 배치한다. 먼저 1지망 지원부서에 배치하는 데, 요구인원보다 지원인원이 많은 경우에는 입사성적이 높은 신입직원을 우선적으로 배치한다. 1지망 지원부서에 배치되지 못한 신입직원은 2지망 지원부서에 배치되는 데, 이때 역시 1지망에 따른 배치 후 남은 요구인원보다 지원인원이 많은 경우 입사성적이 높은 신입직원을 우선적으로 배치한다. 1, 2지망 지원부서 모두에 배치되지 못한 신입직원은 요구인원을 채우지 못한 부서에 배치된다.
>
> 신입직원 7명의 입사성적 및 1, 2지망 지원부서는 아래와 같다. A의 입사성적만 전산에 아직 입력되지 않았는데, 82점 이상이라는 것만 확인되었다. 단, 입사성적의 동점자는 없다.
>
> | 신입직원 | A | B | C | D | E | F | G |
> |:---:|:---:|:---:|:---:|:---:|:---:|:---:|:---:|
> | 입사성적 | ? | 81 | 84 | 78 | 96 | 80 | 93 |
> | 1지망 | 국제 | 국제 | 재정 | 국제 | 재정 | 정책 | 국제 |
> | 2지망 | 정책 | 재정 | 정책 | 정책 | 국제 | 재정 | 정책 |

① A의 입사성적이 90점이라면, A는 정책팀에 배치된다.
② A의 입사성적이 95점이라면, A는 국제팀에 배치된다.
③ B는 재정팀에 배치된다.
④ C는 재정팀에 배치된다.
⑤ D는 정책팀에 배치된다.

12 다음 글과 필요 물품 목록을 근거로 판단할 때, 아동방과후교육 사업에서 허용되는 사업비 지출품목을 모두 고르면?

> K부서는 아동방과후교육 사업을 운영하고 있다. 원칙적으로 사업비는 사용목적이 '사업 운영'인 경우에만 지출할 수 있다. 다만 다음 중 어느 하나에 해당하면 예외적으로 허용된다. 첫째, 품목당 단가가 10만 원 이하로 사용목적이 '서비스 제공'인 경우에 지출할 수 있다. 둘째, 사용 연한이 1년 이내인 경우에 지출할 수 있다.

<필요 물품 목록>

품목	단가(원)	사용목적	사용 연한
인형탈	120,000	사업 운영	2년
프로그램 대여	300,000	보고서 작성	6개월
의자	110,000	서비스 제공	5년
컴퓨터	950,000	서비스 제공	3년
클리어파일	500	상담일지 보관	2년
블라인드	99,000	서비스 제공	5년

① 프로그램 대여, 의자
② 컴퓨터, 클리어파일
③ 클리어파일, 블라인드
④ 인형탈, 프로그램 대여, 블라인드
⑤ 인형탈, 의자, 컴퓨터

13 다음 글을 근거로 판단할 때, 2022학년도 K대학교 B학과 입학 전형 합격자는?

- K대학교 B학과 입학 전형
  - 2022학년도 대학수학능력시험의 국어, 수학, 영어 3개 과목을 반영하여 지원자 중 1명을 선발한다.
  - 3개 과목 평균등급이 2등급(3개 과목 등급의 합이 6) 이내인 자를 선발한다. 이 조건을 만족하는 지원자가 여러 명일 경우, 3개 과목 원점수의 합산 점수가 가장 높은 자를 선발한다.

〈2022학년도 대학수학능력시험 과목별 등급 – 원점수 커트라인〉

(단위 : 점)

과목＼등급	1	2	3	4	5	6	7	8
국어	96	93	88	79	67	51	40	26
수학	89	80	71	54	42	33	22	14
영어	94	89	85	77	69	54	41	28

※ 예를 들어, 국어 1등급은 100 ~ 96점, 국어 2등급은 95 ~ 93점

〈2022학년도 K대학교 B학과 지원자 원점수 성적〉

(단위 : 점)

지원자	국어	수학	영어
갑	90	96	88
을	89	89	89
병	93	84	89
정	79	93	92
무	98	60	100

① 갑 　　　　② 을
③ 병 　　　　④ 정
⑤ 무

14 다음 글을 근거로 판단할 때, 〈보기〉에서 적절한 것을 모두 고르면?

A국과 B국은 대기오염 정도를 측정하여 통합지수를 산정하고 이를 바탕으로 경보를 한다.

A국은 5가지 대기오염 물질 농도를 각각 측정하여 대기환경지수를 산정하고, 그 평균값을 통합지수로 한다. 통합지수의 범위에 따라 호흡 시 건강에 미치는 영향이 달라지며, 이를 기준으로 그 등급을 아래와 같이 6단계로 나눈다.

〈A국 대기오염 등급 및 경보기준〉

등급	좋음	보통	민감군에게 해로움	해로움	매우 해로움	심각함
통합지수	0 ~ 50	51 ~ 100	101 ~ 150	151 ~ 200	201 ~ 300	301 ~ 500
경보색깔	초록	노랑	주황	빨강	보라	적갈
행동지침	외부활동 가능		외부활동 자제			

※ 민감군 : 노약자, 호흡기 환자 등 대기오염에 취약한 사람

B국은 A국의 5가지 대기오염 물질을 포함한 총 6가지 대기오염 물질의 농도를 각각 측정하여 대기환경지수를 산정하고, 이 가운데 가장 높은 대기환경지수를 통합지수로 사용한다. 다만 오염물질별 대기환경지수 중 101 이상인 것이 2개 이상일 경우에는 가장 높은 대기환경지수에 20을 더하여 통합지수를 산정한다. 통합지수는 그 등급을 아래와 같이 4단계로 나눈다.

〈B국 대기오염 등급 및 경보기준〉

등급	좋음	보통	나쁨	매우 나쁨
통합지수	0 ~ 50	51 ~ 100	101 ~ 250	251 ~ 500
경보색깔	파랑	초록	노랑	빨강
행동지침	외부활동 가능		외부활동 자제	

보기

ㄱ. A국과 B국의 통합지수가 동일하더라도, 각 대기오염 물질의 농도는 다를 수 있다.
ㄴ. B국의 통합지수가 180이라면, 6가지 대기오염 물질의 대기환경지수 중 가장 높은 것은 180 미만일 수 없다.
ㄷ. A국이 대기오염 등급을 '해로움'으로 경보한 경우, 그 정보만으로는 특정 대기오염 물질 농도에 대한 정확한 수치를 알 수 없을 것이다.
ㄹ. B국 국민이 A국에 방문하여 경보색깔이 노랑인 것을 확인하고 B국의 경보기준을 따른다면, 외부활동을 자제할 것이다.

① ㄱ, ㄴ
③ ㄴ, ㄹ
⑤ ㄴ, ㄷ, ㄹ

② ㄱ, ㄷ
④ ㄱ, ㄷ, ㄹ

15 다음 연구용역 계약사항을 근거로 판단할 때, 〈보기〉에서 적절한 것을 모두 고르면?

〈연구용역 계약사항〉

□ 과업수행 전체회의 및 보고
- 참석대상 : 발주기관 과업 담당자, 연구진 전원
- 착수보고 : 계약일로부터 10일 이내
- 중간보고 : 계약기간 중 2회
  - 과업 진척상황 및 중간결과 보고, 향후 연구계획 및 내용 협의
- 최종보고 : 계약만료 7일 전까지
- 수시보고 : 연구 수행상황 보고 요청 시, 긴급을 요하거나 특이사항 발생 시 등
- 전체회의 : 착수보고 전, 각 중간보고 전, 최종보고 전
□ 과업 산출물
- 중간보고서 20부, 최종보고서 50부, 연구 데이터 및 관련 자료 CD 1매
□ 연구진 구성 및 관리
- 연구진 구성 : 책임연구원, 공동연구원, 연구보조원
- 연구진 관리
  - 연구 수행기간 중 연구진은 구성원을 임의로 교체할 수 없음. 단, 부득이한 경우 사전에 변동사유와 교체될 구성원의 경력 등에 관한 서류를 발주기관에 제출하여 승인을 받은 후 교체할 수 있음.
□ 과업의 일반조건
- 연구진은 연구과제의 시작부터 종료(최종보고서 제출)까지 과업과 관련된 제반 비용의 지출행위에 대해 책임을 지고 과업을 진행해야 함.
- 연구진은 용역완료(납품) 후에라도 발주기관이 연구결과와 관련된 자료를 요청할 경우에는 관련 자료를 성실히 제출하여야 함.

보기

ㄱ. 발주기관은 연구용역이 완료된 후에도 연구결과와 관련된 자료를 요청할 수 있다.
ㄴ. 과업수행을 위한 전체회의 및 보고 횟수는 최소 8회이다.
ㄷ. 연구진은 연구 수행기간 중 책임연구원과 공동연구원을 변경할 수 없지만 연구보조원의 경우 임의로 교체할 수 있다.
ㄹ. 중간보고서의 경우 출력과 제본 비용의 지출행위에 대해 발주기관이 책임을 진다.

① ㄱ, ㄴ
② ㄱ, ㄷ
③ ㄱ, ㄹ
④ ㄴ, ㄷ
⑤ ㄷ, ㄹ

16 다음 글을 근거로 판단할 때 적절하지 않은 것은?

K군에서는 관내 임업인 중 정부 보조금 지원 대상자를 선정하기 위하여 평가 기준을 홈페이지에 게시하였다. 이에 임업인 갑, 을, 병, 정이 관련 서류를 완비하여 보조금 지원을 신청하였으며, K군은 평가를 거쳐 선정결과를 발표하였다.

〈평가 기준〉

구분	평가항목	배점기준		배점	평가자료
1	보조금 수급 이력	없음		40	정부 보유자료
		있음	3백만 원 미만	26	
			3백만 원 이상	10	
2	임산물 판매규모	2천만 원 이상		30	2022년 연간 판매액 증빙자료
		1천만 원 이상 2천만 원 미만		25	
		5백만 원 이상 1천만 원 미만		19	
		5백만 원 미만		12	
3	전문임업인	해당		10	군청 보유자료
		해당 없음		5	
4	임산물 관련 교육 이수	해당		10	이수증, 수료증
		해당 없음		5	
5	2022년 산림청 통계조사 표본농가	해당		10	산림청 보유자료
		해당 없음		7	

☐ 선정기준 : 평가 기준에 따른 총점이 가장 높은 임업인 1인
☐ 임업인이 제출해야 할 서류
  • 2번 항목 : 2022년 임산물 판매 영수증, 세금계산서
  • 4번 항목 : 이수증 또는 수료증
☐ 선정제외 대상 : 보조금을 부당하게 사용하였거나 관련 법령을 위반한 자
☐ 동점 시 우선 선정기준
  1. 보조금 수급 이력 점수가 높은 자
  2. 임산물 판매규모 점수가 높은 자
  3. 연령이 높은 자

〈선정결과〉

임업인＼항목	1	2	3	4	5	총점	선정여부
갑	40	25	10	5	7	87	×
을	40	19	5	10	10	84	×
병	40	19	10	5	10	84	○
정	26	30	5	10	7	78	×

① 갑은 관련 법령을 위반한 적이 있을 것이다.

② 갑과 정은 2022년 산림청통계조사 표본농가에 포함되지 않았을 것이다.

③ 을이 관련 법령위반 경력이 없다면, 병은 을보다 연령이 높을 것이다.

④ 정은 300만 원 이상에 해당되는 보조금 수급 이력 서류를 제출하였을 것이다.

⑤ 을과 정은 임산물 관련 교육 이수 사실 증명을 위해 이수증이나 수료증을 제출하였을 것이다.

17 다음 글을 근거로 판단할 때, 사용자 아이디 KDHong의 패스워드로 가장 안전한 것은?

- 패스워드를 구성하는 문자의 종류는 4가지로, 알파벳 대문자, 알파벳 소문자, 특수문자, 숫자이다.
- 세 가지 종류 이상의 문자로 구성된 경우, 8자 이상의 패스워드는 10점, 7자 이하의 패스워드는 8점을 부여한다.
- 두 가지 종류 이하의 문자로 구성된 경우, 10자 이상의 패스워드는 10점, 9자 이하의 패스워드는 8점을 부여한다.
- 동일한 문자가 연속되어 나타나는 패스워드는 2점을 감점한다.
- 아래 키보드 가로열 상에서 인접한 키에 있는 문자가 연속되어 나타나는 패스워드는 2점을 감점한다.
  예 ^6과 &7은 인접한 키로, 6과 7뿐만 아니라 ^와 7도 인접한 키에 있는 문자이다.
- 사용자 아이디 전체가 그대로 포함된 패스워드는 3점을 감점한다.
- 점수가 높을수록 더 안전한 패스워드이다.
※ 특수문자는 !, @, #, $, %, ^, &, *, (,) 뿐이라고 가정한다.

〈키보드〉

① 10H&20Mzw   ② KDHong!

③ asjpeblove   ④ SeCuRiTy*

⑤ 1249dhqtgml

18 다음 K시의 버스정류소 명칭 관리 및 운영계획을 근거로 판단할 때 가장 적절한 것은?(단, 모든 정류소는 K시 내에 있다)

〈버스정류소 명칭 관리 및 운영계획〉

☐ 정류소 명칭 부여기준
- 글자 수 : 15자 이내로 제한
- 명칭 수 : 2개 이내로 제한
  - 정류소 명칭은 지역대표성 명칭을 우선으로 부여
  - 2개를 병기할 경우 우선순위대로 하되, ·으로 구분

우선순위	지역대표성 명칭			특정법인(개인) 명칭	
	1	2	3	4	5
명칭	고유지명	공공기관, 공공시설	관광지	시장, 아파트, 상가, 빌딩	기타 (회사, 상점 등)

☐ 정류소 명칭 변경 절차
- 자치구에서 명칭 부여기준에 맞게 홀수달 1일에 신청
  - 홀수달 1일에 하지 않은 신청은 그 다음 홀수달 1일 신청으로 간주
- 부여기준에 적합한지를 판단하여 시장이 승인 여부를 결정
- 관련 기관은 정류소 명칭 변경에 따른 정비를 수행
- 관련 기관은 정비 결과를 시장에게 보고

| 명칭 변경 신청 (자치구) | ▶ | 명칭 변경 승인 (시장) | ▶ | 명칭 변경에 따른 정비(관련 기관) | ▶ | 정비 결과 보고 (관련 기관) |
| 홀수달 1일 신청 | | 신청일로부터 5일 이내 | | 승인일로부터 7일 이내 | | 정비완료일로부터 3일 이내 |

※ 단, 주말 및 공휴일도 일수(日數)에 산입하며, 당일(신청일, 승인일, 정비완료일)은 일수에 산입하지 않는다.

---

① 자치구가 7월 2일에 정류소 명칭 변경을 신청한 경우, K시의 시장은 늦어도 7월 7일까지는 승인 여부를 결정해야 한다.

② 자치구가 8월 16일에 신청한 정류소 명칭 변경이 승인될 경우, 늦어도 9월 16일까지는 정비결과가 시장에게 보고된다.

③ '가나시영3단지'라는 정류소 명칭을 '가나서점 · 가나3단지아파트'로 변경하는 것은 명칭 부여기준에 적합하다.

④ '다라중학교 · 다라동1차아파트'라는 정류소 명칭은 글자 수가 많아 명칭 부여기준에 적합하지 않다.

⑤ 명칭을 변경하는 정류소에 '마바구도서관 · 마바시장 · 마바물산'이라는 명칭이 부여될 수 있다.

19 다음 기준과 현황을 근거로 판단할 때, 지방자치단체 A ~ D 중 중점관리대상을 모두 고르면?

〈기준〉

• 지방재정위기 사전경보지표

(단위 : %)

지표 경보구분	통합재정 수지적자 비율	예산대비 채무비율	채무상환비 비율	지방세 징수액 비율	금고잔액 비율	공기업 부채비율
주의	25 초과 50 이하	25 초과 50 이하	12 초과 25 이하	25 이상 50 미만	10 이상 20 미만	400 초과 600 이하
심각	50 초과	50 초과	25 초과	25 미만	10 미만	600 초과

• 중점관리대상 지방자치단체 지정기준
  - 6개의 사전경보지표 중 '심각'이 2개 이상이면 중점관리대상으로 지정
  - '주의' 2개는 '심각' 1개로 간주

〈현황〉

(단위 : %)

지표 지방 자치단체	통합재정 수지적자 비율	예산대비 채무비율	채무상환비 비율	지방세 징수액 비율	금고잔액 비율	공기업 부채비율
A	30	20	15	60	30	250
B	40	30	10	40	15	350
C	15	20	6	45	17	650
D	60	30	30	55	25	150

① A, C
② A, D
③ B, C
④ B, D
⑤ B, C, D

20 다음 글을 근거로 판단할 때, 〈보기〉의 갑 ~ 정 중에서 사업자등록을 하여야 하는 사람을 모두 고르면?

> 다음 요건을 모두 갖춘 경우 사업자등록을 하여야 한다.
> • 사업자이어야 한다.
> – 사업자란 사업목적이 영리이든 비영리이든 관계없이 사업상 독립적으로 재화 또는 용역을 공급하는 사람(법인 포함)을 말한다.
> • 계속성 · 반복성을 가져야 한다.
> – 재화나 용역을 계속적이고 반복적으로 공급하여야 한다. 계속적이고 반복적인 공급이란 시간을 두고 여러 차례에 걸쳐 이루어지는 것을 말한다.
> • 독립성을 가져야 한다.
> – 사업의 독립성이란 사업과 관련하여 재화 또는 용역을 공급하는 주체가 다른 사업자에게 고용되거나 종속되지 않은 경우를 말한다.

보기

• 용돈이 필요하여 자신이 사용하던 200만 원 가치의 카메라 1대를 인터넷 중고매매 카페에 매물로 1회 등록한 갑
• 자사의 제품을 판매하기 위해 열심히 일하는 영업사원 을
• 결식 어린이 돕기 성금 모금을 위하여 자원봉사자들이 직접 만든 공예품을 8년째 판매하고 있는 비영리법인 병
• 자신이 개발한 발명품을 10년 동안 직접 판매하면서 생활비 정도를 벌고 있는 정

① 갑, 을
② 갑, 병
③ 을, 병
④ 을, 정
⑤ 병, 정

21 다음 글을 근거로 판단할 때, 〈보기〉의 갑과 을 사업이 각각 받아야 하는 평가의 수는?

- A평가

  평가의 대상은 총사업비가 500억 원 이상인 사업 중 중앙정부의 재정지원(국비) 규모가 300억 원 이상인 신규사업으로 건설공사가 포함된 사업, 정보화・국가연구개발 사업, 사회복지・보건・교육・노동・문화・관광・환경보호・농림・해양수산・산업・중소기업 분야의 사업이다.

  단, 법령에 따라 설치하거나 추진하여야 하는 사업, 공공청사 신・증축사업, 도로・상수도 등 기존 시설의 단순개량 및 유지보수사업, 재해예방 및 복구지원 등으로 시급한 추진이 필요한 사업은 평가 대상에서 제외된다.

  ※ 법령 : 국회에서 제정한 법률과 행정부에서 제정한 명령(대통령령・총리령・부령)을 의미한다.

- B평가

  신규사업의 시행이 환경에 미치는 영향을 미리 조사・예측・평가하는 것이다. 평가 대상은 도시개발사업, 도로건설사업, 철도건설사업(도시철도 포함), 공항건설사업이다.

- C평가

  대량의 교통수요를 유발할 우려가 있는 신규사업을 시행할 경우, 미리 주변지역의 교통체계에 미치는 제반 영향을 분석・평가하여 이에 따른 대책을 강구하는 평가이다. 평가의 대상은 다음과 같다.

종류	기준
도시개발사업	부지면적 10만m² 이상
철도건설사업	정거장 1개소 이상, 총길이 5km 이상

> **보기**
>
> - 갑 사업 : ○○광역시가 시행주체가 되어 추진하는 부지면적 12만 5천m²에 보금자리주택을 건설하는 신규 도시개발사업으로, 총사업비 520억 원 중 100억 원을 국비로, 420억 원을 시비로 조달함
> - 을 사업 : 최근 국회에서 제정한 '△△광역시 철도건설특별법률'에 따라 △△광역시에 정거장 7개소, 총길이 18km의 철도를 건설하는 신규사업으로, 총사업비 4,300억 원을 전액 국비로 지원받음

	갑 사업	을 사업
①	2	2
②	2	3
③	3	1
④	3	2
⑤	3	3

22 다음 사업설명서를 근거로 판단할 때, 〈보기〉에서 적절한 것을 모두 고르면?

〈사업설명서〉

총지원금		2020년	14,000백만 원	2021년	13,000백만 원
지원 인원		2020년	3,000명	2021년	2,000명
사업 개요	시작년도	2000년			
	추진경위	IMF 대량실업사태 극복을 위해 출발			
	사업목적	실업자에 대한 일자리 제공으로 생활안정 및 사회 안전망 제공			
	모집시기	연간 2회(5월, 12월)			
근로 조건	근무조건	월 소정 근로시간	112시간 이하	주당 근로일수	5일
	4대 사회보험 보장여부	국민연금	건강보험	고용보험	산재보험
		○	○	○	○
참여자	주된 참여자	청년 (35세 미만)	중장년 (50 ~ 64세)	노인 (65세 이상)	여성	장애인
			○			
	기타	• 우대요건 : 저소득층, 장기실업자, 여성가장 등 취업취약계층 우대 • 취업 취약계층 목표비율 : 70%				

보기

ㄱ. 2021년에는 2020년보다 총 지원금은 줄었지만 지원 인원 1인당 평균 지원금은 더 많아졌다.

ㄴ. 저소득층, 장기실업자, 여성가장이 아니라면 이 사업에 참여할 수 없다.

ㄷ. 이 사업 참여자들은 4대 사회보험을 보장받지 못한다.

ㄹ. 이 사업은 청년층이 주된 참여자이다.

① ㄱ

② ㄱ, ㄴ

③ ㄴ, ㄷ

④ ㄷ, ㄹ

⑤ ㄱ, ㄷ, ㄹ

23 다음 글을 근거로 판단할 때, A ~ G에게 기내식을 제공하는 순서로 가장 적절한 것은?

- ■ 기내식 종류별 제공 순서
  1. 어린이식사를 가장 먼저 제공한다.
     ※ 어린이식사는 미리 주문한 사람에 한하여 제공하며, 어린이와 동승한 자의 식사도 함께 제공한다.
  2. 특별식을 두 번째로 제공한다.
     ※ 특별식에는 채식, 저칼로리식, 저탄수화물식, 저염식이 있으며, 미리 주문한 사람에 한하여 제공한다.
  3. 일반식을 마지막으로 제공한다. 순서는 다음과 같다. 기체의 가장 앞쪽과 가장 뒤쪽부터 중간쪽 방향으로 제공한다. 단, 같은 열에서는 창가에서 내측 방향으로 제공한다.

- ■ 탑승자 정보
  - A : 어린이와 동승했으며 어린이식사를 미리 주문하였다.
  - B : 특별식을 주문하지 않았으며, 동승한 친구는 자신이 먹을 채식을 미리 주문하였다.
  - C : 혼자 탑승하였으며 특별식을 주문하지 않았다.
  - D : 어린이와 동승하였으나 어린이식사를 주문하지 않았다.
  - E : 혼자 탑승하였으며 저칼로리식을 미리 주문하였다.
  - F : 성인인 친구와 동승하였으며 특별식을 주문하지 않았다.
  - G : 혼자 탑승하였으며 특별식을 주문하지 않았다.

- ■ 탑승자의 좌석 배치도

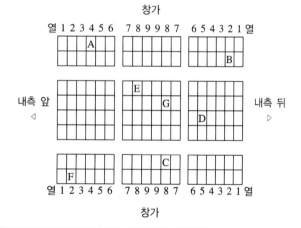

① A – B – E – F – D – C – G

② A – E – B – F – D – G – C

③ A – E – F – B – D – C – G

④ B – F – A – D – G – C – E

⑤ B – F – A – D – E – G – C

24 다음은 K기관의 제휴시설 안내 홈페이지의 일부인 호텔 상호 리스트와 지역별 리스트이다. 이를 근거로 판단할 때, 〈보기〉에서 적절하지 않은 것을 모두 고르면?

〈호텔 상호 리스트〉

| 호텔 | 콘도미니엄 | 지역별 |

- 남송마리나피싱리조트 (1)
- 대둔산관광호텔 (1)
- 씨클라우드 호텔 (1)
- 코모도호텔 (1)
- 호텔농심 (1)
- 경주교육문화회관 (1)
- 해운대 센텀호텔 (1)
- 송도파크호텔 (1)
- 한옥호텔 영산재 (1)
- 남해스포츠파크 호텔 (1)
- 호텔인터시티 (1)
- 유성호텔 (1)
- 춘천세종호텔 (1)
- 해운대그랜드호텔 (1)
- 라마다프라자 제주호텔 (1)
- 라마다송도호텔 (1)
- 더클래스300 호텔 (1)
- 여수엠블호텔 (1)
- 노보텔 앰배서더 (4)
- 신안비치호텔 (1)
- 켄싱턴호텔 (2)
- 단양관광호텔 (1)
- 서울교육문화회관 (1)
- 라마다호텔&스위트 (2)
- 라마다플라자 광주호텔 (1)
- 해남땅끝호텔 (1)

숙소명	소재지	상세보기
남송마리나피싱리조트	경남 남해군 삼동면	[상세보기]

〈지역별 리스트〉

| 호텔 | 콘도미니엄 | 지역별 |

- 서울 (5)
- 인천 (2)
- 경기 (5)
- 충남 (3)
- 경북 (3)
- 부산 (7)
- 광주 (1)
- 강원 (15)
- 전북 (3)
- 경남 (4)
- 대구 (1)
- 대전 (2)
- 충북 (4)
- 전남 (9)
- 제주 (5)

숙소명	소재지	상세보기
노보텔 앰배서더 강남지점	서울시 강남구	[상세보기]
노보텔 앰배서더 독산지점	서울시 금천구	[상세보기]
라마다호텔&스위트 남대문지점	서울시 중구	[상세보기]
라마다호텔&스위트 동대문지점	서울시 중구	[상세보기]
서울교육문화회관	서울시 서초구	[상세보기]

※ K기관은 호텔과 콘도미니엄만을 제휴시설로 한다.
※ 호텔과 콘도미니엄 리스트에 동시에 포함되어 있는 제휴시설은 없다.
※ 호텔 상호 리스트에서 지역명을 포함한 호텔은 그 해당 지역에 위치한다.

① ㄱ, ㄴ   ② ㄷ, ㄹ

③ ㄱ, ㄴ, ㄷ   ④ ㄱ, ㄴ, ㄹ

⑤ ㄴ, ㄷ, ㄹ

25 다음은 제품별 핸드크림 성능에 대한 자료이다. 이를 근거로 판단할 때, 〈보기〉의 선호 기준에 따라 선택할 제품이 바르게 짝지어진 것은?

〈제품별 핸드크림 성능〉

항목 제품	가격 (원/개)	용량 (mL/개)	발림성	보습력	향
반짝이	63,000	75	★★★	★★★★	★★★
섬섬옥수	40,000	85	★★	★★★	★★
수분톡톡	8,900	80	★★★	★★★★	★★★
보드란	6,900	30	★★	★★★	★
솜구름	30,000	120	★★★	★★	★★★

※ 제품의 크기는 용량에 비례하고, ★이 많을수록 해당 항목이 우수하다.

보기

민주 : 난 손이 워낙 건조해서 무엇보다 보습력이 뛰어난 제품이 필요해. 그 다음으로는 산뜻하게 잘 발리는 제품이 좋아! 나머지는 아무래도 상관없어.

호성 : 난 발림성, 보습력, 향 모두 우수할수록 좋아. 그 다음으로는 제품가격이 낮으면 좋겠지!

유진 : 무조건 향이 좋아야지! 손을 움직일 때마다 풍기는 향이 사람의 기분을 얼마나 좋게 만드는 지 알아? 향이 좋은 것 중에서는 부드럽게 잘 발리는 게 좋아! 그 다음으로는 가방에 넣어 다니려면 제품 크기가 작은 게 좋겠어.

	민주	호성	유진
①	수분톡톡	보드란	수분톡톡
②	수분톡톡	솜구름	반짝이
③	수분톡톡	수분톡톡	반짝이
④	수분톡톡	수분톡톡	보드란
⑤	수분톡톡	보드란	수분톡톡

26 다음 글을 근거로 판단할 때, 계통색명이 바르게 표현된 것은?

색명은 관용색명과 계통색명으로 구분한다. 이 중 관용색명은 동식물, 광물 등으로부터 연상에 의해 떠올리는 색 표현 방법으로 병아리색, 황토색, 살구색, 장미색 등을 예로 들 수 있다. 계통색명은 유채색의 계통색명과 무채색의 계통색명으로 나뉜다. 계통색명은 기본색명 앞에 명도·채도에 관한 수식어와 색상에 관한 수식어를 붙여서 표현하는데, 다음과 같은 순서로 표기한다. 이때 사용되는 수식어는 필요에 따라 하나 혹은 둘을 기본색명 앞에 붙여 표기할 수 있고 그 순서는 바꿀 수 없다.

- 유채색의 계통색명 표기법

| 명도 · 도에 관한 수식어 | 색상에 관한 수식어 | 기본색명 |

- 계통색명 표기법

| 명도 · 도에 관한 수식어 | 색상에 관한 수식어 | 기본색명 |

- 기본색명

유채색	무채색
빨강, 주황, 노랑, 연두, 녹색, 청록, 파랑, 남색, 보라, 자주	흰색, 회색, 검정

- 유채색의 명도 · 채도에 관한 수식어, 무채색의 명도에 관한 수식어

수식어	구분
선명한	유채색
흐린	유채색
탁한	유채색
밝은	유채색, 무채색
(아주) 어두운	유채색, 무채색
진한	유채색
(아주) 연한	유채색

- 색상에 관한 수식어

수식어	적용하는 기본색명
빨강 띤	보라, 노랑, 흰색, 회색, 검정
노랑 띤	빨강, 녹색, 흰색, 회색, 검정
녹색 띤	노랑, 파랑, 흰색, 회색, 검정
파랑 띤	녹색, 보라, 흰색, 회색, 검정
보라 띤	파랑, 빨강, 흰색, 회색, 검정

※ 색상에 관한 수식어는 쓰임에 따라 예를 들어 '빨강 띤', '빨강 기미의', '빨강 끼의' 등으로 바꾸어 표현하거나 '빨강빛'으로 표현할 수 있다.

① 진한 회색
② 보라빛 노랑
③ 선명한 파랑 띤 노랑
④ 빨강 기미의 밝은 보라
⑤ 아주 연한 노랑 끼의 녹색

27 다음 근로조건과 직원정보를 근거로 판단할 때, K회사 김과장이 18시부터 시작하는 시간 외 근로를 요청하면 오늘 내로 A프로젝트를 완수할 수 있는 직원을 모두 고르면?(단, 지금은 금요일 17시 50분이다)

〈근로조건〉

가. K회사의 근로자는 09시에 근무를 시작해 18시에 마치며, 중간에 1시간 휴게시간을 갖는다. 근로시간은 휴게시간을 제외하고 1일 8시간, 1주 40시간이다.

나. 시간 외 근로는 1주 12시간을 초과하지 못한다. 단, 출산 이후 1년이 지나지 않은 여성에 대하여는 1일 2시간, 1주 6시간을 초과하는 시간 외 근로를 시키지 못한다.

다. 시간 외 근로를 시키기 위해서는 근로자 본인의 동의가 필요하다. 단, 여성의 경우에는 야간근로에 대해서 별도의 동의를 요한다.

※ 시간 외 근로 : 근로조건 '가'의 근로시간을 초과하여 근로하는 것
※ 야간근로 : 22시에서 다음 날 06시 사이에 근로하는 것
※ 시간 외 근로시간에는 휴게시간은 없음

〈직원정보〉

이름	성별	이번 주 일일근로시간					A프로젝트 완수 소요시간	시간 외 근로 동의 여부	야간근로 동의 여부
		월	화	수	목	금			
김상형	남	8	8	8	8	8	5	×	−
전지연	여	−	10	10	10	8	2	○	×
차효인	여	9	8	13	9	8	3	○	○
조경은	여	8	9	9	9	8	5	○	×
심현석	남	10	11	11	11	8	1	○	−

※ 출산여부 : 전지연은 4개월 전에 둘째 아이를 출산하고 이번 주 화요일에 복귀하였고, 나머지 여성직원은 출산 경험이 없음

① 김상형, 차효인　　　　　② 차효인, 심현석
③ 차효인, 조경은　　　　　④ 전지연, 조경은
⑤ 전지연, 심현석

28 다음 글을 근거로 판단할 때, 〈보기〉에서 적절한 것을 모두 고르면?

8개 국가의 장관이 회담을 위해 K국에 모였다. 각국의 장관은 자신이 사용하는 언어로 의사소통을 하려고 한다. 그런데 회담이 갑자기 개최되어 통역관을 충분히 확보하지 못한 상황이다. 따라서 의사소통을 위해서는 여러 단계의 통역을 거칠 수도 있고, 2개 이상의 언어를 사용하는 장관이 통역관의 역할을 겸할 수도 있다.

현재 회담에 참여하는 장관과 배석 가능한 통역관은 다음과 같다.

장관	사용언어
A	네팔어
B	영어
C	우즈베크어, 러시아어
D	카자흐어, 러시아어
E	영어, 스와힐리어
F	에스파냐어
G	스와힐리어
H	한국어

통역관	통역 가능한 언어
갑	한국어, 우즈베크어
을	영어, 네팔어
병	한국어, 에스파냐어
정	한국어, 영어, 스와힐리어

보기

ㄱ. A장관이 F장관과 의사소통을 하기 위해서는 최소한 3명의 통역관이 배석하여야 한다.

ㄴ. 통역관이 정밖에 없다면 H장관은 최대 3명의 장관과 의사소통을 할 수 있다.

ㄷ. 통역관 정이 없으면 G장관은 어느 장관과도 의사소통을 할 수 없다.

ㄹ. 8명의 장관과 4명의 통역관이 모두 회담에 참석하면 모든 장관들은 서로 의사소통이 가능하다.

① ㄱ, ㄴ   ② ㄱ, ㄷ

③ ㄱ, ㄴ, ㄹ   ④ ㄱ, ㄷ, ㄹ

⑤ ㄴ, ㄷ, ㄹ

29 다음 글을 근거로 판단할 때, 〈보기〉의 빈칸에 들어갈 내용을 바르게 짝지은 것은?

K국에서는 1 ~ 49까지 숫자를 셀 때 다음과 같은 명칭과 규칙을 사용한다.

- 1 ~ 5는 아래와 같이 표현한다.

  1 → tai

  2 → lua

  3 → tolu

  4 → vari

  5 → luna

- 6에서 9까지의 수는 위 명칭에 '새로운'이라는 뜻을 가진 'o'를 앞에 붙여 쓰는데, 6은 otai(새로운 하나), 7은 olua(새로운 둘), 8은 otolu(새로운 셋), …(으)로 표현한다.
- 10은 5가 두 개 더해진 것이므로 '두 개의 다섯'이란 뜻에서 lualuna(2×5), 15는 '세 개의 다섯'이란 뜻에서 toluluna(3×5), 20은 variluna(4×5), …(으)로 표현한다. 즉, 5를 포함하는 두 개 숫자의 곱이다.
- 11부터는 '더하기'라는 뜻을 가진 'i'를 중간에 넣고, 그 다음에 1 ~ 4 사이의 숫자 하나를 순서대로 넣어서 표현한다. 따라서 11은 lualuna i tai($2\times5+1$), 12는 lualuna i lua($2\times5+2$), …, 16은 toluluna i tai($3\times5+1$), 17은 toluluna i lua($3\times5+2$), …(으)로 표현한다.

보기

ㄱ. 30은 _____로 표현한다.

ㄴ. ovariluna i tolu는 숫자 _____이다.

	ㄱ	ㄴ
①	otailuna	48
②	otailuna	23
③	lualualuna	48
④	tolulualuna	17
⑤	tolulualuna	23

30 다음 글을 근거로 판단할 때, 〈보기〉에서 적절하지 않은 것을 모두 고르면?

> 맥아음료 중 일정 비율을 초과한 알코올을 함유하고 있는 것을 맥주라고 한다. 수입 맥아음료에 대한 관세율 및 주세율은 다음과 같다.
> • 관세의 부과기준 및 관세율
>   가. 알코올을 함유하지 않은 맥아음료(알코올 함유량 100분의 0.5 이하 포함) : 8%
>   나. 맥주(알코올 함유량 100분의 0.5 초과) : 30%
> • 주세의 부과기준 및 주세율
>   알코올 함유량이 100분의 1 이상인 맥주 : 72%

> **보기**
>
> ㄱ. 알코올 함유량이 1%인 수입 맥아음료는 30%의 관세와 72%의 주세를 모두 납부해야 한다.
> ㄴ. 주세 납부 대상이지만 관세는 내지 않아도 되는 수입 맥아음료가 있다.
> ㄷ. 알코올 함유량이 0.8%인 수입 맥아음료는 8%의 관세를 납부해야 한다.

① ㄱ
② ㄴ
③ ㄱ, ㄷ
④ ㄴ, ㄷ
⑤ ㄱ, ㄴ, ㄷ

31 다음 글을 근거로 판단할 때, A~E 중 유통이력 신고의무가 있는 사람은?

갑국의 유통이력관리제도는 사회안전 및 국민보건을 위해 관세청장이 지정하는 수입물품(이하 "지정물품"이라 한다)에 대해 유통단계별 물품 거래내역(이하 "유통이력"이라 한다)을 추적·관리하는 제도이다. 유통이력에 대한 신고의무가 있는 사람은 수입자와 유통업자이며, 이들이 지정물품을 양도(판매, 재판매 등)한 경우 유통이력을 관세청장에게 신고하여야 한다. 지정물품의 유통이력 신고의무는 아래 제시된 유통이력신고 대상물품 표의 시행일자부터 발생한다.

- 수입자 : 지정물품을 수입하여 세관에 신고하는 자
- 유통업자 : 수입자로부터 지정물품을 양도받아 소매업자 또는 최종소비자에게 양도하는 자(도매상 등)
- 소매업자 : 지정물품을 최종소비자에게 판매하는 자
- 최종소비자 : 지정물품의 형체를 변형해서 사용하는 자를 포함하는 최종단계 소비자(개인, 식당, 제조공장 등)

〈유통이력신고 대상물품〉

시행일자	지정물품
2019.8.1.	공업용 천일염, 냉동복어, 안경테
2020.2.1.	황기, 백삼, 냉동고추, 뱀장어, 선글라스
2020.8.1.	구기자, 당귀, 곶감, 냉동송어, 냉동조기
2021.3.1.	건고추, 향어, 활낙지, 지황, 천궁, 설탕
2022.5.1.	산수유, 오미자
2023.2.1.	냉동옥돔, 작약, 황금

※ 위의 표에서 제시되지 않은 물품은 신고의무가 없는 것으로 간주한다.

① 수입한 선글라스를 2019년 10월 안경전문점에 판매한 안경테 도매상 A
② 당귀를 수입하여 2020년 5월 동네 한약방에 판매한 한약재 전문 수입자 B
③ 구기자를 수입하여 2022년 2월 건강음료 제조공장에 판매한 식품 수입자 C
④ 도매상으로부터 수입 냉동복어를 구입하여 만든 매운탕을 2021년 1월 소비자에게 판매한 음식점 주인 D
⑤ 수입자로부터 냉동옥돔을 구입하여 2022년 8월 음식점에 양도한 도매상 E

다음 글과 〈조건〉을 근거로 판단할 때, 2순위와 4순위가 바르게 짝지어진 것은?

심야에 오토바이 폭주족들이 굉음을 내고 도로를 질주하여 주민들이 잠을 잘 수가 없다는 민원이 경찰청에 끊임없이 제기되고 있다. 경찰청은 이 문제를 해결하기 위해 대책을 논의하였다. 그 결과 안전그물 설치, 전담반 편성, CCTV 설치, 처벌 강화, 시민자율방범의 5가지 대안을 마련하였고, 그 대안별 우선순위를 알고자 한다.

조건

평가 기준 \ 대안	㉠ 안전그물 설치	㉡ 전담반 편성	㉢ CCTV 설치	㉣ 처벌강화	㉤ 시민자율방범
효과성	8	5	5	9	4
기술적 실현가능성	7	2	1	6	3
경제적 실현가능성	6	1	3	8	1
행정적 실현가능성	6	6	5	5	5
법적 실현가능성	6	5	5	5	5

- 우선순위는 대안별 평가 기준 점수의 합계가 높은 순으로 정한다.
- 합계점수가 같은 경우에는 법적 실현가능성 점수가 높은 대안이 우선순위가 높고, 법적 실현가능성 점수도 같은 경우에는 효과성 점수, 효과성 점수도 같은 경우에는 행정적 실현가능성 점수, 행정적 실현가능성 점수도 같은 경우에는 기술적 실현가능성 점수가 높은 대안 순으로 우선순위를 정한다.

	2순위	4순위
①	㉠	㉡
②	㉡	㉣
③	㉣	㉡
④	㉣	㉢
⑤	㉣	㉤

33 다음 글을 근거로 판단할 때, 〈보기〉의 갑 ~ 정이 권장 시기에 맞춰 정기검진을 받는다면 첫 정기 검진까지의 기간이 가장 적게 남은 사람부터 순서대로 바르게 나열한 것은?(단, 갑 ~ 정은 지금까지 건강검진을 받은 적이 없다)

암 검진은 암을 조기 발견하여 생존률을 높일 수 있기 때문에 매우 중요하다. 일반적으로 권장하는 정기검진의 시작 시기와 주기는 위암은 만 40세부터 2년 주기, 대장암은 만 50세부터 1년 주기, 유방암은 만 40세부터 2년 주기 등이다. 폐암은 흡연자인 경우 만 40세부터 1년 주기로, 비흡연 여성도 만 60세부터 검진을 받아야 한다. 간경변증을 앓고 있는 사람이거나 B형 또는 C형 간염 바이러스 보균자는 만 30세부터 6개월 간격으로 간암 정기검진을 받아야 한다.

그런데 많은 암환자들이 가족력을 가지고 있는 것으로 알려져 있다. 우리나라 암 사망 원인 1위인 폐암은 부모나 형제자매 가운데 해당 질병을 앓은 사람이 있으면 발병 확률이 일반인의 1.95배나 된다. 대장암 환자의 30%도 가족력이 있다. 부모나 형제자매 중에 한 명의 대장암 환자가 있으면 발병 확률은 일반인의 2 ~ 3배가 되고, 두 명이 있으면 그 확률은 4 ~ 6배로 높아진다. 우리나라 여성들이 많이 걸리는 유방암도 가족력이 큰 영향을 미친다. 따라서 가족력이 있으면 대장암은 검진 시기를 10년 앞당겨야 하며, 유방암도 검진 시기를 15년 앞당기고 검사 주기도 1년으로 줄여야 한다.

> **보기**
>
> ㄱ. 매운 음식을 자주 먹는 만 38세 남성 갑의 위암 검진
> ㄴ. 대장암 가족력이 있는 만 33세 남성 을의 대장암 검진
> ㄷ. 유방암 가족력이 있는 만 25세 여성 병의 유방암 검진
> ㄹ. 흡연자인 만 36세 여성 정의 폐암 검진

① 갑 – 을 – 병 – 정
② 갑 – 병 – 정 – 을
③ 병 – 갑 – 정 – 을
④ 병 – 정 – 을 – 갑
⑤ 정 – 을 – 병 – 갑

34 다음은 K회사의 월차 및 월차수당에 대한 설명이다. 이에 근거하여 판단할 때 적절하지 않은 것은?

> - 어느 월(月)에 12일 이상 근무한 근로자에게 1일의 유급휴일을 부여하며, 이를 '월차'라 한다. 월차는 발생 다음 월부터 같은 해 말일까지 사용할 수 있으며, 합산하여 사용할 수도 있다. 다만 해당 연도의 월차는 그 다음 해로 이월되지 않는다.
> - 해당 연도 마지막 월까지 사용하지 않은 월차는 그 해 마지막 월의 급여 지급일에 월차 1일당 1일분의 급여로 지급하는 데, 이를 '월차수당'이라 한다. 근로자가 퇴직하는 경우, 퇴직일까지 사용하지 않은 월차는 퇴직일에 월급여와 함께 월차수당으로 지급한다. 다만 매년 12월 또는 퇴직한 월의 근무로 인해 발생한 월차는 유급휴일로 사용할 수 없고, 월차수당으로만 지급한다.
> ※ '월'은 매월 1일부터 말일까지이며, '월급여'는 매월 말일에 지급한다.

① 갑이 7월 20일에 퇴직한다면 7월 말일에 월급여와 월차수당을 함께 지급받는다.

② 을이 6월 9일에 퇴직한다면 6월의 근무로 발생한 6월분의 월차수당을 받을 수 없을 것이다.

③ 병이 3월 12일 입사하여 같은 해 7월 20일에 퇴직할 때까지 결근 없이 근무하였다면 최대 4일의 월차를 사용할 수 있다.

④ 1월 초부터 같은 해 12월 말까지 결근 없이 근무한 근로자 정은 최대 11일의 월차를 사용할 수 있다.

⑤ 9월 20일에 입사하여 같은 해 12월 31일까지 매월 발생된 월차를 한 번도 사용하지 않고 결근 없이 근무한 무는 최대 3일분의 월차수당을 받을 수 있다.

다음 글에 근거할 때, 〈보기〉의 암호문을 해석하여 찾아낸 원문으로 가장 적절한 것은?

암호표를 이용하여 암호문을 만드는 방법은 다음과 같다. 암호문은 암호화하고자 하는 원문의 알파벳과 암호 변환키의 알파벳을 조합하여 만든다. 먼저 원문 알파벳을 표의 맨 왼쪽 줄에서 찾고, 암호 변환키의 알파벳을 표의 맨 위쪽 줄에서 찾아 그 교차점에 있는 알파벳을 암호문으로 한다.

〈암호표〉

→ 암호 변환키

↓ 원문

	A	B	C	D	E	F	G	H	I	J	K	L	M	N
A	A	B	C	D	E	F	G	H	I	J	K	L	M	N
B	B	C	D	E	F	G	H	I	J	K	L	M	N	A
C	C	D	E	F	G	H	I	J	K	L	M	N	A	B
D	D	E	F	G	H	I	J	K	L	M	N	A	B	C
E	E	F	G	H	I	J	K	L	M	N	A	B	C	D
F	F	G	H	I	J	K	L	M	N	A	B	C	D	E
G	G	H	I	J	K	L	M	N	A	B	C	D	E	F
H	H	I	J	K	L	M	N	A	B	C	D	E	F	G
I	I	J	K	L	M	N	A	B	C	D	E	F	G	H
J	J	K	L	M	N	A	B	C	D	E	F	G	H	I
K	K	L	M	N	A	B	C	D	E	F	G	H	I	J
L	L	M	N	A	B	C	D	E	F	G	H	I	J	K
M	M	N	A	B	C	D	E	F	G	H	I	J	K	L
N	N	A	B	C	D	E	F	G	H	I	J	K	L	M

〈예시〉

원문	F	A	C	E
암호 변환키	C	E	G	I
암호문	H	E	I	M

보기

암호 변환키	BHEMGI
암호문	IBNMIE

① HIJACK　　　　　　　② HIDDEN
③ HANDLE　　　　　　　④ JINGLE
⑤ JACKIE

36 다음 제시된 커피의 종류, 은희의 취향 및 오늘 아침의 상황으로 판단할 때, 오늘 아침에 은희가 주문할 커피는?

〈커피의 종류〉

에스프레소		카페 아메리카노	
	• 에스프레소		• 에스프레소 • 따뜻한 물
카페 라떼		카푸치노	
	• 에스프레소 • 데운 우유		• 에스프레소 • 데운 우유 • 우유거품
카페 비엔나		카페 모카	
	• 에스프레소 • 따뜻한 물 • 휘핑크림		• 에스프레소 • 초코시럽 • 데운 우유 • 휘핑크림

〈은희의 취향〉

• 배가 고플 때에는 데운 우유가 들어간 커피를 마신다.
• 다른 음식과 함께 커피를 마실 때에는 데운 우유를 넣지 않는다.
• 스트레스를 받으면 휘핑크림이나 우유거품을 추가한다.
• 피곤하면 휘핑크림이 들어간 경우에 한하여 초코시럽을 추가한다.

〈오늘 아침의 상황〉

출근을 하기 위해 지하철을 탄 은희는 꽉 들어찬 사람들 사이에서 스트레스를 받으며 내리기만을 기다리고 있었다. 목적지에 도착한 은희는 커피를 마시며 기분을 달래기 위해 커피전문점에 들렀다. 아침식사를 하지 못해 배가 고프고 고된 출근길에 피곤하지만, 시간 여유가 없어 오늘 아침은 커피만 마실 생각이다. 그런데 은희는 요즘 체중관리를 위해 휘핑크림은 넣지 않기로 하였다.

① 카페 라떼
② 카페 아메리카노
③ 카푸치노
④ 카페 모카
⑤ 카페 비엔나

37 다음 글을 근거로 판단할 때, 비행기 좌석표의 주어진 5개 좌석 중 생존가능성이 가장 높은 좌석은?

K국 항공담당 부처는 비행기 화재사고 시 좌석에 따른 생존가능성을 조사하였다. 그 결과 다음과 같이 좌석의 조건에 따라 생존가능성이 다르게 나타났다.

• 비상구에서 앞뒤로 두 번째 열 이내에 앉은 승객은 그렇지 않은 승객에 비해 생존할 가능성이 높다.
• 복도(통로)측 좌석 승객이 창측 승객보다 생존할 가능성이 높다.
• 기내의 가운데 열을 기준으로 앞쪽과 뒤쪽으로 나누어 볼 때 앞쪽 승객이 뒤쪽 승객보다 생존할 가능성이 높다.

〈비행기 좌석표〉

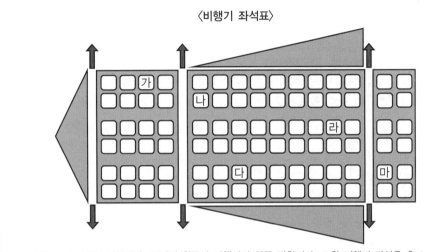

※ 화살표는 비상구를 나타내며, 그림의 왼쪽이 비행기의 앞쪽 방향이다. 또한 비행기 좌석은 총 15열이다.

① 가 ② 나
③ 다 ④ 라
⑤ 마

38 K사무관은 1억 원의 범죄 예방 예산을 A, B시에 배분하려고 한다. 다음 중 기준과 현황에 근거하여 판단할 때 적절하지 않은 것은?

〈기준〉

• 평등성에 입각할 경우 A와 B시에 동등하게 배분한다.
• 인구수에 입각할 경우 A와 B시의 인구비율에 따라 배분한다.
• 범죄 발생 건수에 입각할 경우 A와 B시의 범죄 발생 건수 비율에 따라 배분한다.
• 재정자립도에 입각할 경우 A와 B시의 재정자립도 비율에 따라 역으로 배분한다.
• 경찰관의 수에 입각할 경우 A와 B시의 경찰관 수 비율에 따라 배분한다.

〈현황〉

• A시와 B시의 인구 비율 60 : 40
• A시와 B시의 범죄 발생 건수 비율 25 : 75
• A시와 B시의 재정자립도 비율 70 : 30
• A시와 B시의 경찰관 수 비율 65 : 35

---

① A시의 경우만 볼 때, 어느 기준이 선정되는가에 따라 최고 4,000만 원까지 범죄예방 예산배분액의 차이가 날 수 있다.

② B시의 경우만 볼 때, 어느 기준이 선정되는가에 따라 최고 4,000만 원까지 범죄예방 예산배분액의 차이가 날 수 있다.

③ 평등기준을 제외하고, B시가 3번째로 선호하는 배분기준은 인구수이다.

④ 평등기준을 제외하고, A시가 2번째로 선호하는 배분기준은 인구수이다.

⑤ A시는 재정자립도를 기준으로 할 때, 가장 적은 예산을 배분받는다.

39 한 선거구에 5명의 후보가 출마하여, 다음 투표 방식에 따라 투표 결과를 얻었다. 당선자 결정방식을 참고할 때 당선자는?

〈투표 방식과 투표 결과〉

- 유권자는 한 장의 투표용지에 가장 선호하는 1순위 후보 한 명과 다음으로 선호하는 2순위 후보 한 명을 기표한다.
- 유권자 1,000명이 모두 투표에 참여한 투표 결과를 정리하면 다음과 같다.

기표내용		투표자 수
1순위	2순위	
A	B	250
A	C	100
B	C	200
C	A	200
D	C	150
E	C	100

〈당선자 결정방식〉

1순위 표 과반수를 획득한 자를 당선자로 한다. 단, 1순위 표 과반수를 획득한 자가 없는 경우에는 다음에 의한다.

① 1순위 최소 득표자는 후보에서 제외된다. 이때 제외된 후보자가 획득한 표는 그 투표용지에 2순위로 기표된 후보에게 넘겨진다. 이 표들은 넘겨받은 후보의 1순위 표와 합산된다.

② 과반수 득표자가 나올 때까지 ①의 과정을 반복한다.

---

① A
② B
③ C
④ D
⑤ E

40 K부는 현재 각종의 민원업무를 처리하는 데 있어서 먼저 접수된 민원을 우선 처리하는 '선착순 우선 원칙'을 고수하고 있다. 그러나 일부 국민들은 처리기일이 적게 소요되는 민원을 처리기일이 오래 소요되는 민원보다 우선 처리하는 '짧은 사례 우선 원칙'을 채택하여야 한다고 주장하고 있다. 다음 상황을 근거로 판단할 때 〈보기〉에서 적절한 것을 모두 고르면?

- 갑, 을, 병 3명의 민원인이 같은 날에 순서대로 각각 민원 A, B, C를 민원 담당자에게 접수하였다.
- 민원 담당자가 민원 A, B, C를 처리하는 데 필요한 소요일수는 각각 16일, 8일, 4일이다.
- 민원 담당자는 민원 A, B, C를 동시에 처리할 수 없고 한 번에 하나씩만 처리할 수 있다.

보기

ㄱ. 선착순 우선 원칙에 의할 경우보다 짧은 사례 우선 원칙에 의할 경우 B가 완료되는 데 소요되는 기간은 $\frac{1}{2}$로 줄어든다.

ㄴ. 선착순 우선 원칙보다 짧은 사례 우선 원칙에 의할 경우 갑, 을, 병 모두 혜택을 볼 수 있다.

ㄷ. 민원 담당자의 입장에서 보면 민원 A, B, C를 모두 처리하는 데 필요한 기간은 선착순 우선원칙에 의하는 것과 짧은 사례 우선 원칙에 의하는 것 사이에 차이가 없다.

ㄹ. 선착순 우선 원칙에 의할 경우와 짧은 사례 우선 원칙에 의할 경우 민원 C의 완료 기간은 총 24일 차이가 난다.

ㅁ. 민원인 갑, 을, 병이 접수한 민원이 처리에 들어갈 때까지 각 민원인이 대기한 기간을 합한 총 대기기간은 선착순 우선 원칙에 의할 경우와 짧은 사례 우선 원칙에 의할 경우 간에 차이가 없다.

---

① ㄱ, ㄴ, ㄹ   ② ㄱ, ㄷ, ㄹ

③ ㄱ, ㄷ, ㅁ   ④ ㄴ, ㄷ, ㅁ

⑤ ㄴ, ㄹ, ㅁ

41 다음 글과 자료에 근거하여 〈보기〉에서 적절한 것을 모두 고르면?

> 비용편익분석의 기준에는 다음과 같은 3가지가 있다. 첫째, 최소비용기준은 일정 수준의 편익을 정해놓고, 이 수준에 도달하는 몇 개의 대안들의 비용을 비교하여 이 중 가장 적은 비용의 대안을 선택하는 것이다. 둘째, 최대편익기준은 비용의 최대한도를 정해놓고, 이 비용한도를 넘는 것을 제거한 후 최대편익을 발휘하는 대안을 선택하는 것이다. 셋째, 편익 / 비용 기준은 비용 대비 편익의 수준을 구하는 것으로 값이 클수록 효용이 높아진다.

〈5가지 대안의 비용과 편익〉

(단위 : 만 원)

대안	비용	편익
1안	550	4,000
2안	550	3,500
3안	700	4,000
4안	700	5,000
5안	800	6,500

보기

ㄱ. 최소비용기준을 따르고 편익 수준을 4,000만 원 이상으로 잡을 경우, 1안을 선택해야 한다.
ㄴ. 최소비용기준을 따르고 편익 수준을 5,000만 원 이상으로 잡을 경우, 5안을 선택해야 한다.
ㄷ. 최대편익기준을 따르고 비용의 한도를 550만 원으로 잡을 경우, 1안을 선택해야 한다.
ㄹ. 최대편익기준을 따르고 비용의 한도를 700만 원으로 잡을 경우, 4안을 선택해야 한다.
ㅁ. 편익 / 비용의 기준으로만 볼 경우, 1안을 선택해야 한다.

① ㅁ
② ㄱ, ㄴ
③ ㄴ, ㅁ
④ ㄱ, ㄷ, ㄹ
⑤ ㄱ, ㄷ, ㄹ, ㅁ

42 다음 주택청약가점제도 개요를 근거로 판단할 때 〈보기〉의 사람들 중 총청약점수가 높은 순서대로 두 사람을 고르면?

〈주택청약가점제도 개요〉

항목	세부항목	가점	가중치
청약자 연령	30세 미만	1	20
	30세 이상 ~ 35세 미만	2	
	35세 이상 ~ 40세 미만	3	
	40세 이상 ~ 45세 미만	4	
	45세 이상	5	
세대(世代) 구성	1세대	1	30
	2세대	2	
	3세대 이상	3	
자녀 수	1명	1	30
	2명	2	
	3명 이상	3	
무주택기간 (주택소유자는 제외)	6개월 미만	1	32
	6개월 이상 ~ 3년 미만	2	
	3년 이상 ~ 5년 미만	3	
	5년 이상 ~ 10년 미만	4	
	10년 이상	5	

※ 총청약점수＝항목점수의 합, 항목점수＝가점×가중치

보기

- 갑 : 무주택기간이 8개월인 35세 독신세대주
- 을 : 부모를 부양하고 있으며 내년 결혼을 앞두고 현재 자신이 소유하고 있는 주택을 늘리고자 하는 28세 여성
- 병 : 무주택기간이 8년이고 2명의 자녀를 둔 37세 무주택자
- 정 : 부모, 아내, 아들(1명)과 같이 살고 있으며, 현재 자신이 소유하고 있는 주택을 늘리고자 하는 32세 남성

① 갑, 을
② 갑, 병
③ 을, 갑
④ 정, 병
⑤ 정, 을

43 다음은 새로운 주소 부여 원칙이다. 이 원칙에 근거하여 판단할 때, 〈보기〉에서 적절한 것을 모두 고르면?

- 주소 부여 원칙
  - 특별시 또는 광역시·도명+시·군·구명+도로명+건물번호
- 도로명 부여 원칙
  - 대로 : 폭 8차선, 길이 4km 이상
  - 로 : 폭 2~7차선, 길이 2km 이상
- 건물번호 부여 원칙
  - 도로의 시작점에서 끝점까지 20미터 간격으로 도로의 왼쪽은 홀수번호, 오른쪽은 짝수번호로 기초번호를 부여
  - 해당 건축물의 주된 출입구가 접하고 있는 도로구간에 대하여 기초번호를 기준으로 건물번호를 부여(예 기초번호가 2면, 건물번호 2를 부여)

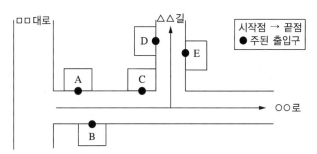

※ 도로는 최대 8차선까지만 존재함

보기

ㄱ. A건물과 B건물 사이의 도로폭은 D건물과 E건물 사이의 도로폭보다 넓다.
ㄴ. 건물번호가 홀수인 것은 A, C, D이다.
ㄷ. C건물과 D건물 주소상의 도로명은 다르다.
ㄹ. 출입구가 두 개 이상인 C건물은 서로 다른 두 개 이상의 주소를 사용할 수 있다.

① ㄱ, ㄴ
② ㄱ, ㄷ
③ ㄴ, ㄷ
④ ㄷ, ㄹ
⑤ ㄱ, ㄴ, ㄷ

44 K부처에서 갑, 을, 병, 정 4명의 직원으로부터 국외연수 신청을 받아 선발 가능성이 가장 높은 한 명을 추천하려는 가운데, 정부가 선발 기준 개정안을 내놓았다. 현행 기준과 개정안 기준을 각각 적용할 때, 선발 가능성이 가장 높은 사람은?

<선발 기준안 비교>

구분	현행	개정안
외국어 성적	30점	50점
근무 경력	40점	20점
근무 성적	20점	10점
포상	10점	20점
합계	100점	100점

※ 근무 경력은 15년 이상이 만점 대비 100%, 10년 이상 15년 미만 70%, 10년 미만 50%이다. 다만 근무 경력이 최소 5년 이상인 자만 선발 자격이 있다.

※ 포상은 3회 이상이 만점 대비 100%, 1 ~ 2회 50%, 0회 0%이다.

<K부처의 국외연수 신청자 현황>

구분	갑	을	병	정
근무 경력	30년	20년	10년	3년
포상	2회	4회	0회	5회

※ 외국어 성적은 갑과 을이 만점 대비 50%이고, 병이 80%, 정이 100%이다.

※ 근무 성적은 을만 만점이고, 갑·병·정 셋은 서로 동점이라는 사실만 알려져 있다.

	현행	개정안
①	갑	을
②	갑	병
③	을	갑
④	을	을
⑤	을	정

45 다음은 근로장려금 신청자격 요건에 대한 정부제출안과 국회통과안의 내용이다. 이에 근거하여 〈보기〉에서 적절하지 않은 것을 모두 고르면?

요건	정부제출안	국회통과안
총소득	부부의 연간 총소득이 1,700만 원 미만일 것(총소득은 근로소득과 사업소득 등 다른 소득을 합산한 소득)	좌동
부양자녀	다음 항목을 모두 갖춘 자녀를 2인 이상 부양할 것 (1) 거주자의 자녀이거나 동거하는 입양자일 것 (2) 18세 미만일 것(단, 중증장애인은 연령제한을 받지 않음) (3) 연간 소득금액의 합계액이 100만 원 이하일 것	다음 항목을 모두 갖춘 자녀를 1인 이상 부양할 것 (1) ~ (3) 좌동
주택	세대원 전원이 무주택자일 것	세대원 전원이 무주택자이거나 기준시가 5천만 원 이하의 주택을 한 채 소유할 것
재산	세대원 전원이 소유하고 있는 재산 합계액이 1억 원 미만일 것	좌동
신청 제외자	(1) 3개월 이상 국민기초생활보장급여 수급자 (2) 외국인(단, 내국인과 혼인한 외국인은 신청 가능)	좌동

보기

ㄱ. 정부제출안보다 국회통과안에 의할 때 근로장려금 신청자격을 갖춘 대상자의 수가 더 줄어들 것이다.

ㄴ. 두 안의 총소득요건과 부양자녀요건을 충족하고, 소유재산이 주택(5천만 원), 토지(3천만 원), 자동차(2천만 원)인 A는 정부제출안에 따르면 근로장려금을 신청할 수 없지만 국회통과안에 따르면 신청할 수 있다.

ㄷ. 소득이 없는 20세 중증장애인 자녀 한 명만을 부양하는 B가 국회통과안에서의 다른 요건들을 모두 충족하고 있다면 B는 국회통과안에 의해 근로장려금을 신청할 수 있다.

ㄹ. 총소득, 부양자녀, 주택, 재산 요건을 모두 갖춘 한국인과 혼인한 외국인은 정부제출안에 따르면 근로장려금을 신청할 수 없지만 국회통과안에 따르면 신청할 수 있다.

① ㄱ, ㄴ
② ㄱ, ㄷ
③ ㄷ, ㄹ
④ ㄱ, ㄴ, ㄹ
⑤ ㄴ, ㄷ, ㄹ

46 다음은 K사의 여비규정과 국외여비정액표이다. K사의 A이사가 다음 여행일정에 따라 국외출장을 갈 때 총일비, 총숙박비, 총식비를 바르게 짝지은 것은?(단, 국가간 이동은 모두 항공편으로 한다)

〈여비규정〉

여비의 종류(제○○조)
여비는 운임·일비·숙박비·식비·이전비·가족여비 및 준비금 등으로 구분한다.

여행일수의 계산(제□□조)
여행일수는 여행에 실제로 소요되는 일수에 의한다. 국외여행의 경우에는 국내 출발일은 목적지를, 국내 도착일은 출발지를 여행하는 것으로 본다.

여비의 구분계산(제△△조)
① 여비 각 항목은 구분하여 계산한다.
② 같은 날에 여비액을 달리하여야 할 경우에는 많은 액을 기준으로 지급한다. 다만 숙박비는 숙박지를 기준으로 한다.

일비·숙박비·식비의 지급(제◇◇조)
① 국외여행자의 경우는 국외여비정액표에서 정하는 바에 따라 지급한다.
② 일비는 여행일수에 따라 지급한다.
③ 숙박비는 숙박하는 밤의 수에 따라 지급한다. 다만 항공편 이동 중에는 따로 숙박비를 지급하지 아니한다.
④ 식비는 여행일수에 따라 이를 지급한다. 다만 항공편 이동 중 당일의 식사 기준 시간이 모두 포함되어 있는 경우는 식비를 제공하지 않는다.
⑤ 식사 시간은 현지 시각 08시(조식), 12시(중식), 18시(석식)를 기준으로 한다.

〈국외여비정액표〉

(단위 : 달러)

구분	국가등급	일비	숙박비	식비(1일 기준)
이사	다	80	233	102
	라	70	164	85

〈A이사의 여행일정〉

- 1일째 : (06:00) 출국
- 2일째 : (07:00) 갑국(다 등급지역) 도착
  (18:00) 만찬
- 3일째 : (09:00) 회의
  (15:00) 갑국 출국
  (17:00) 을국(라 등급지역) 도착
- 4일째 : (09:00) 회의
  (18:00) 만찬
- 5일째 : (22:00) 을국 출국
- 6일째 : (20:00) 귀국
※ 시각은 현지 기준이고, 날짜변경선의 영향은 없는 것으로 가정한다.

	총일비(달러)	총숙박비(달러)	총식비(달러)
①	440	561	374
②	440	725	561
③	450	561	374
④	450	561	561
⑤	450	725	561

47 다음은 정부가 지원하는 '○○연구과제'를 수행할 연구자 선정 시의 가점 및 감점 기준이다. 고득점 자 순으로 2명을 선정할 때 〈보기〉의 연구과제 신청자 중 선정될 사람을 모두 고르면?

〈연구자 선정 시 가점 및 감점 기준〉

아래의 항목들은 중복 적용이 가능하며, 각자의 사전평가점수에서 가감된다.

1. 가점 부여항목(각 10점)
   가. 최근 2년 이내(이하 선정 시점 기준)에 연구과제 최종 결과평가에서 최우수 등급을 받은 자
   나. 최근 3년 이내에 국내외 과학기술논문색인지수(이하 'SCI'라 함) 논문을 게재한 실적이 있는 자
   다. 최근 3년 이내에 기술실시계약을 체결하여 받은 기술료 총액이 2천만 원 이상인 자
2. 감점 부여항목(각 5점)
   가. 최근 2년 이내(이하 선정 시점 기준)에 연구과제 최종 결과평가에서 최하위 등급을 받은 자
   나. 최근 3년 이내에, 연구과제 선정 후 협약체결 포기 경력이 있는 자
   다. 최근 3년 이내에, 연구과제의 연구수행 도중 연구를 포기한 경력이 있는 자

보기

ㄱ. 사전평가점수는 70점으로, 1년 전에 연구과제 최종 결과평가에서 최우수 등급을 부여받은 후,
   2건의 기술실시계약을 체결하여 각각 1천 5백만 원을 받았다.
ㄴ. 사전평가점수는 80점으로, 2년 전에 연구과제를 중도 포기하였으나, 그로부터 1년 후 후속연구
   를 통해 SCI 논문을 게재하였다.
ㄷ. 사전평가점수는 75점으로, 1년 전에 연구과제 최종 결과평가에서 최우수 등급을 부여받았으나,
   바로 그 해에 선정된 신규 연구과제의 협약체결을 포기하였다.
ㄹ. 사전평가점수는 90점으로, 3년 전에 연구과제 최종 결과평가에서 최우수 등급을 부여받았으나,
   그로부터 1년 후에는 연구과제에 대한 중간평가에서 최하위 등급을 부여받았다.

※ 각 사례에서 시간은 '○○연구과제' 선정 시점을 기준으로 함

① ㄱ, ㄴ   ② ㄱ, ㄷ
③ ㄱ, ㄹ   ④ ㄴ, ㄷ
⑤ ㄴ, ㄹ

48 다음은 프로야구 리그의 신인선수 선발규정과 리그 성적표이다. 이에 근거하여 판단할 때 적절하지 않은 것은?

〈신인선수 선발규정〉

구단 간의 전력 평준화를 통한 경기력 향상을 도모하기 위하여 신인선수 선발과정에서 하위구단에게 우선권을 부여한다. 구체적인 방식은 다음과 같다.

- 1순위 신인선발권 : 성적에 따라 구단에게 부여된 추첨표를 모두 하나의 추첨상자에 넣고, 1장을 추첨하여 당첨된 구단에게 준다.
- 2순위 신인선발권 : 1순위 당첨구단의 추첨표를 모두 제거한 후 1장을 추첨하여 당첨된 구단에게 준다.
- 3순위 신인선발권 : 1, 2순위 당첨구단의 추첨표를 모두 제거한 후 1장을 추첨하여 당첨된 구단에게 준다.
- 4순위 신인선발권 : 모든 추첨표를 제거한 후 1, 2, 3 순위 당첨구단을 제외한 나머지 구단에게 동일한 수의 추첨표를 부여하고, 1장을 추첨하여 당첨된 구단에게 준다.
- 5순위 신인선발권 : 4순위 당첨구단의 추첨표를 모두 제거하고 1장을 추첨하여 당첨된 구단에게 준다.
- 6순위 신인선발권 : 5순위까지 추첨되지 못한 구단에게 준다.

추첨표는 다음과 같이 부여한다.

전년순위	추첨표	금년순위	추첨표
1위	0장	1위	0장
2위	0장	2위	0장
3위	0장	3위	2장
4위	1장	4위	3장
5위	2장	5위	4장
6위	3장	6위	5장

〈리그 성적표〉

전년도		금년도	
순위	구단	순위	구단
1위	A	1위	A
2위	B	2위	C
3위	C	3위	D
4위	D	4위	B
5위	E	5위	F
6위	F	6위	E

① A구단은 1순위 신인선발권을 얻을 수는 없지만, 4순위 신인선발권을 얻을 확률은 1/3이다.

② B구단이 1순위 신인선발권을 얻을 확률은 D구단이 1순위 신인선발권을 얻을 확률과 같다.

③ C구단은 신인선발권 확보에서 A구단보다 유리한 입장에 있다.

④ E구단이 1순위 신인선발권을 얻게 된다면 F구단이 2순위 신인선발권을 얻을 확률은 50%를 넘는다.

⑤ E구단이나 F구단은 6순위 신인선발권을 얻을 가능성이 있다.

49 다음은 인터넷 쇼핑몰 이용약관의 주요내용이다. 이를 토대로 〈보기〉의 구매물품과 구매한 쇼핑몰을 바르게 짝지은 것은?

〈인터넷 쇼핑몰 이용약관의 주요내용〉

쇼핑몰	주문 취소	환불	배송비	포인트 적립
A	주문 후 7일 이내 취소 가능	10% 환불수수료+송금수수료 차감	무료	구입금액의 3%
B	주문 후 10일 이내 취소 가능	환불수수료+송금수수료 차감	20만원 이상 무료	구입금액의 5%
C	주문 후 7일 이내 취소 가능	환불수수료+송금수수료 차감	1회 이용시 1만 원	없음
D	주문 후 당일에만 취소 가능	환불수수료+송금수수료 차감	5만 원 이상 무료	없음
E	취소 불가능	고객 귀책사유에 의한 환불시에만 10% 환불수수료	1만 원 이상 무료	구입금액의 10%
F	취소 불가능	원칙적으로 환불 불가능 (사업자 귀책사유일 때만 환불 가능)	100g당 2,500원	없음

보기

ㄱ. 철수는 부모님의 선물로 (가)를 구입하였는데, 판매자의 업무착오로 배송이 지연되어 판매자에게 전화로 환불을 요구하였다. 판매자는 판매금액 그대로를 통장에 입금해 주었고 구입시 발생한 포인트도 유지하여 주었다.

ㄴ. 영희는 (나)를 구매할 때 배송료를 고려하여 한 가지씩 여러 번에 나누어 구매하기보다는 가능한 한꺼번에 주문하곤 하였다.

ㄷ. 인터넷 사이트에서 (다)를 20,000원에 주문한 민수는 다음날 같은 물건을 18,000원에 파는 가게를 발견하고 전날 주문한 물건을 취소하려 했지만 취소가 되지 않아 곤란을 겪은 적이 있다.

ㄹ. (라)를 10만 원에 구매한 철호는 도착한 물건의 디자인이 마음에 들지 않아 환불 및 송금수수료와 배송료를 감수하는 손해를 보면서도 환불할 수밖에 없었다.

	(가)	(나)	(다)	(라)
①	E	B	C	D
②	F	E	D	B
③	E	D	F	C
④	F	C	E	B
⑤	B	A	D	C

50 다음 글을 읽고 〈조건〉에 따라 추론할 때 항상 옳은 것을 〈보기〉에서 모두 고르면?

> 부산광역시 행정구역의 하나인 영도구는 2008년 1월 1일부터 신축되는 모든 건물의 주차장에 장애인을 위한 주차구역을 반드시 설치하도록 규정하였다. 또한 부산광역시는 2008년 1월 1일부터 신축되는 모든 건물의 출입구에 장애인을 위한 경사로를 설치할 것을 의무화하였다. 한편 경상남도는 2008년 1월 1일부터 신축되는 모든 건물의 엘리베이터 내에 장애인을 위한 점자 표시를 의무화하였다. 장애인을 위한 이러한 사회적 배려는 법으로 규정되기 이전부터 자율적으로 시행되어 왔다.

조건

- 하위 행정구역에는 자신이 속해 있는 상위 행정구역의 규정이 적용된다.
- 건물 A는 출입구에 장애인을 위한 경사로가 설치되어 있다.
- 건물 A는 장애인을 위한 주차구역을 구비하고 있지 않다.
- 건물 A는 엘리베이터 내에 장애인을 위한 점자 표시가 되어 있다.
- 규정을 준수하지 않은 건물은 신축될 수 없다.

보기

ㄱ. 만일 건물 A가 2008년 1월이 되기 전에 세워졌다면 그 건물은 영도구 안에 위치해 있다.

ㄴ. 만일 건물 A가 2008년 1월에 신축되었다면 위의 세 행정구역 중 어디에 위치해 있는지 알 수 없다.

ㄷ. 만일 건물 A가 2008년 3월에 신축되었다면 그 건물은 영도구 안에 위치해 있지 않다.

ㄹ. 영도구에 장애인을 위한 경사로가 설치되어 있는 건물은 2008년 1월 1일 이후에 신축된 것이다.

ㅁ. 영도구에서 2008년 1월 1일 이후에 신축된 모든 건물의 엘리베이터 내에는 점자 표시가 되어 있다.

① ㄱ, ㅁ   ② ㄴ, ㄷ

③ ㄴ, ㄹ   ④ ㄷ, ㄹ

⑤ ㄷ, ㅁ

51 다음 규정에 대한 비판으로 적절하지 않은 것은?

<table>
<tr><th colspan="3" align="center">〈K광역시 개인택시면허 발급 우선순위 규정〉</th></tr>
<tr><th>면허대상</th><th>우선순위</th><th>내용</th></tr>
<tr><td rowspan="3">택시 운전자</td><td>1</td><td>• 10년 이상 무사고자로서 K광역시 소재 동일회사에서 8년 이상 근속하여 운전 중인 자
• 17년 이상 무사고자로서 K광역시 소재 운수회사에서 10년 이상 운전 중인 자</td></tr>
<tr><td>2</td><td>• 8년 이상 무사고자로서 K광역시 소재 동일회사에서 5년 이상 근속하여 운전 중인 자</td></tr>
<tr><td>3</td><td>• 10년 이상 무사고자로서 K광역시 소재 동일회사에서 3년 이상 근속하여 운전 중인 자</td></tr>
</table>

① 개인택시면허 발급의 우선순위를 정함에 있어서, 위 규정은 개인택시운전에 필요한 법규 준수성, 숙련성, 무사고 운전경력 등을 평가하는 절대적 기준은 아니다.

② 개인택시면허를 발급받으려는 운전자는 근무하던 택시회사가 폐업할 경우 위의 규정으로 인해 피해를 입게 된다.

③ 직업에 종사하는 데 필요한 전문지식을 습득하기 위한 전문 직업교육장을 임의로 선택하는 자유를 제한하는 규정이다.

④ 개인택시면허를 발급받으려는 운전자의 직장이동을 어렵게 하여 직업의 자유를 지나치게 제한하는 것이다.

⑤ 위 규정에 의하면 9년 무사고자로서 K광역시 소재 동일회사에서 4년 근속한 자가 우선순위 부여 대상에서 제외되는 문제가 있다.

52 다음 글을 근거로 판단할 때 〈보기〉에서 적절한 것을 모두 고르면?

체약국이 아닌 국가가 다자조약(多者條約)에 가입을 희망하면서 다자조약의 일부 규정에 대한 유보선언을 모든 당사국이 전원 일치로 반대한 경우, 그 국가는 가입국이 되지 못한다. 다만 체약국 중한 국가라도 유보에 동의하면, 유보에 동의한 국가(유보동의국)와 유보를 희망하는 국가(유보국) 사이에서 유보 내용이 조약에 반영된다.

반면 체약국 중 어떤 국가가 유보에 반대하면 유보를 반대한 국가(유보반대국)와 유보국 사이에서 조약은 일단 유보 없이 발효된다. 다만 이러한 유보반대국이 조약의 발효에도 명시적으로 반대하면, 유보국은 그 유보반대국과의 관계에서 당해 다자조약의 당사국이 되지 않는다.

A ~ C국이 체약국인 다자조약에 D국이 새로 가입하면서 제7조를 자국에 적용하지 않는다고 유보하였다. D국의 유보에 대하여 A국은 동의하였고, B국은 유보만 반대하였고, C국은 유보를 반대하면서 동시에 조약의 발효에도 명시적으로 반대하였다.

※ 조약의 유보란 조약의 서명・비준・수락・승인・가입 시에 특정 규정의 법적 효과를 배제하거나 변경하여 자국에 적용하려는 의사표시를 말함.

보기

ㄱ. D국과 B국, D국과 C국 간에는 조약이 적용된다.
ㄴ. D국과 A국 간에는 제7조가 적용되지 않는다.
ㄷ. A국과 C국 간에는 제7조가 적용되지 않는다.
ㄹ. D국과 A국 간에는 제7조가 적용되고, D국과 B국 간에는 조약이 적용되지 않는다.
ㅁ. B국과 C국 간에는 제7조가 적용되지 않는다.

① ㄱ
② ㄴ
③ ㄴ, ㄷ
④ ㄷ, ㄹ
⑤ ㄹ, ㅁ

53 갑 사업의 택지개발예정지구지정 기준일은 2021년 2월 20일이고, 최초 보상계획공고일은 2023년 7월 28일이다. 다음 중 갑 사업으로 인한 이주대책 대상자와 그 대책 내용으로 가장 적절한 것은? (단, 주택의 소유자란 주택의 현재 소유자를 가리키며, 주택 소유자의 전입일은 해당 주택을 소유하게 된 시점과 같다. 또한 거주란 전입신고를 한 상태를 의미한다)

> • 기준일 이전부터 최초 보상계획공고일까지 사업지구 내에 허가주택을 소유하고 계속 그 주택에 거주한 자로서 당해 사업에 따라 그 주택이 철거되는 자는 이주자택지 또는 전용면적 85m² 이하 공공분양아파트 중 하나를 선택할 수 있다. 다만 그 주택을 계속 소유한 채 최초 보상계획공고일 전에 다른 곳으로 전출한 자는 전용면적 85m² 이하 공공분양아파트를 받을 수 있다.
> • 기준일 이전부터 최초 보상계획공고일까지 사업지구 내에 무허가주택을 소유하고 계속하여 거주한 자로서 당해 사업에 따라 그 주택이 철거되는 자는 전용면적 85m² 이하 공공분양아파트를 받을 수 있다.
> • 기준일 3개월 전부터 최초 보상계획공고일까지 계속하여 거주한 사업지구 내 허가주택의 세입자는 전용면적 60m² 이하 국민임대아파트 또는 주거이전비 중 하나를 선택할 수 있다.
> ※ 이주대책이란 공익사업의 시행으로 인하여 주거용 건축물을 제공함에 따라 생활의 근거를 상실하게 되는 자를 위하여 사업시행자에 의해 수립되는 대책임.

① 전입일이 2021년 5월 4일이고, 전출일이 2024년 5월 18일인 무허가주택 소유자 A는 전용면적 85m² 이하 공공분양아파트를 받을 수 있다.

② 허가주택을 임차한 B의 전입일이 2020년 12월 30일이고, 전출일이 2023년 9월 19일인 경우, B는 전용면적 60m² 이하 국민임대아파트를 받을 수 있다.

③ 전입일이 2019년 4월 18일이고, 전출일이 2022년 8월 28일인 허가주택 소유자 C는 이주자택지를 받을 수 있다.

④ 전입일이 2019년 4월 6일이고, 전출일이 2023년 5월 23일인 허가주택 소유자 D는 전용면적 85m² 이하 공공분양아파트만 받을 수 있다.

⑤ 허가주택을 임차한 E의 전입일이 2020년 8월 18일이고, 전출일이 2023년 6월 30일인 경우, E는 주거이전비를 받을 수 있다.

다음 방법으로 산정할 때 〈보기〉의 경우 지체기간은?

〈지체일수 산정방법〉

가. 계약기간 내에 준공검사요청서를 제출한 경우
- 계약기간 경과 후 검사에 불합격하여 보완지시를 한 경우, 보완지시일로부터 최종검사에 합격한 날까지를 지체일수로 산정
- 불합격판정으로 계약기간 내에 보완지시를 한 경우, 계약기간 다음 날부터 최종검사에 합격한 날까지 지체일수 산정
나. 계약기간을 경과하여 준공검사요청서를 제출한 경우
- 검사의 합격 여부 및 보완지시 여부에 관계없이 계약기간 다음 날부터 최종검사에 합격한 날까지를 지체일수에 산정

보기

공공정보시스템을 구축하는 A사업의 계약기간은 2022년 1월 5일부터 2022년 11월 4일까지이다. 이 사업을 낙찰 받은 K사는 같은 해 10월 15일 준공검사 요청을 하여 준공검사를 받았으나 불합격 판정을 받았다. 보완지시를 받은 같은 해 10월 25일부터 보완작업을 수행하여 같은 해 11월 10일에 재검사를 요청하였다. 그리고 재검사를 거쳐 같은 해 11월 19일에 준공검사 합격통보를 받았다.

① 10월 25일 ~ 11월 10일
② 10월 25일 ~ 11월 19일
③ 11월 4일 ~ 11월 19일
④ 11월 5일 ~ 11월 19일
⑤ 11월 11일 ~ 11월 19일

55 다음 글을 근거로 판단할 때 〈보기〉에서 적절한 것을 모두 고르면?

> 저소득층에게 법률서비스를 제공하는 정책을 구상 중이다. 정부는 (i) 자원봉사제도(무료로 법률자문을 하겠다고 자원하는 변호사를 활용), (ii) 유급법률구조제도(정부에서 법률구조공단 등의 기관을 신설하고 변호사를 유급으로 고용하여 법률서비스를 제공), (iii) 법률보호제도(정부가 법률서비스의 비용을 대신 지불) 등의 세 가지 정책대안 중 하나를 선택하려 한다.
>
> 이 정책대안을 비교하는 데 고려해야 할 정책목표는 (i) 비용의 저렴성, (ii) 접근용이성, (iii) 정치적 실현가능성, (iv) 법률서비스의 전문성이다. 정책대안과 정책목표의 관계를 정리하면 아래의 표와 같다. 각 대안이 정책목표를 달성하는 데 유리한 경우는 (+)로, 불리한 경우는 (−)로 표시한다. 단, 유·불리 정도는 동일하다. 정책목표에 대한 가중치의 경우, '0'은 해당 정책목표를 무시하는 것을, '1'은 해당 정책목표를 고려하는 것을 의미한다.

〈정책대안과 정책목표의 상관관계〉

정책목표	가중치		정책대안		
	A안	B안	자원봉사제도	유급법률구조제도	법률보호제도
비용저렴성	0	0	+	−	−
접근용이성	1	0	−	+	−
정치적 실현성	0	0	+	−	+
전문성	1	1	−	+	−

보기

ㄱ. 전문성 면에서는 유급법률구조제도가 자원봉사제도보다 더 좋은 정책대안으로 평가받게 된다.
ㄴ. A안의 가중치를 적용할 경우 유급법률구조제도가 가장 적절한 정책대안으로 평가받게 된다.
ㄷ. B안의 가중치를 적용할 경우 자원봉사제도가 가장 적절한 정책대안으로 평가받게 된다.
ㄹ. A안과 B안 중 어떤 것을 적용하더라도 정책대안 비교의 결과는 달라지지 않는다.

① ㄱ, ㄴ   ② ㄱ, ㄹ
③ ㄴ, ㄷ   ④ ㄱ, ㄴ, ㄹ
⑤ ㄴ, ㄷ, ㄹ

56 다음 정보만으로 판단할 때 기초생활수급자로 선정할 수 없는 경우는?

가. 기초생활수급자 선정기준
- 부양의무자가 없거나, 부양의무자가 있어도 부양능력이 없거나 또는 부양을 받을 수 없는 자로서 소득인정액이 최저생계비 이하인 자
  ※ 부양능력 있는 부양의무자가 있어도 부양을 받을 수 없는 경우란, 부양의무자가 교도소 등에 수용되거나 병역법에 의해 징집·소집되어 실질적으로 부양을 할 수 없는 경우와 가족관계 단절 등을 이유로 부양을 거부하거나 기피하는 경우 등을 가리킨다.

나. 매월 소득인정액 기준
- 소득인정액=소득평가액+재산의 소득환산액
- 소득평가액=실제소득−가구특성별 지출비용
  1) 실제소득 : 근로소득, 사업소득, 재산소득
  2) 가구특성별 지출비용 : 경로연금, 장애수당, 양육비, 의료비, 중·고교생 입학금 및 수업료

다. 가구별 매월 최저생계비

(단위 : 만 원)

1인	2인	3인	4인	5인	6인
42	70	94	117	135	154

라. 부양의무자의 범위
- 수급권자의 배우자, 수급권자의 1촌의 직계혈족 및 그 배우자, 수급권자와 생계를 같이 하는 2촌 이내의 혈족

---

① 유치원생 아들 둘과 함께 사는 A는 재산의 소득환산액이 12만 원이고, 구멍가게에서 월 100만 원의 수입을 얻고 있으며, 양육비로 월 20만 원씩 지출하고 있다.

② 부양능력이 있는 근로소득 월 60만 원의 조카와 살고 있는 B는 실제소득 없이 재산의 소득환산액이 36만 원이며, 의료비로 월 30만 원을 지출한다.

③ 중학생이 된 두 딸을 혼자 키우고 있는 C는 재산의 소득환산액이 24만 원이며, 근로소득으로 월 80만 원이 있지만, 두 딸의 수업료로 각각 월 11만 원씩 지출하고 있다.

④ 외아들을 잃은 D는 어린 손자 두 명과 부양능력이 있는 며느리와 함께 살고 있다. D는 근로소득이 월 80만 원, 재산의 소득환산액이 48만 원이며, 의료비로 월 15만 원을 지출하고 있다.

⑤ 군대 간 아들 둘과 함께 사는 고등학생 딸을 둔 E는 재산의 소득환산액이 36만 원이며, 월 평균 60만 원의 근로소득을 얻고 있지만, 딸의 수업료로 월 30만 원을 지출하고 있다.

57 K국가에서는 대통령 선거에서 과반수 득표를 한 당선자가 나올 때까지 최하위 득표자를 제외하면서 투표를 계속 진행하는 방식의 선거제도를 두고 있다. 다음 〈조건〉에 따라 나타날 수 있는 결과로 가장 적절한 것은?

> **조건**
>
> - 1차 투표 결과, 후보 A, B, C, D의 득표율은 각각 33%, 28%, 21%, 16%이다.
> - 유권자는 자신이 지지하는 후보가 탈락하지 않는 경우 지지 후보를 바꾸지 않는다.
> - 후보 B와 C를 지지하는 유권자들의 이념적 성향이 유사하다. 따라서 두 후보 중 한 사람이 탈락하는 경우 탈락한 후보의 지지자는 모두 다음 투표에서 이념적 성향이 유사한 후보에게 투표한다.

① 1차 투표 이후 D후보를 지지하는 유권자의 선택과 상관없이 최종적으로 A후보가 선출된다.

② D후보를 지지하는 유권자의 75%가 1차 투표 이후 C후보를 지지한다면 최종적으로 C후보가 선출된다.

③ 1차 투표 이후 D후보를 지지하는 유권자가 모두 A후보를 지지하는 경우 2차 투표에서 A후보가 선출된다.

④ D후보를 지지하는 유권자가 1차 투표 이후 모두 기권한다면 2차 투표에서 당선자가 결정되어 3차 투표는 불필요하다.

⑤ 1차 투표 이후 D후보를 지지하는 유권자의 절반은 A후보를 그리고 절반은 B후보를 지지하는 경우 3차 투표는 불필요하다.

58 정부는 공기업 지방 이전을 추진하면서, 갑, 을, 병 3개 도시에 이전되는 공기업의 수를 달리하는 도시별 공기업 배치안을 마련하였다. 도시의 대표자들은 비교되는 두 배치안 중 자신의 도시에 더 많은 공기업을 이전하는 안에 투표한다고 가정한다. 결정방식이 다음과 같을 때, 〈보기〉에서 적절한 것을 모두 고르면?(단, 두 배치안의 비교 시 자신의 도시로 이전할 공기업 수가 동일한 경우, 공기업이 여러 도시로 분산되는 안에 투표한다)

〈도시별 공기업 배치안〉

도시 ＼ 대안	A안	B안	C안	D안
갑	2개	3개	0개	1개
을	2개	0개	0개	1개
병	0개	1개	4개	2개

〈결정방식〉

가. 투표는 다음 예시와 같은 방식으로 이루어진다.
  예 투표의 순서가 C − D − A − B라면, 먼저 C와 D를 비교하여 선택된 안을 다시 A와 비교하고 여기서 선택된 안을 B와 비교하여 최종안을 선택한다.
나. 각 단계의 투표에서는 다수 도시의 표를 얻은 안이 선택된다.

보기
ㄱ. 투표 순서가 B − A − D − C로 정해진다면 갑이 공기업을 유치하는 데 가장 유리하다.
ㄴ. 병이 4개의 공기업을 모두 유치할 수 있는 투표 순서는 전혀 없다.
ㄷ. 투표 순서를 C − D − A − B로 하는 것보다 C − D − B − A로 하는 것이 갑에게 더 유리하다.
ㄹ. 투표 순서를 A − C − B − D 또는 D − B − C − A로 하면 갑과 을이 최소 1개 이상의 공기업을 유치할 수 있다.

① ㄱ, ㄴ 　　　　② ㄱ, ㄷ
③ ㄴ, ㄷ 　　　　④ ㄴ, ㄹ
⑤ ㄷ, ㄹ

59 다음 글과 상황에 근거할 때, 〈보기〉에서 적절한 것을 모두 고르면?

K시에서는 친환경 건축물 인증제도를 시행하고 있다. 이는 건축물의 설계, 시공 등의 건설과정이 쾌적한 거주환경과 자연환경에 미치는 영향을 점수로 평가하여 인증하는 제도로, 건축물에 다음과 같이 인증등급을 부여한다.

〈평가점수별 인증등급〉

평가점수	인증등급
80점 이상	최우수
70점 ~ 80점 미만	우수
60점 ~ 70점 미만	우량
50점 ~ 60점 미만	일반

또한 친환경 건축물 최우수, 우수 등급이면서 건축물 에너지효율 1등급 또는 2등급을 추가로 취득한 경우, 다음과 같은 취·등록세액 감면 혜택을 얻게 된다.

〈취·등록세액 감면 비율〉

구분	최우수 등급	우수 등급
에너지효율 1등급	12%	8%
에너지효율 2등급	8%	4%

※ 경제적 이익 또는 손실＝취·등록세 감면액－추가 투자액
※ 기타 비용과 이익은 고려하지 않는다.

〈상황〉

- 甲은 K시에 건물을 신축하고 있다. 현재 이 건물의 예상되는 친환경 건축물 평가점수는 63점이고 에너지효율은 3등급이다.
- 친환경 건축물 평가점수를 1점 높이기 위해서는 1,000만 원, 에너지효율 등급을 한 등급 높이기 위해서는 2,000만 원의 추가 투자비용이 든다.
- 甲이 신축하고 있는 건물의 감면 전 취·등록세 예상액은 총 20억 원이다.
- 甲은 경제적 이익을 극대화하고자 한다.

보기

ㄱ. 추가 투자함으로써 경제적 이익을 얻을 수 있는 최소 투자금액은 1억 1,000만 원이다.
ㄴ. 친환경 건축물 우수 등급, 에너지효율 1등급을 받기 위해 추가 투자할 경우 경제적 이익이 가장 크다.
ㄷ. 친환경 건축물 등급과는 상관없이, 에너지효율 2등급을 받기 위해 추가 투자하는 것이 3등급을 받는 것보다 甲에게 경제적으로 더 이익이다.

① ㄱ
② ㄷ
③ ㄱ, ㄴ
④ ㄴ, ㄷ
⑤ ㄱ, ㄴ, ㄷ

01 다음 A ~ G산업단지 정보를 보고 평가 기준에 부합한 산업단지를 국가혁신클러스터 지구로 선정하려고 할 때 적절하지 않은 것은?

> 갑국은 국가혁신클러스터 지구를 선정하고자 한다. 산업단지를 대상으로 평가 기준에 따라 점수를 부여하고 이를 합산한다. 지방자치단체(이하 '지자체')의 육성 의지가 있는 곳 중 합산점수가 높은 4곳의 산업단지를 국가혁신클러스터 지구로 선정한다.
>
> 〈A ~ G산업단지 정보〉
>
> | 산업단지 | 산업단지 내 기업 수 | 업종 | 입주공간 확보 | 지자체 육성 의지 |
> |---|---|---|---|---|
> | A | 58개 | 자동차 | 가능 | 있음 |
> | B | 9개 | 자동차 | 가능 | 있음 |
> | C | 14개 | 철강 | 가능 | 있음 |
> | D | 10개 | 운송 | 가능 | 없음 |
> | E | 44개 | 바이오 | 가능 | 있음 |
> | F | 27개 | 화학 | 불가 | 있음 |
> | G | 35개 | 전기전자 | 가능 | 있음 |
>
> 〈평가 기준〉
>
> • 산업단지 내 기업 집적 정도
>
> | 산업단지 내 기업 수 | 30개 이상 | 10 ~ 29개 | 9개 이하 |
> |---|---|---|---|
> | 점수 | 40점 | 30점 | 20점 |
>
> • 산업단지의 산업클러스터 연관성
>
> | 업종 | 연관 업종 | 유사 업종 | 기타 |
> |---|---|---|---|
> | 점수 | 40점 | 20점 | 0점 |
>
> ※ 연관 업종 : 자동차, 철강, 운송, 화학, IT
> 유사 업종 : 소재, 전기전자
>
> • 신규투자기업 입주공간 확보 가능 여부
>
> | 입주공간 확보 | 가능 | 불가 |
> |---|---|---|
> | 점수 | 20점 | 0점 |
>
> • 합산점수가 동일할 경우 우선순위는 다음과 같은 순서로 정한다.
> 1) 산업클러스터 연관성 점수가 높은 산업단지
> 2) 기업 집적 정도 점수가 높은 산업단지
> 3) 신규투자기업의 입주공간 확보 가능 여부 점수가 높은 산업단지

① B는 선정된다.

② A가 '소재'산업단지인 경우 F가 선정된다.

③ 3곳을 선정할 경우 G는 선정되지 않는다.

④ F는 산업단지 내에 기업이 3개 더 있다면 선정된다.

⑤ D가 소재한 지역의 지자체가 육성 의지가 있을 경우 D는 선정된다.

02 다음 글과 상황을 근거로 판단할 때, 출장을 함께 갈 수 있는 직원들의 조합으로 가능한 것은?

> K은행 B지점에서는 3월 11일 회계감사 관련 서류 제출을 위해 본점으로 출장을 가야 한다. 오전 08시 정각 출발이 확정되어 있으며, 출발 후 B지점에 복귀하기까지 총 8시간이 소요된다. 단, 비가 오는 경우 1시간이 추가로 소요된다.
> • 출장인원 중 한 명이 직접 운전하여야 하며, '운전면허 1종 보통'소지자만 운전할 수 있다.
> • 출장시간에 사내 업무가 겹치는 경우에는 출장을 갈 수 없다.
> • 출장인원 중 부상자가 포함되어 있는 경우, 서류 박스 운반 지연으로 인해 30분이 추가로 소요된다.
> • 차장은 책임자로서 출장인원에 적어도 한 명 포함되어야 한다.
> • 주어진 조건 외에는 고려하지 않는다.

〈상황〉

• 3월 11일은 하루 종일 비가 온다.
• 3월 11일 당직 근무는 17시 10분에 시작한다.

직원	직급	운전면허	건강상태	출장 당일 사내 업무
갑	차장	1종 보통	부상	없음
을	차장	2종 보통	건강	17시 15분 계약업체 면담
병	과장	없음	건강	17시 35분 고객 상담
정	과장	1종 보통	건강	당직 근무
무	대리	2종 보통	건강	없음

① 갑, 을, 병
② 갑, 병, 정
③ 을, 병, 무
④ 을, 정, 무
⑤ 병, 정, 무

03 다음 글을 근거로 판단할 때, A학자의 언어체계에서 표기와 그 의미를 연결한 것으로 적절하지 않은 것은?

A학자는 존재하는 모든 사물들을 자연적인 질서에 따라 나열하고 그것들의 지위와 본질을 표현하는 적절한 기호를 부여하면 보편언어를 만들 수 있다고 생각했다.

이를 위해 A학자는 우선 세상의 모든 사물을 40개의 '속(屬)'으로 나누고, 속을 다시 '차이(差異)'로 세분했다. 예를 들어 8번째 속인 돌은 순서대로 아래와 같이 6개의 차이로 분류된다.

(1) 가치 없는 돌
(2) 중간 가치의 돌
(3) 덜 투명한 가치 있는 돌
(4) 더 투명한 가치 있는 돌
(5) 물에 녹는 지구의 응결물
(6) 물에 녹지 않는 지구의 응결물

이 차이는 다시 '종(種)'으로 세분화되었다. 예를 들어, '가치 없는 돌'은 그 크기, 용도에 따라서 8개의 종으로 분류되었다.

이렇게 사물을 전부 분류한 다음에 A학자는 속, 차이, 종에 문자를 대응시키고 표기하였다.

예를 들어, 7번째 속부터 10번째 속까지는 다음과 같이 표기된다.

7) 원소 : de
8) 돌 : di
9) 금속 : do
10) 잎 : gw

차이를 나타내는 표기는 첫 번째 차이부터 순서대로 b, d, g, p, t, c, z, s, n을 사용했고, 종은 순서대로 w, a, e, i, o, u, y, yi, yu를 사용했다. 따라서 'di'는 돌을 의미하고 'dib'는 가치 없는 돌을 의미하며, 'diba'는 가치 없는 돌의 두 번째 종을 의미한다.

---

① ditu – 물에 녹는 지구의 응결물의 여섯 번째 종

② gwpyi – 잎의 네 번째 차이의 네 번째 종

③ dige – 덜 투명한 가치 있는 돌의 세 번째 종

④ deda – 원소의 두 번째 차이의 두 번째 종

⑤ donw – 금속의 아홉 번째 차이의 첫 번째 종

04 다음 글을 근거로 판단할 때 적절하지 않은 것은?

- 갑부서에서는 2023년도 예산을 편성하기 위해 2022년에 시행되었던 정책에 대한 평가를 실시하여, 아래와 같은 결과를 얻었다.

<정책 평가 결과>

(단위 : 점)

정책	계획의 충실성	계획 대비 실적	성과지표 달성도
A	96	95	76
B	93	83	81
C	94	96	82
D	98	82	75
E	95	92	79
F	95	90	85

- 정책 평가 영역과 영역별 기준 점수는 다음과 같다.
  - 계획의 충실성 : 기준 점수 90점
  - 계획 대비 실적 : 기준 점수 85점
  - 성과지표 달성도 : 기준 점수 80점
- 평가 점수가 해당 영역의 기준 점수 이상인 경우 '통과'로 판단하고 기준 점수 미만인 경우 '미통과'로 판단한다.
- 모든 영역이 통과로 판단된 정책에는 전년과 동일한 금액을 편성하며, 2개 영역이 통과로 판단된 정책에는 전년 대비 10% 감액, 1개 영역만 통과로 판단된 정책에는 15% 감액하여 편성한다. 다만 '계획 대비 실적' 영역이 미통과인 경우 위 기준과 상관없이 15% 감액하여 편성한다.
- 2022년도 갑부서의 A~F정책 예산은 각각 20억 원으로 총 120억 원이었다.

① 전년과 동일한 금액의 예산을 편성해야 하는 정책은 총 2개이다.
② 갑부서의 2023년도 A~F정책 예산은 전년 대비 9억 원이 줄어들 것이다.
③ '성과지표 달성도' 영역에서 '통과'로 판단된 경우에도 예산을 감액해야 하는 정책이 있다.
④ 예산을 전년 대비 15% 감액하여 편성하는 정책들은 모두 '계획 대비 실적' 영역이 미통과로 판단되었을 것이다.
⑤ 2개 영역이 미통과로 판단된 정책에 대해서만 전년 대비 2023년도 예산을 감액하는 것으로 기준을 변경하는 경우에는 총 1개의 정책만 감액해야 한다.

05 다음 글을 근거로 판단할 때, 〈보기〉에서 적절한 것을 모두 고르면?

> 갑국의 공무원연금공단은 다음 기준에 따라 사망조위금을 지급하고 있다. 사망조위금은 최우선 순위의 수급권자 1인에게만 지급한다.
>
> 〈사망조위금 지급기준〉
>
> | 사망자 | 수급권자 순위 | |
> |---|---|---|
> | | 해당 공무원이 1인인 경우 | 해당 공무원 |
> | 공무원의 배우자·부모 (배우자의 부모 포함)· 자녀 | 해당 공무원이 2인 이상인 경우 | 1. 사망한 자의 배우자인 공무원
2. 사망한 자를 부양하던 직계비속인 공무원
3. 사망한 자의 최근친 직계비속인 공무원 중 최연장자
4. 사망한 자의 최근친 직계비속의 배우자인 공무원 중 최연장자 직계비속의 배우자인 공무원 |
> | 공무원 본인 | 1. 사망한 공무원의 배우자
2. 사망한 공무원의 직계비속 중 공무원
3. 장례와 제사를 모시는 자 중 아래의 순위
　가. 사망한 공무원의 최근친 직계비속 중 최연장자
　나. 사망한 공무원의 최근친 직계존속 중 최연장자
　다. 사망한 공무원의 형제자매 중 최연장자 | |

보기

ㄱ. A와 B는 비(非)공무원 부부이며 공무원 C(37세)와 공무원 D(32세)를 자녀로 두고 있다. 공무원 D가 부모님을 부양하던 상황에서 A가 사망하였다면, 사망조위금 최우선 순위 수급권자는 D이다.

ㄴ. A와 B는 공무원 부부로 비공무원 C를 아들로 두고 있으며, 공무원 D는 C의 아내이다. 만약 C가 사망하였다면, 사망조위금 최우선 순위 수급권자는 A이다.

ㄷ. 공무원 A와 비공무원 B는 부부이며 비공무원 C(37세)와 비공무원 D(32세)를 자녀로 두고 있다. A가 사망하고 C와 D가 장례와 제사를 모시는 경우, 사망조위금 최우선 순위 수급권자는 C이다.

① ㄱ
② ㄴ
③ ㄷ
④ ㄱ, ㄴ
⑤ ㄱ, ㄷ

06 다음 글과 설립위치 선정 기준을 근거로 판단할 때, K사가 서비스센터를 설립하는 방식과 위치가 바르게 짝지어진 것은?

- 휴대폰 제조사 K는 B국에 고객서비스를 제공하기 위해 1개의 서비스센터 설립을 추진하려고 한다.
- 설립방식에는 (가)방식과 (나)방식이 있다.
- K사는 [(고객만족도 효과의 현재가치)－(비용의 현재가치)]의 값이 큰 방식을 선택한다.
- 비용에는 규제비용과 로열티 비용이 있다.

구분		(가)방식	(나)방식
고객만족도 효과의 현재가치		5억 원	4.5억 원
비용의 현재 가치	규제 비용	3억 원 (설립 당해년도만 발생)	없음
	로열티 비용	없음	－ 3년간 로열티 비용을 지불함 － 로열티 비용의 현재가치 환산액 : 설립 당해년도는 2억 원, 그 다음 해부터는 직전년도 로열티 비용의 1/2씩 감액한 금액

※ 고객만족도 효과의 현재가치는 설립 당해년도를 기준으로 산정된 결과이다.

〈설립위치 선정 기준〉

- 설립위치로 B국의 갑, 을, 병 세 지역을 검토 중이며, 지역의 특성은 다음과 같다.

위치	유동인구(만 명)	20 ~ 30대 비율(%)	교통혼잡성
갑 지역	80	75	3
을 지역	100	50	1
병 지역	75	60	2

- K사는 [(유동인구)×(20 ~ 30대 비율)÷(교통혼잡성)] 값이 큰 곳을 선정한다. 다만 K사는 제품의 특성을 고려하여 20 ~ 30대 비율이 50% 이하인 지역은 선정대상에서 제외한다.

  설립방식　　　설립위치
① 　(가)　　　　갑 지역
② 　(가)　　　　병 지역
③ 　(나)　　　　갑 지역
④ 　(나)　　　　을 지역
⑤ 　(나)　　　　병 지역

다음 글과 선거 결과를 근거로 판단할 때 가장 적절한 것은?

> K국 의회의원은 총 8명이며, 4개의 선거구에서 한 선거구당 2명씩 선출된다. 선거제도는 다음과 같이 운용된다.
>
> 정당은 선거구별로 두 명의 후보 이름이 적힌 명부를 작성한다. 유권자는 해당 선거구에서 모든 정당의 후보 중 한 명에게만 1표를 행사하며, 이를 통해 개별 후보자의 득표율이 집계된다.
>
> 특정 선거구에서 각 정당의 득표율은 그 정당의 해당 선거구 후보자 2명의 득표율의 합이다. 예를 들어 한 정당의 명부에 있는 두 후보가 각각 30%, 20% 득표를 했다면 해당 선거구에서 그 정당의 득표율은 50%가 된다. 그리고 각 후보의 득표율에 따라 소속 정당 명부에서의 순위(1번, 2번)가 결정된다.
>
> 다음으로 선거구별 2개의 의석은 다음과 같이 배분한다. 먼저 해당 선거구에서 득표율 1위 정당의 1번 후보에게 1석이 배분된다. 그리고 만약 1위 정당의 정당 득표율이 2위 정당의 정당 득표율의 2배 이상이라면, 정당 득표율 1위 정당의 2번 후보에게 나머지 1석이 돌아간다. 그러나 1위 정당의 정당 득표율이 2위 정당의 정당 득표율의 2배 미만이라면 정당 득표율 2위 정당의 1번 후보에게 나머지 1석을 배분한다.

〈선거 결과〉

K국의 의회의원선거 제1 ~ 4선거구의 선거 결과를 요약하면 다음과 같다. 수치는 선거구별 득표율 (%)이다.

구분	제1선거구	제2선거구	제3선거구	제4선거구
A정당	41	50	16	39
1번 후보	30	30	12	20
2번 후보	11	20	4	19
B정당	39	30	57	28
1번 후보	22	18	40	26
2번 후보	17	12	17	2
C정당	20	20	27	33
1번 후보	11	11	20	18
2번 후보	9	9	7	15

① A정당은 모든 선거구에서 최소 1석을 차지했다.
② B정당은 모든 선거구에서 최소 1석을 차지했다.
③ C정당 후보가 당선된 곳은 제3선거구이다.
④ 선거구마다 최다 득표를 한 후보가 당선되었다.
⑤ 가장 많은 당선자를 낸 정당은 B정당이다.

08 다음 복약설명서에 따라 갑이 두 약을 복용할 때 가장 적절한 것은?

〈복약설명서〉

1. 약품명 : 가나다정
2. 복용법 및 주의사항
   - 식전 15분에 복용하는 것이 가장 좋으나 식전 30분부터 식사 직전까지 복용이 가능합니다.
   - 식사를 거르게 될 경우에 복용을 거릅니다.
   - 식이요법과 운동요법을 계속하고, 정기적으로 혈당(혈액 속에 섞여 있는 당분)을 측정해야 합니다.
   - 야뇨(夜尿)를 피하기 위해 최종 복용시간은 오후 6시까지로 합니다.
   - 저혈당을 예방하기 위해 사탕 등 혈당을 상승시킬 수 있는 것을 가지고 다닙니다.

1. 약품명 : ABC정
2. 복용법 및 주의사항
   - 매 식사 도중 또는 식사 직후에 복용합니다.
   - 복용을 잊은 경우 식사 후 1시간 이내에 생각이 났다면 즉시 약을 복용하도록 합니다. 식사 후 1시간이 초과되었다면 다음 식사에 다음 번 분량만을 복용합니다.
   - 씹지 말고 그대로 삼켜서 복용합니다.
   - 정기적인 혈액검사를 통해서 혈중 칼슘, 인의 농도를 확인해야 합니다.

---

① 식사를 거르게 될 경우 가나다정만 복용한다.

② 두 약을 복용하는 기간 동안 정기적으로 혈액검사를 할 필요는 없다.

③ 저녁식사 전 가나다정을 복용하려면 저녁식사는 늦어도 오후 6시 30분에는 시작해야 한다.

④ ABC정은 식사 중에 다른 음식과 함께 씹어 복용할 수 있다.

⑤ 식사를 30분 동안 한다고 할 때, 두 약의 복용시간은 최대 1시간 30분 차이가 날 수 있다.

09 다음 맛집 정보와 평가 기준을 근거로 판단할 때, 총점이 가장 높은 음식점은?

〈맛집 정보〉

평가 항목 음식점	음식종류	이동거리	가격(1인 기준)	맛평점(★ 5개 만점)	방 예약 가능 여부
자금성	중식	150m	7,500원	★★☆	○
샹젤리제	양식	170m	8,000원	★★★	○
경복궁	한식	80m	10,000원	★★★★	×
도쿄타워	일식	350m	9,000원	★★★★☆	×
광화문	한식	300m	12,000원	★★★★★	×

※ ☆은 ★의 반 개이다.

〈평가 기준〉

- 평가 항목 중 이동거리, 가격, 맛평점에 대하여 항목별로 1 ~ 5점을 각각의 음식점에 하나씩 부여한다.
  - 이동거리가 짧은 음식점일수록 높은 점수를 준다.
  - 가격이 낮은 음식점일수록 높은 점수를 준다.
  - 맛평점이 높은 음식점일수록 높은 점수를 준다.
- 평가 항목 중 음식종류에 대하여 일식 5점, 한식 4점, 양식 3점, 중식 2점을 부여한다.
- 방 예약이 가능한 경우 가점 1점을 부여한다.
- 총점은 음식종류, 이동거리, 가격, 맛평점의 4가지 평가항목에서 부여 받은 점수와 가점을 합산하여 산출한다.

① 자금성   ② 샹젤리제
③ 광화문   ④ 도쿄타워
⑤ 경복궁

10 다음 전투능력을 가진 생존자 현황과 〈조건〉을 근거로 판단할 때, 생존자들이 탈출할 수 있는 경우는?(단, 다른 조건은 고려하지 않는다)

〈전투능력을 가진 생존자 현황〉

직업	인원	전투능력	건강상태	보유품목
경찰	1명	6	질병	–
사냥꾼	1명	4	정상	–
의사	1명	2	정상	전투력 강화제 1개
무사	1명	8	정상	–
폭파전문가	1명	4	부상	다이너마이트

조건

• 좀비 바이러스에 의해 갑국에 거주하던 많은 사람들이 좀비가 되었다. 건물에 갇힌 생존자들은 동, 서, 남, 북 4개의 통로를 이용해 5명씩 팀을 이루어 탈출을 시도한다. 탈출은 통로를 통해서만 가능하며, 한 쪽 통로를 선택하면 되돌아올 수 없다.
• 동쪽 통로에 11마리, 서쪽 통로에 7마리, 남쪽 통로에 11마리, 북쪽 통로에 9마리의 좀비들이 있다. 선택한 통로의 좀비를 모두 제거해야만 탈출할 수 있다.
• 남쪽 통로의 경우, 통로 끝이 막혀 탈출할 수 없지만 팀에 폭파전문가가 있다면 다이너마이트를 사용하여 막힌 통로를 뚫고 탈출할 수 있다.
• '전투'란 생존자가 좀비를 제거하는 것을 의미하며 선택한 통로에서 일시에 이루어진다.
• '전투능력'은 정상인 건강상태에서 해당 생존자가 전투에서 제거하는 좀비의 수를 의미하며, 질병이나 부상상태인 사람은 그 능력이 50% 줄어든다.
• 전투력 강화제는 건강상태가 정상인 생존자들 중 1명에게만 사용할 수 있으며, 전투능력을 50% 향상시킨다. 사용 가능한 대상은 의사 혹은 의사의 팀 내 구성원이다.
• 생존자의 직업은 다양하며, 아이(들)와 노인(들)은 전투능력과 보유품목이 없고 건강상태는 정상이다.

	탈출 통로	팀 구성 인원
①	동쪽 통로	폭파전문가 – 무사 – 노인(3)
②	서쪽 통로	사냥꾼 – 경찰 – 아이(2) – 노인
③	남쪽 통로	사냥꾼 – 폭파전문가 – 아이 – 노인(2)
④	남쪽 통로	폭파전문가 – 사냥꾼 – 의사 – 아이(2)
⑤	북쪽 통로	경찰 – 의사 – 아이(2) – 노인

11 다음 글과 상황을 근거로 판단할 때, K국 각 지역에 설치될 풍력발전기 모델명을 바르게 짝지은 것은?

풍력발전기는 회전축의 방향에 따라 수평축 풍력발전기와 수직축 풍력발전기로 구분된다. 수평축 풍력발전기는 구조가 간단하고 설치가 용이하며 에너지 변환효율이 우수하다. 하지만 바람의 방향에 영향을 많이 받기 때문에 바람의 방향이 일정한 지역에만 설치가 가능하다. 수직축 풍력발전기는 바람의 방향에 영향을 받지 않아 바람의 방향이 일정하지 않은 지역에도 설치가 가능하며, 이로 인해 사막이나 평원에도 설치가 가능하다. 하지만 부품이 비싸고 수평축 풍력발전기에 비해 에너지 변환효율이 떨어진다는 단점이 있다.

갑사는 현재 4가지 모델의 풍력발전기를 생산하고 있다. 각 풍력발전기는 정격 풍속에서 최대 발전량에 도달하며, 가동이 시작되면 최소 발전량 이상의 전기를 생산한다. 각 풍력발전기의 특성은 아래 표와 같다.

모델명	U − 50	U − 57	U − 88	U − 93
시간당 최대 발전량(kW)	100	100	750	2,000
시간당 최소 발전량(kW)	20	20	150	400
발전기 높이(m)	50	68	80	84.7
회전축 방향	수직	수평	수직	수평

〈상황〉

K국은 갑사의 풍력발전기를 X, Y, Z지역에 1기씩 설치할 계획이다. X지역은 산악지대로 바람의 방향이 일정하며, 최소 150kW 이상의 시간당 발전량이 필요하다. Y지역은 평원지대로 바람의 방향이 일정하지 않으며, 철새 보호를 위해 발전기 높이는 70m 이하가 되어야 한다. Z지역은 사막지대로 바람의 방향이 일정하지 않으며, 주민 편의를 위해 정격 풍속에서 600kW 이상의 시간당 발전량이 필요하다. 복수의 모델이 각 지역의 조건을 충족할 경우, 에너지 변환효율을 높이기 위해 수평축 모델을 설치하기로 한다.

	X지역	Y지역	Z지역
①	U − 88	U − 50	U − 88
②	U − 88	U − 57	U − 88
③	U − 93	U − 50	U − 88
④	U − 93	U − 50	U − 93
⑤	U − 93	U − 57	U − 93

12 우주센터는 화성 탐사 로봇(JK3)으로부터 다음의 수신 신호를 왼쪽부터 순서대로 받았다. 〈조건〉을 근거로 판단할 때, JK3의 이동경로로 가장 적절한 것은?

〈수신신호〉

010111, 000001, 111001, 100000

조건

JK3은 출발 위치를 중심으로 주변을 격자 모양 평면으로 파악하고 있으며, 격자 모양의 경계를 넘어 한 칸 이동할 때마다 이동 방향을 나타내는 6자리 신호를 우주센터에 전송한다. 그 신호의 각 자리는 0 또는 1로 이루어진다. 전송 신호는 4개뿐이며, 전송 신호가 의미하는 이동 방향은 아래와 같다.

전송 신호	이동 방향
000000	북
000111	동
111000	서
111111	남

JK3이 보낸 6자리의 신호 중 한 자리는 우주잡음에 의해 오염된다. 이 경우 오염된 자리의 숫자 0은 1로, 1은 0으로 바뀐다.

※ JK3은 동서남북을 인식하고, 이 네 방향으로만 이동한다.

①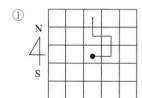

②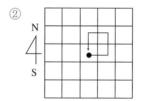

③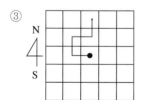

④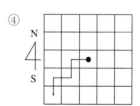

⑤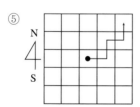

13 다음 배드민턴 복식 경기방식을 따를 때, 경기상황에 이어질 서브 방향 및 선수 위치로 가장 적절한 것은?

〈배드민턴 복식 경기방식〉

- 점수를 획득한 팀이 서브권을 갖는다. 다만 서브권이 상대팀으로 넘어가기 전까지는 팀 내에서 같은 선수가 연속해서 서브권을 갖는다.
- 서브하는 팀은 자신의 팀 점수가 0이거나 짝수인 경우는 우측에서, 점수가 홀수인 경우는 좌측에서 서브한다.
- 서브하는 선수로부터 코트의 대각선 위치에 선 선수가 서브를 받는다.
- 서브를 받는 팀은 자신의 팀으로 서브권이 넘어오기 전까지는 팀 내에서 선수끼리 서로 코트 위치를 바꾸지 않는다.
- ※ 좌측, 우측은 각 팀이 네트를 바라보고 인식하는 좌, 우이다.

〈경기상황〉

- 갑팀(A · B)과 을팀(C · D)간 복식 경기 진행
- 3 : 3 동점 상황에서 A가 C에 서브하고 갑팀(A · B)이 1점 득점

점수	서브 방향 및 선수 위치	득점한 팀
3 : 3	(D 좌상, C 우상 / A 좌하, B 우하, 화살표 A→C)	갑

①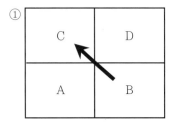

②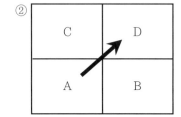

③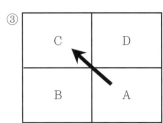

④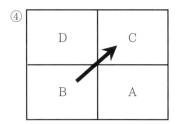

⑤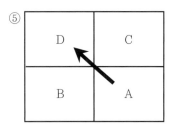

14 다음 쓰레기 분리배출 규정을 준수한 것으로 가장 적절한 것은?

〈쓰레기 분리배출 규정〉

- 배출 시간 : 수거 전날 저녁 7시 ~ 수거 당일 새벽 3시까지(월요일 ~ 토요일에만 수거함)
- 배출 장소 : 내 집 앞, 내 점포 앞
- 쓰레기별 분리배출 방법
  - 일반 쓰레기 : 쓰레기 종량제 봉투에 담아 배출
  - 음식물 쓰레기 : 단독주택의 경우 수분 제거 후 음식물 쓰레기 종량제 봉투에 담아서, 공동주택의 경우 음식물 전용용기에 담아서 배출
  - 재활용 쓰레기 : 종류별로 분리하여 투명 비닐봉투에 담아 묶어서 배출
    ① 1종(병류)
    ② 2종(캔, 플라스틱, 페트병 등)
    ③ 3종(폐비닐류, 과자 봉지, 1회용 봉투 등)
      ※ 1종과 2종의 경우 뚜껑을 제거하고 내용물을 비운 후 배출.
      ※ 종이류·박스·스티로폼은 각각 별도로 묶어서 배출.
  - 폐가전·폐가구 : 폐기물 스티커를 부착하여 배출
- 종량제 봉투 및 폐기물 스티커 구입 : 봉투판매소

---

① 갑은 토요일 저녁 8시에 일반 쓰레기를 쓰레기 종량제 봉투에 담아 자신의 집 앞에 배출하였다.

② 공동주택에 사는 을은 먹다 남은 찌개를 그대로 음식물 쓰레기 종량제 봉투에 담아 주택 앞에 배출하였다.

③ 병은 투명 비닐봉투에 캔과 스티로폼을 함께 담아 자신의 집 앞에 배출하였다.

④ 정은 사이다가 남아 있는 페트병을 투명 비닐봉투에 담아서 집 앞에 배출하였다.

⑤ 무는 집에서 쓰던 냉장고를 버리기 위해 폐기물 스티커를 구입 후 부착하여 월요일 저녁 9시에 자신의 집 앞에 배출하였다.

15 다음 연주 규칙에 근거할 때 적절하지 않은 것은?

〈연주 규칙〉

1 ~ 2구간의 흰 건반 10개만을 사용하여 '비행기'와 '학교종' 두 곡을 연주한다. 왼손과 오른손을 나란히 놓고, 엄지, 검지, 중지, 약지, 새끼 다섯 종류의 손가락을 사용한다. 손가락 번호와 일치하는 건반 한 개만 칠 수 있으며, 노래에 사용되는 음은 아래와 같다.

• 비행기 : 한 구간 내의 '도, 레, 미' 음만 사용
• 학교종 : 한 구간 내의 '도, 레, 미, 솔, 라' 음만 사용

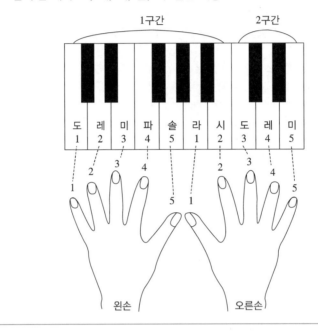

---

① '비행기'는 어느 구간에서 연주하든 같은 종류의 손가락을 사용한다.
② '비행기'는 어느 구간에서 연주하든 같은 번호의 손가락을 사용한다.
③ '학교종'을 연주할 때는 검지 손가락을 사용하지 않는다.
④ '비행기'는 한 손만으로도 연주할 수 있다.
⑤ '학교종'은 한 손만으로 연주할 수 없다.

16 다음 글과 상황을 근거로 판단할 때, 갑이 납부하는 송달료의 합계는?

> 송달이란 소송의 당사자와 그 밖의 이해관계인에게 소송상의 서류의 내용을 알 수 있는 기회를 주기 위해 법에 정한 방식에 따라 하는 통지행위를 말하며, 송달에 드는 비용을 송달료라고 한다. 소 또는 상소를 제기하려는 사람은, 소장이나 상소장을 제출할 때 당사자 수에 따른 계산방식으로 산출된 송달료를 수납은행(대부분 법원구내 은행)에 납부하고 그 은행으로부터 교부받은 송달료납부서를 소장이나 상소장에 첨부하여야 한다. 송달료 납부의 기준은 아래와 같다.
> - 소 또는 상소 제기 시 납부해야 할 송달료
>   가. 민사 제1심 소액사건 : 당사자 수×송달료 10회분
>   나. 민사 제1심 소액사건 이외의 사건 : 당사자 수×송달료 15회분
>   다. 민사 항소사건 : 당사자 수×송달료 12회분
>   라. 민사 상고사건 : 당사자 수×송달료 8회분
> - 송달료 1회분 : 3,200원
> - 당사자 : 원고, 피고
> - 사건의 구별
>   가. 소액사건 : 소가 2,000만 원 이하의 사건
>   나. 소액사건 이외의 사건 : 소가 2,000만 원을 초과하는 사건
>   ※ 소가(訴價)라 함은 원고가 승소하면 얻게 될 경제적 이익을 화폐단위로 평가한 금액을 말한다.

> **〈상황〉**
>
> 갑은 보행로에서 자전거를 타다가 을의 상품진열대에 부딪쳐서 부상을 당하였고, 이 상황을 병이 목격하였다. 갑은 을에게 자신의 병원치료비와 위자료를 요구하였다. 그러나 을은 갑의 잘못으로 부상당한 것이므로 자신에게는 책임이 없으며, 오히려 갑 때문에 진열대가 파손되어 손해가 발생했으므로 갑이 손해를 배상해야 한다고 주장하였다. 갑은 자신을 원고로, 을을 피고로 하여 병원치료비와 위자료로 2,000만 원을 구하는 소를 제기하였다. 제1심 법원은 증인 병의 증언을 바탕으로 갑에게 책임이 있다는 을의 주장이 옳다고 인정하여, 갑의 청구를 기각하는 판결을 선고하였다. 이 판결에 대해서 갑은 항소를 제기하였다.

① 76,800원
② 104,800원
③ 124,800원
④ 140,800원
⑤ 172,800원

17 다음 글과 K시의 도로명 현황을 근거로 판단할 때, K시에서 발견될 수 있는 도로명은?

도로명의 구조는 일반적으로 두 개의 부분으로 나누어지는데 앞부분을 전부요소, 뒷부분을 후부요소라고 한다.

전부요소는 대상물의 특성을 반영하여 이름붙인 것이며 다른 곳과 구분하기 위해 명명된 부분이다. 즉, 명명의 배경이 반영되어 성립된 요소로 다양한 어휘가 사용된다. 후부요소로는 '로, 길, 골목'이 많이 쓰인다.

그런데 도로명은 전부요소와 후부요소만 결합한 기본형이 있고, 후부요소에 다른 요소가 첨가된 확장형이 있다. 확장형은 후부요소에 '1, 2, 3, 4…' 등이 첨가된 일련번호형과 '동, 서, 남, 북, 좌, 우, 윗, 아래, 앞, 뒷, 사이, 안, 중앙' 등의 어휘들이 첨가된 방위형이 있다.

〈K시의 도로명 현황〉

K시의 도로명을 모두 분류한 결과, 도로명의 전부요소로는 한글 고유어보다 한자어가 더 많이 발견되었고, 기본형보다 확장형이 많이 발견되었다. 확장형의 후부요소로는 일련번호형이 많이 발견되었고, 일련번호는 '로'와만 결합되었다. 그리고 방위형은 '골목'과만 결합되었으며 사용된 어휘는 '동, 서, 남, 북'으로만 한정되었다.

---

① 행복1가　　　　　　　　　　② 대학2로

③ 국민3길　　　　　　　　　　④ 덕수궁뒷길

⑤ 꽃동네중앙골목

18 김갑돌 2등서기관은 다음과 같이 기안문을 작성하였다. 담당과장 이을순이 이 기안문에 대해 조언한 내용 중 공문서 작성 및 처리지침에 어긋나는 것을 〈보기〉에서 모두 고르면?

외교통상부

- 수신   주○○국 대사
- 경유
- 제목   초청장 발송 협조

기획재정부가 경제개발 경험공유 사업의 일환으로 2023년 7월 1일 – 2023년 7월 4일 개발도상국 공무원을 초청하여 특별 연수프로그램을 실시할 예정이라고 알려오면서 협조를 요청한 바, 첨부된 초청서한 및 참가신청서(원본 외교행낭편 송부)를 ○○국 재무부에 전달 바랍니다.

- 첨부 : 상기 초청서한 및 참가신청서 각 1부.

기안	전결
2등서기관 김갑돌	

〈공문서 작성 및 처리지침〉

- 숫자는 아라비아 숫자로 쓴다.
- 날짜는 숫자로 표기하되 연·월·일의 글자는 생략하고 그 자리에 온점을 찍어 표시한다.
- 본문이 끝나면 1자(2타) 띄우고 '끝.' 표시를 한다. 단, 첨부물이 있는 경우, 첨부 표시문 끝에 1자 (2타) 띄우고 '끝.' 표시를 한다.
- 기안문 및 시행문에는 행정기관의 로고·상징·마크 또는 홍보문구 등을 표시하여 행정기관의 이미지를 높일 수 있도록 하여야 한다.
- 행정기관의 장은 문서의 기안·검토·협조·결재·등록·시행·분류·편철·보관·이관·접수·배부·공람·검색·활용 등 문서의 모든 처리절차가 전자문서시스템 또는 업무관리시스템상에서 전자적으로 처리되도록 하여야 한다.

※ 온점 : 가로쓰기에 쓰는 마침표

보기

ㄱ. '끝.' 표시도 중요합니다. 본문 뒤에 '끝.'을 붙이세요.

ㄴ. 공문서에서 날짜 표기는 이렇게 하지 않아요. '2023년 7월 1일 – 2023년 7월 4일'을 '2023. 7. 1. – 2023. 7. 4.'로 고치세요.

ㄷ. 오류를 수정하여 기안문을 출력해 오면 그 문서에 서명하여 결재하겠습니다.

ㄹ. 어! 로고가 빠졌네. 우리 부의 로고를 넣어주세요.

① ㄱ, ㄷ   ② ㄱ, ㄹ

③ ㄴ, ㄹ   ④ ㄱ, ㄴ, ㄷ

⑤ ㄴ, ㄷ, ㄹ

19 다음을 근거로 판단할 때 K국 사람들이 나눈 대화 중 가장 적절한 것은?(단, 여권은 모두 유효하며, 아래 대화의 시점은 2023년 2월 26일이다)

〈K국의 비자면제협정 체결 현황〉

(2021. 4. 기준)

대상여권	국가(체류기간)
외교관	우크라이나(90일), 우즈베키스탄(60일)
외교관 · 관용	이집트(90일), 일본(3개월), 에콰도르(외교관 : 업무수행기간, 관용 : 3개월), 캄보디아(60일)
외교관 · 관용 · 일반	포르투갈(60일), 베네수엘라(외교관 · 관용 : 30일, 일반 : 90일), 영국(90일), 터키(90일), 이탈리아(90일), 파키스탄(3개월, 2020.10.1부터 일반 여권 소지자에 대한 비자면제협정 일시정지)

※ 2021년 4월 이후 변동사항은 고려하지 않는다.
※ 상대국에 파견하는 행정원의 경우에는 관용 여권을 발급한다.
※ 면제기간은 입국한 날부터 기산(起算)한다.
※ 상기 협정들은 상호적인 규정이다.

① 희선 : 포르투갈인이 일반 여권을 가지고 2022년 2월 2일부터 같은 해 4월 6일까지 K국을 방문했을 때 비자를 발급받을 필요가 없었겠군.

② 현웅 : K국이 작년에 4개월 동안 우즈베키스탄에 행정원을 파견한 경우 비자를 취득해야 했지만, 같은 기간 동안 에콰도르에 행정원을 파견한 경우 비자를 취득할 필요가 없었겠군.

③ 유리 : 나는 일반 여권으로 2021년 5월 1일부터 같은 해 8월 15일까지 이탈리아에 비자 없이 체류했었고, 2022년 1월 2일부터 같은 해 3월 31일까지 영국에도 체류했었어.

④ 용훈 : 외교관 여권을 가지고 같은 기간을 K국에서 체류하더라도 이집트 외교관은 비자를 발급받아야 하지만, 파키스탄 외교관은 비자를 발급받지 않아도 되는 경우가 있겠군.

⑤ 예리 : 관용 여권을 가지고 2022년 5월 5일부터 같은 해 5월 10일까지 파키스탄을 방문했던 K국 국회의원은 비자를 취득해야 했었겠군.

20 다음 글과 상황을 근거로 판단할 때, 〈보기〉에서 적절한 것을 모두 고르면?

'에너지이용권'은 에너지 취약계층에게 난방에너지 구입을 지원하는 것으로 관련 내용은 다음과 같다.

월별 지원금액	1인 가구 : 81,000원 2인 가구 : 102,000원 3인 이상 가구 : 114,000원
지원형태	신청서 제출 시 실물카드와 가상카드 중 선택 – 실물카드 : 에너지원(등유, 연탄, LPG, 전기, 도시가스)을 다양하게 구매 가능함. 단, 아파트 거주자는 관리비가 통합고지서로 발부되기 때문에 신청할 수 없음 – 가상카드 : 전기ㆍ도시가스ㆍ지역난방 중 택일. 매월 요금이 자동 차감됨. 단, 사용기간(발급일로부터 1개월) 만료 시 잔액이 발생하면 전기요금 차감
신청대상	생계급여 또는 의료급여 수급자로서 다음 각 호의 어느 하나에 해당하는 사람을 포함한 가구의 가구원 1. 1954. 12. 31. 이전 출생자 2. 2002. 1. 1. 이후 출생자 3. 등록된 장애인(1 ~ 6급)
신청방법	수급자 본인 또는 가족이 신청 ※ 담당공무원이 대리 신청 가능
신청서류	1. 에너지이용권 발급 신청서 2. 전기, 도시가스 또는 지역난방 요금고지서(영수증), 아파트 거주자의 경우 관리비 통합고지서 3. 신청인의 신분증 사본 4. 대리 신청일 경우 신청인 본인의 위임장, 대리인의 신분증 사본

〈상황〉

갑 ~ 병은 에너지이용권을 신청하고자 한다.
- 갑 : 3급 장애인, 실업급여 수급자, 1인 가구, 아파트 거주자
- 을 : 2005. 1. 1. 출생, 의료급여 수급자, 4인 가구, 단독 주택 거주자
- 병 : 1949. 3. 22. 출생, 생계급여 수급자, 2인 가구, 아파트 거주자

보기

ㄱ. 갑은 에너지이용권 발급 신청서, 관리비 통합고지서, 본인 신분증 사본을 제출하고, 81,000원의 에너지이용권을 요금 자동 차감 방식으로 지급받을 수 있다.

ㄴ. 담당공무원인 정이 을을 대리하여 신청 서류를 모두 제출하고, 을은 114,000원의 에너지이용권을 실물카드 형태로 지급받을 수 있다.

ㄷ. 병은 도시가스를 선택하여 102,000원의 에너지이용권을 가상카드 형태로 지급받을 수 있으며, 이용권 사용기간 만료 시 잔액이 발생한다면 전기요금이 차감될 것이다.

① ㄱ
② ㄴ
③ ㄷ
④ ㄱ, ㄷ
⑤ ㄴ, ㄷ

21 다음 국내 대학(원) 재학생 학자금 대출 조건을 근거로 판단할 때, 〈보기〉에서 적절한 것을 모두 고르면?[단, 갑 ~ 병은 국내 대학(원)의 재학생이다]

<국내 대학(원) 재학생 학자금 대출 조건>

구분		X학자금 대출	Y학자금 대출
신청 대상	신청 연령	35세 이하	55세 이하
	성적 기준	직전 학기 12학점 이상 이수 및 평균 C학점 이상(단, 장애인, 졸업학년인 경우 이수학점 기준 면제)	직전 학기 12학점 이상 이수 및 평균 C학점 이상(단, 대학원생, 장애인, 졸업학년인 경우 이수학점 기준 면제)
	가구소득 기준	소득 1 ~ 8분위	소득 9, 10분위
	신용 요건	제한 없음	금융채무불이행자, 저신용자 대출 불가
대출 한도	등록금	학기당 소요액 전액	학기당 소요액 전액
	생활비	학기당 150만 원	학기당 100만 원
상환 사항	상환 방식 (졸업 후)	• 기준소득을 초과하는 소득 발생 이전 : 유예 • 기준소득을 초과하는 소득 발생 이후 : 기준소득 초과분의 20%를 원천 징수 ※ 기준소득 : 연 □천만 원	• 졸업 직후 매월 상환 • 원금균등분할상환과 원리금균등분할상환 중 선택

보기

ㄱ. 34세로 소득 7분위인 대학생 갑이 직전 학기에 14학점을 이수하여 평균 B학점을 받았을 경우 X학자금 대출을 받을 수 있다.

ㄴ. X학자금 대출 대상이 된 을의 한 학기 등록금이 300만 원일 때, 한 학기당 총 450만 원을 대출받을 수 있다.

ㄷ. 50세로 소득 9분위인 대학원생 병(장애인)은 신용 요건에 관계없이 Y학자금 대출을 받을 수 있다.

ㄹ. 대출금액이 동일하고 졸업 후 소득이 발생하지 않았다면, X학자금 대출과 Y학자금 대출의 매월 상환금액은 같다.

① ㄱ, ㄴ
② ㄱ, ㄷ
③ ㄷ, ㄹ
④ ㄱ, ㄴ, ㄹ
⑤ ㄴ, ㄷ, ㄹ

22 다음 글과 날짜에 따른 파고 수치를 근거로 판단할 때, 갑이 여행을 다녀온 시기로 가장 적절한 것은?

- 갑은 선박으로 '포항 → 울릉도 → 독도 → 울릉도 → 포항' 순으로 여행을 다녀왔다.
- '포항 → 울릉도' 선박은 매일 오전 10시, '울릉도 → 포항' 선박은 매일 오후 3시에 출발하며, 편도 운항에 3시간이 소요된다.
- 울릉도에서 출발해 독도를 돌아보는 선박은 매주 화요일과 목요일 오전 8시에 출발하여 당일 오전 11시에 돌아온다.
- 최대 파고가 3m 이상인 날은 모든 노선의 선박이 운항되지 않는다.
- 갑은 매주 금요일에 술을 마시는데, 술을 마신 다음날은 멀미가 심해 선박을 탈 수 없다.
- 이번 여행 중 갑은 울릉도에서 호박엿 만들기 체험을 했는데, 호박엿 만들기 체험은 매주 월·금요일 오후 6시에만 할 수 있다.

〈파고 수치〉

(파) : 최대 파고(단위 : m)

일	월	화	수	목	금	토
16	17	18	19	20	21	22
(파) 1.0	(파) 1.4	(파) 3.2	(파) 2.7	(파) 2.8	(파) 3.7	(파) 2.0
23	24	25	26	27	28	29
(파) 0.7	(파) 3.3	(파) 2.8	(파) 2.7	(파) 0.5	(파) 3.7	(파) 3.3

① 16일(일) ~ 19일(수)
② 19일(수) ~ 22일(토)
③ 20일(목) ~ 23일(일)
④ 23일(일) ~ 26일(수)
⑤ 25일(화) ~ 28일(금)

23 다음 글을 근거로 판단할 때, 〈보기〉에서 인증이 가능한 경우를 모두 고르면?

K국 친환경 농산물의 종류는 3가지로, 인증기준에 부합하는 재배방법은 각각 다음과 같다.
1) 유기농산물의 경우 일정 기간(다년생 작물 3년, 그 외 작물 2년) 이상을 농약과 화학비료를 사용하지 않고 재배한다.
2) 무농약농산물의 경우 농약을 사용하지 않고, 화학비료는 권장량의 2분의 1 이하로 사용하여 재배한다.
3) 저농약농산물의 경우 화학비료는 권장량의 2분의 1 이하로 사용하고, 농약은 살포시기를 지켜 살포 최대횟수의 2분의 1 이하로 사용하여 재배한다.

〈농산물별 관련 기준〉

종류	재배기간 내 화학비료 권장량(kg/ha)	재배기간 내 농약살포 최대횟수	농약 살포시기
사과	100	4	수확 30일 전까지
감귤	80	3	수확 30일 전까지
감	120	4	수확 14일 전까지
복숭아	50	5	수확 14일 전까지

※ 1ha=10,000m^2, 1t=1,000kg

보기

ㄱ. 갑은 5km^2의 면적에서 재배기간 동안 농약을 전혀 사용하지 않고 20t의 화학비료를 사용하여 사과를 재배하였으며, 이 사과를 수확하여 무농약농산물 인증신청을 하였다.

ㄴ. 을은 3ha의 면적에서 재배기간 동안 농약을 1회 살포하고 50kg의 화학비료를 사용하여 복숭아를 재배하였다. 하지만 수확시기가 다가오면서 병충해 피해가 나타나자 농약을 추가로 1회 살포하였고, 열흘 뒤 수확하여 저농약농산물 인증신청을 하였다.

ㄷ. 병은 지름이 1km인 원 모양의 농장에서 작년부터 농약을 전혀 사용하지 않고 감귤을 재배하였다. 작년에는 5t의 화학비료를 사용하였으나, 올해는 전혀 사용하지 않고 감귤을 수확하여 유기농산물 인증신청을 하였다.

ㄹ. 정은 가로와 세로가 각각 100m, 500m인 과수원에서 감을 재배하였다. 재배기간 동안 총 2회(올해 4월 말과 8월 초) 화학비료 100kg씩을 뿌리면서 병충해 방지를 위해 농약도 함께 살포하였다. 정은 추석을 맞아 9월 말에 감을 수확하여 저농약농산물 인증신청을 하였다.

① ㄱ, ㄹ
② ㄴ, ㄷ
③ ㄱ, ㄴ, ㄹ
④ ㄱ, ㄷ, ㄹ
⑤ ㄴ, ㄷ, ㄹ

24 다음 공공도서관 시설 및 도서관 자료 구비 기준과 상황을 근거로 판단할 때, 〈보기〉에서 적절한 것을 모두 고르면?

〈공공도서관 시설 및 도서관 자료 구비 기준〉

봉사대상 인구(명)	시설		도서관 자료	
	건물면적(m²)	열람석(석)	기본장서(권)	연간증서(권)
10만 이상 ~ 30만 미만	1,650 이상	350 이상	30,000 이상	3,000 이상
30만 이상 ~ 50만 미만	3,300 이상	800 이상	90,000 이상	9,000 이상
50만 이상	4,950 이상	1,200 이상	150,000 이상	15,000 이상

1. 봉사대상 인구란 도서관이 설치되는 해당 시의 인구를 말한다. 연간증서(年間增書)는 설립 다음 해부터 매년 추가로 늘려야 하는 장서로서 기본장서에 포함된다.
2. 전체 열람석의 10% 이상을 노인과 장애인 열람석으로 할당하여야 한다.
3. 공공도서관은 기본장서 외에 다음 각 목에서 정하는 자료를 갖추어야 한다.
   가. 봉사대상 인구 1천 명당 1종 이상의 연속간행물
   나. 봉사대상 인구 1천 명당 10종 이상의 시청각자료

〈상황〉

○○부는 신도시인 K시에 2024년 상반기 개관을 목표로 공공도서관 건설을 추진 중이다. K시의 예상 인구 추계는 다음과 같다.

구분	2022년	2025년	2030년	2040년
예상 인구(명)	13만	15만	30만	50만

※ K시 도서관은 예정대로 개관한다.
※ 2022년 인구는 실제 인구이며, 인구는 해마다 증가한다고 가정한다.

보기

ㄱ. K시 도서관 개관 시 확보해야 할 최소 기본장서는 30,000권이다.
ㄴ. K시의 예상 인구 추계자료와 같이 인구가 증가한다면, 2025년에는 노인 및 장애인 열람석을 2024년에 비해 35석 추가로 더 확보해야 한다.
ㄷ. K시의 예상 인구 추계자료와 같이 인구가 증가하고, 2025년 ~ 2030년에 매년 같은 수로 인구가 늘어난다면, 2028년에는 최소 240종 이상의 연속간행물과 2,400종 이상의 시청각자료를 보유해야 한다.
ㄹ. 2030년 실제 인구가 예상 인구의 80% 수준에 불과하다면, 개관 이후 2030년 말까지 추가로 보유해야 하는 총 연간증서는 최소 18,000권이다.

① ㄱ, ㄴ
② ㄱ, ㄷ
③ ㄴ, ㄹ
④ ㄱ, ㄷ, ㄹ
⑤ ㄴ, ㄷ, ㄹ

25 다음 글을 근거로 판단할 때 적절하지 않은 것은?

- 납부번호 구성

  납부번호는 4자리의 분류기호, 3자리의 기관코드, 4자리의 납부연월(납부기한 포함), 1자리의 결정구분코드, 2자리의 세목으로 구성된다. 납부연월은 납세의무자가 실제 납부하는 연도와 달을, 납부기한은 납세의무자가 납부하여야 할 연도와 달을 의미한다.

  예 0000(분류기호) − 000(기관코드) − 0000(납부연월) − 0(결정구분코드) − 00(세목)

- 결정구분코드

항목	코드	내용
확정분 자진납부	1	확정신고, 전기신고 등 정기기간(예정, 중간예납기간 제외)이 있는 모든 세목으로서 정상적인 자진신고납부분(수정신고분 제외)의 본세 및 그 부가가치세(코드 4의 원천분 자진납부 제외)
수시분 자진납부	2	코드 1의 확정분 자진납부, 코드 3의 예정신고 자진납부 및 코드 4의 원천분 자진납부 이외 모든 자진납부
중간예납 및 예정신고	3	예정신고 또는 중간예납 기간이 있는 모든 세목으로서 정상적인 자진신고납부분(수정신고분 제외)의 본세 및 그 부가가치세
원천분 자진납부	4	모든 원천세 자진납부분
정기분 고지	5	양도소득세 정기결정고지, 코드 1의 확정분 자진납부에 대한 무(과소)납부 고지
수시분 고지	6	코드 5의 정기분 고지, 코드 7의 중간예납 및 예정고지를 제외한 모든 고지
중간예납 및 예정고지	7	법인세 및 종합소득세 중간예납고지, 부가가치세 예정고지, 코드 3의 중간예납 및 예정신고 자진납부에 대한 무(과소)납부고지

※ 신고는 납세의무자가 법에서 정한 기한 내에 과세표준과 세액을 세무서에 알리는 것을 말한다.

※ 고지는 세무서장이 세액, 세목, 납부기한과 납부장소 등을 납세의무자에게 알리는 것을 말한다.

- 세목코드

세목	코드	세목	코드
종합소득세	10	양도소득세	22
사업소득세	13	법인세	31
근로소득세(갑종)	14	부가가치세	41
근로소득세(을종)	15	특별소비세	42
퇴직소득세	21	개별소비세	47

① 수정신고 자진납부분은 결정구분코드 2에 해당한다.

② 2023년 3월 확정분 개별소비세를 4월에 자진신고 납부한 경우, 납부번호는 ××××−×××−2304−1−47이다.

③ 2022년 제1기 확정신고분 부가가치세를 당해 9월에 무납부 고지한 경우, 납부번호는 ××××−×××−2209−6−41이다.

④ 2022년 10월에 양도소득세를 예정신고 자진납부하는 경우, 납부번호의 마지막 7자리는 2210−3−22이다.

⑤ 2023년 2월에 2022년 갑종근로소득세를 연말정산하여 원천징수한 부분을 자진납부한 경우, 납부번호의 마지막 7자리는 2302−4−14이다.

26 다음 글을 근거로 판단할 때 가장 적절한 것은?

> 사회통합프로그램이란 국내 이민자가 법무부장관이 정하는 소정의 교육과정을 이수하도록 하여 건전한 사회구성원으로 적응·자립할 수 있도록 지원하고 국적취득, 체류허가 등에 있어서 편의를 주는 제도이다. 프로그램의 참여대상은 대한민국에 체류하고 있는 결혼이민자 및 일반이민자(동포, 외국인근로자, 유학생, 난민 등)이다.
>
> 사회통합프로그램의 교육과정은 '한국어과정'과 '한국사회이해과정'으로 구성된다. 신청자는 우선 한국어능력에 대한 사전평가를 받고, 그 평가점수에 따라 한국어과정 또는 한국사회이해과정에 배정된다.
>
> 일반이민자로서 참여를 신청한 자는 사전평가 점수에 의해 배정된 단계로부터 6단계까지 순차적으로 교육과정을 이수하여야 한다. 한편 결혼이민자로서 참여를 신청한 자는 4~5단계를 면제받는다. 예를 들어 한국어과정 2단계를 배정받은 결혼이민자는 3단계까지 완료한 후 바로 6단계로 진입한다. 다만 결혼이민자의 한국어능력 강화를 위하여 2023년 1월 1일부터 신청한 결혼이민자에 대해서는 한국어과정 면제제도를 폐지하여 일반이민자와 동일하게 프로그램을 운영한다.

〈과정 및 이수시간〉

(2022년 12월 현재)

구분 \ 단계		1	2	3	4	5	6
과정		한국어					한국사회이해
		기초	초급 1	초급 2	중급 1	중급 2	
이수시간		15시간	100시간	100시간	100시간	100시간	50시간
사전평가점수	일반 이민자	0점~10점	11점~29점	30점~49점	50점~69점	70점~89점	90점~100점
	결혼 이민자	0점~10점	11점~29점	30점~49점	면제		50점~100점

① 2022년 12월에 사회통합프로그램을 신청한 결혼 이민자 A는 한국어과정을 최소 200시간 이수하여야 한다.

② 2023년 1월에 사회통합프로그램을 신청하여 사전평가에서 95점을 받은 외국인근로자 B는 한국어과정을 이수하여야 한다.

③ 난민 인정을 받은 후 2022년 11월에 사회통합프로그램을 신청한 C는 한국어과정과 한국사회이해과정을 동시에 이수할 수 있다.

④ 2023년 2월에 사회통합프로그램 참여를 신청한 결혼 이민자 D는 한국어과정 3단계를 완료한 직후 한국사회이해과정을 이수하면 된다.

⑤ 2022년 12월에 사회통합프로그램을 신청하여 사전평가에서 77점을 받은 유학생 E는 사회통합프로그램 교육과정을 총 150시간 이수하여야 한다.

27 다음의 화장품 제조번호 표기방식 및 사용가능기한을 참고할 때, 보유하고 있던 화장품 중 처분대상이 되는 것은 몇 개인가?(단, 2023년 8월 1일을 기준으로 하며, 2023년은 윤달이 있는 해이다)

■ 화장품 제조번호 표기방식

제조일자(35번째 날)

M   2   0   0   3   5   2   0

↳ 제조 연도(2020년)   ↳ 생산라인 번호(20번)

[해석] 2020년 2월 4일 20번 생산라인에서 제조된 화장품

■ 화장품 사용가능기한

제품유형	사용가능기한	
	개봉 전(제조일로부터)	개봉 후(개봉일로부터)
스킨	3년	6개월
에센스	3년	6개월
로션	3년	6개월
아이크림	3년	1년
클렌저	3년	1년
립스틱	5년	1년

※ 두 가지 사용가능기한 중 어느 한 기한이 만료되면 사용가능기한이 지난 것으로 본다.

〈매장 내 보유중인 화장품 현황〉

• M22250030이라고 쓰여 있고 개봉된 립스틱
• M20200030이라고 쓰여 있고 개봉되지 않은 클렌저
• M21230010이라고 쓰여 있고 개봉되지 않은 에센스
• M20120040이라고 쓰여 있고 개봉된 날짜를 알 수 없는 아이크림
• M22160030이라고 쓰여 있고 2023년 10번째 되는 날에 개봉된 로션
• M22300050이라고 쓰여 있고 2023년 50번째 되는 날에 개봉된 스킨

① 1개
③ 3개
⑤ 5개
② 2개
④ 4개

28 김사무관은 소프트웨어(이하 S/W라 표기한다) '수출 중점대상 국가'를 선정하고자 한다. 다음 국가별 현황과 평가 기준에 근거할 때, 〈보기〉에서 적절한 것을 모두 고르면?

〈국가별 현황〉

| 국가명 | 시장매력도 | | | 정보화수준 | 접근가능성 |
	S/W시장규모 (백만 불)	S/W성장률 (%)	인구규모 (백만 명)	전자정부순위	S/W수출액 (백만 원)
A국	550	13.6	232	106	9,103
B국	333	8.7	3	82	2,459
C국	315	8.7	87	91	2,597
D국	1,706	8.2	27	95	2,777
E국	1,068	7.2	64	64	2,158

〈평가 기준〉

• 국가별 종합점수는 시장매력도(30점 만점), 정보화수준(30점 만점), 접근가능성(40점 만점)의 합계(100점 만점)로 구하며, 종합점수가 높을수록 종합순위도 높다.
• 시장매력도 점수는 시장매력도가 가장 높은 국가에 30점, 가장 낮은 국가에 0점, 그 밖의 모든 국가에 15점을 부여한다. S/W시장규모가 클수록, S/W성장률이 높을수록, 인구규모가 클수록 시장매력도가 높다.
• 정보화수준 점수는 전자정부순위가 가장 높은 국가에 30점, 가장 낮은 국가에 0점, 그 밖의 모든 국가에 15점을 부여한다.
• 접근가능성 점수는 S/W수출액이 가장 높은 국가에 40점, 가장 낮은 국가에 0점, 그 밖의 모든 국가에 20점을 부여한다.

보기

ㄱ. 정보화수준 점수는 E국이 30점, A국이 0점이고, 다른 국가들은 모두 15점이다.
ㄴ. 접근가능성 점수는 A국이 30점, E국이 0점이고, 다른 국가들은 모두 15점이다.
ㄷ. 시장매력도 점수를 S/W시장규모만을 고려하여 결정할 경우, A국과 D국의 종합점수는 동일하다.
ㄹ. S/W시장규모가 10억 불 이상이면서 동시에 인구가 5천만 명 이상인 국가가 가장 매력적 시장이라는 결론이 났을 경우, E국이 선정된다.

① ㄱ, ㄴ
② ㄱ, ㄷ
③ ㄱ, ㄹ
④ ㄴ, ㄷ
⑤ ㄷ, ㄹ

29 다음은 한미 자유무역협정(FTA)의 자동차 분야에 대한 자료이다. 이를 근거로 할 때 〈보기〉에서 적절한 것을 모두 고르면?

- 특별소비세(구매 시 부과)

차종(cc)	경차	소형차	중형차	대형차
	800 이하	800 초과 ~ 1,600	1,600 초과 ~ 2,000	2,000 초과
현행(가격기준)	면제	5%		10%
FTA(가격기준)	면제			단계적 인하*

* 2,000cc 초과차량은 발효 시 8%로 인하, 3년 후 5%로 인하

- 자동차세(보유 시 부과)

차종(cc)	경차	소형차		중형차	대형차
	800 이하	800 초과 ~ 1,000	1,000 초과 ~ 1,600	1,600 초과 ~ 2,000	2,000 초과
현행(cc당)	80원	100원	140원	200원	220원
FTA(cc당)	80원		140원	200원	

※ 세금은 특별소비세와 자동차세만 있다고 가정한다.
※ 자동차세는 배기량(cc)에 의해서만 결정된다.

보기

ㄱ. 갑이 보유한 1천만 원 상당의 800cc 국산 경차에 대한 납세액은 한미 FTA 발효 후에도 변화가 없다.

ㄴ. 을이 1천 2백만 원 상당의 1,600cc 국산 신차를 구매한다면 한미 FTA 발효 전보다 발효 후에 구매하는 것이 세금부담이 작다.

ㄷ. 미국 F사의 3,000cc 신차를 구매하려던 병이 한미 FTA 발효 후로 구매를 늦추면, 현행보다 낮아진 특별소비세율을 적용받을 수 있다.

ㄹ. 정이 보유한 미국 G사의 3,500cc 차량에는 한미 FTA 발효 후에 세금 감면의 혜택이 없다.

① ㄱ, ㄴ   ② ㄴ, ㄷ

③ ㄱ, ㄴ, ㄷ   ④ ㄱ, ㄷ, ㄹ

⑤ ㄴ, ㄷ, ㄹ

30 다음 글에 근거할 때, 최우선 순위의 당첨 대상자는?

보금자리주택 특별공급 사전예약이 진행된다. 신청자격은 사전예약 입주자 모집 공고일 현재 미성년(만 20세 미만)인 자녀를 3명 이상 둔 서울, 인천, 경기도 등 수도권 지역에 거주하는 무주택 가구주에게 있다. 청약저축통장이 필요 없고, 당첨자는 배점기준표에 의한 점수 순에 따라 선정된다. 특히 자녀가 만 6세 미만 영유아일 경우, 2명 이상은 10점, 1명은 5점을 추가로 받게 된다.

총점은 가산점을 포함하여 90점 만점이며 배점기준은 다음 배점기준표와 같다.

〈배점기준표〉

배점요소	배점기준	점수
미성년 자녀수	4명 이상	40
	3명	35
가구주 연령·무주택 기간	가구주 연령이 만 40세 이상이고, 무주택 기간 5년 이상	20
	가구주 연령이 만 40세 미만이고, 무주택 기간 5년 이상	15
	무주택 기간 5년 미만	10
당해 시·도 거주기간	10년 이상	20
	5년 이상 ~ 10년 미만	15
	1년 이상 ~ 5년 미만	10
	1년 미만	5

※ 다만 동점자인 경우에는 미성년 자녀수가 많은 자, 미성년 자녀수가 같을 경우에는 가구주의 연령이 많은 자 순으로 선정한다.

① 만 7세 이상 만 17세 미만인 자녀 4명을 두고, 인천에서 8년 거주하고 있으며, 14년 동안 무주택자인 만 45세의 가구주

② 만 19세와 만 15세의 자녀를 두고, 대전광역시에서 10년 이상 거주하고 있으며, 7년 동안 무주택자인 만 40세의 가구주

③ 각각 만 1세, 만 3세, 만 7세, 만 10세인 자녀를 두고, 서울에서 4년 거주하고 있으며, 15년 동안 무주택자인 만 37세의 가구주

④ 각각 만 6세, 만 8세, 만 12세, 만 21세인 자녀를 두고, 서울에서 9년 거주하고 있으며, 20년 동안 무주택자인 만 47세의 가구주

⑤ 만 7세 이상 만 11세 미만인 자녀 3명을 두고, 경기도 하남시에서 15년 거주하고 있으며, 10년 동안 무주택자인 만 45세의 가구주

31 K위원회는 개방형 직위 충원을 위해 인사담당부서에 후보자 명부를 요청하여 아래의 현황표를 작성하였다. 현황표를 보면, 홍보, 감사, 인사 등 모든 분야에서 다음 구성기준을 만족시키지 못하고 있다. 각 분야에 후보자를 추가하여 구성기준을 충족시키고자 할 때, 가장 적절한 것은?

〈현황표〉

(단위 : 명)

구분		홍보	감사	인사
분야별 인원		17	14	34
연령	40대	7	4	12
	50대	10	10	22
성별	남자	12	10	24
	여자	5	4	10
직업 (직위)	공무원	10	8	14
	민간기업임원	7	6	20

〈구성기준〉

ㄱ. 분야별로 40대 후보자 수는 50대 후보자 수의 50% 이상이 되도록 한다.

ㄴ. 분야별로 여성비율은 분야별 인원의 30% 이상이 되도록 한다.

ㄷ. 분야별로 공무원과 민간기업임원 중 어느 한 직업(직위)도 분야별 인원의 60%를 넘지 않아야 한다.

① 감사분야에 40대 여성 민간기업임원 1명을 추가한다.

② 인사분야에 50대 여성 민간기업임원 2명을 추가한다.

③ 홍보분야에 40대 여성 공무원 2명과 50대 남성 공무원 1명을 추가한다.

④ 인사분야에 50대 여성 공무원 2명과 50대 남성 공무원 2명을 추가한다.

⑤ 감사분야에 40대 여성 민간기업임원 1명과 50대 남성 공무원 2명을 추가한다.

| 01 | 기본문제

01 다음은 콘크리트 유형별 기준강도 및 시험체 강도판정결과에 대한 자료이다. 이에 근거하여 (가), (나), (다)에 해당하는 강도판정결과를 바르게 짝지은 것은?

〈콘크리트 유형별 기준강도 및 시험체 강도판정결과〉

(단위 : MPa)

구분 콘크리트 유형	기준강도	시험체 강도				강도 판정결과
		시험체 1	시험체 2	시험체 3	평균	
A	24	22.8	29.0	20.8	( )	(가)
B	27	26.1	25.0	28.1	( )	불합격
C	35	36.9	36.8	31.6	( )	(나)
D	40	36.4	36.3	47.6	40.1	합격
E	45	40.3	49.4	46.8	( )	(다)

※ 강도판정결과는 '합격'과 '불합격'으로 구분됨

〈판정기준〉

아래 조건을 모두 만족하는 경우에만 강도판정결과가 '합격'이다.
- 시험체 강도의 평균은 기준강도 이상이어야 한다.
- 기준강도가 35MPa 초과인 경우에는 각 시험체 강도가 모두 기준강도의 90% 이상이어야 한다.
- 기준강도가 35MPa 이하인 경우에는 각 시험체 강도가 모두 기준강도에서 3.5MPa을 뺀 값 이상이어야 한다.

	(가)	(나)	(다)
①	합격	합격	합격
②	합격	합격	불합격
③	합격	불합격	불합격
④	불합격	합격	합격
⑤	불합격	합격	불합격

02 다음은 K사의 공장에서 물류센터까지의 수송량과 수송비용에 대한 자료이다. 자료와 〈조건〉에 근거한 설명으로 적절하지 않은 것은?

〈공장에서 물류센터까지의 수송량〉

(단위 : 개)

공장 \ 물류센터	서울	부산	대구	광주
구미	0	200	( )	( )
청주	300	( )	0	0
덕평	300	0	0	0

〈공장에서 물류센터까지의 개당 수송비용〉

(단위 : 천 원/개)

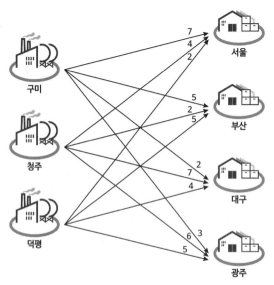

※ 예시 : '청주 $\xrightarrow{2}$ 부산'은 청주 공장에서 부산 물류센터까지의 개당 수송비용이 2천 원임을 의미함

조건

- 해당 공장에서 각 물류센터까지의 수송량의 합은 해당 공장의 '최대공급량'보다 작거나 같다.
- 각 공장에서 해당 물류센터까지의 수송량의 합은 해당 물류센터의 '최소요구량'보다 크거나 같다.
- 공장별 '최대공급량'은 구미 600개, 청주 500개, 덕평 300개이다.
- 물류센터별 '최소요구량'은 서울 600개, 부산 400개, 대구 200개, 광주 150개이다.
- (수송비용)=(수송량)×(개당 수송비용)
- 총수송비용은 각 공장에서 물류센터까지의 수송비용의 합이다.

① 청주 공장에서 부산 물류센터까지의 수송량은 200개이다.

② 총수송비용을 최소화할 때, 구미 공장에서 광주 물류센터까지의 수송량은 150개이다.

③ 총수송비용의 최소 금액은 405만 원이다.

④ 구미 공장에서 서울 물류센터까지의 개당 수송비용이 7천 원에서 8천 원으로 증가해도 총수송비용의 최소 금액은 증가하지 않는다.

⑤ 구미 공장의 '최대공급량'이 600개에서 550개로 줄어들면, 총수송비용의 최소 금액은 감소한다.

03 다음은 K국 A ~ E대학의 재학생 수 및 재직 교원수와 법정 필요 교원수 산정기준에 대한 자료이다. 이에 근거하여 법정 필요 교원수를 충족시키기 위해 충원해야 할 교원수가 많은 대학부터 순서대로 바르게 나열한 것은?

〈재학생 수 및 재직 교원수〉

(단위 : 명)

구분＼대학	A	B	C	D	E
재학생 수	900	30,000	13,300	4,200	18,000
재직 교원수	44	1,260	450	130	860

〈법정 필요 교원수 산정기준〉

재학생 수	법정 필요 교원수
1,000명 미만	재학생 22명당 교원 1명
1,000명 이상 10,000명 미만	재학생 21명당 교원 1명
10,000명 이상 20,000명 미만	재학생 20명당 교원 1명
20,000명 이상	재학생 19명당 교원 1명

※ 법정 필요 교원수 계산시 소수점 첫째 자리에서 올림한다.

① B－C－D－A－E

② B－C－D－E－A

③ B－D－C－E－A

④ C－B－D－A－E

⑤ C－B－D－E－A

04 다음은 K기업 체육대회의 종목별 대진표 및 중간경기결과와 종목별 승점 배점표이다. 이에 근거하여 판단할 때, 남은 경기결과에 따른 최종 대회성적에 대한 설명으로 적절하지 않은 것은?

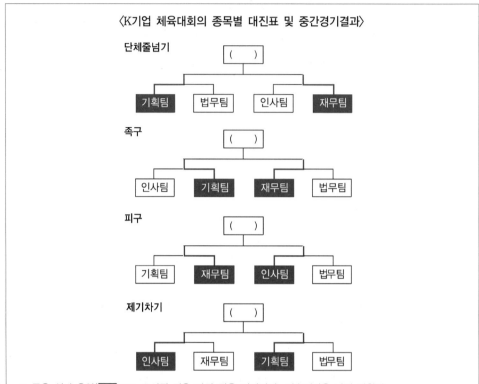

〈K기업 체육대회의 종목별 대진표 및 중간경기결과〉

단체줄넘기
족구
피구
제기차기

※ 굵은 선과 음영(■■)으로 표시된 팀은 이긴 팀을 의미하며, 결승전만을 남긴 상황임

〈종목별 승점 배점표〉

순위＼종목	단체줄넘기	족구	피구	제기차기
1위	120	90	90	60
2위	80	60	60	40
3·4위	40	30	30	20

※ 1) 최종 대회성적은 종목별 승점 합계가 가장 높은 팀이 종합 우승, 두 번째로 높은 팀이 종합 준우승임
2) 승점 합계가 동일한 팀이 나올 경우, 단체줄넘기 종목의 순위가 높은 팀이 최종 순위가 높음
3) 모든 경기에 무승부는 없음

① 남은 경기결과와 상관없이 법무팀은 종합 우승을 할 수 없다.
② 재무팀이 남은 경기 중 2종목에서 이기더라도 기획팀이 종합 우승을 할 수 있다.
③ 기획팀이 남은 경기에서 모두 지면, 재무팀이 종합 우승을 한다.
④ 재무팀이 남은 경기에서 모두 지더라도 재무팀은 종합 준우승을 한다.
⑤ 인사팀이 남은 경기에서 모두 이기더라도 인사팀은 종합 우승을 할 수 없다.

05 다음은 A ~ F행정동으로 구성된 K시의 자치구 개편 및 행정동 간 인접 현황에 대한 자료이다. 자료와 〈조건〉에 근거한 설명으로 적절하지 않은 것은?

〈행정동별 인구와 개편 전·후 자치구 현황〉

행정동 \ 구분	인구(명)	개편 전 자치구	개편 후 자치구
A	1,500	가	( )
B	2,000	( )	( )
C	1,500	나	( )
D	1,500	( )	라
E	1,000	( )	마
F	1,500	다	( )

※ 자치구 개편 전·후 각 행정동의 인구수는 변화없음

〈행정동 간 인접 현황〉

행정동	A	B	C	D	E	F
A		1	0	1	0	0
B	1		1	1	1	0
C	0	1		0	1	1
D	1	1	0		1	0
E	0	1	1	1		1
F	0	0	1	0	1	

※ 두 행정동이 인접하면 1, 인접하지 않으면 0임

조건
- 개편 전 자치구는 '가', '나', '다' 3개이며, 개편 후 자치구는 '라', '마' 2개이다.
- 개편 전에는 한 자치구에 2개의 행정동이 속하고, 개편 후에는 3개의 행정동이 속한다.
- 동일 자치구에 속하는 행정동은 서로 인접하고 있으며, 행정동 간 인접 여부는 행정동 간 인접 현황에 따라 판단한다.

① 자치구 개편 전, 행정동 E는 자치구 '다'에 속한다.
② 자치구 개편 후, 행정동 C와 행정동 E는 같은 자치구에 속한다.
③ 자치구 개편 전, 자치구 '가'의 인구가 자치구 '나'의 인구보다 많다.
④ 자치구 개편 후, 자치구 '라'의 인구가 자치구 '마'의 인구보다 많다.
⑤ 행정동 B는 개편 전 자치구 '나'에 속하고, 개편 후 자치구 '라'에 속한다.

다음 표는 참가자 A ~ D의 회차별 가위 · 바위 · 보 게임 기록 및 판정이고, 그림은 아래 규칙에 따른 5회차 게임 종료 후 A ~ D의 위치를 나타낸다. 이때 (가), (나), (다)에 해당하는 게임 기록을 바르게 짝지은 것은?

〈가위 · 바위 · 보 게임 기록 및 판정〉

참가자 \ 회차 구분	1 기록	1 판정	2 기록	2 판정	3 기록	3 판정	4 기록	4 판정	5 기록	5 판정
A	가위	승	바위	승	보	승	바위	( )	보	( )
B	가위	승	(가)	( )	바위	패	가위	( )	보	( )
C	보	패	가위	패	바위	패	(나)	( )	보	( )
D	보	패	가위	패	바위	패	가위	( )	(다)	( )

〈5회차 게임 종료 후 A ~ D의 위치〉

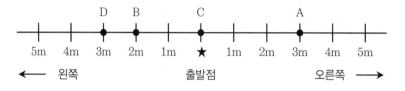

〈규칙〉

• A ~ D는 모두 출발점(★)에서 1회차 가위 · 바위 · 보 게임을 하고, 2회차부터는 직전 회차 게임 종료 후 각자의 위치에서 게임을 한다.
• 회차의 판정에 따라 지거나 비기면 이동하지 않고, 가위로 이긴 사람은 왼쪽으로 3m, 바위로 이긴 사람은 오른쪽으로 1m, 보로 이긴 사람은 오른쪽으로 5m를 각각 이동하여 해당 회차 게임을 종료한다.

	(가)	(나)	(다)
①	가위	바위	보
②	가위	보	바위
③	바위	가위	보
④	바위	보	가위
⑤	보	바위	가위

07 다음은 〈조건〉에 따라 2에서 10까지의 서로 다른 자연수의 관계를 나타낸 자료이다. 이때 가, 나, 다에 해당하는 수의 합은?

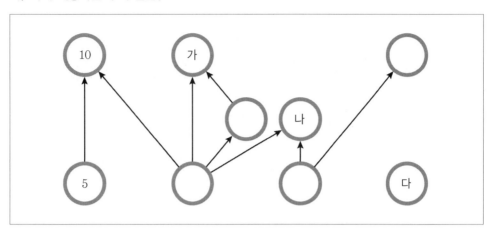

조건

• 그림에서 2에서 10까지의 자연수는 ◯ 안에 한 개씩만 사용되고, 사용되지 않는 자연수는 없다.

• 2에서 10까지의 서로 다른 임의의 자연수 3개를 x, y, z라고 할 때,

　－ $x \longrightarrow y$ 는 y가 x의 배수임을 나타낸다.

　－ 화살표로 연결되지 않은 z 는 z가 x, y와 약수나 배수 관계가 없음을 나타낸다.

① 20　　　　　　　　　　② 21

③ 22　　　　　　　　　　④ 23

⑤ 24

다음은 물품 A ~ E의 가격에 대한 자료이다. 〈조건〉에 근거하여 판단할 때, (가), (나), (다)로 가능한 것은?

〈물품 A ~ E의 가격〉

(단위 : 원/개)

물품	가격
A	24,000
B	(가)
C	(나)
D	(다)
E	16,000

조건

• 갑, 을, 병의 배낭에 담긴 물품은 각각 다음과 같다.
 − 갑 : B, C, D
 − 을 : A, C
 − 병 : B, D, E
• 배낭에는 해당 물품이 한 개씩만 담겨있다.
• 배낭에 담긴 물품 가격의 합이 높은 사람부터 순서대로 나열하면 갑, 을, 병 순이다.
• '병'의 배낭에 담긴 물품 가격의 합은 44,000원이다.

	(가)	(나)	(다)
①	11,000	23,000	14,000
②	12,000	14,000	16,000
③	12,000	19,000	16,000
④	13,000	19,000	15,000
⑤	13,000	23,000	15,000

09 다음은 2022년과 2023년 어느 학원의 A ~ E강사의 시급과 수강생 만족도에 대한 자료이다. 이에 대한 설명으로 가장 적절한 것은?

〈강사의 시급 및 수강생 만족도〉

(단위 : 원, 점)

구분	2022년		2023년	
	시급	수강생 만족도	시급	수강생 만족도
A강사	50,000	4.6	55,000	4.1
B강사	45,000	3.5	45,000	4.2
C강사	52,000	( )	54,600	4.8
D강사	54,000	4.9	59,400	4.4
E강사	48,000	3.2	( )	3.5

〈수강생 만족도 점수별 시급 인상률〉

수강생 만족도	인상률
4.5점 이상	10% 인상
4.0점 이상 4.5점 미만	5% 인상
3.0점 이상 4.0점 미만	동결
3.0점 미만	5% 인하

※ 다음 연도 시급의 인상률은 당해 연도 시급 대비 당해 연도 수강생 만족도에 따라 결정된다.
※ 강사가 받을 수 있는 시급은 최대 60,000원이다.

① E강사의 2023년 시급은 45,600원이다.
② 2024년 시급은 D강사가 C강사보다 높다.
③ 2023년과 2024년 시급 차이가 가장 큰 강사는 C이다.
④ C강사의 2022년 수강생 만족도 점수는 4.5점 이상이다.
⑤ 2024년 A강사와 B강사의 시급 차이는 10,000원이다.

다음은 지점 A ~ E의 지점 간 주행 가능한 도로 현황 및 자동차 갑과 을의 지점 간 이동정보에 대한 자료이다. 자료와 〈조건〉에 근거한 설명으로 가장 적절한 것은?

〈지점 간 주행 가능한 도로 현황〉

(단위 : km)

출발지점 \ 도착지점	B	C	D	E
A	200	×	×	×
B	–	400	200	×
C	×	–	×	200
D	×	×	–	400

※ 1) '×'는 출발지점에서 도착지점까지 주행 가능한 도로가 없음을 의미함
2) 지점 간 주행 가능한 도로는 1개씩만 존재함

〈자동차 갑과 을의 지점 간 이동정보〉

자동차	출발		도착	
	지점	시각	지점	시각
갑	A	10:00	B	( )
	B	( )	C	16:00
을	B	12:00	C	16:00
	C	16:00	E	18:00

※ 최초 출발지점에서 최종 도착지점까지 24시간 이내에 이동함을 가정함

조건
- 갑은 A → B → C, 을은 B → C → E로 이동하였다.
- A → B는 A지점에서 출발하여 다른 지점을 경유하지 않고 B지점에 도착하는 이동을 의미한다.
- 이동 시 왔던 길은 되돌아갈 수 없다.
- 평균속력은 출발지점부터 도착지점까지의 이동거리를 소요시간으로 나눈 값이다.
- 자동차의 최고속력은 200km/h이다.

① 갑은 B지점에서 13시 이전에 출발하였다.
② 갑이 B지점에서 1시간 이상 머물렀다면 A → B 또는 B → C 구간에서 속력이 120km/h 이상인 적이 있다.
③ 을의 경우, B → C 구간의 평균속력보다 C → E 구간의 평균속력이 빠르다.
④ B → C 구간의 평균속력은 갑이 을보다 빠르다.
⑤ B → C → E 구간보다 B → D → E 구간의 거리가 더 짧다.

11 다음은 2023년 A ~ E기업의 기본생산능력과 초과생산량 및 1 ~ 3월 생산이력에 대한 자료이다. 자료와 〈조건〉에 근거하여 기본생산능력이 가장 큰 기업과 세 번째로 큰 기업을 바르게 나열한 것은?

<2023년 1 ~ 3월 생산이력>

구분	1월	2월	3월
생산 참여기업	B, C	B, D	C, E
손실비	0.0	0.5	0.0
총생산량(개)	23,000	17,000	22,000

※ (해당월 총생산량)＝(해당월 생산 참여기업의 월 생산량의 합)×[1−(손실비)]

조건
• 기업의 기본생산능력(개/월)은 변하지 않는다.
• A기업의 기본생산능력은 15,000개/월이고 C기업과 E기업의 기본생산능력은 동일하다.
• B, C, D기업의 경우 2023년 1 ~ 3월 동안 초과생산량이 발생하지 않았다.
• E기업의 경우 2023년 3월에 기본생산능력에 해당하는 생산량 이외에 기본생산능력의 20%에 해당하는 초과생산량이 발생하였다.
• (생산 참여기업의 월 생산량)＝(기본생산능력에 해당하는 월 생산량)＋(월 초과생산량)

	가장 큰 기업	세 번째로 큰 기업
①	A	B
②	A	D
③	B	D
④	D	A
⑤	D	B

12 다음은 탄소포인트제 가입자 A ~ D의 에너지 사용량 감축률 현황을 나타낸 자료이다. 지급 방식에 따라 가입자 A ~ D가 탄소 포인트를 지급받을 때, 탄소 포인트를 가장 많이 지급받는 가입자와 가장 적게 지급받는 가입자를 바르게 나열한 것은?

〈가입자 A ~ D의 에너지 사용량 감축률 현황〉

(단위 : %)

에너지 사용유형 \ 가입자	A	B	C	D
전기	2.9	15.0	14.3	6.3
수도	16.0	15.0	5.7	21.1
가스	28.6	26.1	11.1	5.9

〈지급 방식〉

• 탄소 포인트 지급 기준

(단위 : 포인트)

에너지 사용유형 \ 에너지 사용량 감축률	5% 미만	5% 이상 10% 미만	10% 이상
전기	0	5,000	10,000
수도	0	1,250	2,500
가스	0	2,500	5,000

• 가입자가 지급받는 탄소 포인트
 =(전기 탄소 포인트)+(수도 탄소 포인트)+(가스 탄소 포인트)
 예 가입자 D가 지급받는 탄소 포인트
 =5,000+2,500+2,500=10,000

	가장 많이 지급받는 가입자	가장 적게 지급받는 가입자
①	B	A
②	B	C
③	B	D
④	C	A
⑤	C	D

13 다음은 A ~ C기업의 반기별 수익률에 대한 자료이다. 〈조건〉에 근거하여 △와 □에 해당하는 숫자를 바르게 나열한 것은?

〈기업의 반기별 수익률〉

(단위 : %)

기업 \ 기간	상반기	하반기
A	☆△□	☆○△
B	□☆○	□△☆
C	○□☆	○△☆

> **조건**
> • 각 기호는 서로 다른 한 자리 자연수를 나타낸다.
> • 수익률 중 가장 높은 값은 532이다.
> • A의 수익률은 상반기보다 하반기에 높다.
> • B의 수익률은 하반기보다 상반기에 높다.
> • C의 수익률은 상반기보다 하반기에 높다.

	△	□
①	1	2
②	2	1
③	2	3
④	3	1
⑤	3	2

14 다음 그림과 같이 3개의 항아리가 있다. 〈조건〉에 따라 수행순서의 모든 단계를 완료한 후, 10L 항아리에 남아 있는 물의 양은?

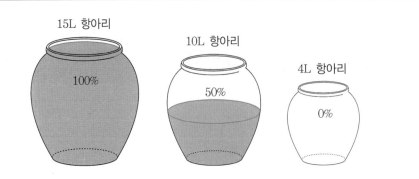

- 15L 항아리에는 물이 100% 차 있다.
- 10L 항아리에는 물이 50% 차 있다.
- 4L 항아리는 비어 있다.

〈수행순서〉

- 1단계 : 15L 항아리의 물을 4L 항아리에 붓는다.
- 2단계 : 15L 항아리의 물을 10L 항아리에 붓는다.
- 3단계 : 4L 항아리의 물을 15L 항아리에 붓는다.
- 4단계 : 10L 항아리의 물을 4L 항아리에 붓는다.
- 5단계 : 4L 항아리의 물을 15L 항아리에 붓는다.
- 6단계 : 10L 항아리의 물을 15L 항아리에 붓는다.

> **조건**
> - 한 항아리에서 다른 항아리로 물을 부을 때, 주는 항아리가 완전히 비거나 받는 항아리가 가득 찰 때까지 물을 붓는다.
> - 수행순서 단계에서 물의 손실은 없다.

① 4L   ② 5L

③ 6L   ④ 7L

⑤ 8L

15 다음은 K사 피자 1판 주문 시 구매방식별 할인혜택과 비용을 나타낸 자료이다. 이를 근거로 정가가 12,500원인 K사 피자 1판을 가장 싸게 살 수 있는 구매방식은?

〈구매방식별 할인혜택과 비용〉

구매방식	할인혜택과 비용
스마트폰앱	정가의 25% 할인
전화	정가에서 1,000원 할인 후, 할인된 가격의 10% 추가 할인
회원카드와 쿠폰	회원카드로 정가의 10% 할인 후, 할인된 가격의 15%를 쿠폰으로 추가 할인
직접방문	정가의 30% 할인. 교통비용 1,000원 발생
교환권	K사 피자 1판 교환권 구매비용 10,000원 발생

※ 구매방식은 한 가지만 선택함

① 스마트폰앱
② 전화
③ 회원카드와 쿠폰
④ 직접방문
⑤ 교환권

16 다음은 갑국의 2023년 지급유형별·아동월령별 양육수당 월 지급금액과 신청가구별 아동 현황에 대한 자료이다. 2023년 양육수당 지급조건에 근거하여 2023년 5월분의 양육수당이 많은 가구부터 순서대로 바르게 나열한 것은?

〈지급유형별·아동월령별 양육수당 월 지급금액〉

(단위 : 만 원)

지급유형＼아동월령	12개월 이하	12개월 초과 24개월 이하	24개월 초과 36개월 이하	36개월 초과 48개월 이하	48개월 초과 60개월 이하
일반	20.0	15.0	10.0	10.0	10.0
농어촌	20.0	17.7	15.6	12.9	10.0
장애아동	22.0	20.5	18.0	16.5	15.0

〈신청가구별 아동 현황(2023년 5월 15일 기준)〉

신청 가구	자녀 구분	자녀 아동월령(개월)	지급유형	비고
가	A	22	일반	–
나	B	16	농어촌	–
	C	2	농어촌	–
다	D	23	장애아동	–
라	E	40	일반	–
	F	26	일반	–
마	G	58	일반	2022년 1월부터 해외 체류 중
	H	35	일반	–
	I	5	일반	–

〈2023년 양육수당 지급조건〉

• 만 5세 이하 아동을 양육하고 있는 가구를 대상으로 함.
• 양육수당 신청시점의 지급유형 및 아동월령에 따라 양육수당을 지급함.
• 양육수당 신청일 현재 90일 이상 해외에 체류하고 있는 아동은 지급대상에서 제외함.
• 가구별 양육수당은 수급가능한 모든 자녀의 양육수당을 합한 금액임.
• 양육수당은 매월 15일에 신청받아 해당 월의 말일에 지급함.

① 나 – 마 – 다 – 라 – 가
② 나 – 마 – 라 – 다 – 가
③ 다 – 라 – 나 – 마 – 가
④ 마 – 나 – 라 – 가 – 다
⑤ 마 – 나 – 다 – 라 – 가

17 다음은 갑회사의 공채 지원자에 대한 평가 자료와 평가점수와 평가등급의 결정방식에 대한 자료이다. 이에 근거한 설명으로 적절하지 않은 것은?

〈갑회사 공채 지원자 평가 자료〉

(단위 : 점)

구분 지원자	창의성 점수	성실성 점수	체력 점수	최종 학위	평가점수
가	80	90	95	박사	( )
나	90	60	80	학사	310
다	70	60	75	석사	300
라	85	( )	50	학사	255
마	95	80	60	학사	295
바	55	95	65	학사	280
사	60	95	90	석사	355
아	80	( )	85	박사	375
자	75	90	95	석사	( )
차	60	70	( )	학사	290

〈평가점수와 평가등급의 결정방식〉

• 최종학위점수는 학사 0점, 석사 1점, 박사 2점임.
• (지원자 평가점수)=(창의성점수)+(성실성점수)+(체력점수)×2+(최종학위점수)×20
• 평가등급 및 평가점수

평가등급	평가점수
S	350점 이상
A	300점 이상 350점 미만
B	300점 미만

① '가'의 평가점수는 400점으로 지원자 중 가장 높다.
② '라'의 성실성점수는 '다'보다 높지만 '마'보다는 낮다.
③ '아'의 성실성점수는 '라'와 같다.
④ S등급인 지원자는 4명이다.
⑤ '차'는 체력점수를 원래 점수보다 5점 더 받으면 A등급이 된다.

18 다음은 청소년의 가공식품 섭취와 가공식품 첨가물 사용 현황에 대한 자료이다. 평균 체중을 가진 청소년의 1일 평균 섭취량이 1일 섭취 허용량을 초과하는 첨가물을 모두 고르면?

〈청소년 가공식품 섭취 현황〉

(단위 : g)

가공식품	1일 평균 섭취량
음료	60
사탕	3
스낵과자	40
햄버거	50

〈가공식품 첨가물 사용 현황 및 1일 섭취 허용량〉

첨가물	사용 가공식품	가공식품 1g당 사용량(mg/g)	체중 1kg당 1일 섭취 허용량(mg/kg)
바닐린	사탕	100	10
푸마르산	사탕	5	4
	햄버거	40	
글리세린	음료	10	30
	스낵과자	20	
식용색소 적색3호	사탕	4	0.1
	스낵과자	0.2	
식용색소 황색4호	음료	5	10
	스낵과자	4	

※ 1) 청소년 평균 체중 : 50kg
   2) 체중 1kg당 가공식품 첨가물 1일 평균 섭취량(mg/kg)

$$= \frac{(\text{가공식품 1g당 사용량}) \times (\text{가공식품 1일 평균 섭취량})}{(\text{청소년 평균 체중})}$$

① 바닐린, 글리세린

② 바닐린, 식용색소 적색3호

③ 글리세린, 식용색소 황색4호

④ 푸마르산, 식용색소 황색4호

⑤ 푸마르산, 식용색소 적색3호

19 다음은 어느 초등학교의 한 학급 내 친구 관계를 도식화한 자료이다. 이 학급 내 친구 관계만을 고려할 때, 이에 대한 설명으로 가장 적절한 것은?

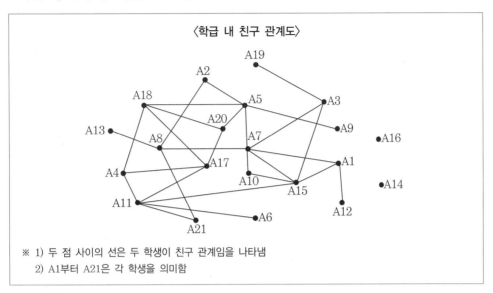

〈학급 내 친구 관계도〉

※ 1) 두 점 사이의 선은 두 학생이 친구 관계임을 나타냄
   2) A1부터 A21은 각 학생을 의미함

① 이 반의 학생들 중 친구가 한 명도 없는 학생은 없다.
② 이 반에서 가장 많은 친구를 가진 학생은 5명의 친구를 가지고 있다.
③ A14와 A16이 A8과 친구가 되면 A8은 가장 많은 친구를 가진 학생 중의 한 명이 된다.
④ A10이 전학을 가게 되면 A7과 A15 모두를 친구로 둔 학생이 한 명도 없게 된다.
⑤ A8과 A11이 전학을 가게 되면 친구가 한 명도 없는 학생수가 현재의 두 배가 된다.

|02| 심화문제

01 다음은 질병진단키트 A ~ D의 임상실험 결과 자료이다. 이에 근거하여 〈보기〉에서 적절한 것을 모두 고르면?

〈질병진단키트 A ~ D의 임상실험 결과〉

(단위 : 명)

A

판정 \ 질병	있음	없음
양성	100	20
음성	20	100

B

판정 \ 질병	있음	없음
양성	80	40
음성	40	80

C

판정 \ 질병	있음	없음
양성	80	30
음성	30	100

D

판정 \ 질병	있음	없음
양성	80	20
음성	20	120

※ 질병진단키트당 피실험자 240명을 대상으로 임상실험한 결과임
※ 민감도 : 질병이 있는 피실험자 중 임상실험 결과에서 양성 판정된 피실험자의 비율
※ 특이도 : 질병이 없는 피실험자 중 임상실험 결과에서 음성 판정된 피실험자의 비율
※ 양성 예측도 : 임상실험 결과 양성 판정된 피실험자 중 질병이 있는 피실험자의 비율
※ 음성 예측도 : 임상실험 결과 음성 판정된 피실험자 중 질병이 없는 피실험자의 비율

보기

ㄱ. 민감도가 가장 높은 질병진단키트는 A이다.
ㄴ. 특이도가 가장 높은 질병진단키트는 B이다.
ㄷ. 질병진단키트 C의 민감도와 양성 예측도는 동일하다.
ㄹ. 질병진단키트 D의 양성 예측도와 음성 예측도는 동일하다.

① ㄱ, ㄴ 　　　② ㄱ, ㄷ
③ ㄴ, ㄷ 　　　④ ㄱ, ㄷ, ㄹ
⑤ ㄴ, ㄷ, ㄹ

02

다음은 미국이 환율조작국을 지정하기 위해 만든 요건별 판단기준과 A ~ K국의 2022년 자료이다. 이에 대한 〈보기〉의 설명 중 적절한 것을 모두 고르면?

〈요건별 판단기준〉

구분	(가)	(나)	(다)
요건	현저한 대미무역수지 흑자	상당한 경상수지 흑자	지속적 환율시장 개입
판단기준	대미무역수지 200억 달러 초과	GDP 대비 경상수지 비중 3% 초과	GDP 대비 외화자산 순매수액 비중 2% 초과

※ 1) 요건 중 세 가지를 모두 충족하면 환율조작국으로 지정됨
   2) 요건 중 두 가지만을 충족하면 관찰대상국으로 지정됨

〈2022년 환율조작국 지정 관련 자료〉

(단위 : 10억 달러, %)

국가＼항목	대미무역수지	GDP 대비 경상수지 비중	GDP 대비 외화자산 순매수액 비중
A	365.7	3.1	−3.9
B	74.2	8.5	0.0
C	68.6	3.3	2.1
D	58.4	−2.8	−1.8
E	28.3	7.7	0.2
F	27.8	2.2	1.1
G	23.2	−1.1	1.8
H	17.6	−0.2	0.2
I	14.9	−3.3	0.0
J	14.9	14.6	2.4
K	−4.3	−3.3	0.1

보기

ㄱ. 환율조작국으로 지정되는 국가는 없다.
ㄴ. B국은 (가)요건과 (나)요건을 충족한다.
ㄷ. 관찰대상국으로 지정되는 국가는 모두 4개이다.
ㄹ. (가)요건의 판단기준을 '대미무역수지 200억 달러 초과'에서 '대미무역수지 150억 달러 초과'로 변경하여도 관찰대상국 및 환율조작국으로 지정되는 국가들은 동일하다.

① ㄱ, ㄴ
② ㄱ, ㄷ
③ ㄴ, ㄹ
④ ㄷ, ㄹ
⑤ ㄴ, ㄷ, ㄹ

03 다음은 2021년과 2022년 8개 기업 간의 직접거래관계와 직접거래액을 표시한 자료이다. 이에 대한 〈보기〉의 설명 중 적절한 것을 모두 고르면?

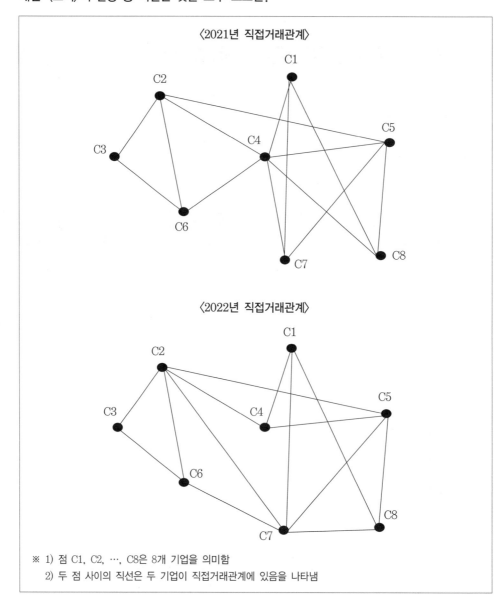

〈2021년 직접거래액〉

(단위 : 억 원)

구분	C1	C2	C3	C4	C5	C6	C7	C8	합계
C1		0	0	10	0	0	6	4	20
C2	0		6	5	6	5	0	0	22
C3	0	6		0	0	4	0	0	10
C4	10	5	0		3	5	7	2	32
C5	0	6	0	3		0	5	6	20
C6	0	5	4	5	0		0	0	14
C7	6	0	0	7	5	0		0	18
C8	4	0	0	2	6	0	0		12

〈2022년 직접거래액〉

(단위 : 억 원)

구분	C1	C2	C3	C4	C5	C6	C7	C8	합계
C1		0	0	10	0	0	7	3	20
C2	0		6	7	7	6	2	0	28
C3	0	6		0	0	4	0	0	10
C4	10	7	0		3	0	0	0	20
C5	0	7	0	3		0	5	10	25
C6	0	6	4	0	0		4	0	14
C7	7	2	0	0	5	4		3	21
C8	3	0	0	0	10	0	3		16

> **보기**
>
> ㄱ. 2021년에 비해 2022년 직접거래관계의 수가 가장 많이 증가한 기업은 C7이고, 가장 많이 감소한 기업은 C4이다.
>
> ㄴ. 2021년에 비해 2022년 직접거래액의 합이 가장 많이 증가한 기업은 C2이고, 가장 많이 감소한 기업은 C4이다.
>
> ㄷ. 2021년과 2022년 직접거래관계의 수가 동일한 기업은 총 4개이다.
>
> ㄹ. 2021년에 비해 2022년 총직접거래관계의 수와 총직접거래액은 모두 증가하였다.

① ㄱ, ㄴ

② ㄱ, ㄷ

③ ㄴ, ㄷ

④ ㄱ, ㄴ, ㄹ

⑤ ㄴ, ㄷ, ㄹ

04 다음은 K기업 직원의 직무역량시험 영역별 점수 상위 5명의 자료이다. 이에 대한 〈보기〉의 설명 중 적절한 것을 모두 고르면?

〈K기업 직원의 직무역량시험 영역별 점수 상위 5명〉

(단위 : 점)

순위	논리		추리		윤리	
	이름	점수	이름	점수	이름	점수
1	하선행	94	신경은	91	양선아	97
2	성혜지	93	하선행	90	박기호	95
3	김성일	90	성혜지	88	황성필	90
4	양선아	88	황성필	82	신경은	88
5	황성필	85	양선아	76	하선행	84

※ 1) K기업 직원 중 같은 이름을 가진 직원은 없음
  2) 전체 순위는 '총점(세 영역 점수의 합)'이 높은 순서대로 정함
  3) K기업 직무역량시험 영역은 논리, 추리, 윤리로만 구성됨
  4) K기업 직원 전체는 세 영역에 모두 응시함

보기

ㄱ. K기업 직원 중 총점이 가장 높은 직원은 하선행이다.
ㄴ. 양선아는 총점을 기준으로 K기업 전체 순위 2위이다.
ㄷ. 신경은의 총점은 260점을 초과하지 못한다.
ㄹ. K기업 직무역량시험의 시험 합격 최저점이 총점 기준 251점이라면 김성일은 불합격이다.

① ㄱ, ㄴ ② ㄱ, ㄹ
③ ㄴ, ㄷ ④ ㄱ, ㄷ, ㄹ
⑤ ㄴ, ㄷ, ㄹ

05 다음은 지난 3년 동안 A ~ Q기업 간 발생한 소송관계를 나타낸 자료이다. 이에 대한 설명으로 적절하지 않은 것은?

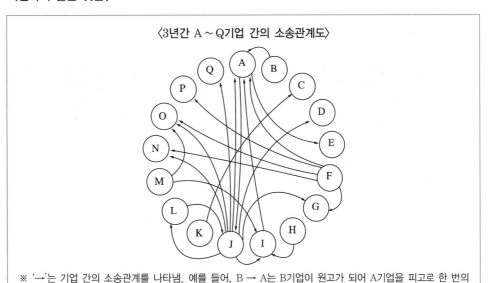

〈3년간 A ~ Q기업 간의 소송관계도〉

※ '→'는 기업 간의 소송관계를 나타냄. 예를 들어, B → A는 B기업이 원고가 되어 A기업을 피고로 한 번의 소송을 제기했음을 의미함

① 소송을 제기하지 않은 기업의 수는 8개이다.
② 가장 많은 수의 기업으로부터 소송을 제기받은 기업은 A기업이다.
③ J기업은 가장 많은 8개의 소송을 제기했다.
④ 소송을 제기하기만 하고 소송을 제기받지 않은 기업의 수는 4개이다.
⑤ 서로가 소송을 제기한 경우는 A기업과 J기업, L기업과 J기업의 경우뿐이다.

06 다음은 5개 행사에 대한 8개 부서의 참여여부 및 비용에 대한 자료이다. 〈조건〉을 적용할 때, 적절하지 않은 것은?

<표>

〈부서별 행사 참여여부와 비용 현황〉

(단위 : 만 원)

행사 진행비용 부서	가 6,000	나 14,000	다 35,000	라 117,000	마 59,000	사전 지출비용
A	○	○	○	○	○	10,000
B	○	○	○	○	○	26,000
C	○	○	○	○	○	10,000
D	○	○	○	○	○	10,000
E	×	×	○	○	○	175,000
F	×	×	×	○	○	0
G	×	×	×	○	○	0
H	×	×	×	○	○	0

※ 1) '○'는 참여를 의미하고 '×'는 불참을 의미함
　 2) 위에 제시된 8개 부서 이외에 다른 부서는 없음
　 3) 위에 제시된 5개 행사 이외에 다른 행사는 없음

조건

• 행사에 참여한 부서는 해당 행사의 진행비용을 균등하게 나누어 부담한다.
• 부서는 행사별로 부담해야 할 진행비용의 합보다 사전지출비용이 많은 경우에는 차액을 환급받고, 반대의 경우에는 차액을 지급한다.

① G부서는 22,000만 원을 지급한다.
② B부서는 8,000만 원을 환급받는다.
③ E부서는 146,000만 원을 환급받는다.
④ A부서, C부서, D부서는 각각 사전지출비용 외에 24,000만 원씩 추가로 지급한다.
⑤ '다'행사에 참여한 각 부서는 '다'행사에 대하여 7,000만 원씩 진행비용을 부담한다.

07 다음은 K국 갑 ~ 무 공무원의 국외 출장 현황과 출장 국가별 여비 기준을 나타낸 자료이다. 자료와 〈조건〉을 근거로 출장 여비를 지급받을 때, 출장 여비를 가장 많이 지급받는 출장자부터 순서대로 바르게 나열한 것은?

〈K국 갑 ~ 무 공무원 국외 출장 현황〉

출장자	출장 국가	출장 기간	숙박비 지급 유형	1박 실지출 비용($/박)	출장 시 개인 마일리지 사용 여부
갑	A	3박 4일	실비지급	145	미사용
을	A	3박 4일	정액지급	130	사용
병	B	3박 5일	실비지급	110	사용
정	C	4박 6일	정액지급	75	미사용
무	D	5박 6일	실비지급	75	사용

※ 각 출장자의 출장 기간 중 매박 실지출 비용은 변동 없음

〈출장 국가별 1인당 여비 지급 기준액〉

출장국가 \ 구분	1일 숙박비 상한액($/박)	1일 식비($/일)
A	170	72
B	140	60
C	100	45
D	85	35

조건

- 출장 여비($)=숙박비+식비
- 숙박비는 숙박 실지출 비용을 지급하는 실비지급 유형과 출장국가 숙박비 상한액의 80%를 지급하는 정액지급 유형으로 구분
  - 실비지급 숙박비($)=(1박 실지출 비용)×('박' 수)
  - 정액지급 숙박비($)=(출장국가 1일 숙박비 상한액)×('박' 수)×0.8
- 식비는 출장시 개인 마일리지 사용여부에 따라 출장 중 식비의 20% 추가지급
  - 개인 마일리지 미사용시 지급 식비($)=(출장국가 1일 식비)×('일' 수)
  - 개인 마일리지 사용시 지급 식비($)=(출장국가 1일 식비)×('일' 수)×1.2

① 갑, 을, 병, 정, 무
② 갑, 을, 병, 무, 정
③ 을, 갑, 정, 병, 무
④ 을, 갑, 병, 무, 정
⑤ 을, 갑, 무, 병, 정

08 7명의 여행자가 5인승 승용차 3대에 나눠 타고 여행을 떠난다. 다음 여행자 특성과 원칙을 선택적으로 적용할 때 적절하지 않은 것은?

〈여행자 특성〉

구분	나이	성별	면허보유기간	운전기간	키
A	33세	남	4년	4년	큼
B	32세	남	7년	7년	큼
C	30세	남	5년	0년	작음
D	28세	남	3년	3년	작음
E	26세	여	5년	2년	큼
F	31세	여	8년	3년	큼
G	25세	남	1년	1년	작음

〈원칙〉

ㄱ. 운전자는 운전기간이 긴 사람을 우선으로 선택한다.

ㄴ. 모든 차량의 앞쪽 좌석에는 키 큰 사람이 1명 이상 승차한다.

ㄷ. 다른 성별끼리 같은 차량에 타지 않는다.

ㄹ. 여성이 운전하는 차량이 1대 이상이 되도록 한다.

ㅁ. 운전자는 면허보유기간이 긴 사람을 우선으로 선택한다.

ㅂ. 운전자만 승차하는 차량이 존재한다.

ㅅ. 여성이 탄 차량에는 반드시 남성 두 명이 타도록 한다.

ㅇ. 앞쪽 좌석에는 운전자만 승차한다.

① ㄱ → ㄹ → ㄷ → ㅂ의 순서로 원칙을 적용하는 경우 C, D, G는 같은 차량에 승차한다.

② ㄱ → ㄷ의 순서로 원칙을 적용하는 경우 F가 운전하게 된다.

③ ㄹ → ㅅ → ㅂ의 순서로 원칙을 적용하는 경우 남성 운전자 혼자 타는 차량이 존재한다.

④ ㄷ 원칙을 우선 적용하면, ㄱ과 ㅁ 중 어떤 원칙이 적용되어도 F가 운전하는 차량이 존재한다.

⑤ ㅁ → ㅇ → ㄴ → ㅅ의 순서로 원칙을 적용하는 경우 F의 차량에는 4명이 승차한다.

09 다음은 조선시대 국책 사업의 1인당 노동임금에 대한 자료이다. 이에 대한 설명으로 적절하지 않은 것은?

<조선시대 국책 사업의 1인당 노동임금>

연도	왕릉 축조	궁궐 수리
1600	나무 8단	면포 2필, 쌀 12두
1650	나무 2단, 쌀 8두	면포 4필, 쌀 10두
1700	나무 4단, 엽전 6냥	엽전 12냥, 쌀 6두
1750	나무 1단, 쌀 6두	나무 3단, 쌀 6두
1800	나무 5단, 쌀 5두	엽전 8냥
1850	쌀 20두	엽전 15냥

※ 궁궐 수리의 1인당 노동임금은 왕릉 축조의 1인당 노동임금의 1.5배로, 이 비율은 모든 시기에 걸쳐 동일하다고 가정하며, 1인당 노동임금은 제시된 물품들의 총합임

① 1750년에 나무 1단은 쌀 2두의 가치에 해당한다.
② 1650년에 나무 1단이 면포 1필과 동일한 가치를 갖는다고 가정하면, 면포 1필은 쌀 2두의 가치에 해당한다.
③ 나무, 쌀, 엽전 간의 가치비율이 1700년과 1750년에 동일하다면, 엽전 1냥은 쌀 2두의 가치에 해당한다.
④ 1600년에 나무 1단이 면포 0.5필과 동일한 가치를 갖는다고 가정하면, 면포 1필은 쌀 4두의 가치에 해당한다.
⑤ 1850년에 쌀 1두는 엽전 0.5냥이다.

01 NCS 기출유형확인

01 다음은 달리기 시합을 한 A∼E 다섯 사람의 진술이다. 달리기 시합에서 두 번째로 도착할 수 있는 사람을 모두 고르면?

> A : 나는 D보다 빨리 달렸어.
> B : 나는 C와 E의 사이에서 달렸어.
> C : 나는 1등이 아니야.
> D : 나는 B보다 결승선에 먼저 도착했어.
> E : 나는 A보다 느리지만 마지막으로 도착하지는 않았어.

① A, B
② A, C
③ B, D
④ C, D
⑤ D, E

02 오늘 철도씨는 종합병원에 방문하여 A∼C과 진료를 모두 받아야 한다. 〈조건〉이 다음과 같을 때, 가장 빠르게 진료를 받을 수 있는 경로는?(단, 주어진 조건 외에는 고려하지 않는다)

> **조건**
> • 모든 과의 진료와 예약은 오전 9시 시작이다.
> • 모든 과의 점심시간은 오후 12시 30분부터 1시 30분이다.
> • A과와 C과는 본관에 있고 B과는 별관동에 있다. 본관과 별관동 이동에는 셔틀로 약 30분이 소요되며, 점심시간에는 셔틀이 운행하지 않는다.
> • A과는 오전 10시부터 오후 3시까지만 진료를 한다.
> • B과는 점심시간 후에 사람이 몰려 약 1시간의 대기시간이 필요하다.
> • A과 진료는 단순 진료로 30분 정도 소요될 예정이다.
> • B과 진료는 치료가 필요하여 1시간 정도 소요될 예정이다.
> • C과 진료는 정밀 검사가 필요하여 2시간 정도 소요될 예정이다.

① A → B → C
② A → C → B
③ B → C → A
④ C → B → A
⑤ C → A → B

03 다음 〈조건〉에 따라 오피스텔 입주민들이 쓰레기 배출한다고 할 때, 적절하지 않은 것은?

> **조건**
> • 5개 동 주민들은 모두 다른 날에 쓰레기를 버린다.
> • 쓰레기 배출은 격일로 이루어진다.
> • 5개 동 주민들은 A동, B동, C동, D동, E동 순서대로 쓰레기를 배출한다.
> • 규칙은 A동이 첫째 주 일요일에 쓰레기를 배출하는 것으로 시작한다.

① A와 E는 같은 주에 쓰레기를 배출할 수 있다.
② 10주 차 일요일에는 A동이 쓰레기를 배출한다.
③ A동은 모든 요일에 쓰레기를 배출한다.
④ 2주에 걸쳐 쓰레기를 2회 배출할 수 있는 동은 두 개 동이다.
⑤ B동이 처음으로 수요일에 쓰레기를 버리는 주는 8주 차이다.

04 경영학과에 재학 중인 A ~ E는 계절학기 시간표에 따라 요일별로 하나의 강의만 수강한다. 전공 수업을 신청한 C는 D보다 앞선 요일에 수강하고, E는 교양 수업을 신청한 A보다 나중에 수강한다고 할 때, 다음 중 항상 참이 되는 것은?

월	화	수	목	금
전공1	전공2	교양1	교양2	교양3

① A가 수요일에 강의를 듣는다면 E는 교양2 강의를 듣는다.
② B가 전공 수업을 듣는다면 C는 화요일에 강의를 듣는다.
③ C가 화요일에 강의를 듣는다면 E는 교양3 강의를 듣는다.
④ D는 반드시 전공 수업을 듣는다.
⑤ E는 반드시 교양 수업을 듣는다.

05 K공사에 다니는 W사원이 해외로 출장을 가기로 하였다. 이번 달 영국에서 5일 동안 일을 마치고 한국에 돌아와 일주일 후 스페인으로 다시 4일간의 출장을 간다고 한다. 다음 자료를 참고하여 W사원이 영국과 스페인 출장 시 들었던 총비용을 A~C은행에서 환전할 때, 필요한 원화의 최댓값과 최솟값의 차이는 얼마인가?(단, 출장비는 해외여비와 교통비의 합이다)

〈국가별 1일 여비〉

구분	영국	스페인
1일 해외여비	50파운드	60유로

〈국가별 교통비 및 추가 지급비용〉

구분	영국	스페인
교통비(비행시간)	380파운드(12시간)	870유로(14시간)
초과 시간당 추가 지급비용	20파운드	15유로

※ 교통비는 편도 항공권 비용이며, 비행시간도 편도에 해당한다.
※ 편도 비행시간이 10시간을 초과하면 시간당 추가 비용이 지급된다.

〈은행별 환율 현황〉

구분	매매기준율(KRW)	
	원/파운드	원/유로
A은행	1,470	1,320
B은행	1,450	1,330
C은행	1,460	1,310

① 31,900원
② 32,700원
③ 33,500원
④ 34,800원
⑤ 35,200원

06 다음은 A사에 근무하는 K사원의 급여명세서이다. K사원이 10월에 시간외근무를 10시간 했을 경우 시간외수당으로 받는 금액은 얼마인가?

<급여 지급 명세서>

사번	A26	성명	K
소속	회계팀	직급	사원

• 지급 내역

지급 항목(원)		공제 항목(원)	
기본급	1,800,000	주민세	4,500
시간외수당	( )	고용보험	14,400
직책수당	0	건강보험	58,140
상여금	0	국민연금	81,000
특별수당	100,000	장기요양	49,470
교통비	150,000		
교육지원	0		
식대	100,000		
급여 총액	2,150,000	공제 총액	207,510

※ (시간외수당)=(기본급)×$\dfrac{(시간외근무\ 시간)}{200}$×150%

① 208,000원   ② 167,000원

③ 148,000원   ④ 135,000원

⑤ 120,000원

다음 글을 근거로 판단할 때, 평가대상기관 A~D 중 최종순위 최상위기관과 최하위기관을 순서대로 바르게 나열한 것은?

〈공공시설물 내진보강대책 추진실적 평가기준〉

■ **평가요소 및 점수부여**

- (내진성능평가 지수) $= \dfrac{(\text{내진성능평가 실적 건수})}{(\text{내진보강대상 건수})} \times 100$

- (내진보강공사 지수) $= \dfrac{(\text{내진보강공사 실적 건수})}{(\text{내진보강대상 건수})} \times 100$

- 산출된 지수 값에 따른 점수는 아래 표와 같이 부여한다.

구분	지수값 최상위 1개 기관	지수값 중위 2개 기관	지수값 최하위 1개 기관
내진성능평가 점수	5점	3점	1점
내진보강공사 점수	5점	3점	1점

■ **최종순위 결정**

- 내진성능평가 점수와 내진보강공사 점수의 합이 큰 기관에 높은 순위를 부여한다.
- 합산 점수가 동점인 경우에는 내진보강대상 건수가 많은 기관을 높은 순위로 한다.

〈평가대상기관의 실적〉

(단위 : 건)

구분	A기관	B기관	C기관	D기관
내진성능평가 실적	82	72	72	83
내진보강공사 실적	91	76	81	96
내진보강대상	100	80	90	100

	최상위기관	최하위기관
①	A기관	B기관
②	B기관	C기관
③	B기관	D기관
④	C기관	D기관
⑤	D기관	C기관

| 01 | 기본문제

01 다음 글을 근거로 판단할 때, 갑 ~ 무 중 가장 많은 지원금을 받는 신청자는?

K국은 신재생에너지 보급 사업 활성화를 위하여 신재생에너지 설비에 대한 지원 내용을 공고하였다. 지원 기준과 지원 신청 현황은 아래와 같다.

〈지원 기준〉

구분		용량(성능)	지원금 단가
태양광	단독주택	2kW 이하	kW당 80만 원
		2kW 초과 3kW 이하	kW당 60만 원
	공동주택	30kW 이하	kW당 80만 원
태양열	평판형 · 진공관형	10m² 이하	m²당 50만 원
		10m² 초과 20m² 이하	m²당 30만 원
지열	수직밀폐형	10kW 이하	kW당 60만 원
		10kW 초과	kW당 50만 원
연료전지	인산형 등	1kW 이하	kW당 2,100만 원

- 지원금은 [용량(성능)]×(지원금 단가)로 산정
- 국가 및 지방자치단체 소유 건물은 지원 대상에서 제외
- 전월 전력사용량이 450kWh 이상인 건물은 태양열 설비 지원 대상에서 제외
- 용량(성능)이 지원 기준의 범위를 벗어나는 신청은 지원 대상에서 제외

〈지원 신청 현황〉

신청자	설비 종류	용량(성능)	건물 소유자	전월 전력사용량	비고
갑	태양광	8kW	개인	350kWh	공동주택
을	태양열	15m²	개인	550kWh	진공관형
병	태양열	5m²	국가	400kWh	평판형
정	지열	15kW	개인	200kWh	수직밀폐형
무	연료전지	3kW	개인	500kWh	인산형

① 갑   ② 을
③ 병   ④ 정
⑤ 무

02 다음 〈조건〉과 상황을 근거로 판단할 때, 갑이 향후 1년 간 자동차를 유지하는 데 소요될 총비용은?

조건

1. 자동차 유지비는 연 감가상각비, 연 자동차 보험료, 연 주유비용으로 구성되며 그 외의 비용은 고려하지 않는다.
2. 연 감가상각비 계산 공식
   (연 감가상각비)=(자동차 구매비용−운행가능기간 종료 시 잔존가치)÷[운행가능기간(년)]
3. 연 자동차 보험료

(단위 : 만 원)

구분		차종		
		소형차	중형차	대형차
보험가입 시 운전경력	1년 미만	120	150	200
	1년 이상 2년 미만	110	135	180
	2년 이상 3년 미만	100	120	160
	3년 이상	90	105	140

※ 차량 구매 시 보험 가입은 필수이며 1년 단위로 가입
※ 보험 가입 시 해당 차량에 블랙박스가 설치되어 있으면 보험료 10% 할인

4. 주유비용
   1리터당 10km를 운행할 수 있으며, 리터당 비용은 연중 내내 1,500원이다.

〈상황〉

• 갑은 1,000만 원에 중형차 1대를 구입하여 바로 운행을 시작하였다.
• 차는 10년 동안 운행가능하며, 운행가능기간 종료 시 잔존가치는 100만 원이다.
• 자동차 보험 가입 시, 갑의 운전 경력은 2년 6개월이며 차에는 블랙박스가 설치되어 있다.
• 갑은 매달 500km씩 차를 운행한다.

① 192만 원
② 288만 원
③ 298만 원
④ 300만 원
⑤ 330만 원

03 다음은 K사무관의 3월 출장내역을 나타낸 자료이다. 〈조건〉을 근거로 판단할 때, K사무관이 3월 출장여비로 받을 수 있는 총액은?

〈K사무관의 3월 출장내역〉

구분	출장지	출장 시작 및 종료 시각	비고
출장 1	세종시	14시 ~ 16시	관용차량 사용
출장 2	인천시	14시 ~ 18시	–
출장 3	서울시	09시 ~ 16시	업무추진비 사용

조건

• 출장여비 기준
 – 출장여비는 출장수당과 교통비의 합이다.
  1) 세종시 출장
   – 출장수당 : 1만 원
   – 교통비 : 2만 원
  2) 세종시 이외 출장
   – 출장수당 : 2만 원(13시 이후 출장 시작 또는 15시 이전 출장 종료 시 1만 원 차감)
   – 교통비 : 3만 원
• 출장수당의 경우 업무추진비 사용 시 1만 원이 차감되며, 교통비의 경우 관용차량 사용 시 1만 원이 차감된다.

① 6만 원
② 7만 원
③ 8만 원
④ 9만 원
⑤ 10만 원

04 갑이 동네 치킨 가게 A ~ D 중에서 치킨을 배달시키려고 한다. 가격표와 〈조건〉을 근거로 판단할 때, 다음 중 적절하지 않은 것은?

〈가격표〉

(단위 : 원)

동네 치킨 가게	치킨 가격(마리당 가격)			배달료	배달가능 최소금액
	프라이드 치킨	양념 치킨	간장 치킨		
A	7,000	8,000	9,000	0	10,000
B	7,000	7,000	10,000	2,000	5,000
C	5,000	8,000	8,000	1,000	7,000
D	8,000	8,000	8,000	1,000	5,000

※ 배달료는 가게당 한 번만 지불한다.

> **조건**
> 조건 1. 프라이드치킨, 양념치킨, 간장치킨을 한 마리씩 주문한다.
> 조건 2. 동일한 가게에 세 마리를 주문하지 않는다.
> 조건 3. 주문금액(치킨 가격+배달료)의 합계가 최소가 되도록 한다.

① A가게에는 주문하지 않았다.

② 총주문금액은 23,000원이다.

③ 주문이 가능한 경우의 조합은 총 네 가지이다.

④ B가게가 휴업했더라도 총주문금액은 달라지지 않는다.

⑤ '조건 2'를 고려하지 않는다면 총주문금액은 22,000원이다.

05 다음 글과 상황을 근거로 판단할 때, 갑과 을의 최대 배상금액을 바르게 짝지은 것은?

K국의 층간소음 배상에 대한 기준은 아래와 같다.
- 층간소음 수인(受忍)한도
  - 주간 최고소음도 : 55dB(A)
  - 야간 최고소음도 : 50dB(A)
  - 주간 등가소음도 : 40dB(A)
  - 야간 등가소음도 : 35dB(A)
- 층간소음 배상 기준금액 : 수인한도 중 하나라도 초과 시

피해기간	피해자 1인당 배상 기준금액
6개월 이내	500,000원
6개월 초과 ~ 1년 이내	650,000원
1년 초과 ~ 2년 이내	800,000원

- 배상금액 가산 기준
  (1) 주간 혹은 야간에 최고소음도와 등가소음도가 모두 수인한도를 초과한 경우에는 30% 이내에서 가산
  (2) 최고소음도 혹은 등가소음도가 주간과 야간에 모두 수인한도를 초과한 경우에는 30% 이내에서 가산
  (3) 피해자가 환자, 1세 미만 유아, 수험생인 경우에는 해당 피해자 개인에게 20% 이내에서 가산
- 둘 이상의 가산 기준에 해당하는 경우 기준금액을 기준으로 각각의 가산금액을 산출한 후 합산
  예 피해기간은 3개월이고, 주간의 최고소음도와 등가소음도가 수인한도를 모두 초과하였고, 피해자가 1인이며 환자인 경우 최대 배상금액 : 500,000원+(500,000원×0.3)+(500,000원×0.2)
  ※ 등가소음도 : 변동하는 소음의 평균치

- 아파트 위층에 사는 갑이 10개월 전부터 지속적으로 소음을 발생시키자, 아래층 부부는 문제를 제기하였다. 소음을 측정한 결과 주간과 야간 모두 최고소음도는 수인한도를 초과하지 않았으나, 주간 등가소음도는 45dB(A)였으며, 야간 등가소음도는 38dB(A)였다. 아래층 피해자 부부는 모두 가산 기준 (3)에 해당되지 않는다.
- 아파트 위층에 사는 을이 1년 6개월 전부터 야간에만 지속적으로 소음을 발생시키자, 아래층에 사는 가족은 문제를 제기하였다. 야간에 소음을 측정한 결과 등가소음도는 42dB(A)였으며, 최고소음도는 52dB(A)이었다. 아래층 피해자 가족은 4명이며, 그중 수험생 1명만 가산 기준 (3)에 해당된다.

	갑	을
①	1,690,000원	4,320,000원
②	1,690,000원	4,160,000원
③	1,690,000원	3,840,000원
④	1,300,000원	4,320,000원
⑤	1,300,000원	4,160,000원

다음 글을 근거로 판단할 때, 신장 180cm, 체중 85kg인 갑의 비만 정도를 순서대로 바르게 나열한 것은?

과다한 영양소 섭취와 적은 체내 에너지 소비로 인한 에너지 대사의 불균형으로 지방이 체내에 지나치게 축적되어 체중이 과다해지는 것을 비만이라 한다.

비만 정도를 측정하는 방법은 Broca 보정식과 체질량 지수를 이용하는 것이 대표적이다. Broca 보정식은 신장과 체중을 이용하여 비만 정도를 측정하는 간단한 방법이다. 이 방법에 의하면 신장(cm)에서 100을 뺀 수치에 0.9를 곱한 수치가 '표준체중(kg)'이며, 표준체중의 110% 이상 120% 미만의 체중을 '체중과잉', 120% 이상의 체중을 '비만'이라고 한다.

한편 체질량 지수는 체중(kg)을 '신장(m)'의 제곱으로 나눈 값을 의미한다. 체질량 지수에 따른 비만 정도는 다음과 같다.

체질량 지수	비만 정도
18.5 미만	저체중
18.5 이상 ~ 23.0 미만	정상
23.0 이상 ~ 25.0 미만	과체중
25.0 이상 ~ 30.0 미만	경도비만
30.0 이상 ~ 35.0 미만	중등도비만
35.0 이상	고도비만

	Broca 보정식	체질량 지수
①	체중과잉	경도비만
②	표준체중	정상
③	비만	과체중
④	체중과잉	정상
⑤	비만	경도비만

07 다음 글을 근거로 판단할 때, 사례의 갑국과 을국의 한 선거구에서 당선에 필요한 최소 득표율은?

- 민주주의 국가는 대표를 선출하기 위한 다양한 형태의 선거제도를 운용하고 있다. 이 중 '제한 투표제'는 한 선거구에서 여러 명의 대표를 선출하는 제도이다. 이 제도에서 유권자는 해당 선거구의 의석수보다 적은 수의 표를 갖게 된다. 예를 들어 한 선거구에서 4명의 대표를 선출한다면, 유권자에게 4표보다 적은 2표 혹은 3표를 부여하여 투표하도록 하는 제도이다.
- 학자 A는 이 같은 선거제도에서 당선에 필요한 최소 득표율을 다음 공식으로 구할 수 있다고 주장한다.

$$[\text{최소 득표율(\%)}] = \frac{(\text{유권자 1인당 투표수})}{(\text{유권자 1인당 투표수}) + (\text{선거구당 의석수})} \times 100$$

〈사례〉

- 갑국 : 한 선거구에서 3명의 의원을 선출하며, 유권자는 2표를 행사한다.
- 을국 : 한 선거구에서 5명의 의원을 선출하며, 유권자는 3표를 행사한다.

	갑국	을국			갑국	을국
①	20%	32.5%		②	20%	37.5%
③	40%	37.5%		④	40%	32.5%
⑤	40%	37.5%				

08 다음 글을 근거로 판단할 때, 사례에서 발생한 슬기의 손익은?

- 갑은행이 A가격(원/달러)에 달러를 사고 싶다는 의사표시를 하고, 을은행이 B가격(원/달러)에 달러를 팔고 싶다고 의사표시를 하면, 중개인은 달러 고시 가격을 A/B로 고시한다.
- 만약 달러를 즉시 사거나 팔려면 그것을 팔거나 사려는 측이 제시하는 가격을 받아들일 수밖에 없다.
- 환전수수료 등의 금융거래비용은 없다.

〈사례〉

- 현재 달러 고시 가격은 1204.00/1204.10이다. 슬기는 달러를 당장 사고 싶었고, 100달러를 바로 샀다.
- 1시간 후 달러 고시 가격은 1205.10/1205.20으로 움직였다. 슬기는 달러를 당장 팔고 싶었고, 즉시 100달러를 팔았다.

① 100원 이익
② 120원 이익
③ 200원 이익
④ 100원 손실
⑤ 200원 손실

다음 글을 근거로 판단할 때, K주식회사에 대한 부가가치세 과세표준액은?

수출하는 재화가 선박에 선적 완료된 날을 공급시기로 한다. 수출대금을 외국통화로 받는 경우에는 아래와 같이 환산한 금액을 부가가치세 과세표준액으로 한다.
- 공급시기 전에 환가한 경우
  수출재화의 공급시기 전에 수출대금을 외화로 받아 외국환 은행을 통하여 원화로 환가한 경우에는 환가 당일의 '적용환율'로 계산한 금액
- 공급시기 이후에 환가한 경우
  수출재화의 공급시기까지 외화로 받은 수출대금을 원화로 환가하지 않고 공급시기 이후에 외국환 은행을 통하여 원화로 환가한 경우 또는 공급시기 이후에 외화로 받은 수출대금을 외국환 은행을 통하여 원화로 환가한 경우에는 공급시기의 '기준환율'로 계산한 금액

K주식회사는 미국의 A법인과 2월 4일 수출계약을 체결하였으며, K주식회사의 수출과 관련된 사항은 아래와 같다.
1) 수출대금 : $50,000
2) 2. 4. : 수출선수금 $20,000를 송금받아 외국환 은행에서 환가
3) 2. 12. : 세관에 수출 신고
4) 2. 16. : 수출물품 선적 완료
5) 2. 20. : 수출대금 잔액 $30,000를 송금받아 외국환 은행에서 환가

〈외환시세〉

(단위 : 원/달러)

일자	기준환율	적용환율
2. 4.	960	950
2. 12.	980	970
2. 16.	1,000	990
2. 20.	1,020	1,010

① 49,000,000원
② 49,030,000원
③ 49,200,000원
④ 49,300,000원
⑤ 49,600,000원

10 다음 글을 근거로 판단할 때, 〈보기〉에서 적절한 것을 모두 고르면?

> 전 세계 벼 재배면적의 90%가 아시아에 분포한다. 현재 벼를 재배하는 면적을 나라별로 보면, 인도가 4,300헥타르로 가장 넓고, 중국이 3,300헥타르로 그 다음을 잇고 있으며, 인도네시아, 방글라데시, 베트남, 타이, 미얀마, 일본의 순으로 이어지고 있다. K국은 일본 다음이다.
>
> 반면 쌀을 가장 많이 생산하고 있는 나라는 중국으로 전 세계 생산량의 30%를 차지하고 있으며, 그 다음이 20%를 생산하는 인도이다. 단위면적당 쌀 생산량을 보면 K국이 헥타르당 5.0톤으로 가장 많고 일본이 헥타르당 4.5톤이다. K국의 단위면적당 쌀 생산량은 인도의 3배에 달하는 수치로 현재 K국의 단위면적당 쌀 생산능력은 세계에서 제일 높다.

보기

ㄱ. 중국의 단위면적당 쌀 생산량은 인도의 약 2배이다.

ㄴ. 일본의 벼 재배면적이 K국보다 400헥타르가 크다면, 일본의 연간 쌀 생산량은 K국보다 많다.

ㄷ. 인도의 연간 쌀 생산량은 11,000톤 이상이다.

① ㄱ
② ㄴ
③ ㄷ
④ ㄱ, ㄴ
⑤ ㄴ, ㄷ

11 다음 글을 근거로 판단할 때, 〈보기〉의 금액을 순서대로 바르게 나열한 것은?

정부는 경기활성화를 위해 감세안을 만들어 2023년부터 시행하고자 한다. 감세 효과 파악을 위해 2025년까지 감세안에 따른 세수 변화 규모를 추산했다.

〈연도별 세수 총액〉

연도	세수 총액(단위 : 원)
2022	42조 5,000억
2023	41조 8,000억
2024	41조 4,000억
2025	41조 3,000억

감세에 따른 세수 감소 총액을 계산하는 방식은 다음과 같은 두 가지가 사용될 수 있다.
- A방식 : 감세안이 시행된 해부터 매년 전년도와 비교했을 때, 발생하는 감소분을 누적으로 합계하는 방식
- B방식 : 감세안이 시행된 해의 직전 연도를 기준년도로 하여 기준년도와 비교했을 때, 매년 발생하는 감소분을 누적으로 합계하는 방식

보기

ㄱ. A방식에 따라 계산한 2023년의 세수 감소액
ㄴ. B방식에 따라 계산한 2024년까지의 세수 감소 총액
ㄷ. A방식, B방식에 따라 각각 계산한 2025년까지의 세수 감소 총액의 차이

	ㄱ	ㄴ	ㄷ
①	3,000억 원	1조 1,000억 원	1조 2,000억 원
②	3,000억 원	1조 8,000억 원	1조 8,000억 원
③	7,000억 원	1조 1,000억 원	1조 2,000억 원
④	7,000억 원	1조 8,000억 원	1조 2,000억 원
⑤	7,000억 원	1조 8,000억 원	1조 8,000억 원

12 갑은 K주차장에 4시간 45분간 주차했던 차량의 주차 요금을 정산하려고 한다. 이 주차장에서는 총주차시간 중 최초 1시간의 주차 요금을 면제하고, 다음의 주차 요금 기준에 따라 요금을 부과한다. 갑이 지불해야 할 금액은?

〈주차 요금 기준〉

구분	총주차시간	
	1시간 초과 ~ 3시간	3시간 초과
요금	30분마다 500원	• 1시간 초과 ~ 3시간 : 30분마다 500원 • 3시간 초과 : 30분마다 2,000원

※ 주차 요금은 30분 단위로 부과되고, 잔여시간이 30분 미만일 경우 30분으로 간주한다

① 5,000원 ② 9,000원
③ 10,000원 ④ 11,000원
⑤ 20,000원

13 갑이 컴퓨터를 구입하려고 할 때 컴퓨터 구매조건과 다음 〈조건〉에 근거하여 구입할 컴퓨터는?

〈컴퓨터 구매조건〉

컴퓨터 \ 항목	램 메모리 용량(Giga Bytes)	하드 디스크 용량(Tera Bytes)	가격(천 원)
A	4	2	500
B	16	1	1,500
C	4	3	2,500
D	16	2	2,500
E	8	1	1,500

조건

• 컴퓨터를 구입할 때, 램 메모리 용량, 하드 디스크 용량, 가격을 모두 고려한다.
• 램 메모리와 하드 디스크 용량이 크면 클수록, 가격은 저렴하면 저렴할수록 선호한다.
• 항목별로 가장 선호하는 경우 100점, 가장 선호하지 않는 경우 0점, 그 외의 경우 50점을 부여한다. 단, 가격은 다른 항목보다 중요하다고 생각하여 2배의 점수를 부여한다.
• 항목별 점수의 합이 가장 큰 컴퓨터를 구입한다.

① A ② B
③ C ④ D
⑤ E

14 다음 글에 근거할 때, 갑이 내년 1월 1일부터 12월 31일까지 아래 작물만을 재배하여 최대로 얻을 수 있는 소득은?

> 갑은 작물별 재배 기간과 재배 가능 시기를 고려하여 작물 재배 계획을 세우고자 한다. 아래 표의 네 가지 작물 중 어느 작물이든 재배할 수 있으나, 동시에 두 가지 작물을 재배할 수는 없다. 또한 하나의 작물을 같은 해에 두 번 재배할 수도 없다.
>
> <작물 재배 조건>
>
> | 작물 | 1회 재배 기간 | 재배 가능 시기 | 1회 재배로 얻을 수 있는 소득 |
> |------|------------|--------------|-----------------------|
> | A | 4개월 | 3월 1일 ~ 11월 30일 | 800만 원 |
> | B | 5개월 | 2월 1일 ~ 11월 30일 | 1,000만 원 |
> | C | 3개월 | 3월 1일 ~ 11월 30일 | 500만 원 |
> | D | 3개월 | 2월 1일 ~ 12월 31일 | 350만 원 |

① 1,500만 원 ② 1,650만 원
③ 1,800만 원 ④ 1,850만 원
⑤ 2,150만 원

15 다음 관세 관련 규정에 따를 때, 갑이 전자기기의 구입으로 지출한 총금액은?

〈관세 관련 규정〉

- 물품을 수입할 경우 과세표준에 품목별 관세율을 곱한 금액을 관세로 납부해야 한다. 단, 과세표준이 15만 원 미만이고, 개인이 사용할 목적으로 수입하는 물건에 대해서는 관세를 면제한다.
- 과세표준은 판매자에게 지급한 물품가격, 미국에 납부한 세금, 미국 내 운송료, 미국에서 한국까지의 운송료를 합한 금액을 원화로 환산한 금액으로 한다. 단, 미국에서 한국까지의 운송료는 실제 지불한 운송료가 아닌 다음의 국제선편요금을 적용한다.

〈국제선편요금〉

중량	0.5kg ~ 1kg 미만	1kg ~ 1.5kg 미만
금액(원)	10,000	15,000

- 과세표준 환산 시 환율은 관세청장이 정한 '고시환율'에 따른다(현재 고시환율 : 1,100원/$).

〈갑의 구매 내역〉

한국에서 갑은 개인이 사용할 목적으로 미국 소재 인터넷 쇼핑몰에서 물품가격과 운송료를 지불하고 전자기기를 구입했다.

- 전자기기 가격 : $120
- 미국에서 한국까지의 운송료 : $30
- 지불 시 적용된 환율 : 1,200/$
- 전자기기 중량 : 0.9kg
- 전자기기에 적용되는 관세율 : 10%
- 미국 내 세금 및 미국 내 운송료는 없다.

① 142,000원   ② 156,200원

③ 180,000원   ④ 181,500원

⑤ 198,000원

16 다음 규정과 서울에서 대전으로 출장을 다녀온 갑의 지출내역에 근거하였을 때, 갑이 정산 받는 여비의 총액은?

여비의 종류(제○○조)

여비는 운임·숙박비·식비·일비 등으로 구분한다.

1. 운임 : 여행 목적지로 이동하기 위해 교통수단을 이용함에 있어 소요되는 비용을 충당하기 위한 여비
2. 숙박비 : 여행 중 숙박에 소요되는 비용을 충당하기 위한 여비
3. 식비 : 여행 중 식사에 소요되는 비용을 충당하기 위한 여비
4. 일비 : 여행 중 출장지에서 소요되는 교통비 등 각종 비용을 충당하기 위한 여비

운임의 지급(제□□조)

① 운임은 철도운임·선박운임·항공운임으로 구분한다.
② 국내 철도운임은 [별표 1]에 따라 지급한다.

일비·숙박비·식비의 지급(제△△조)

① 국내 여행자의 일비·숙박비·식비는 [별표 1]에 따라 지급한다.
② 일비는 여행일수에 따라 지급한다.
③ 숙박비는 숙박하는 밤의 수에 따라 지급한다. 다만, 출장기간이 2일 이상인 경우에 지급액은 출장기간 전체의 총액한도 내 실비로 계산한다.
④ 식비는 여행일수에 따라 지급한다.

〈국내 여비 지급표〉

(단위 : 원)

철도운임	선박운임	항공운임	일비(1일당)	숙박비(1박당)	식비(1일당)
실비(일반실)	실비(2등급)	실비	20,000	실비 (상한액 : 40,000)	20,000

〈갑의 지출내역〉

(단위 : 원)

항목	1일차	2일차	3일차
KTX 운임(일반실)	20,000		20,000
대전 시내 버스요금	5,000	10,000	2,000
대전 시내 택시요금			10,000
식비	10,000	30,000	10,000
숙박비	45,000	30,000	

---

① 182,000원
② 187,000원
③ 192,000원
④ 230,000원
⑤ 235,000원

17 K국에서는 부동산을 매매·상속 등의 방법으로 취득하는 사람은 취득세, 농어촌특별세, 등록세, 지방교육세를 납부하여야 한다. 다음 글을 근거로 할 때, 자경농민인 갑이 공시지가 3억 5천만 원의 농지를 상속받아 주변농지의 시가 5억 원으로 신고한 경우, 갑이 납부하여야 할 세금액은? (단, 신고불성실가산세, 상속세, 증여세 등은 고려하지 않는다)

〈부동산 취득 시 납부하여야 할 세금의 산출방법〉

- 취득세는 부동산 취득 당시 가액에 2%의 세율을 곱하여 산정한다. 다만 자경농민이 농지를 상속으로 취득하는 경우에는 취득세가 비과세된다. 그리고 농어촌특별세는 결정된 취득세액에 10%의 세율을 곱하여 산정한다.
- 등록세는 부동산 취득 당시 가액에 0.8%의 세율을 곱하여 산정한다. 다만 자경농민이 농지를 취득하는 때 등록세의 세율은 상속의 경우 취득가액의 0.3%, 매매의 경우 1%이다. 그리고 지방교육세는 결정된 등록세액에 20%의 세율을 곱하여 산정한다.
- 부동산 취득 당시 가액은 취득자가 신고한 가액과 공시지가(시가표준액) 중 큰 금액으로 하며, 신고 또는 신고가액의 표시가 없는 때에는 공시지가를 과세표준으로 한다.

① 75만 원
② 126만 원
③ 180만 원
④ 280만 원
⑤ 1,280만 원

18 다음 글을 근거로 판단할 때, 〈보기〉에서 적절한 것을 모두 고르면?

최근 가창력이 뛰어난 가수들이 매주 공연을 한 뒤, 청중 투표를 통해 탈락자를 결정하는 프로그램이 인기를 얻고 있다. 100명의 청중평가단이 가수 4명의 공연을 보고, 본인의 선호에 따라 가장 마음에 드는 가수 1명에게 투표를 한다. 이 결과를 토대로 득표수가 가장 적은 사람이 탈락하는 방식이다.

그러나 기존 투표 방식에 문제가 있다는 지적이 계속되자, 제작진은 가수 4명의 공연이 끝난 뒤 청중평가단에게 선호도에 따라 1위부터 4위까지의 순위를 매겨 제출하도록 하였다. 그 결과는 다음 표와 같다.

〈선호도 조사결과〉

(단위 : 명)

가수 \ 선호순위	1	2	3	4
A	10	50	30	10
B	20	30	20	30
C	30	10	20	40
D	40	10	30	20

※ 청중평가단 선호순위는 어떤 투표방식하에서도 동일하며, 청중평가단은 그 선호순위에 따라 투표한다.

보기

ㄱ. 기존의 탈락자 선정방식은 청중평가단 선호도의 1순위만을 반영하기 때문에 다수의 청중평가단이 2순위로 선호하는 가수도 탈락할 수 있다.

ㄴ. 가장 선호하는 가수 한 명에게만 투표하는 기존의 방식을 그대로 적용하게 되면 탈락자는 A가된다.

ㄷ. 4순위 표가 가장 많은 사람을 탈락시킬 경우, 탈락자는 C가 된다.

ㄹ. 가장 선호하는 가수 두 명의 이름을 우선순위 없이 적어서 제출하는 방식으로 투표할 경우, 최저득표자는 A가 된다.

① ㄱ, ㄴ
② ㄱ, ㄹ
③ ㄷ, ㄹ
④ ㄱ, ㄴ, ㄷ
⑤ ㄴ, ㄷ, ㄹ

19 다음 글을 읽고 〈보기〉에서 적절하지 않은 것을 모두 고르면?

> K공단은 여유자금 1억 원을 어떻게 투자해야 할 것인가를 결정해야 하는 문제에 직면해 있다. 공단 재무담당자는 다음 표와 같은 몇 가지 투자대안을 가지고 있다. 투자에 따른 수익률(%)은 1년 동안의 일반적인 경제적 상황에 따라 달라지게 되는데, 경기침체확률은 0.1, 상승확률은 0.2, 안정확률은 0.7 정도 될 것으로 추정된다.

구분		경기에 따른 예상수익률		
		상승	안정	침체
대안	국채	7%	11%	12%
	지방채	8%	10%	13%
	부동산 펀드	8%	10%	14%
	주식	25%	9%	2%

보기

ㄱ. 부동산 펀드의 기대수익률이 가장 높다.
ㄴ. 1년간 투자에 따른 국채의 기대수익금은 1,030만 원이다.
ㄷ. 1년간 투자에 따른 주식의 수익률이 부동산 펀드의 수익률보다 높다.
ㄹ. 1년간 투자에 따른 국채와 지방채간의 기대수익금의 차이는 50만 원 미만이다.
ㅁ. 1년간 투자에 따른 기대수익금이 가장 높은 대안과 기대수익금이 가장 낮은 대안의 차이는 200만 원 이상이다.

① ㄱ, ㄴ
② ㄱ, ㅁ
③ ㄴ, ㄷ
④ ㄷ, ㄹ
⑤ ㄷ, ㅁ

20 다음은 K공기업의 팀별 성과급 지급 기준이다. A팀의 성과평가결과가 〈보기〉와 같다면 지급되는 성과급의 1년 총액은?

〈성과급 지급 방법〉

- 성과급 지급은 성과평가 결과와 연계함
- 성과평가는 유용성, 안전성, 서비스 만족도의 총합으로 평가함. 단, 유용성, 안전성, 서비스 만족도의 가중치를 각각 0.4, 0.4, 0.2로 부여함
- 성과평가 결과를 활용한 성과급 지급 기준|

성과평가 점수	성과평가 등급	분기별 성과급 지급액	비고
9.0 이상	A	100만 원	성과평가 등급이 A이면 직전분기 차감액의 50%를 가산하여 지급
8.0 이상 9.0 미만	B	90만 원(10만 원 차감)	
7.0 이상 8.0 미만	C	80만 원(20만 원 차감)	
7.0 미만	D	40만 원(60만 원 차감)	

보기

구분	1/4분기	2/4분기	3/4분기	4/4분기
유용성	8	8	10	8
안전성	8	6	8	8
서비스 만족도	6	8	10	8

① 350만 원
② 360만 원
③ 370만 원
④ 380만 원
⑤ 390만 원

21 A ~ D가 퇴직할 때 받게 되는 연금액수는 근무연수와 최종평균보수월액에 의해 결정된다. 다음 연금액수 산출방법을 따를 때, 〈보기〉의 예상 중 적절한 것을 모두 고르면?(단, 연금은 본인에게만 지급되며 물가는 변동이 없다고 가정한다)

연금액수 산출방법에는 월별연금 지급방식과 일시불연금 지급방식이 있다.

(1) (월별연금지급액)=(최종평균보수월액)×[0.5+0.02×(근무연수−20)]

 ※ 다만, 월별연금지급액은 최종평균보수월액의 80%를 초과할 수 없음

(2) (일시불연금지급액)=(최종평균보수월액×근무연수×2)+[최종평균보수월액×(근무연수−5)× 0.1]

〈퇴직자 연금액수 산출자료〉

퇴직자	근무연수(년)	최종평균보수월액(만 원)
A	20	100
B	35	100
C	37	100
D	10	200

보기

ㄱ. A가 100개월밖에 연금을 받을 수 없다면 월별연금보다 일시불연금을 선택하는 것이 유리할 것이다.

ㄴ. A의 일시불연금지급액은 D의 일시불연금지급액보다 많을 것이다.

ㄷ. B가 C보다 월별연금지급액을 40만 원 더 받게 될 것이다.

ㄹ. D가 월급에 변화 없이 10년을 더 근무한다면 D의 일시불연금지급액은 현재 받을 수 있는 일시불연금지급액의 두 배가 넘을 것이다.

① ㄱ, ㄴ

② ㄴ, ㄹ

③ ㄷ, ㄹ

④ ㄱ, ㄴ, ㄹ

⑤ ㄴ, ㄷ, ㄹ

22 K공사가 자동속도 조절기를 설치하기 위하여 두 회사의 제품 중 하나를 구입하려고 한다. 다음 〈보기〉 중 적절한 것을 모두 고르면?

> A회사의 자동속도 조절기는 선진국에서 완벽한 시험운전을 거쳤기 때문에 이미 실용화되어 있고 제품 가격은 14억 원이다. 이에 비해 B회사의 제품 가격은 10억 원으로 저렴하다. 그러나 실용화를 위한 완벽한 검증을 거치지 않았기 때문에 문제없이 운영될 수 있는 확률은 60%이고 결점이 발견될 확률은 40%이다. 결점이 발견되면 지급한 대금을 즉각 환불받을 수 있고 이 경우 K공사는 A회사의 제품을 구입할 수 있는데, 이때 K공사는 B회사의 제품의 반환과 신규구입의 지체에 따른 추가비용 3억 원을 부담하게 된다.
>
> 한편, K공사는 B회사 제품이 시뮬레이션 검사에 합격하면 B회사 제품을 구입하고, 불합격하면 A회사 제품을 구입할 수 있다. 시뮬레이션 검사결과는 100% 신뢰할 수 있으며, K공사는 기대비용의 크기에 따라 구입을 결정한다.
>
> ※ 기대비용 : 발생 가능한 비용 X와 Y가 있을 때 X의 발생확률이 p이고 Y의 발생확률이 q라면, 기대비용은 (X×p)+(Y×q)이다.

보기

ㄱ. 시뮬레이션 검사를 하지 않고 K공사가 B회사와 계약을 체결하게 될 때의 기대비용은 12.8억 원이다.

ㄴ. B회사 제품을 선택했다가 작동하지 않을 경우 A회사의 제품을 구입하는 데 드는 비용은 17억 원이다.

ㄷ. K공사가 시뮬레이션 검사를 하지 않는다면 A회사와 계약을 체결할 것이다.

ㄹ. 시뮬레이션 검사비용으로 K공사가 지불할 의사가 있는 최댓값은 1.6억 원이다.

① ㄱ, ㄴ
② ㄱ, ㄷ
③ ㄷ, ㄹ
④ ㄱ, ㄴ, ㄷ
⑤ ㄴ, ㄷ, ㄹ

01   다음 글을 근거로 판단할 때, 〈보기〉에서 적절한 것을 모두 고르면?

> K국은 출산장려를 위한 경제적 지원 정책으로 다음과 같은 세 가지 안을 고려 중이다.
> - A안 : 18세 이하의 자녀가 있는 가정에 수당을 매월 지급하되, 자녀가 둘 이상인 경우에 한한다. 18세 이하의 자녀에 대해서 첫째와 둘째는 각각 15만 원, 셋째는 30만 원, 넷째부터는 45만 원씩의 수당을 해당 가정에 지급한다.
> - B안 : 18세 이하의 자녀가 있는 가정에 수당을 매월 지급한다. 다만 자녀가 18세를 초과하더라도 재학 중인 경우에는 24세까지 수당을 지급한다. 첫째와 둘째는 각각 20만 원, 셋째는 22만 원, 넷째부터는 25만 원씩의 수당을 해당 가정에 지급한다.
> - C안 : 자녀가 중학교를 졸업할 때(상한 연령 16세)까지만 해당 가정에 수당을 매월 지급한다. 우선 3세 미만의 자녀가 있는 가정에는 3세 미만의 자녀 1명당 10만 원을 지급한다. 3세부터 초등학교를 졸업할 때까지는 첫째와 둘째는 각각 8만 원, 셋째부터는 10만 원씩 해당 가정에 지급한다. 중학생 자녀의 경우, 일률적으로 1명당 8만 원씩 해당 가정에 지급한다.

보기

ㄱ. 18세 이하 자녀 3명만 있는 가정의 경우, 지급받는 월 수당액은 A안보다 B안을 적용할 때 더 많다.

ㄴ. A안을 적용할 때 자녀가 18세 이하 1명만 있는 가정은 월 15만 원을 수당으로 지급받는다.

ㄷ. C안의 수당을 50% 증액하더라도 중학생 자녀 2명(14세, 15세)만 있는 가정은 A안보다 C안을 적용할 때 더 적은 월 수당을 지급받는다.

ㄹ. C안을 적용할 때 한 자녀에 대해 지급되는 월 수당액은 그 자녀가 성장하면서 지속적으로 증가하는 특징이 있다.

① ㄱ, ㄴ   ② ㄱ, ㄷ

③ ㄴ, ㄹ   ④ ㄱ, ㄴ, ㄷ

⑤ ㄴ, ㄷ, ㄹ

02 다음 글을 근거로 판단할 때, K사무관이 선택할 광고수단은?

- 주어진 예산은 월 3천만 원이며, K사무관은 월별 광고효과가 가장 큰 광고수단 하나만을 선택한다.
- 광고비용이 예산을 초과하면 해당 광고수단은 선택하지 않는다.
- 광고효과는 아래와 같이 계산한다.

$$(\text{광고효과}) = \frac{(\text{총 광고 횟수}) \times (\text{회당 광고노출자 수})}{(\text{광고비용})}$$

- 광고수단은 한 달 단위로 선택된다.

광고수단	광고 횟수	회당 광고노출자 수	월 광고비용(천 원)
TV	월 3회	100만 명	30,000
버스	일 1회	10만 명	20,000
KTX	일 70회	1만 명	35,000
지하철	일 60회	2천 명	25,000
포털사이트	일 50회	5천 명	30,000

① TV
② 버스
③ KTX
④ 지하철
⑤ 포털사이트

03 다음 통역경비 산정 기준과 상황을 근거로 판단할 때, K사가 S시에서 개최한 설명회에 쓴 총통역경비는?

〈통역경비 산정 기준〉

• 통역경비는 통역료와 출장비(교통비, 이동보상비)의 합으로 산정한다.
• 통역료(통역사 1인당)

구분	기본요금(3시간까지)	추가요금(3시간 초과시)
영어, 아랍어, 독일어	500,000원	100,000원/시간
베트남어, 인도네시아어	600,000원	150,000원/시간

• 출장비(통역사 1인당)
 − 교통비는 왕복으로 실비 지급
 − 이동보상비는 이동 시간당 10,000원 지급

〈상황〉

K사는 2023년 3월 9일 S시에서 설명회를 개최하였다. 통역은 영어와 인도네시아어로 진행되었고, 영어 통역사 2명과 인도네시아어 통역사 2명이 통역하였다. 설명회에서 통역사 1인당 영어 통역은 4시간, 인도네시아어 통역은 2시간 진행되었다. S시까지는 편도로 2시간이 소요되며, 개인당 교통비는 왕복으로 100,000원이 들었다.

① 244만 원
② 276만 원
③ 288만 원
④ 296만 원
⑤ 326만 원

다음 글을 근거로 판단할 때, 선수 A와 B의 합계점수를 더하면?

스키점프는 스키를 타고 급경사면을 내려오다가 도약대에서 점프하여 날아가 착지하는 스포츠로, 착지의 기준점을 뜻하는 K점에 따라 경기 종목이 구분된다. 도약대로부터 K점까지의 거리가 75m 이상 99m 이하이면 '노멀힐', 100m 이상이면 '라지힐' 경기이다. 예를 들어 '노멀힐 K – 98'의 경우 도약대로부터 K점까지의 거리가 98m인 노멀힐 경기를 뜻한다.

출전선수의 점수는 '거리점수'와 '자세점수'를 합산하여 결정되며, 이를 '합계점수'라 한다. 거리점수는 도약대로부터 K점을 초과한 비행거리 1m당 노멀힐의 경우 2점이, 라지힐의 경우 1.8점이 기본점수 60점에 가산된다. 반면 K점에 미달하는 비행거리 1m당 가산점과 같은 점수가 기본점수에서 차감된다. 자세점수는 날아가는 동안의 자세, 균형 등을 고려하여 5명의 심판이 각각 20점 만점을 기준으로 채점하며, 심판들이 매긴 점수 중 가장 높은 것과 가장 낮은 것을 각각 하나씩 제외한 나머지를 합산한 점수이다.

다음은 선수 A와 B의 경기 결과이다.

〈경기 결과〉

출전종목	선수	비행거리(m)	자세점수(점)				
			심판1	심판2	심판3	심판4	심판5
노멀힐 K – 98	A	100	17	16	17	19	17
라지힐 K – 125	B	123	19	17	20	19.5	17.5

① 226.6
② 227
③ 227.4
④ 364
⑤ 364.4

05 다음 글과 상황을 근거로 판단할 때, 갑 정당과 그 소속 후보자들이 최대로 실시할 수 있는 선거방송시간의 총합은?

- K국 의회는 지역구의원과 비례대표의원으로 구성된다.
- 의회의원 선거에서 정당과 후보자는 선거방송을 실시할 수 있다. 선거방송은 방송광고와 방송연설로 이루어진다.
- 선거운동을 위한 방송광고는 비례대표의원 후보자를 추천한 정당이 방송매체별로 15회 이내에서 실시할 수 있으며, 1회 1분을 초과할 수 없다.
- 후보자는 방송연설을 할 수 있다. 비례대표의원 선거에서는 정당별로 비례대표의원 후보자 중에서 선임된 대표 2인이 각각 1회 10분 이내에서 방송매체별로 1회 실시할 수 있다. 지역구의원 선거에서는 각 후보자가 1회 10분 이내, 방송매체별로 2회 이내에서 실시할 수 있다.

〈상황〉

- K국 방송매체로는 텔레비전 방송사 1개, 라디오 방송사 1개가 있다.
- K국 갑 정당은 의회의원 선거에서 지역구의원 후보 100명을 출마시키고 비례대표의원 후보 10명을 추천하였다.

① 2,070분
② 4,050분
③ 4,070분
④ 4,340분
⑤ 5,225분

06 다음 글과 상황을 근거로 판단할 때, 미란이가 지원받을 수 있는 주택보수비용의 최대 액수는?

- 주택을 소유하고 해당 주택에 거주하는 가구를 대상으로 주택 노후도 평가를 실시하여 그 결과(경・중・대보수)에 따라 아래와 같이 주택보수비용을 지원

〈주택보수비용 지원 내용〉

구분	경보수	중보수	대보수
보수항목	도배 혹은 장판	수도시설 혹은 난방시설	지붕 혹은 기둥
주택당 보수비용 지원한도액	350만 원	650만 원	950만 원

- 소득인정액에 따라 위 보수비용 지원한도액의 80 ~ 100%를 차등지원

구분	중위소득 25% 미만	중위소득 25% 이상 35% 미만	중위소득 35% 이상 43% 미만
지원율	100%	90%	80%

〈상황〉

미란이는 현재 거주하고 있는 K주택의 소유자이며, 소득인정액이 중위소득 40%에 해당한다. K주택의 노후도 평가 결과, 지붕의 수선이 필요한 주택보수비용 지원 대상에 선정되었다.

① 520만 원
② 650만 원
③ 760만 원
④ 855만 원
⑤ 950만 원

07 다음 글을 근거로 판단할 때, K팀이 최종적으로 선택하게 될 이동수단의 종류와 그 비용을 순서대로 바르게 나열한 것은?

> 4명으로 구성된 K팀은 해외출장을 계획하고 있다. K팀은 출장지에서의 이동수단 한 가지를 결정하려 한다. 이때 K팀은 경제성, 용이성, 안전성의 총 3가지 요소를 고려하여 최종점수가 가장 높은 이동수단을 선택한다.
> - 고려요소의 평가결과 '상' 등급을 받으면 3점을, '중' 등급을 받으면 2점을, '하' 등급을 받으면 1점을 부여한다. 단, 안전성을 중시하여 안전성 점수는 2배로 계산한다(예 안전성 '하' 등급 2점).
> - 경제성은 이동수단별 최소비용이 적은 것부터 상, 중, 하로 평가한다.
> - 고려요소의 평가점수를 합하여 최종점수를 구한다.
>
> 〈이동수단별 평가표〉
>
> | 이동수단 | 경제성 | 용이성 | 안전성 |
> |---|---|---|---|
> | 렌터카 | ? | 상 | 하 |
> | 택시 | ? | 중 | 중 |
> | 대중교통 | ? | 하 | 중 |
>
> 〈이동수단별 비용계산식〉
>
> | 이동수단 | 비용계산식 |
> |---|---|
> | 렌터카 | (렌트비+유류비)×이용 일수
－ 렌트비＝$50/1일(4인승 차량)
－ 유류비＝$10/1일(4인승 차량) |
> | 택시 | 거리당 가격($1/1마일)×이동거리(마일)
－ 최대 4명까지 탑승가능 |
> | 대중교통 | 대중교통패스 3일권($40/1인)×인원수 |
>
> 〈해외출장 일정〉
>
> | 출장 일정 | 이동거리(마일) |
> |---|---|
> | 11월 1일 | 100 |
> | 11월 2일 | 50 |
> | 11월 3일 | 50 |

	이동수단	비용
①	렌터카	$180
②	택시	$200
③	택시	$400
④	대중교통	$140
⑤	대중교통	$160

다음 지원계획과 연구모임 현황 및 평가결과를 근거로 판단할 때, 연구모임 A ~ E 중 두 번째로 많은 총지원금을 받는 모임은?

〈지원계획〉

- 지원을 받기 위해서는 한 모임당 6명 이상 9명 미만으로 구성되어야 한다.
- 기본지원금
  - 한 모임당 1,500천 원을 기본으로 지원한다. 단, 상품개발을 위한 모임의 경우는 2,000천 원을 지원한다.
- 추가지원금
  - 연구 계획 사전평가결과에 따라, '상' 등급을 받은 모임에는 구성원 1인당 120천 원을, '중' 등급을 받은 모임에는 구성원 1인당 100천 원을, '하' 등급을 받은 모임에는 구성원 1인당 70천 원을 추가로 지원한다.
- 협업 장려를 위해 협업이 인정되는 모임에는 위의 두 지원금을 합한 금액의 30%를 별도로 지원한다.

〈연구모임 현황 및 평가결과〉

모임	상품개발 여부	구성원 수	연구 계획 사전평가결과	협업 인정 여부
A	○	5	상	○
B	×	6	중	×
C	×	8	상	○
D	○	7	중	×
E	×	9	하	×

① A

② B

③ C

④ D

⑤ E

09 다음 글과 K기관 벌점 산정 기초자료를 근거로 판단할 때, 두 번째로 높은 벌점을 받게 될 사람은?

K기관은 업무처리 시 오류 발생을 줄이기 위해 2023년 7월부터 벌점을 부과하여 인사고과에 반영하려 한다. 이를 위해 매달 직원별로 오류 건수를 조사하여 다음과 같은 벌점 산정 방식에 따라 벌점을 부과한다. 2023년 7월 한 달 동안 직원들의 업무처리 건수는 1인당 100건으로 동일하다.

〈벌점 산정 방식〉

- 일반 오류는 1건당 10점, 중대 오류는 1건당 20점씩 오류 점수를 부과하여 이를 합산한다.
- 전월 우수사원으로 선정된 경우, 합산한 오류 점수에서 80점을 차감하여 월별 최종 오류 점수를 계산한다.
- 벌점 부과 대상은 월별 최종 오류 점수가 400점 이상인 동시에 월별 오류 발생 비율이 30% 이상인 직원이다.
- 월별 최종 오류 점수 1점당 벌점 10점을 부과한다.

※ [오류 발생 비율(%)]$=\dfrac{(오류 건수)}{(업무처리 건수)}\times100$

〈K기관 벌점 산정 기초자료〉

(2023. 7. 1. ~ 2023. 7. 31.)

직원	오류 건수(건)		전월 우수사원 선정 여부
	일반 오류	중대 오류	
갑	5	20	미선정
을	10	20	미선정
병	15	15	선정
정	20	10	미선정
무	30	10	선정

① 갑
② 을
③ 병
④ 정
⑤ 무

10 다음 〈조건〉을 근거로 판단할 때, 〈보기〉에서 적절한 것을 모두 고르면?

조건

- A사와 B사는 신제품을 공동개발하여 판매한 총순이익을 아래와 같은 기준에 의해 분배하기로 약정하였다.

  (가) A사와 B사는 총순이익에서 각 회사 제조원가의 10%에 해당하는 금액을 우선 각자 분배받는다.

  (나) 총순이익에서 위 (가)의 금액을 제외한 나머지 금액에 대한 분배 기준은 연구개발비, 판매관리비, 광고홍보비 중 어느 하나로 결정하며, 각 회사가 지출한 비용에 비례하여 분배액을 정하기로 한다.

- 신제품 개발과 판매에 따른 비용과 총순이익은 다음과 같다.

(단위 : 억 원)

구분	A사	B사
제조원가	200	600
연구개발비	100	300
판매관리비	200	200
광고홍보비	300	150
총순이익	200	

보기

ㄱ. 분배받는 순이익을 극대화하기 위한 분배 기준으로, A사는 광고홍보비를, B사는 연구개발비를 선호할 것이다.

ㄴ. 연구개발비가 분배 기준이 된다면, 총순이익에서 B사가 분배받는 금액은 A사의 3배이다.

ㄷ. 판매관리비가 분배 기준이 된다면, 총순이익에서 A사와 B사가 분배받는 금액은 동일하다.

ㄹ. 광고홍보비가 분배 기준이 된다면, 총순이익에서 A사가 분배받는 금액은 B사보다 많다.

① ㄱ, ㄴ 　　　　　　　② ㄱ, ㄷ

③ ㄱ, ㄹ 　　　　　　　④ ㄴ, ㄹ

⑤ ㄷ, ㄹ

11 다음 글과 사례를 근거로 판단할 때, 반납해야 할 경비가 가장 많은 사람부터 가장 적은 사람을 순서대로 바르게 나열한 것은?

제○○조

① 임명권자는 전시·사변 등의 국가비상 시에 군위탁생 중 군에 복귀시킬 필요가 있다고 인정되는 자에 대하여는 교육을 일시중지하거나 군위탁생 임명을 해임하여 원대복귀하게 할 수 있다.

② 각 군 참모총장은 군위탁생으로서 다음 각 호에 해당하는 자에 대하여 지급한 경비(이하 '지급경비')를 아래 표의 반납액 산정 기준에 의하여 본인 또는 그의 연대보증인으로 하여금 반납하게 하여야 한다.

  1. 소정의 과정을 마친 후 정당한 사유 없이 복귀하지 아니한 자
  2. 수학 중 해임된 자(제1항의 경우를 제외한다)
  3. 소정의 과정을 마친 후 의무복무기간 중에 전역 또는 제적 등의 사유가 발생하여 복무의무를 이행하지 아니한 자

<반납액 산정 기준>

구분	반납액
1. 제2항 제1호 해당자	지급경비 전액
2. 제2항 제2호 해당자	지급경비 전액 (다만 질병이나 기타 심신장애로 인하여 수학을 계속할 수 없어 해임된 경우에는 지급경비의 2분의 1)
3. 제2항 제3호 해당자	$(지급경비) \times \dfrac{(의무복무월수) - (복무월수)}{(의무복무월수)}$

<사례>

A. 수학 중 성적불량으로 군위탁생 임명이 해임된 부사관(지급경비 1,500만 원)

B. 군위탁생으로 박사과정을 마친 후 정당한 사유 없이 복귀하지 아니한 장교(지급경비 2,500만 원)

C. 위탁교육을 마친 후 의무복무년수 6년 중 3년을 마치고 전역하는 장교(지급경비 3,500만 원)

D. 심신장애로 인하여 계속하여 수학할 수 없다고 인정되어 수학 중 군위탁생 임명이 해임된 부사관(지급경비 2,000만 원)

E. 국방부장관이 국가비상 시에 군에 복귀시킬 필요가 있다고 인정하여 군위탁생 임명을 해임하여 원대복귀시킨 장교(지급경비 3,000만 원)

---

① B - C - A - D - E   ② B - C - D - A - E

③ C - B - E - A - D   ④ C - E - B - D - A

⑤ E - C - B - A - D

| 01 | 기본문제

01 다음 글을 근거로 판단할 때, B구역 청소를 하는 요일은?

갑 레스토랑은 매주 1회 휴업일(수요일)을 제외하고 매일 영업한다. 갑 레스토랑의 청소시간은 영업일 저녁 9시부터 10시까지이다. 이 시간에 A구역, B구역, C구역 중 하나를 청소한다. 청소의 효율성을 위하여 청소를 한 구역은 바로 다음 영업일에는 하지 않는다. 각 구역은 매주 다음과 같이 청소한다.

- A구역 청소는 일주일에 1회 한다.
- B구역 청소는 일주일에 2회 하되, B구역 청소를 한 후 영업일과 휴업일을 가리지 않고 이틀간은 B구역 청소를 하지 않는다.
- C구역 청소는 일주일에 3회 하되, 그 중 1회는 일요일에 한다.

① 월요일과 목요일
② 월요일과 금요일
③ 월요일과 토요일
④ 화요일과 금요일
⑤ 화요일과 토요일

02 다음 〈조건〉을 근거로 판단할 때, 초록 모자를 쓰고 있는 사람과 A의 입장에서 왼편에 앉은 사람을 바르게 짝지은 것은?

> **조건**
> - A ~ D 네 명이 정사각형 테이블의 각 면에 한 명씩 둘러앉아 있다.
> - 빨강, 파랑, 노랑, 초록 색깔의 모자 4개가 있다. A ~ D는 이 중 서로 다른 색깔의 모자 하나씩을 쓰고 있다.
> - A와 B는 여자이고 C와 D는 남자이다.
> - A 입장에서 왼편에 앉은 사람은 파란 모자를 쓰고 있다.
> - B 입장에서 왼편에 앉은 사람은 초록 모자를 쓰고 있지 않다.
> - C 맞은편에 앉은 사람은 빨간 모자를 쓰고 있다.
> - D 맞은편에 앉은 사람은 노란 모자를 쓰고 있지 않다.
> - 노란 모자를 쓴 사람과 초록 모자를 쓴 사람 중 한 명은 남자이고 한 명은 여자이다.

	초록 모자를 쓰고 있는 사람	A 입장에서 왼편에 앉은 사람
①	A	B
②	A	D
③	B	C
④	B	D
⑤	C	B

03 다음 〈조건〉을 근거로 판단할 때, A ~ E 5개 국가들 중 두 개 이상의 국가를 공격할 수 있는 국가들로 바르게 짝지어진 것은?

> **조건 1**
> - A와 B는 민주주의 국가이다.
> - B와 E, C와 D는 각각 동맹관계에 있다.
> - D는 핵무기를 보유하고 있다.
> - 군사력의 크기는 B>A=D>C>E이다.

> **조건 2**
> - 민주주의 국가는 서로 공격하지 않는다.
> - 핵무기를 가진 국가는 공격받지 않는다.
> - 동맹국은 서로 공격하지 않고, 동맹국이 다른 국가를 공격을 할 경우 동참하여야 한다.
> - 연합군의 형성은 동맹국 간에 한한다.
> - 자신보다 강한 국가를 단독으로 공격하지 않는다.

① A, B, C
② A, C, D
③ A, D, E
④ B, D, E
⑤ C, D, E

04 K국은 A~D 정책을 실시하려고 한다. 다음 〈조건〉을 근거로 비용 대비 효과가 가장 큰 정책 실시 순서를 바르게 나열한 것은?

> **조건**
> • A정책을 B정책 뒤에 실시하면 A정책의 효과가 절반으로 줄어든다.
> • D정책을 A정책 전에 실시하면 D정책의 효과는 0이 된다.
> • A정책과 B정책을 바로 이어서 실시하면 A정책과 B정책의 비용이 두 배가 된다.
> • A정책과 C정책을 서로 인접하여 실시하면 A정책과 C정책의 효과가 절반으로 줄어든다.
> • A정책과 D정책은 다른 정책 하나를 사이에 두고 실시하면 A정책과 D정책의 효과는 두 배가 된다.

① A - B - C - D
② A - C - D - B
③ B - C - D - A
④ C - A - D - B
⑤ D - B - C - A

05 A~D 4개의 밭이 나란히 있다. 첫해에 A에는 장미, B에는 진달래, C에는 튤립을 심었고, D에는 아무 것도 심지 않았다. 그리고 2년차에는 C에 아무 것도 심지 않기로 하였다. 다음 〈조건〉에 따를 때 3년차에 심을 수 있는 꽃을 바르게 짝지은 것은?

> **조건**
> • 한 밭에는 한 가지 꽃만 심는다.
> • 심을 수 있는 꽃은 장미, 튤립, 진달래, 백합, 나팔꽃이다.
> • 한 가지 꽃을 두 군데 이상 심으면 안 된다.
> • 장미와 튤립을 인접해서 심으면 안 된다.
> • 전 해에 장미를 심었던 밭에는 아무 것도 심지 않거나 진달래를 심고, 진달래를 심었던 밭에는 아무 것도 심지 않거나 장미를 심어야 한다(단, 아무 것도 심지 않았던 밭에는 그 전 해에 장미를 심었으면 진달래를, 진달래를 심었으면 장미를 심어야 한다).
> • 매년 한 군데 밭에만 아무 것도 심지 않아야 한다.
> • 각각의 밭은 4년에 한 번만 아무 것도 심지 않아야 한다.
> • 전 해에 심지 않은 꽃 중 적어도 한 가지는 심어야 한다.
> • 튤립은 2년에 1번씩 심어야 한다.

	A	B	C	D
①	장미	진달래	튤립	심지 않음
②	심지 않음	진달래	나팔꽃	백합
③	장미	심지 않음	나팔꽃	튤립
④	심지 않음	진달래	백합	나팔꽃
⑤	장미	진달래	심지 않음	튤립

06 철학과 교수 A ~ G는 다음 〈조건〉에 따라 신학기 과목을 개설하려고 한다. 교수들의 강의 가능 과목이 〈보기〉와 같을 때 다음 중 적절하지 않은 것은?

조건

- 학과장인 C는 한 과목만 가르칠 수 있다.
- 학과장인 C는 일주일에 하루만 가르칠 수 있다.
- 학과장 이외의 다른 교수들은 모두 두 과목씩 가르쳐야 한다.
- 윤리학과 논리학은 각각 적어도 두 강좌가 개설된다.
- 윤리학은 이틀에 나누어서 강의하며, 논리학도 마찬가지다.
- 윤리학과 논리학 이외에는 동일 과목이 동시에 개설될 수 없다.

보기

- A : 논리학, 언어철학, 과학철학
- B : 희랍철학, 근세철학, 윤리학
- C : 과학철학, 논리학, 윤리학
- D : 인식론, 논리학, 형이상학
- E : 언어철학, 수리철학, 논리학
- F : 인식론, 심리철학, 미학
- G : 윤리학, 사회철학, 근세철학

---

① 학과장은 과학철학을 강의한다.
② 논리학은 최대 세 강좌가 개설될 수 있다.
③ 인식론과 심리철학이 둘 다 개설될 수도 있다.
④ 형이상학이 개설되면 인식론은 개설될 수 없다.
⑤ 희랍철학과 사회철학이 둘 다 개설될 수도 있다.

07 A ~ F의 여섯 나라가 있다. A국은 가능하면 다른 나라들을 침공하여 합병하고자 하지만 다음과 같은 제약이 있어 고민하고 있다. 이 경우 A국이 합병할 수 있는 나라를 모두 고르면?

- B국과 C국은 서로 적대적이어서 연합할 수 없다.
- C국과 F국은 서로 적대적이어서 연합할 수 없다.
- D국과 F국은 서로 적대적이어서 연합할 수 없다.
- 세 나라가 연합하여야 다른 나라를 침공할 수 있다.
- 다른 나라에 의해 침공 받는 나라는 연합할 수 있는 나라가 있으면 최대한 연합하며, 두 나라가 연합할 경우 침공을 막을 수 있다.
- F국과 연합한 나라는 D국을 침공할 수 없다.
- E국은 중립국으로 어느 나라와도 연합하지 않고 또한 다른 나라가 침공할 수 없다.

① B
② C
③ F
④ B, F
⑤ C, F

08 첨단도시육성사업의 시범도시로 A ~ C시가 후보로 고려되었다. 시범도시는 1개 도시만 선정될 수 있다. 시범도시 선정에 세 가지 조건(조건 1, 조건 2, 조건 3)이 적용되었는데, 이 중 조건 3은 알려지지 않았다. 최종적으로 A시만 선정될 수 있는 조건 3으로 가장 적절한 것은?

> **조건**
> (조건 1) A시가 탈락하면 B시가 선정된다.
> (조건 2) B시가 선정되면 C시는 탈락한다.

① A시나 B시 중 하나가 선정된다.
② A시나 C시 중 하나가 선정된다.
③ B시나 C시 중 하나가 탈락된다.
④ C시가 탈락되면 A시도 탈락된다.
⑤ A시가 탈락되면 C시도 탈락된다.

09 어느 부처의 시설과에 A ~ F의 총 6명의 직원이 있다. 이들 가운데 반드시 4명의 직원으로만 팀을 구성하여 부처회의에 참석해 달라는 요청이 있었다. 만일 E가 불가피한 사정으로 그 회의에 참석할 수 없게 된 상황에서 다음 〈조건〉을 모두 충족시켜야만 한다면 몇 개의 팀이 구성될 수 있는가?

> **조건**
>
> (조건 1) A 또는 B는 반드시 참석해야 한다. 하지만 A, B가 함께 참석할 수 없다.
> (조건 2) D 또는 E는 반드시 참석해야 한다. 하지만 D, E가 함께 참석할 수 없다.
> (조건 3) 만일 C가 참석하지 않게 된다면 D도 참석할 수 없다.
> (조건 4) 만일 B가 참석하지 않게 된다면 F도 참석할 수 없다.

① 0개 ② 1개
③ 2개 ④ 3개
⑤ 4개

10 A ~ D국으로 구성된 국제기구가 있다. 이 기구의 상임이사국 선출과 관련하여 다음과 같은 사실이 알려졌다고 할 때, 〈보기〉 중 항상 참이라고 보기 어려운 것을 모두 고르면?

> (사실 1) 각 회원국은 적어도 한 국가의 지지를 받는다.
> (사실 2) 회원국은 다수의 국가를 지지할 수는 있으나 스스로를 지지할 수 없다.
> (사실 3) 2개국 이상의 회원국이 지지하는 나라는 상임이사국이 된다.
> (사실 4) A국은 B국을 지지하고 B국이 지지하는 국가도 지지하지만, B국은 A국을 지지하지 않는다.
> (사실 5) C국과 D국은 상대방을 지지하지 않는다.

> **보기**
>
> ㄱ. A국은 상임이사국이다.
> ㄴ. C국의 지지를 받는 나라는 상임이사국이 된다.
> ㄷ. B국이 D국을 지지하면, D국은 상임이사국이다.
> ㄹ. B국이 C국을 지지하지 않는다면, A국도 C국을 지지하지 않는다.

① ㄱ, ㄴ ② ㄴ, ㄷ
③ ㄷ, ㄹ ④ ㄱ, ㄴ, ㄹ
⑤ ㄱ, ㄴ, ㄷ, ㄹ

UN사무국은 사무차장 A, 사무차장보 P, R, 외부심사위원 1 ~ 4로 이루어진 인사위원회를 조직하였다. 인사위원회가 s, t, u, v, w, x, y, z 8명의 지원자 중 한 사람을 선택하는 과정은 다음과 같다. 인사위원의 선호도를 근거로 외부심사위원 2에게 추천된 지원자 중에서 사무차장의 최종 선택 결과를 다르게 만들 수 있는 지원자 조합은?

〈선택 과정〉

1. 외부심사위원은 추천된 2명 중에서 자신이 선호하는 지원자를 사무차장보에게 보고한다.
2. 사무차장보는 외부심사위원으로부터 보고받은 지원자 중 자신이 선호하는 지원자를 사무차장에게 보고한다.
3. 사무차장은 사무차장보로부터 보고받은 지원자 중 자신이 선호하는 지원자를 최종적으로 선택한다.

〈인사위원회 조직도〉

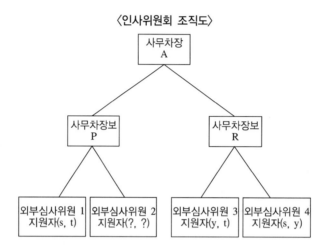

〈인사위원의 선호도〉

선호순위	외부심사위원				사무차장보		사무차장
	1	2	3	4	P	R	A
1위	u	z	y	x	u	v	u
2위	x	v	t	u	x	x	s
3위	v	u	z	s	w	y	w
4위	s	y	u	w	s	t	y
5위	t	t	v	y	t	u	z
6위	w	x	s	z	v	w	v
7위	y	s	w	t	z	s	x
8위	z	w	x	v	y	z	t

① (s, u) ② (s, y)

③ (t, x) ④ (u, v)

⑤ (w, z)

12 K호텔은 지상 5층 건물이다. 각 층은 1인용 객실 하나와 2인용 객실 하나로 이루어져 있다. 1인용 객실은 1명만이 투숙할 수 있으며, 2인용 객실은 2명이 투숙하는 것이 원칙이나 1명이 투숙할 수도 있다. 현재 이 호텔에는 9명의 손님 A ~ I가 투숙하고 있으며, 투숙 상황이 다음과 같을 때 참이 아닌 것은?

- B, E, G, H는 1인용 객실에 투숙하고 있다.
- 2층 2인용 객실과 3층 1인용 객실에만 투숙객이 없다.
- A와 C는 부부로 같은 객실에 투숙하고 있다. 또한 이들은 E보다 두 층 아래에 투숙하고 있다.
- G와 I는 같은 층에 투숙하고 있다. 그리고 이들이 투숙하고 있는 층은 H보다 한 층 아래에 있다.

---

① A와 C는 I보다 위층에 투숙하고 있다.

② H는 B보다 아래층에 투숙하고 있다.

③ D는 B보다 위층에 투숙하고 있다.

④ F는 B보다 아래층에 투숙하고 있지 않다.

⑤ A와 C는 D보다 위층에 투숙하고 있지 않다.

---

13 A ~ D안 중에서 어떤 안을 채택하고 어떤 안을 폐기할지를 고려하고 있다. 결정과정에서 다음 〈조건〉이 모두 충족되어야 할 때, 적절하지 않은 것은?

조건

(조건 1) A안을 채택하면, B안과 C안 중 적어도 하나를 폐기해야 한다.

(조건 2) C안과 D안을 동시에 채택하면, B안은 폐기해야 한다.

(조건 3) A안이나 B안을 채택하면, D안도 채택해야 한다.

---

① A안과 B안이 동시에 채택되면, D안도 같이 채택되어야 한다.

② A안이 채택되면, C안도 같이 채택될 수 있다.

③ B안이 채택되면, C안도 같이 채택될 수 있다.

④ A안과 B안이 모두 폐기되면, D안이 채택될 수 있다.

⑤ B안이 폐기되고 C안이 채택되면, A안이 채택될 수 있다.

14 다음 글이 참일 때, 항상 참인 것을 〈보기〉에서 모두 고르면?

공군이 차기 전투기 도입에서 고려해야 하는 사항은 비행시간이 길어야 한다는 것, 정비시간이 짧아야 한다는 것, 폭탄 적재량이 많아야 한다는 것, 그리고 공대공 전투능력이 높아야 한다는 것, 이상 네 가지이다. 그리고 이 네 가지는 각각 그런 경우와 그런 경우의 반대 둘 중의 하나이며 그 중간은 없다.

전투기의 폭탄 적재량이 많거나 공대공 전투능력이 높다면, 정비시간은 길다. 반면에 비행시간이 길면 공대공 전투능력은 낮다. 공군은 네 가지 고려사항 중에서 최소한 두 가지 이상을 통과한 기종을 선정해야 한다. 그런데 공군은 위 고려사항 중에서 정비시간이 짧아야 한다는 조건만큼은 결코 포기할 수 없다는 입장이다. 따라서 정비시간이 짧아야 한다는 것은 차기 전투기로 선정되기 위한 필수적인 조건이다.

한편, 이번 전투기 도입 사업에 입찰한 업체들 중 하나인 K사는 비행시간이 길고 폭탄 적재량이 많은 기종을 제안했다. 언론에서는 K사의 기종이 선정될 것이라고 예측하였다. 이후 공군에서는 선정 조건에 맞게 네 고려사항 중 둘 이상을 통과한 기종의 전투기를 도입하였는데 그것이 K사의 기종이었는지는 아직 알려지지 않았다.

보기

ㄱ. 언론의 예측은 옳았다.
ㄴ. 공군이 도입한 기종은 비행시간이 길다.
ㄷ. 입찰한 업체의 기종이 공대공 전투능력이 높다면, 그 기종은 비행시간이 짧다.

① ㄱ
② ㄴ
③ ㄱ, ㄷ
④ ㄴ, ㄷ
⑤ ㄱ, ㄴ, ㄷ

15 다음 글이 참일 때, 항상 참인 것을 〈보기〉에서 모두 고르면?

전통문화 활성화 정책의 일환으로 일부 도시를 선정하여 문화관광특구로 지정할 예정이다. 특구 지정 신청을 받아본 결과, A∼D 네 개의 도시가 신청하였다. 선정과 관련하여 다음 사실이 밝혀졌다.
- A가 선정되면 B도 선정된다.
- B와 C가 모두 선정되는 것은 아니다.
- B와 D 중 적어도 한 도시는 선정된다.
- C가 선정되지 않으면 B도 선정되지 않는다.

보기

ㄱ. A와 B 가운데 적어도 한 도시는 선정되지 않는다.
ㄴ. B도 선정되지 않고 C도 선정되지 않는다.
ㄷ. D는 선정된다.

① ㄱ
② ㄴ
③ ㄱ, ㄷ
④ ㄴ, ㄷ
⑤ ㄱ, ㄴ, ㄷ

16 다음 글이 참일 때, 가해자인 것이 확실한 사람과 가해자가 아닌 것이 확실한 사람으로 바르게 짝지어진 것은?

폭력 사건의 용의자로 A∼C가 지목되었다. 조사 과정에서 A∼C가 각각 아래와 같이 진술하였는데, 이들 가운데 가해자는 거짓만을 진술하고 가해자가 아닌 사람은 참만을 진술한 것으로 드러났다.

조건

A : 우리 셋 중 정확히 한 명이 거짓말을 하고 있다.
B : 우리 셋 중 정확히 두 명이 거짓말을 하고 있다.
C : A, B 중 정확히 한 명이 거짓말을 하고 있다.

	가해자인 것이 확실	가해자가 아닌 것이 확실
①	A	C
②	B	없음
③	B	A, C
④	A, C	B
⑤	A, B, C	없음

17 다음 글이 참일 때, 항상 거짓인 것은?

사무관 갑, 을, 병, 정, 무는 정책조정부서에 근무하고 있다. 이 부서에서는 지방자치단체와의 업무 협조를 위해 지방의 네 지역으로 사무관들을 출장 보낼 계획을 수립하였다. 원활한 업무 수행을 위해서 모든 출장은 위 사무관들 중 두 명 또는 세 명으로 구성된 팀 단위로 이루어진다. 네 팀이 구성되어 네 지역에 각각 한 팀씩 출장이 배정된다. 네 지역의 출장 날짜는 모두 다르며, 모든 사무관은 최소한 한 번 이상 출장에 참가한다. 이번 출장 업무를 총괄하는 사무관은 단 한 명밖에 없으며, 그는 네 지역 모두의 출장에 참가한다. 더불어 업무 경력을 고려하여, 단 한 지역의 출장에만 참가하는 것은 신임 사무관으로 제한한다. 정책조정부서에 근무하는 신임 사무관은 한 명밖에 없다. 이런 기준 아래에서 출장 계획을 수립한 결과 을은 갑과 단둘이 가는 한 번의 출장 이외에 다른 어떤 출장도 가지 않으며, 병과 정이 함께 출장을 가는 경우는 단 한 번밖에 없다. 그리고 네 지역 가운데 광역시가 두 곳인데, 단 두 명의 사무관만이 두 광역시 모두에 출장을 간다.

① 갑은 이번 출장 업무를 총괄하는 사무관이다.
② 을은 광역시에 출장을 가지 않는다.
③ 병이 갑, 무와 함께 출장을 가는 지역이 있다.
④ 정은 총 세 곳에 출장을 간다.
⑤ 무가 출장을 가는 지역은 두 곳이고 그중 한 곳은 정과 함께 간다.

18 다음 글이 참일 때, 최종 선정되는 단체는?

○○부는 우수 문화예술 단체 A ~ E 중 한 곳을 선정하여 지원하려 한다. ○○부의 금번 선정 방침은 다음 두 가지다. 첫째, 어떤 형태로든 지원을 받고 있는 단체는 최종 후보가 될 수 없다. 둘째, 최종 선정 시 올림픽 관련 단체를 엔터테인먼트 사업(드라마, 영화, K-pop) 단체보다 우선한다. A단체는 자유무역협정을 체결한 갑국에 드라마 컨텐츠를 수출하고 있지만 올림픽과 관련된 사업은 하지 않는다. B는 올림픽의 개막식 행사를, C는 폐막식 행사를 각각 주관하는 단체다. E는 오랫동안 한국 음식문화를 세계에 보급해 온 단체다. A와 C 중 적어도 한 단체가 최종 후보가 되지 못한다면, 대신 B와 E 중 적어도 한 단체는 최종 후보가 된다. 반면 게임 개발로 각광을 받은 단체인 D가 최종 후보가 된다면, 한국과 자유무역협정을 체결한 국가와 교역을 하는 단체는 모두 최종 후보가 될 수 없다. 후보 단체들 중 가장 적은 부가가치를 창출한 단체는 최종 후보가 될 수 없고, 최종 선정은 최종 후보가 된 단체 중에서만 이루어진다.

○○부의 조사 결과, 올림픽의 개막식 행사를 주관하는 모든 단체는 이미 □□부로부터 지원을 받고 있다. 그리고 위 문화예술 단체 가운데 한국 음식문화 보급과 관련된 단체의 부가가치 창출이 가장 저조하였다.

① A   ② B
③ C   ④ D
⑤ E

19 다음 글이 참일 때, 항상 참인 것을 〈보기〉에서 모두 고르면?

> 교수 갑 ~ 정 중에서 적어도 한 명을 국가공무원 5급 및 7급 민간경력자 일괄채용 면접위원으로 위촉한다. 위촉 조건은 아래와 같다.
> • 갑과 을 모두 위촉되면, 병도 위촉된다.
> • 병이 위촉되면, 정도 위촉된다.
> • 정은 위촉되지 않는다.

> **보기**
> ㄱ. 갑과 병 모두 위촉된다.
> ㄴ. 정과 을 누구도 위촉되지 않는다.
> ㄷ. 갑이 위촉되지 않으면, 을이 위촉된다.

① ㄱ   ② ㄷ
③ ㄱ, ㄴ   ④ ㄴ, ㄷ
⑤ ㄱ, ㄴ, ㄷ

20 그린 포럼의 일정을 조정하고 있는 A행정관이 고려해야 할 사항들이 다음과 같을 때, 항상 참이라고는 할 수 없는 것은?

> • 포럼은 개회사, 발표, 토론, 휴식으로 구성하며, 휴식은 생략할 수 있다.
> • 포럼은 오전 9시에 시작하여 늦어도 당일 정오까지는 마쳐야 한다.
> • 개회사는 포럼 맨 처음에 10분 또는 20분으로 한다.
> • 발표는 3회까지 계획할 수 있으며, 발표시간은 동일하게 40분으로 하거나 동일하게 50분으로 한다.
> • 발표마다 토론은 10분으로 한다.
> • 휴식은 최대 2회까지 가질 수 있으며, 1회 휴식은 20분으로 한다.

① 발표를 2회 계획한다면, 휴식을 2회 가질 수 있는 방법이 있다.
② 발표를 2회 계획한다면, 오전 11시 이전에 포럼을 마칠 방법이 있다.
③ 발표를 3회 계획하더라도, 휴식을 1회 가질 수 있는 방법이 있다.
④ 발표를 50분으로 하더라도, 발표를 3회 가질 수 있는 방법이 있다.
⑤ 발표를 40분으로 하고 개회사를 20분으로 하더라도, 휴식을 2회 가질 수 있는 방법이 있다.

21 다음 대화의 ㉠과 ㉡에 들어갈 말로 가장 적절한 것은?

> 갑 : A와 B 모두 회의에 참석한다면, C도 참석해.
> 을 : C는 회의 기간 중 해외 출장이라 참석하지 못해.
> 갑 : 그럼 A와 B 중 적어도 한 사람은 참석하지 못하겠네.
> 을 : 그래도 A와 D 중 적어도 한 사람은 참석해.
> 갑 : 그럼 A는 회의에 반드시 참석하겠군.
> 을 : 너는 ____㉠____고 생각하고 있구나?
> 갑 : 맞아. 그리고 우리 생각이 모두 참이면, E와 F 모두 참석해.
> 을 : 그래. 그 까닭은 ____㉡____ 때문이지.

① ㉠ : B와 D가 모두 불참한다
　 ㉡ : E와 F 모두 회의에 참석하면 B는 불참하기
② ㉠ : B와 D가 모두 불참한다
　 ㉡ : E와 F 모두 회의에 참석하면 B도 참석하기
③ ㉠ : B가 회의에 불참한다
　 ㉡ : B가 회의에 참석하면 E와 F 모두 참석하기
④ ㉠ : D가 회의에 불참한다
　 ㉡ : B가 회의에 불참하면 E와 F 모두 참석하기
⑤ ㉠ : D가 회의에 불참한다
　 ㉡ : E와 F 모두 회의에 참석하면 B도 참석하기

22 다음 글이 참일 때, 회의를 반드시 개최해야 하는 날의 수는?

> • 회의는 다음 주에 개최한다.
> • 월요일에는 회의를 개최하지 않는다.
> • 화요일과 목요일에 회의를 개최하거나 월요일에 회의를 개최한다.
> • 금요일에 회의를 개최하지 않으면, 화요일에도 회의를 개최하지 않고 수요일에도 개최하지 않는다.

① 0　　　　　　　　　　　　② 1
③ 2　　　　　　　　　　　　④ 3
⑤ 4

23 다음 글이 참일 때, 항상 참인 것을 〈보기〉에서 모두 고르면?

> 지혜로운 사람은 정열을 갖지 않는다. 정열을 가진 사람은 고통을 피할 수 없다. 정열은 고통을 수반하기 때문이다. 그런데 사랑을 원하는 사람은 정열을 가진 사람이다. 정열을 가진 사람은 행복하지 않다. 지혜롭지 않은 사람은 사랑을 원하면서 동시에 고통을 피하고자 한다. 그러나 지혜로운 사람만이 고통을 피할 수 있다.

> **보기**
> ㄱ. 지혜로운 사람은 행복하다.
> ㄴ. 사랑을 원하는 사람은 행복하지 않다.
> ㄷ. 지혜로운 사람은 사랑을 원하지 않는다.

① ㄱ
② ㄴ
③ ㄱ, ㄷ
④ ㄴ, ㄷ
⑤ ㄱ, ㄴ, ㄷ

24 다음 글이 참일 때, 항상 참인 것은?

> 도덕성에 결함이 있는 어떤 사람도 공무원으로 채용되지 않는다. 업무 능력을 검증받았고 인사추천위원회의 추천을 받았으며 공직관이 투철해야 한다. 이 세 조건을 모두 만족하는 지원자는 누구나 올해 공무원으로 채용된다. 올해 공무원으로 채용되는 사람들 중에 봉사정신이 없는 사람은 아무도 없다. 공직관이 투철한 철수는 올해 공무원 채용 시험에 지원하여 업무 능력을 검증받았다.

① 만일 철수가 도덕성에 결함이 없다면, 그는 올해 공무원으로 채용된다.
② 만일 철수가 봉사정신을 갖고 있다면, 그는 올해 공무원으로 채용된다.
③ 만일 철수가 도덕성에 결함이 있다면, 그는 인사추천위원회의 추천을 받지 않았다.
④ 만일 철수가 올해 공무원으로 채용된다면, 그는 인사추천위원회의 추천을 받았다.
⑤ 만일 철수가 올해 공무원으로 채용되지 않는다면, 그는 도덕성에 결함이 있고 또한 봉사정신도 없다.

25 다음 중 전제가 참일 때 결론이 반드시 참인 논증을 펼친 사람을 모두 고르면?

영희 : 갑이 A부처에 발령을 받으면, 을은 B부처에 발령을 받아. 그런데 을이 B부처에 발령을 받지 않았어. 그러므로 갑은 A부처에 발령을 받지 않았어.

철수 : 갑이 A부처에 발령을 받으면, 을도 A부처에 발령을 받아. 그런데 을이 B부처가 아닌 A부처에 발령을 받았어. 따라서 갑은 A부처에 발령을 받았어.

현주 : 갑이 A부처에 발령을 받지 않거나, 을과 병이 C부처에 발령을 받아. 그런데 갑이 A부처에 발령을 받았어. 그러므로 을과 병 모두 C부처에 발령을 받았어.

---

① 영희
② 철수
③ 영희, 철수
④ 영희, 현주
⑤ 철수, 현주

26 다음 글이 참일 때, 항상 참이라고는 할 수 없는 것은?

어떤 국가에 7개 행정구역 A ~ G가 있다.
• A는 C 이외의 모든 구역들과 인접해 있다.
• B는 A, C, E, G와만 인접해 있다.
• C는 B, E와만 인접해 있다.
• D는 A, G와만 인접해 있다.
• E는 A, B, C와만 인접해 있다.
• F는 A와만 인접해 있다.
• G는 A, B, D와만 인접해 있다.

각 구역은 4개 정책 a, b, c, d 중 하나만 추진할 수 있고, 각 정책은 적어도 한 번씩은 추진된다. 또한 다음 조건을 만족해야 한다.
• 인접한 구역끼리는 같은 정책을 추진해서는 안 된다.
• A, B, C는 각각 a, b, c정책을 추진한다.

---

① E는 d정책을 추진할 수 있다.
② F는 b나 c나 d 중 하나의 정책만 추진할 수 있다.
③ D가 d정책을 추진하면, G는 c정책만 추진할 수 있다.
④ E가 d정책을 추진하면, G는 c정책만 추진할 수 있다.
⑤ G가 d정책을 추진하면, D는 b혹은 c정책만 추진할 수 있다.

27 사무관 A ~ E는 다음 〈조건〉에 따라 회의에 참석할 예정이다. 이에 근거하여 항상 참이라고는 할 수 없는 것은?

> **조건**
> • A가 회의에 참석하면, B도 참석한다.
> • A가 참석하면 E도 참석하고, C가 참석하면 E도 참석한다.
> • D가 참석하면, B도 참석한다.
> • C가 참석하지 않으면, B도 참석하지 않는다.

① A가 참석하면, C도 참석한다.
② A가 참석하면, D도 참석한다.
③ C가 참석하지 않으면, D도 참석하지 않는다.
④ D가 참석하면, C도 참석한다.
⑤ E가 참석하지 않으면, B도 참석하지 않는다.

28 A ~ D 네 개의 국책 사업 추진 여부를 두고, 정부가 다음과 같은 기본 방침을 정했다. 이에 근거하여 항상 참이라고는 할 수 없는 것은?

> • A를 추진한다면, B도 추진한다.
> • C를 추진한다면, D도 추진한다.
> • A나 C 가운데 적어도 한 사업은 추진한다.

① 적어도 두 사업은 추진한다.
② A를 추진하지 않기로 결정한다면, 추진하는 것이 확실한 사업은 두 개이다.
③ B를 추진하지 않기로 결정한다면, C는 추진한다.
④ C를 추진하지 않기로 결정한다면, B는 추진한다.
⑤ D를 추진하지 않기로 결정한다면, 다른 세 사업의 추진 여부도 모두 정해진다.

29 다음 〈조건〉에 따라 A ~ G 일곱 도시를 인구 순위대로 빠짐없이 나열하려고 한다. 이때 추가로 필요한 정보는?

> **조건**
> • 인구가 같은 도시는 없다.
> • C시의 인구는 D시의 인구보다 적다.
> • F시의 인구는 G시의 인구보다 적다.
> • C시와 F시는 인구 순위에서 바로 인접해 있다.
> • B시의 인구가 가장 많고, E시의 인구가 가장 적다.
> • C시의 인구는 A시의 인구와 F시의 인구를 합친 것보다 많다.

① A시의 인구가 F시의 인구보다 많다.
② C시와 D시는 인구 순위에서 바로 인접해 있다.
③ C시의 인구는 G시의 인구보다 적다.
④ D시의 인구는 F시의 인구보다 많고 B시의 인구보다 적다.
⑤ G시의 인구가 A시의 인구보다 많다.

30 쓰레기를 무단투기하는 사람을 찾기 위해 고심하던 주민센터 직원은 다섯 명의 주민 A ~ E를 면담했다. 이들 가운데 두 명의 이야기는 모두 거짓인 반면, 세 명의 이야기는 모두 참이다. 다섯 명 가운데 한 명이 범인이라고 할 때, 다음 중 쓰레기를 무단투기한 사람은 누구인가?

> A : 쓰레기를 무단투기하는 것을 나와 E만 보았다. B의 말은 모두 참이다.
> B : 쓰레기를 무단투기한 것은 D이다. D가 쓰레기를 무단투기하는 것을 E가 보았다.
> C : D는 쓰레기를 무단투기하지 않았다. E의 말은 참이다.
> D : 쓰레기를 무단투기하는 것을 세 명의 주민이 보았다. B는 쓰레기를 무단투기하지 않았다.
> E : 나와 A는 쓰레기를 무단투기하지 않았다. 나는 쓰레기를 무단투기하는 사람을 아무도 보지 못했다.

① A   ② B
③ C   ④ D
⑤ E

01 다음 글을 근거로 판단할 때, 甲이 구매해야 할 재료와 그 양으로 가장 적절한 것은?

甲은 아내, 아들과 함께 짬뽕을 만들어 먹기로 했다. 짬뽕요리에 필요한 재료를 사기 위해 근처 전통시장에 들른 甲은 아래 〈조건〉을 만족하도록 재료를 모두 구매한다. 다만 짬뽕요리에 필요한 각 재료의 절반 이상이 냉장고에 있으면 그 재료는 구매하지 않는다.

〈조건〉

• 甲과 아내는 각각 성인 1인분, 아들은 성인 0.5인분을 먹는다.
• 매운 음식을 잘 먹지 못하는 아내를 고려하여 '고추'라는 단어가 들어간 재료는 모두 절반만 넣는다.
• 아들은 성인 1인분의 새우를 먹는다.

〈냉장고에 있는 재료〉

면 200g, 오징어 240g, 돼지고기 100g, 양파 100g, 청양고추 15g, 고추기름 100ml, 대파 10cm, 간장 80ml, 마늘 5g

〈짬뽕요리 재료(성인 1인분 기준)〉

면 200g, 해삼 40g, 소라 30g, 오징어 60g, 돼지고기 90g, 새우 40g, 양파 60g, 양송이버섯 50g, 죽순 40g, 고추기름 20ml, 건고추 8g, 청양고추 10g, 대파 10cm, 마늘 10g, 청주 15ml

① 면 200g
② 양파 50g
③ 새우 100g
④ 건고추 7g
⑤ 돼지고기 125g

02 다음 글을 근거로 판단할 때, 〈보기〉에서 적절한 것을 모두 고르면?

- 갑과 을은 다음 그림과 같이 번호가 매겨진 9개의 구역을 점령하는 게임을 한다.

1	2	3
4	5	6
7	8	9

- 게임 시작 전 제비뽑기를 통해 갑은 1구역, 을은 8구역으로 최초 점령 구역이 정해졌다.
- 갑과 을은 가위·바위·보 게임을 해서 이길 때마다, 자신이 이미 점령한 구역에 상하좌우로 변이 접한 구역 중 점령되지 않은 구역 1개를 추가로 점령하여 자신의 구역으로 만든다.
- 만약 가위·바위·보 게임에서 이겨도 더 이상 자신이 점령할 수 있는 구역이 없으면 이후의 가위·바위·보 게임은 모두 진 것으로 한다.
- 게임은 모든 구역이 점령될 때까지 계속되며, 더 많은 구역을 점령한 사람이 게임에서 승리한다.
- 갑과 을은 게임에서 승리하기 위하여 최선의 선택을 한다.

보기

ㄱ. 을이 첫 번째, 두 번째 가위·바위·보 게임에서 모두 이기면 승리한다.
ㄴ. 갑이 첫 번째, 두 번째 가위·바위·보 게임을 이겨서 2구역과 5구역을 점령하고, 을이 세 번째 가위·바위·보 게임을 이겨서 9구역을 점령하면, 네 번째 가위·바위·보 게임을 이긴 사람이 승리한다.
ㄷ. 갑이 첫 번째, 세 번째 가위·바위·보 게임을 이겨서 2구역과 4구역을 점령하고, 을이 두 번째 가위·바위·보 게임을 이겨서 5구역을 점령하면, 게임의 승자를 결정하기 위해서는 최소 2번 이상의 가위·바위·보 게임을 해야 한다.

① ㄴ
② ㄷ
③ ㄱ, ㄴ
④ ㄱ, ㄷ
⑤ ㄴ, ㄷ

03 다음 그림과 같이 각 층에 1인 1실의 방이 4개 있는 3층 호텔에 A~I 총 9명이 투숙해 있다. 〈조건〉에 근거하여 항상 참인 것은?

좌	301호	302호	303호	304호	우
	201호	202호	203호	204호	
	101호	102호	103호	104호	

조건

• 각 층에는 3명씩 투숙해 있다.
• A의 바로 위에는 C가 투숙해 있으며, A의 바로 오른쪽 방에는 아무도 투숙해 있지 않다.
• B의 바로 위의 방에는 아무도 투숙해 있지 않다.
• C의 바로 왼쪽에 있는 방에는 아무도 투숙해 있지 않으며, C는 D와 같은 층에 인접해 있다.
• D는 E의 바로 아래의 방에 투숙해 있다.
• E, F, G는 같은 층에 투숙해 있다.
• G의 옆방에는 아무도 투숙해 있지 않다.
• I는 H보다 위층에 투숙해 있다.

① B는 101호에 투숙해 있다.
② D는 204호에 투숙해 있다.
③ F는 304호에 투숙해 있다.
④ G는 301호에 투숙해 있다.
⑤ A, C, F는 같은 열에 투숙해 있다.

04 최사무관은 조사비, 인건비, 재료비, 운영비, 홍보비, 잡비 등 총 6개 항목으로 나누어 연구용역비를 산출하였으나, 예산 담당 부서에서 다음과 같은 지침에 따른 예산 변경을 요구해 왔다. 이에 근거해서 최사무관이 내린 판단 중 적절하지 않은 것은?

- 증액이 가능한 항목은 최대 2개이며, 적어도 3개 항목은 반드시 삭감하여야 한다.
- 어떤 항목은 증액이나 감액 없이 현상 유지될 수 있다.
- 인건비와 조사비는 동시에 삭감하거나 동시에 증액하여야 한다.
- 재료비와 홍보비는 동시에 삭감할 수 없다.
- 운영비와 잡비는 동시에 증액할 수 없다.
- 재료비는 반드시 삭감하여야 한다.

---

① 잡비를 증액하면, 홍보비를 증액할 수 없다.

② 운영비를 증액하면, 조사비를 증액할 수 없다.

③ 홍보비를 증액하면, 인건비를 증액할 수 없다.

④ 인건비를 증액하면, 잡비를 반드시 삭감하여야 한다.

⑤ 조사비를 증액하면, 운영비를 반드시 삭감하여야 한다.

05 사무관 A ~ E는 각기 다른 행정구역을 담당하고 있다. 이들이 담당하는 구역의 민원과 관련된 정책안이 제시되었다. 이에 대해 A ~ E는 찬성과 반대 둘 중 하나의 의견을 제시했다. 다음 〈조건〉이 모두 참일 때, 항상 참인 것은?

조건

- A 또는 D 둘 중 적어도 하나가 반대하면, C는 찬성하고 E는 반대한다.
- B가 반대하면, A는 찬성하고 D는 반대한다.
- D가 반대하면 C도 반대한다.
- E가 반대하면 B도 반대한다.
- 적어도 한 사람이 반대한다.

---

① A는 찬성하고 B는 반대한다.

② A는 찬성하고 E는 반대한다.

③ B와 D는 반대한다.

④ C는 반대하고 D는 찬성한다.

⑤ C와 E는 찬성한다.

06 다음 글이 참일 때, 항상 참인 것은?

> • 김대리, 박대리, 이과장, 최과장, 정부장은 K회사의 직원들이다.
> • K회사의 모든 직원은 내근과 외근 중 한 가지만 한다.
> • K회사의 직원 중 내근을 하면서 미혼인 사람에는 직책이 과장 이상인 사람이 없다.
> • K회사의 직원 중 외근을 하면서 미혼이 아닌 사람은 모두 그 직책이 과장 이상이다.
> • K회사의 직원 중 외근을 하면서 미혼인 사람은 모두 연금 저축에 가입해 있다.
> • K회사의 직원 중 미혼이 아닌 사람은 모두 남성이다.

① 김대리가 내근을 한다면, 그는 미혼이다.
② 박대리가 미혼이면서 연금 저축에 가입해 있지 않다면, 그는 외근을 한다.
③ 이과장이 미혼이 아니라면, 그는 내근을 한다.
④ 최과장이 여성이라면, 그는 연금 저축에 가입해 있다.
⑤ 정부장이 외근을 한다면, 그는 연금 저축에 가입해 있지 않다.

07 뇌물수수 혐의자 A ~ D에 대한 다음 진술들 중 하나만 참일 때, 이들 가운데 뇌물을 받은 사람의 수는?

> • A가 뇌물을 받았다면, B는 뇌물을 받지 않았다.
> • A와 C와 D 중 적어도 한 명은 뇌물을 받았다.
> • B와 C 중 적어도 한 명은 뇌물을 받지 않았다.
> • B와 C 중 한 명이라도 뇌물을 받았다면, D도 뇌물을 받았다.

① 0명   ② 1명
③ 2명   ④ 3명
⑤ 4명

08 다음 글이 참일 때, 항상 참인 것을 〈보기〉에서 모두 고르면?

K부서에서는 올해부터 직원을 선정하여 국외 연수를 보내기로 하였다. 선정 결과 가영, 나준, 다석이 미국, 중국, 프랑스에 한 명씩 가기로 하였다. K부서에 근무하는 갑 ~ 정은 다음과 같이 예측하였다.

갑 : 가영이는 미국에 가고 나준이는 프랑스에 갈 거야.

을 : 나준이가 프랑스에 가지 않으면, 가영이는 미국에 가지 않을 거야.

병 : 나준이가 프랑스에 가고 다석이가 중국에 가는 그런 경우는 없을 거야.

정 : 다석이는 중국에 가지 않고 가영이는 미국에 가지 않을 거야.

하지만 을의 예측과 병의 예측 중 적어도 한 예측은 그르다는 것과 네 가지 예측 중 두 가지 예측은 참이고 나머지 두 예측은 거짓이라는 것이 밝혀졌다.

보기

ㄱ. 가영이는 미국에 간다.

ㄴ. 나준이는 프랑스에 가지 않는다.

ㄷ. 다석이는 중국에 가지 않는다.

① ㄱ 　　　　　　　　　　　② ㄴ

③ ㄱ, ㄷ 　　　　　　　　　④ ㄴ, ㄷ

⑤ ㄱ, ㄴ, ㄷ

09

다음 글이 참일 때, 우수공무원으로 반드시 표창 받는 사람의 수는?

> 지난 1년간의 평가에 의거하여, 우수공무원 표창을 하고자 한다. 세 개의 부서에서 갑, 을, 병, 정, 무 다섯 명을 표창 대상자로 추천했는데, 각 부서는 근무평점이 높은 순서로 추천하였다. 이들 중 갑, 을, 병은 같은 부서 소속이고 갑의 근무평점이 가장 높다. 추천된 사람 중에서 아래 네 가지 조건 중 적어도 두 가지를 충족하는 사람만 우수공무원으로 표창을 받는다.
> • 소속 부서에서 가장 높은 근무평점을 받아야 한다.
> • 근무한 날짜가 250일 이상이어야 한다.
> • 공무원 교육자료 집필에 참여한 적이 있으면서, 공무원 연수교육에 3회 이상 참석하여야 한다.
> • 정부출연연구소에서 활동한 사람은 그 활동 보고서가 인사혁신처 공식 자료로 등록되어야 한다.
>
> 지난 1년 동안 이들의 활동 내역은 다음과 같다. 250일 이상을 근무한 사람은 을, 병, 정이다. 갑, 병, 무 세 명 중에서 250일 이상을 근무한 사람은 모두 자신의 정부출연연구소 활동 보고서가 인사혁신처 공식 자료로 등록되었다. 만약 갑이 공무원 교육자료 집필에 참여하지 않았거나 무가 공무원 교육자료 집필에 참여하지 않았다면, 다섯 명의 후보 중에서 근무한 날짜의 수가 250일 이상인 사람은 한 명도 없다. 정부출연연구소에서 활동한 적이 없는 사람은 모두 공무원 연수교육에 1회 또는 2회만 참석했다. 그리고 다섯 명의 후보 모두 공무원 연수교육에 3회 이상 참석했다.

① 1명
② 2명
③ 3명
④ 4명
⑤ 5명

10 사무관 A는 국가공무원인재개발원에서 수강할 과목을 선택하려 한다. A가 선택할 과목에 대해 갑 ~ 무가 다음과 같이 진술하였는데 이 중 한 사람의 진술은 거짓이고 나머지 사람들의 진술은 참인 것으로 밝혀졌다. A가 반드시 수강할 과목을 모두 고르면?

갑 : 법학을 수강할 경우, 정치학도 수강한다.
을 : 법학을 수강하지 않을 경우, 윤리학도 수강하지 않는다.
병 : 법학과 정치학 중 적어도 하나를 수강한다.
정 : 윤리학을 수강할 경우에만 정치학을 수강한다.
무 : 윤리학을 수강하지만 법학은 수강하지 않는다.

---

① 윤리학
② 법학
③ 윤리학, 정치학
④ 윤리학, 법학
⑤ 윤리학, 법학, 정치학

---

11 다음 글이 참일 때, 항상 참인 것을 〈보기〉에서 모두 고르면?

이번에 K부서에서는 자기 부서의 정책을 홍보하기 위해 책자를 제작해 배포하였다. 이 홍보 사업에 참여한 K부서의 팀은 A와 B 두 팀이다. 두 팀은 각각 500권의 정책홍보책자를 제작하였다. 그러나 책자를 어떤 방식으로 배포할 것인지에 대해 두 팀 간에 차이가 있었다. A팀은 자신들이 제작한 K부서의 모든 정책홍보책자를 서울이나 부산에 배포한다는 지침에 따라 배포하였다. 한편, B팀은 자신들이 제작한 K부서 정책홍보책자를 서울에 모두 배포하거나 부산에 모두 배포한다는 지침에 따라 배포하였다. 사업이 진행된 이후 배포된 결과를 살펴보기 위해서 서울과 부산을 조사하였다. 조사를 담당한 한 직원은 A팀이 제작·배포한 K부서 정책홍보책자 중 일부를 서울에서 발견하였다. 한편, 또 다른 직원은 B팀이 제작·배포한 K부서 정책홍보책자 중 일부를 부산에서 발견하였다. 그리고 배포 과정을 검토해 본 결과, 이번에 A팀과 B팀이 제작한 K부서 정책홍보책자는 모두 배포되었다는 것과 책자가 배포된 곳과 발견된 곳이 일치한다는 것이 확인되었다.

보기

ㄱ. 부산에는 500권이 넘는 K부서 정책홍보책자가 배포되었다.
ㄴ. 서울에 배포된 K부서 정책홍보책자의 수는 부산에 배포된 K부서 정책홍보책자의 수보다 적다.
ㄷ. A팀이 제작한 K부서 정책홍보책자가 부산에서 발견되었다면, 부산에 배포된 K부서 정책홍보책자의 수가 서울에 배포된 수보다 많다.

---

① ㄱ
② ㄷ
③ ㄱ, ㄴ
④ ㄴ, ㄷ
⑤ ㄱ, ㄴ, ㄷ

12 다음 글의 대화 내용이 참일 때, 갑수보다 반드시 나이가 적은 사람을 모두 고르면?

> 갑수, 을수, 병수, 철희, 정희 다섯 사람은 어느 외국어 학습 모임에서 서로 처음 만났다. 이후 모임을 여러 차례 갖게 되었지만 그들의 관계는 형식적인 관계 이상으로는 발전하지 않았다. 이 모임에서 주도적인 역할을 하고 있는 갑수는 서로 더 친하게 지냈으면 좋겠다는 생각에 뒤풀이를 갖자고 제안했다. 갑수의 제안에 모두 동의했다. 그들은 인근 맥줏집을 찾아갔다. 그 자리에서 그들이 제일 먼저 한 일은 서로의 나이를 묻는 것이었다.
>
> 먼저 갑수가 정희에게 말했다. "정희 씨, 나이가 몇 살이에요?" 정희는 잠시 머뭇거리더니 다음과 같이 말했다. "나이 묻는 것은 실례인 거 아시죠? 저는요, 갑수 씨 나이는 알고 있거든요. 어쨌든 갑수 씨보다는 나이가 적어요." 그리고는 "그럼 을수 씨 나이는 어떻게 되세요?"라고 을수에게 물었다. 을수는 "정희 씨, 저는 정희 씨와 철희 씨보다는 나이가 많지 않아요."라고 했다.
>
> 그때 병수가 대뜸 갑수에게 말했다. "그런데 저는 정작 갑수 씨 나이가 궁금해요. 우리들 중에서 리더 역할을 하고 있잖아요. 진짜 나이가 어떻게 되세요?" 갑수가 "저요? 음, 많아야 병수 씨 나이죠."라고 하자, "아, 그렇군요. 그럼 제가 대장해도 될까요? 하하……."라고 병수가 너털웃음을 웃으며 대꾸했다.
>
> 이때, "그럼 그렇게 하세요. 오늘 술값은 리더가 내시는 거 아시죠?"라고 정희가 끼어들었다. 그리고 "그런데 철희 씨는 좀 어려 보이는데, 몇 살이에요?"라고 물었다. 철희는 다소 수줍은 듯이 고개를 숙였다. 그리고는 "저는 병수 씨와 한 살 차이밖에 나지 않아요. 보기보다 나이가 많죠?"라고 대답했다.

① 정희
② 철희, 을수
③ 정희, 을수
④ 철희, 정희
⑤ 철희, 정희, 을수

13 다음 글이 참일 때, 항상 참인 것은?

> 만일 A정책이 효과적이라면, 부동산 수요가 조절되거나 공급이 조절된다. 만일 부동산 가격이 적정 수준에서 조절된다면, A정책이 효과적이라고 할 수 있다. 그리고 만일 부동산 가격이 적정 수준에서 조절된다면, 물가 상승이 없다는 전제 하에서 서민들의 삶이 개선된다. 부동산 가격은 적정 수준에서 조절된다. 그러나 물가가 상승한다면, 부동산 수요가 조절되지 않고 서민들의 삶도 개선되지 않는다. 물론 물가가 상승한다는 것은 분명하다.

① 서민들의 삶이 개선된다.
② 부동산 공급이 조절된다.
③ A정책이 효과적이라면, 물가가 상승하지 않는다.
④ A정책이 효과적이라면, 부동산 수요가 조절된다.
⑤ A정책이 효과적이라도, 부동산 가격은 적정 수준에서 조절되지 않는다.

14 다음 글이 참일 때, 외부 인사의 성명이 될 수 있는 사람을 모두 고르면?

사무관들은 지난 회의에서 만났던 외부 인사 세 사람에 대해 얘기하고 있다. 사무관들은 외부 인사들의 이름을 모두 정확하게 기억하고 있다. 하지만 그들의 성(姓)에 대해서는 그렇지 않다.

혜민 : 김지후와 최준수와는 많은 대화를 나눴는데, 이진서와는 거의 함께 할 시간이 없었어.
민준 : 나도 이진서와 최준수와는 시간을 함께 보낼 수 없었어. 그런데 지후는 최씨였어.
서현 : 진서가 최씨였고, 다른 두 사람은 김준수와 이지후였지.

세 명의 사무관들은 외부 인사에 대하여 각각 단 한 명씩의 성명만을 바르게 기억하고 있으며, 외부 인사들의 성씨는 각각 김씨, 이씨, 최씨이다.

① 김진서, 이준수, 최지후　　　② 최진서, 김준수, 이지후
③ 이진서, 김준수, 최지후　　　④ 최진서, 이준수, 김지후
⑤ 김진서, 최준수, 이지후

15 다음 글이 참일 때, 반드시 채택되는 업체의 수는?

농림축산식품부는 구제역 백신을 조달할 업체를 채택할 것이다. 예비 후보로 A~E 다섯 개 업체가 선정되었으며, 그 외 다른 업체가 채택될 가능성은 없다. 각각의 업체에 대해 농림축산식품부는 채택하거나 채택하지 않거나 어느 하나의 결정만을 내린다.
정부의 중소기업 육성 원칙에 따라, 일정 규모 이상의 대기업인 A가 채택되면 소기업인 B도 채택된다. A가 채택되지 않으면 D와 E 역시 채택되지 않는다. 그리고 수의학산업 중점육성 단지에 속한 업체인 B가 채택된다면, 같은 단지의 업체인 C가 채택되거나 혹은 타지역 업체인 A는 채택되지 않는다. 마지막으로 지역 안배를 위해, D가 채택되지 않는다면, A는 채택되지만 C는 채택되지 않는다.

① 1개　　　② 2개
③ 3개　　　④ 4개
⑤ 5개

16 다음 〈조건〉이 모두 참일 때, 대한민국이 반드시 선택해야 하는 정책은?

> **조건**
> - 대한민국은 국무회의에서 주변국들과 합동 군사훈련을 실시하기로 확정 의결하였다.
> - 대한민국은 A국 또는 B국과 상호방위조약을 갱신하여야 하지만, 그 두 국가 모두와 갱신할 수는 없다.
> - 대한민국이 A국과 상호방위조약을 갱신하지 않는 한, 주변국과 합동 군사훈련을 실시할 수 없거나 또는 유엔에 동북아 안보 관련 안건을 상정할 수 없다.
> - 대한민국은 어떠한 경우에도 B국과 상호방위조약을 갱신해야 한다.
> - 대한민국이 유엔에 동북아 안보 관련 안건을 상정할 수 없다면, 6자 회담을 올해 내로 성사시켜야 한다.

① A국과 상호방위조약을 갱신한다.
② 6자 회담을 올해 내로 성사시킨다.
③ 유엔에 동북아 안보 관련 안건을 상정한다.
④ 유엔에 동북아 안보 관련 안건을 상정하지 않는다면, 6자 회담을 내년 이후로 연기한다.
⑤ A국과 상호방위조약을 갱신하지 않는다면, 유엔에 동북아 안보 관련 안건을 상정한다.

17 다음 글을 토대로 5명의 기업윤리 심의위원을 선정하려고 할 때, 항상 참인 것은?

> 후보자는 총 8명으로, 신진 윤리학자 1명과 중견 윤리학자 1명, 신진 경영학자 4명과 중견 경영학자 2명이다. 위원의 선정은 다음 조건을 만족해야 한다.
> - 윤리학자는 적어도 1명 선정되어야 한다.
> - 신진 학자는 4명 이상 선정될 수 없다.
> - 중견 학자 3명이 함께 선정될 수는 없다.
> - 신진 윤리학자가 선정되면 중견 경영학자는 2명 선정되어야 한다.

① 윤리학자는 2명이 선정된다.
② 신진 경영학자는 3명이 선정된다.
③ 중견 경영학자가 2명 선정되면 윤리학자 2명도 선정된다.
④ 신진 경영학자가 2명 선정되면 중견 윤리학자 1명도 선정된다.
⑤ 중견 윤리학자가 선정되지 않으면 신진 경영학자 2명이 선정된다.

| 01 | 기본문제

01 다음 글과 상황을 근거로 판단할 때 가장 적절한 것은?

> K시는 A정류장을 출발지로 하는 40인승 시내버스를 운영하고 있다. 승객은 정류장에서만 시내버스에 승·하차할 수 있다. 또한 시내버스는 좌석제로 운영되어 버스에 빈 좌석이 없는 경우 승객은 더 이상 승차할 수 없으며, 탑승객 1인은 1개의 좌석을 차지한다.
>
> 한편 K시는 애플리케이션을 통해 시내버스의 구간별 혼잡도 정보를 제공한다. 탑승객이 0 ~ 5명일 때는 '매우 쾌적', 6 ~ 15명일 때는 '쾌적', 16 ~ 25명일 때는 '보통', 26 ~ 35명일 때는 '혼잡', 36 ~ 40명일 때는 '매우혼잡'으로 표시된다.
>
> 구간별 혼잡도는 시내버스의 한 정류장에서 다음 정류장까지 탑승객의 수를 측정하여 표시한다. 예를 들어 'A – B' 구간의 혼잡도는 A정류장에서 출발한 후 B정류장에 도착하기 전까지 탑승객의 수에 따라 표시된다.
>
> ※ 버스기사는 고려하지 않는다.

〈상황〉

A정류장에서 07:00에 출발한 시내버스의 승·하차내역과 구간별 혼잡도 정보는 다음과 같다.

〈승·하차내역〉

정류장	승차(명)	하차(명)
A	20	0
B	(㉠)	10
C	5	( )
D	( )	10
E	15	( )
F	0	( )

※ 승·하차는 동시에 이루어진다.

〈구간별 혼잡도 정보〉

구간	표시
A – B	(㉡)
B – C	매우혼잡
C – D	매우혼잡
D – E	(㉢)
E – F	보통

① C정류장에서 하차한 사람은 아무도 없다.

② E정류장에서 하차한 사람은 10명 이하이다.

③ ㉠에 들어갈 수 있는 최솟값과 최댓값의 합은 55이다.

④ ㉡은 혼잡이다.

⑤ ㉢은 혼잡 또는 매우혼잡이다.

02 다음 〈보기〉와 대화를 근거로 판단할 때. 6월생은 누구인가?

> **보기**
>
> • 같은 해에 태어난 5명(지나, 정선, 혜명, 민경, 효인)은 각자 자신의 생일을 알고 있다.
> • 5명은 자신을 제외한 나머지 4명의 생일이 언제인지는 모르지만, 3월생이 2명, 6월생이 1명, 9월생이 2명이라는 사실은 알고 있다.
> • 아래 대화는 5명이 한 자리에 모여 나눈 대화를 순서대로 기록한 것이다.
> • 5명은 대화의 진행에 따라 상황을 논리적으로 판단하고, 솔직하게 대답한다.

> 민경 : 지나야, 네 생일이 5명 중에서 제일 빠르니?
> 지나 : 그럴 수도 있지만 확실히는 모르겠어.
> 정선 : 혜명아, 네가 지나보다 생일이 빠르니?
> 혜명 : 그럴 수도 있지만 확실히는 모르겠어.
> 지나 : 민경아, 넌 정선이가 몇 월생인지 알겠니?
> 민경 : 아니, 모르겠어.
> 혜명 : 효인아, 넌 민경이보다 생일이 빠르니?
> 효인 : 그럴 수도 있지만 확실히는 모르겠어.

① 지나   ② 정선

③ 혜명   ④ 민경

⑤ 효인

03 다음 글을 근거로 판단할 때, 갑, 을, 병의 자동차 번호 끝자리 숫자의 합으로 가능한 최댓값은?

- K사는 자동차 요일제를 시행하고 있으며, 요일별로 운행할 수 없는 자동차 번호 끝자리 숫자는 아래와 같다.

요일	월	화	수	목	금
숫자	1, 2	3, 4	5, 6	7, 8	9, 0

- 미세먼지 비상저감조치가 시행될 경우 K사는 자동차 요일제가 아닌 차량 홀짝제를 시행한다. 차량 홀짝제를 시행하는 날에는 시행일이 홀수이면 자동차 번호 끝자리 숫자가 홀수인 차량만 운행할 수 있고, 시행일이 짝수이면 자동차 번호 끝자리 숫자가 홀수가 아닌 차량만 운행할 수 있다.

K사의 직원인 갑, 을, 병은 12일(월)부터 16일(금)까지 5일 모두 출근했고, 12일, 13일, 14일에는 미세먼지 비상저감조치가 시행되었다. 자동차 요일제와 차량 홀짝제로 인해 자동차를 운행할 수 없는 경우를 제외하면, 3명 모두 자신이 소유한 자동차로 출근을 했다. 다음은 갑, 을, 병이 16일에 출근한 후 나눈 대화이다.

- 갑 : 나는 12일에 내 자동차로 출근을 했어. 따져보니 이번 주에 총 4일이나 내 자동차로 출근했어.
- 을 : 저는 이번 주에 이틀만 제 자동차로 출근했어요.
- 병 : 나는 이번 주엔 13일, 15일, 16일만 내 자동차로 출근할 수 있었어.

※ 갑, 을, 병은 자동차를 각각 1대씩 소유하고 있다.

① 14
② 16
③ 18
④ 20
⑤ 22

04 다음 재난관리 평가지침과 상황을 근거로 판단할 때 가장 적절한 것은?

〈재난관리 평가지침〉

□ 순위산정 기준
- 최종순위 결정
  - 정량평가 점수(80점)와 정성평가 점수(20점)의 합으로 계산된 최종점수가 높은 순서대로 순위 결정
- 동점기관 처리
  - 최종점수가 동점일 경우에는 정성평가 점수가 높은 순서대로 순위 결정
□ 정성평가 기준
- 지자체 및 민간분야와의 재난안전분야 협력(10점 만점)

평가	상	중	하
선정비율	20%	60%	20%
배점	10점	6점	3점

- 재난관리에 대한 종합평가(10점 만점)

평가	상	중	하
선정비율	20%	60%	20%
배점	10점	5점	1점

일부 훼손된 평가표는 아래와 같다(단, 평가대상기관은 5개이다).

기관 ＼ 평가	정량평가 (80점 만점)	정성평가 (20점 만점)
A	71	20
B	80	11
C	69	11
D	74	
E	66	

---

① A기관이 2위일 수도 있다.

② B기관이 3위일 수도 있다.

③ C기관이 4위일 가능성은 없다.

④ D기관이 3위일 가능성은 없다.

⑤ E기관은 어떠한 경우에도 5위일 것이다.

다음 글을 근거로 판단할 때, 〈보기〉에서 적절한 것을 모두 고르면?

> 엘로 평점 시스템(Elo Rating System)은 체스 등 일대일 방식의 종목에서 선수들의 실력을 표현하는 방법으로 물리학자 아르파드 엘로(Arpad Elo)가 고안했다.
>
> 임의의 두 선수 X, Y의 엘로 점수를 각각 E_X, E_Y라 하고 X가 Y에게 승리할 확률을 P_{XY}, Y가 X에게 승리할 확률을 P_{XY}라고 하면, 각 선수가 승리할 확률은 다음 식과 같이 계산된다. 무승부는 고려하지 않으므로 두 선수가 승리할 확률의 합은 항상 1이 된다.
>
> $$P_{XY} = \frac{1}{1 + 10^{-(E_X - E_Y)/400}}$$
>
> $$P_{YX} = \frac{1}{1 + 10^{-(E_Y - E_X)/400}}$$
>
> 두 선수의 엘로 점수가 같다면, 각 선수가 승리할 확률은 0.5로 같다. 만약 한 선수가 다른 선수보다 엘로 점수가 200점 높다면, 그 선수가 승리할 확률은 약 0.76이 된다.
>
> 경기 결과에 따라 각 선수의 엘로 점수는 변화한다. 경기에서 승리한 선수는 그 경기에서 패배할 확률에 K를 곱한 만큼 점수를 얻고, 경기에서 패배한 선수는 그 경기에서 승리할 확률에 K를 곱한 만큼 점수를 잃는다(K는 상수로, 보통 32를 사용한다). 승리할 확률이 높은 경기보다 승리할 확률이 낮은 경기에서 승리했을 경우 더 많은 점수를 얻는다.

> **보기**
>
> ㄱ. 경기에서 승리한 선수가 얻는 엘로 점수와 그 경기에서 패배한 선수가 잃는 엘로 점수는 다를 수 있다.
> ㄴ. K=32라면, 한 경기에서 아무리 강한 상대에게 승리해도 얻을 수 있는 엘로 점수는 32점 이하이다.
> ㄷ. A가 B에게 패배할 확률이 0.1이라면, A와 B의 엘로 점수 차이는 400점 이상이다.
> ㄹ. A가 B에게 승리할 확률이 0.8, B가 C에게 승리할 확률이 0.8이라면, A가 C에게 승리할 확률은 0.9 이상이다.

① ㄱ, ㄴ   ② ㄴ, ㄹ
③ ㄱ, ㄴ, ㄷ   ④ ㄱ, ㄷ, ㄹ
⑤ ㄴ, ㄷ, ㄹ

06 다음 글을 근거로 판단할 때, 〈보기〉에서 적절한 것을 모두 고르면?

- 갑 시청은 관내 도장업체에 청사 바닥(면적: 60m²) 도장공사를 의뢰하려 한다.

〈관내 도장업체 정보〉

업체	1m²당 작업시간	시간당 비용
A	30분	10만 원
B	1시간	8만 원
C	40분	9만 원

- 개별 업체의 작업속도는 항상 일정하다.
- 여러 업체가 참여하는 경우, 각 참여 업체는 언제나 동시에 작업하며 업체당 작업시간은 동일하다. 이때 각 참여 업체가 작업하는 면은 겹치지 않는다.
- 모든 업체는 시간당 비용에 비례하여 분당 비용을 받는다(예 A가 6분 동안 작업한 경우 1만 원을 받는다).

보기

ㄱ. 작업을 가장 빠르게 끝내기 위해서는 A와 C에게만 작업을 맡겨야 한다.
ㄴ. B와 C에게 작업을 맡기는 경우, 작업 완료까지 24시간이 소요된다.
ㄷ. A, B, C에게 작업을 맡기는 경우, B와 C에게 작업을 맡기는 경우보다 많은 비용이 든다.

① ㄱ
② ㄴ
③ ㄷ
④ ㄱ, ㄴ
⑤ ㄴ, ㄷ

07 다음 글과 대화를 근거로 판단할 때 대장 두더지는?

- 갑은 튀어나온 두더지를 뿅망치로 때리는 '두더지 게임'을 했다.
- 두더지는 총 5마리이며, 이 중 1마리는 대장 두더지이고 나머지 4마리는 부하 두더지이다.
- 대장 두더지를 맞혔을 때는 2점, 부하 두더지를 맞혔을 때는 1점을 획득한다.
- 두더지 게임 결과, 갑은 총 14점을 획득하였다.
- 두더지 게임이 끝난 후 두더지들은 아래와 같은 대화를 하였다.

두더지 A : 나는 맞은 두더지 중에 가장 적게 맞았고, 맞은 횟수는 짝수야.
두더지 B : 나는 두더지 C와 똑같은 횟수로 맞았어.
두더지 C : 나와 두더지 A, 두더지 D가 맞은 횟수를 모두 더하면 모든 두더지가 맞은 횟수의 3/4이야.
두더지 D : 우리 중에 한 번도 맞지 않은 두더지가 1마리 있지만 나는 아니야.
두더지 E : 우리가 맞은 횟수를 모두 더하면 12번이야.

① 두더지 A
② 두더지 B
③ 두더지 C
④ 두더지 D
⑤ 두더지 E

08 다음 글을 근거로 판단할 때, 〈보기〉의 빈칸에 들어갈 숫자의 합은?

A부처와 B부처에 소속된 공무원 수는 각각 100명이고, 모두 소속된 부처에 있었다. 그런데 A부처는 국가 행사를 담당하게 되어 B부처에 9명의 인력지원을 요청하였다. B부처는 소속 공무원 100명 중 9명을 무작위로 선정해서 A부처에 지원 인력으로 보냈다. 얼마 후 B부처 역시 또 다른 국가 행사를 담당하게 되어 A부처에 인력지원을 요청하였다. A부처는 B부처로부터 지원받았던 인력을 포함한 109명 중 9명을 무작위로 선정해서 B부처에 지원 인력으로 보냈다.

> **보기**
>
> ㄱ. A부처와 B부처 간 인력지원이 한 차례씩 이루어진 후, A부처에 B부처 소속 공무원이 3명 남아 있다면 B부처에는 A부처 소속 공무원이 _____명 있다.
> ㄴ. A부처와 B부처 간 인력지원이 한 차례씩 이루어진 후, B부처에 A부처 소속 공무원이 2명 남아 있다면 A부처에는 B부처 소속 공무원이 _____명 있다.

① 5
② 8
③ 10
④ 13
⑤ 15

09 다음 글을 근거로 판단할 때, 그림 2의 정육면체 아랫면에 쓰인 36개 숫자의 합은?

> 정육면체인 하얀 블록 5개와 검은 블록 1개를 일렬로 붙인 막대를 30개 만든다. 막대의 윗면에는 가장 위에 있는 블록부터, 아랫면에는 가장 아래에 있는 블록부터 세어 검은 블록이 몇 번째 블록인지를 나타내는 숫자를 쓴다. 이런 규칙에 따르면 그림 1의 예에서는 윗면에 2를, 아랫면에 5를 쓰게 된다.
>
> 다음으로 검은 블록 없이 하얀 블록 6개를 일렬로 붙인 막대를 6개 만든다. 검은 블록이 없으므로 윗면과 아랫면 모두에 0을 쓴다.
>
> 이렇게 만든 36개의 막대를 붙여 그림 2와 같은 큰 정육면체를 만들었더니, 윗면에 쓰인 36개 숫자의 합이 109였다.

〈그림 1〉 〈그림 2〉

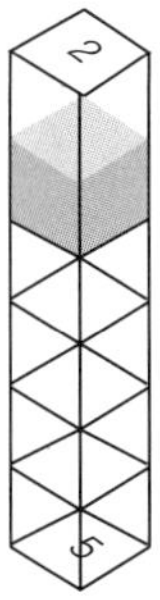

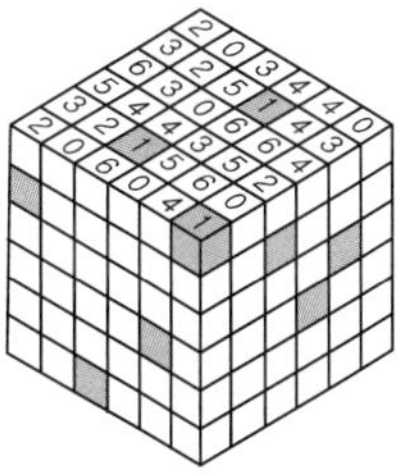

① 97
② 100
③ 101
④ 103
⑤ 104

10 다음 〈조건〉과 관광지 운영시간 및 이동시간을 근거로 판단할 때, 〈보기〉에서 적절한 것을 모두 고르면?

조건

- 하루에 4개 관광지를 모두 한 번씩 관광한다.
- 궁궐에서는 가이드투어만 가능하다. 가이드투어는 10시와 14시에 시작하며, 시작 시각까지 도착하지 못하면 가이드투어를 할 수 없다.
- 각 관광에 소요되는 시간은 2시간이며, 관광지 운영시간 외에는 관광할 수 없다.

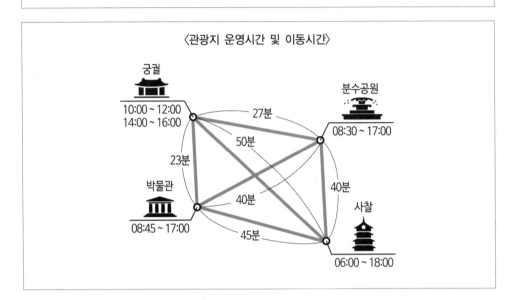

〈관광지 운영시간 및 이동시간〉

보기

ㄱ. 사찰에서부터 관광을 시작해야 한다.
ㄴ. 마지막 관광을 종료하는 시각은 16시 30분 이후이다.
ㄷ. 박물관과 분수공원의 관광 순서가 바뀌어도 무방하다.

① ㄴ
② ㄷ
③ ㄱ, ㄴ
④ ㄱ, ㄷ
⑤ ㄱ, ㄴ, ㄷ

11 다음 글을 근거로 판단할 때, 백설공주의 친구 7명 중 왕자의 부하는 누구인가?

- A ~ G 중 2명은 왕자의 부하이다.
- B ~ F는 모두 20대이다.
- A ~ G 중 가장 나이가 많은 사람은 왕자의 부하가 아니다.
- A ~ G 중 여자보다 남자가 많다.
- 왕자의 두 부하는 성별이 서로 다르고, 국적은 동일하다.

친구	나이	성별	국적
A	37살	?	한국
B	28살	?	한국
C	22살	여자	중국
D	?	여자	일본
E	?	?	중국
F	?	?	한국
G	38살	여자	중국

① A, B
② B, F
③ C, E
④ D, F
⑤ E, G

12 다음 글을 근거로 판단할 때, 짜장면 1그릇의 가격은?

- K중식당의 테이블별 주문 내역과 그 총액은 아래 표와 같다.
- 각 테이블에서는 음식을 주문 내역별로 1그릇씩 주문하였다.

테이블	주문 내역	총액(원)
1	짜장면, 탕수육	17,000
2	짬뽕, 깐풍기	20,000
3	짜장면, 볶음밥	14,000
4	짬뽕, 탕수육	18,000
5	볶음밥, 깐풍기	21,000

① 4,000원
② 5,000원
③ 6,000원
④ 7,000원
⑤ 8,000원

13 다음 글과 K여행사 해외여행 상품을 근거로 판단할 때, 세훈이 선택할 여행지는?

> 인희 : 다음 달 셋째 주에 연휴던데, 그때 여행갈 계획 있어?
> 세훈 : 응, 이번에는 꼭 가야지. 월요일, 수요일, 금요일이 공휴일이잖아. 그래서 우리 회사에서는 화요일과 목요일에만 연가를 쓰면 앞뒤 주말 포함해서 최대 9일 연휴가 되더라고. 그런데 난 연가가 하루밖에 남지 않아서 그렇게 길게는 안 돼. 그래도 이번엔 꼭 해외여행을 갈 거야.
> 인희 : 어디로 갈 생각이야?
> 세훈 : 나는 어디로 가든 상관없는데 여행지에 도착할 때까지 비행기를 오래 타면 너무 힘들더라고. 그래서 편도로 총 비행시간이 8시간 이내면서 직항 노선이 있는 곳으로 가려고.
> 인희 : 여행기간은 어느 정도로 할 거야?
> 세훈 : 남은 연가를 잘 활용해서 주어진 기간 내에서 최대한 길게 다녀오려고 해. K여행사 해외여행 상품 중에 하나를 정해서 다녀올 거야.

〈K여행사 해외여행 상품〉

여행지	여행기간(한국시각 기준)	총비행시간(편도)	비행기 환승 여부
두바이	4박 5일	8시간	직항
모스크바	6박 8일	8시간	직항
방콕	4박 5일	7시간	1회 환승
홍콩	3박 4일	5시간	직항
뉴욕	4박 5일	14시간	직항

① 두바이
③ 방콕
⑤ 뉴욕
② 모스크바
④ 홍콩

14 다음 〈조건〉을 따를 때, 5에 인접한 숫자를 모두 더한 값은?(단, 숫자가 인접한다는 것은 숫자가 쓰인 칸이 인접함을 의미한다)

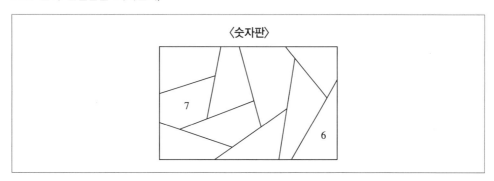

〈숫자판〉

조건

- 1 ~ 10까지의 자연수를 모두 사용하여, 숫자판의 각 칸에 하나의 자연수를 쓴다. 단, 6과 7은 〈숫자판〉에 쓰여 있다.
- 1은 소수와만 인접한다.
- 2는 모든 홀수와 인접한다.
- 3에 인접한 숫자를 모두 더하면 16이 된다.
- 5는 가장 많은 짝수와 인접한다.
- 10은 어느 짝수와도 인접하지 않는다.
- ※ 소수 : 1과 자신만을 약수로 갖는 자연수

① 22　　　　　　　　　　　② 23
③ 24　　　　　　　　　　　④ 25
⑤ 26

15 다음 글을 근거로 판단할 때, 〈보기〉에서 적절한 것을 모두 고르면?

- '○○코드'는 아래 그림과 같이 총 25칸(5×5)으로 이루어져 있으며, 각 칸을 흰색으로 채우거나 검정색으로 채우는 조합에 따라 다른 코드가 만들어진다.

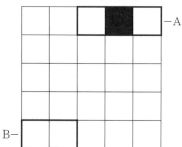

- 상단 오른쪽의 3칸(A)은 항상 '흰색 – 검정색 – 흰색'으로 ○○코드의 고유표시를 나타낸다.
- 하단 왼쪽의 2칸(B)은 코드를 제작한 지역을 표시하는 것으로 전 세계를 총 4개의 지역으로 분류하고, 갑지역은 '흰색 – 흰색'으로 표시한다.
- ※ 코드를 회전시키는 경우는 고려하지 않는다.

보기

ㄱ. 갑지역에서 만들 수 있는 코드 개수는 100만 개를 초과한다.
ㄴ. 갑지역에서 만들 수 있는 코드와 다른 지역에서 만들 수 있는 코드는 최대 20칸이 동일하다.
ㄷ. 칸을 기존의 흰색과 검정색뿐만 아니라 빨간색과 파란색으로도 채울 수 있다면, 만들 수 있는 코드 개수는 기존보다 100만 배 이상 증가한다.
ㄹ. 만약 상단 오른쪽의 3칸(A)도 다른 칸과 마찬가지로 코드 만드는 것에 사용토록 개방한다면, 만들 수 있는 코드 개수는 기존의 6배로 증가한다.

① ㄱ, ㄴ
② ㄱ, ㄷ
③ ㄴ, ㄹ
④ ㄱ, ㄷ, ㄹ
⑤ ㄴ, ㄷ, ㄹ

16 다음 글을 근거로 판단할 때, 1단계에서 갑이 나눈 두 묶음의 구슬 개수로 가장 적절한 것은?

> 갑은 아래 세 개의 단계를 순서대로 거쳐 16개의 구슬을 네 묶음으로 나누었다. 네 묶음의 구슬 개수는 각각 1개, 5개, 5개, 5개이다.
> - 1단계 : 16개의 구슬을 두 묶음으로 나누어, 한 묶음의 구슬 개수가 다른 묶음의 구슬 개수의 n배 (n은 자연수)가 되도록 했다.
> - 2단계 : 5개 이상의 구슬이 있던 한 묶음에서 다른 묶음으로 5개의 구슬을 옮겼다.
> - 3단계 : 두 묶음을 각각 두 묶음씩으로 다시 나누어 총 네 묶음이 되도록 했다.

① 8개, 8개

② 11개, 5개

③ 12개, 4개

④ 14개, 2개

⑤ 15개, 1개

17 다음 글과 상황을 근거로 판단할 때, 갑이 둘째 딸에게 물려주려는 땅의 크기는?

> 한 도형이 다른 도형과 접할 때, 안쪽에서 접하는 것을 내접, 바깥쪽에서 접하는 것을 외접이라고 한다. 이를테면 한 개의 원이 다각형의 모든 변에 접할 때, 그 다각형은 원에 외접한다고 하며 원은 다각형에 내접한다고 한다. 한편 원이 한 다각형의 꼭짓점을 모두 지날 때 그 원은 다각형에 외접한다고 하며, 다각형은 원에 내접한다고 한다. 정다각형은 반드시 내접원과 외접원을 가지게 된다.

〈상황〉

갑은 죽기 전 자신이 가진 가로와 세로가 각각 100m인 정사각형의 땅을 다음과 같이 나누어 주겠다는 유서를 작성하였다.

"내 전 재산인 정사각형의 땅에 내접하는 원을 그리고, 다시 그 원에 내접하는 정사각형을 그린다. 그 내접하는 정사각형에 해당하는 땅을 첫째 딸에게 주고, 나머지 부분은 둘째 딸에게 물려준다."

① 4,000m²

② 5,000m²

③ 6,000m²

④ 7,000m²

⑤ 8,000m²

18 다음 글을 근거로 판단할 때, 사자바둑기사단이 선발할 수 있는 출전선수 조합은 몇 가지인가?

- 사자바둑기사단과 호랑이바둑기사단이 바둑시합을 한다.
- 시합은 일대일 대결로 총 3라운드로 진행되며, 한 명의 선수는 하나의 라운드에만 출전할 수 있다.
- 호랑이바둑기사단은 1라운드에는 갑을, 2라운드에는 을을, 3라운드에는 병을 출전시킨다.
- 사자바둑기사단은 라운드별로 이길 수 있는 확률이 0.6 이상이 되도록 7명의 선수 중 3명을 선발한다.
- A~G가 갑, 을, 병에 대하여 이길 수 있는 확률은 다음 표와 같다.

선수	갑	을	병
A	0.42	0.67	0.31
B	0.35	0.82	0.49
C	0.81	0.72	0.15
D	0.13	0.19	0.76
E	0.66	0.51	0.59
F	0.54	0.28	0.99
G	0.59	0.11	0.64

① 18가지
② 17가지
③ 16가지
④ 15가지
⑤ 14가지

19 다음 글과 상황을 근거로 판단할 때, 〈보기〉에서 적절한 것을 모두 고르면?

K국 사람들은 아래와 같이 한 손으로 1부터 10까지의 숫자를 표현한다.

숫자	1	2	3	4	5
펼친 손가락 개수	1개	2개	3개	4개	5개
펼친 손가락 모양					

숫자	6	7	8	9	10
펼친 손가락 개수	2개	3개	2개	1개	2개
펼친 손가락 모양					

〈상황〉

K국에 출장을 간 갑은 K국의 언어를 하지 못하여 물건을 살 때 상인의 손가락을 보고 물건의 가격을 추측한다. K국 사람의 숫자 표현법을 제대로 이해하지 못한 갑은 상인이 금액을 표현하기 위해 펼친 손가락 1개당 1원씩 돈을 지불하려고 한다(단, 갑은 하나의 물건을 구매하며, 물건의 가격은 최소 1원부터 최대 10원까지라고 가정한다).

보기

ㄱ. 물건의 가격과 갑이 지불하려는 금액이 일치했다면, 물건의 가격은 5원 이하이다.
ㄴ. 상인이 손가락 3개를 펼쳤다면, 물건의 가격은 최대 7원이다.
ㄷ. 물건의 가격과 갑이 지불하려는 금액이 8원 만큼 차이가 난다면, 물건의 가격은 9원이거나 10원이다.
ㄹ. 갑이 물건의 가격을 초과하는 금액을 지불하려는 경우가 발생할 수 있다.

① ㄱ, ㄴ
② ㄷ, ㄹ
③ ㄱ, ㄴ, ㄷ
④ ㄱ, ㄷ, ㄹ
⑤ ㄴ, ㄷ, ㄹ

다음 글을 근거로 판단할 때 8월 1일의 요일은?

> 7월의 첫날 갑은 자동차 수리를 맡겼다. 갑은 그 달 마지막 월요일인 네 번째 월요일에 자동차를
> 찾아가려 했으나, 사정이 생겨 그 달 마지막 금요일인 네 번째 금요일에 찾아갔다.
> ※ 날짜는 양력 기준

① 월요일 ② 화요일
③ 수요일 ④ 목요일
⑤ 금요일

다음 글을 근거로 판단할 때 가장 적절한 것은?

> K리그는 10개의 경기장에서 진행되는데, 각 경기장은 서로 다른 도시에 있다. 또 이 10개 도시 중
> 5개는 대도시이고 5개는 중소도시이다. 매일 5개 경기장에서 각각 한 경기가 열리며 한 시즌 당
> 경기장에서 열리는 경기의 횟수는 10개 경기장 모두 동일하다.
> 대도시의 경기장은 최대수용인원이 3만 명이고, 중소도시의 경기장은 최대수용인원이 2만 명이다.
> 대도시 경기장의 경우는 매 경기 60%의 좌석 점유율을 나타내고 있는 반면 중소도시 경기장의 경우
> 는 매 경기 70%의 좌석 점유율을 보이고 있다. 특정 경기장의 관중수는 그 경기장의 좌석 점유율에
> 최대수용인원을 곱하여 구한다.

① K리그의 1일 최대 관중수는 16만 명이다.
② 중소도시 경기장의 좌석 점유율이 10%p 높아진다면 대도시 경기장 한 곳의 관중수보다 중소도시
   경기장 한 곳의 관중수가 더 많아진다.
③ 내년 시즌부터 4개의 대도시와 6개의 중소도시에서 경기가 열린다면 K리그의 한 시즌 전체 누적
   관중수는 올 시즌 대비 2.5% 줄어든다.
④ 대도시 경기장의 좌석 점유율이 중소도시 경기장과 같고 최대수용인원은 그대로라면, K리그의
   1일 평균 관중수는 11만 명을 초과하게 된다.
⑤ 중소도시 경기장의 최대수용인원이 대도시 경기장과 같고 좌석 점유율은 그대로라면, K리그의
   1일 평균 관중수는 11만 명을 초과하게 된다.

22 다음 글을 근거로 판단할 때, 〈보기〉에서 적절한 것을 모두 고르면?

거짓말 탐지기는 진술 내용의 참, 거짓을 판단하는 장치이다. 거짓말 탐지기의 정확도(%)는 탐지 대상이 되는 진술이 참인 것을 참으로, 거짓인 것을 거짓으로 옳은 판단을 내릴 확률을 의미하며, 참인 진술과 거짓인 진술 각각에 대하여 동일한 정확도를 나타낸다. 갑이 사용하는 거짓말 탐지기의 정확도는 80%이다.

> **보기**
>
> ㄱ. 탐지 대상이 되는 진술이 총 100건이라면, 갑의 거짓말 탐지기는 20건에 대하여 옳지 않은 판단을 내릴 가능성이 가장 높다.
> ㄴ. 탐지 대상이 되는 진술 100건 가운데 참인 진술이 20건이라면, 갑의 거짓말 탐지기가 이 100건 중 참으로 판단하는 것은 총 32건일 가능성이 가장 높다.
> ㄷ. 탐지 대상이 되는 진술 100건 가운데 참인 진술이 10건인 경우, 갑이 사용하는 거짓말 탐지기의 정확도가 높아진다면 이 100건 중 참으로 판단하는 진술이 많아진다.
> ㄹ. 거짓말 탐지기의 정확도가 90%이고 탐지 대상이 되는 진술 100건 가운데 참인 진술이 10건인 경우, 탐지기가 18건을 참으로 판단했다면 그 중 거짓인 진술이 9건일 가능성이 가장 높다.

① ㄱ, ㄴ   ② ㄱ, ㄷ
③ ㄱ, ㄴ, ㄹ   ④ ㄱ, ㄷ, ㄹ
⑤ ㄴ, ㄷ, ㄹ

23 다음 글과 상황을 근거로 판단할 때, 주택 중 관리대상주택의 수는?

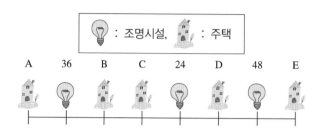

1. 조명시설에서 방출되는 광량은 그림에 표시된 값이다.
2. 위 그림에서 1칸의 거리는 2이며, 빛의 조도는 조명시설에서 방출되는 광량을 거리로 나눈 값이다.
3. 여러 조명시설로부터 동시에 빛이 도달할 경우, 각 조명시설로부터 주택에 도달한 빛의 조도를 예측하여 단순 합산한다.
4. 주택에 도달하는 빛은 그림에 표시된 세 개의 조명시설에서 방출되는 빛 외에는 없다고 가정한다.

〈상황〉

빛공해로부터 주민생활을 보호하기 위해, 주택에서 예측된 빛의 조도가 30을 초과할 경우 관리대상 주택으로 지정한다.

① 1채　　　　　　　　② 2채
③ 3채　　　　　　　　④ 4채
⑤ 5채

24 다음 규칙을 근거로 판단할 때, 〈보기〉에서 적절한 것을 모두 고르면?

〈규칙〉

• △△배 씨름대회는 아래와 같은 대진표에 따라 진행되며, 11명의 참가자는 추첨을 통해 동일한 확률로 A부터 K까지의 자리 중에서 하나를 배정받아 대회에 참가한다.

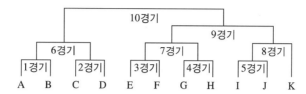

• 대회는 첫째 날에 1경기부터 시작되어 10경기까지 순서대로 매일 하루에 한 경기씩 쉬는 날 없이 진행되며, 매 경기에서는 무승부 없이 승자와 패자가 가려진다.

• 경기를 거듭할 때마다 패자는 제외시키면서 승자끼리 겨루어 최후에 남은 두 참가자 간에 우승을 가리는 승자 진출전 방식으로 대회를 진행한다.

보기

ㄱ. 이틀 연속 경기를 하지 않으면서 최소한의 경기로 우승할 수 있는 자리는 총 5개이다.

ㄴ. 첫 번째 경기에 승리한 경우 두 번째 경기 전까지 3일 이상을 경기 없이 쉴 수 있는 자리에 배정될 확률은 50% 미만이다.

ㄷ. 총 4번의 경기를 치러야 우승할 수 있는 자리에 배정될 확률이 총 3번의 경기를 치르고 우승할 수 있는 자리에 배정될 확률보다 높다.

① ㄱ   ② ㄴ
③ ㄷ   ④ ㄱ, ㄷ
⑤ ㄴ, ㄷ

25 다음 글을 근거로 판단할 때, 〈보기〉에서 적절한 것을 모두 고르면?(단, 다른 조건은 고려하지 않는다)

다양한 무게의 짐 12개를 아래의 방법에 따라 최소 개수의 상자에 넣으려고 한다. 각각의 짐 무게는 아래와 같고, 좌측부터 순서대로 도착했다. 하나의 짐을 분리하여 여러 상자에 나누어 넣을 수 없으며, 포장된 상자에는 짐을 추가로 넣을 수 없다.

6, 5, 5, 4, 2, 3, 6, 5, 4, 5, 7, 8 (단위 : kg)

방법 1. 도착한 순서대로 짐을 상자에 넣는다. 짐을 상자에 넣어 10kg이 넘을 경우, 그 짐을 넣지 않고 상자를 포장한다. 그 후 짐을 다음 상자에 넣는다.

방법 2. 모든 짐을 무게 순으로 재배열한 후 무거운 짐부터 순서대로 상자에 넣는다. 짐을 상자에 넣어 10kg이 넘을 경우, 그 짐을 넣지 않고 상자를 포장한다. 그 후 짐을 다음 상자에 넣는다.

보기
ㄱ. 방법 1과 방법 2의 경우, 필요한 상자의 개수가 다르다.
ㄴ. 방법 1의 경우, 10kg까지 채워지지 않은 상자들에 들어간 짐의 무게의 합은 50kg이다.
ㄷ. 방법 2의 경우, 10kg이 채워진 상자의 수는 2개이다.

① ㄴ
② ㄷ
③ ㄱ, ㄴ
④ ㄱ, ㄷ
⑤ ㄴ, ㄷ

다음 글을 근거로 판단할 때, 화장 단계 중 7개만을 선택하였을 경우 갑의 최대 매력 지수는?

- 아침마다 화장을 하고 출근하는 갑의 목표는 매력 지수의 합을 최대한 높이는 것이다.
- 화장 단계별 매력 지수와 소요 시간은 아래의 표와 같다.
- 20분 만에 화장을 하면 지각하지 않고 정시에 출근할 수 있다.
- 회사에 1분 지각할 때마다 매력 지수가 4점씩 깎인다.
- 화장은 반드시 '로션 바르기 → 수분크림 바르기 → 썬크림 바르기 → 피부화장 하기' 순으로 해야 하며, 이 4개 단계는 생략할 수 없다.
- 피부화장을 한 후에 눈썹 그리기, 눈화장 하기, 립스틱 바르기, 속눈썹 붙이기를 할 수 있으며, 이 중에서는 어떤 것을 선택해도 상관없다.
- 화장 단계는 반복하지 않으며, 2개 이상의 화장 단계는 동시에 할 수 없다.

화장 단계	매력 지수(점)	소요 시간(분)
로션 바르기	2	1
수분크림 바르기	2	1
썬크림 바르기	6	1.5
피부화장 하기	20	7
눈썹 그리기	12	3
눈화장 하기	25	10
립스틱 바르기	10	0.5
속눈썹 붙이기	60	15

① 53점

② 61점

③ 76점

④ 129점

⑤ 137점

27 다음 글과 고속버스 시간표를 근거로 판단할 때, 여섯 사람이 서울을 출발하여 대전에 도착할 수 있는 가장 빠른 예정시각은?(단, 다른 조건은 고려하지 않는다)

아래 여섯 사람은 서울 출장을 마치고 같은 고속버스를 타고 함께 대전으로 돌아가려고 한다. 고속버스터미널에는 은행, 편의점, 화장실, 패스트푸드점, 서점 등이 있다.
다음은 고속버스터미널에 도착해서 나눈 대화내용이다.

가은 : 버스표를 사야하니 저쪽 은행에 가서 현금을 찾아올게.
나중 : 그럼 그 사이에 난 잠깐 저쪽 편의점에서 간단히 먹을 김밥이라도 사올게.
다동 : 그럼 난 잠깐 화장실에 다녀올게. 그리고 저기 보이는 패스트푸드점에서 햄버거라도 사와야겠어. 너무 배고프네.
라민 : 나는 버스에서 읽을 책을 서점에서 사야지. 그리고 화장실도 들러야겠어.
마란 : 그럼 난 여기서 바솜이랑 기다리고 있을게.
바솜 : 지금이 오전 11시 50분이니까 다들 각자 볼일 마치고 빨리 돌아와.

시설별 이용 소요시간은 은행 30분, 편의점 10분, 화장실 20분, 패스트푸드점 25분, 서점 20분이다.

〈고속버스 시간표〉

서울 출발 시각	대전 도착 예정시각	잔여좌석 수
12:00	14:00	7
12:15	14:15	12
12:30	14:30	9
12:45	14:45	5
13:00	15:00	10
13:20	15:20	15
13:40	15:40	6
14:00	16:00	8
14:15	16:15	21

① 14:15
② 14:45
③ 15:00
④ 15:20
⑤ 16:15

28 다음 그림처럼 **ⓟ**가 1회 이동할 때는 선을 따라 한 칸 움직인 지점에서 우측으로 45도 꺾어서 한 칸 더 나아가는 방식으로 움직인다. 하지만 **ⓟ**가 이동하려는 경로 상에 장애물(⊠)이 있으면 움직이지 못한다. 〈보기〉의 A ~ E에서 **ⓟ**가 3회 이하로 이동해서 위치할 수 있는 곳을 바르게 짝지은 것은?

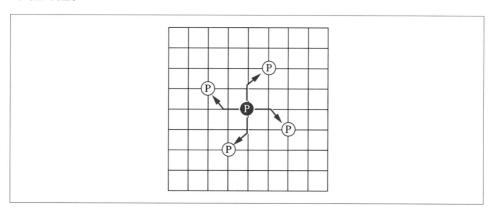

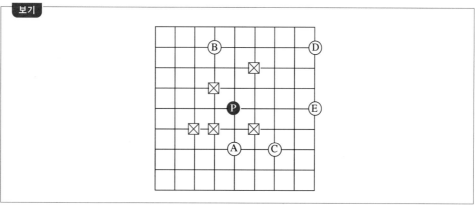

① A, B

② B, D

③ A, C, E

④ B, D, E

⑤ C, D, E

다음 상황에서 기존의 승점제와 새로운 승점제를 적용할 때, A팀의 순위가 바르게 짝지어진 것은?

〈상황〉

- 대회에 참가하는 팀은 총 13팀이다.
- 각 팀은 다른 모든 팀과 한 번씩 경기를 한다.
- A팀의 최종성적은 5승 7패이다.
- A팀과의 경기를 제외한 12팀 간의 경기는 모두 무승부이다.
- 기존의 승점제는 승리시 2점, 무승부시 1점, 패배시 0점을 부여한다.
- 새로운 승점제는 승리시 3점, 무승부시 1점, 패배시 0점을 부여한다.

	기존의 승점제	새로운 승점제
①	8위	1위
②	8위	8위
③	13위	1위
④	13위	5위
⑤	13위	13위

30 다음 상황과 대화를 근거로 판단할 때, 〈보기〉에서 적절한 것을 모두 고르면?

지구와 거대한 운석이 충돌할 것으로 예상되자, K국 정부는 인류의 멸망을 막기 위해 갑, 을, 병 세 사람을 각각 냉동캡슐에 넣어 보존하기로 했다. 운석 충돌 후 시간이 흘러 지구에 다시 사람이 살 수 있는 환경이 조성되자, 3개의 냉동캡슐은 각각 다른 시점에 해동이 시작되어 하루 만에 완료되었다. 그 후 갑, 을, 병 세 사람은 2120년 9월 7일 한 자리에 모여 다음과 같은 대화를 나누었다.

갑 : 나는 2086년에 태어났습니다. 19살에 냉동캡슐에 들어갔고, 캡슐에서 해동된 지는 정확히 7년이 되었어요.

을 : 나는 2075년생입니다. 26살에 냉동캡슐에 들어갔고, 캡슐에서 해동된 것은 지금으로부터 1년 5개월 전입니다.

병 : 난 2083년 5월 17일에 태어났어요. 21살이 되기 두 달 전에 냉동캡슐에 들어갔고, 해동된 건 일주일 전이에요.

※ 이들이 밝히는 나이는 만 나이이며, 냉동되어 있는 기간은 나이에 산입되지 않는다.

> **보기**
>
> ㄱ. 갑, 을, 병이 냉동되어 있던 기간은 모두 다르다.
> ㄴ. 대화를 나눈 시점에는 갑이 병보다 나이가 어리다.
> ㄷ. 가장 이른 연도에 냉동캡슐에 들어간 사람은 갑이다.

① ㄱ

② ㄱ, ㄴ

③ ㄱ, ㄷ

④ ㄴ, ㄷ

⑤ ㄱ, ㄴ, ㄷ

31 다음 규칙과 결과에 근거하여 판단할 때, 갑과 을 중 승리한 사람과 갑이 사냥한 동물의 종류 및 수량을 바르게 짝지은 것은?

〈규칙〉

- 이동한 거리, 채집한 과일, 사냥한 동물 각각에 점수를 부여하여 합계 점수가 높은 사람이 승리하는 게임이다.
- 게임시간은 1시간이며, 주어진 시간 동안 이동을 하면서 과일을 채집하거나 사냥을 한다.
- 이동거리 1미터당 1점을 부여한다.
- 사과는 1개당 5점, 복숭아는 1개당 10점을 부여한다.
- 토끼는 1마리당 30점, 여우는 1마리당 50점, 사슴은 1마리당 100점을 부여한다.

〈결과〉

- 갑의 합계점수는 1,590점이다. 갑은 과일을 채집하지 않고 사냥에만 집중하였으며, 총 1,400미터를 이동하는 동안 모두 4마리의 동물을 잡았다.
- 을은 총 1,250미터를 이동했으며, 사과 2개와 복숭아 5개를 채집하였다. 또한 여우를 1마리 잡고 사슴을 2마리 잡았다.

	승리한 사람	갑이 사냥한 동물의 종류 및 수량
①	갑	토끼 3마리와 사슴 1마리
②	갑	토끼 2마리와 여우 2마리
③	을	토끼 3마리와 여우 1마리
④	을	토끼 2마리와 여우 2마리
⑤	을	토끼 1마리와 사슴 3마리

32 A ~ E 5명이 다음 규칙에 따라 게임을 하고 있다. 4 → 1 → 1의 순서로 숫자가 호명되어 게임이 진행되었다면 네 번째 술래는?

- A → B → C → D → E 순으로 반시계방향으로 동그랗게 앉아있다.
- 한 명의 술래를 기준으로, 술래는 항상 숫자 3을 배정받고, 반시계방향으로 술래 다음 사람이 숫자 4를, 그 다음 사람이 숫자 5를, 술래 이전 사람이 숫자 2를, 그 이전 사람이 숫자 1을 배정받는다.
- 술래는 1 ~ 5의 숫자 중 하나를 호명하고, 호명된 숫자에 해당하는 사람이 다음 술래가 된다. 새로운 술래를 기준으로 다시 위의 조건에 따라 숫자가 배정되며 게임이 반복된다.
- 첫 번째 술래는 A다.

① A   ② B
③ C   ④ D
⑤ E

33 다음 글을 근거로 판단할 때, 〈보기〉에서 적절한 것을 모두 고르면?

- 첫차는 06:00에 출발하며, 24:00 이내에 모든 버스가 운행을 마치고 종착지에 들어온다.
- 버스의 출발지와 종착지는 같고 한 방향으로만 운행되며, 한 대의 버스가 1회 운행하는 데 소요되는 총시간은 2시간이다. 이 때 교통체증 등의 도로사정은 고려하지 않는다.
- 출발지를 기준으로 시간대별 배차 간격은 아래와 같다. 예를 들면 평일의 경우 버스 출발지를 기준으로 한 버스 출발 시간은 …, 11:40, 12:00, 12:30, … 순이다.

구분	A시간대(06:00 ~ 12:00)	B시간대(12:00 ~ 14:00)	C시간대(14:00 ~ 24:00)
평일	20분	30분	40분
토요일	30분	40분	60분
일요일 (공휴일)	40분	60분	75분

> **보기**
>
> ㄱ. 공휴일인 어린이날에는 출발지에서 13:00에 버스가 출발한다.
> ㄴ. 막차는 출발지에서 반드시 22:00 이전에 출발한다.
> ㄷ. 일요일에 막차가 종착지에 도착하는 시간은 23:20이다.
> ㄹ. 출발지에서 09:30에 버스가 출발한다면, 이 날은 토요일이다.

① ㄱ, ㄴ   ② ㄱ, ㄷ

③ ㄷ, ㄹ   ④ ㄱ, ㄴ, ㄹ

⑤ ㄴ, ㄷ, ㄹ

34 갑과 을이 다음 〈조건〉에 따라 게임을 할 때 적절하지 않은 것은?

> **조건**
> • 갑과 을은 다음과 같이 시각을 표시하는 하나의 시계를 가지고 게임을 한다.
>
> | 0 | 9 | : | 1 | 5 |
>
> • 갑, 을 각자가 일어났을 때, 시계에 표시된 4개의 숫자를 합산하여 게임의 승패를 결정한다. 숫자의 합이 더 작은 사람이 이기고, 숫자의 합이 같을 때는 비긴다.
> • 갑은 오전 6:00 ~ 오전 6:59에 일어나고, 을은 오전 7:00 ~ 오전 7:59에 일어난다.

① 갑이 오전 6시 정각에 일어나면, 반드시 갑이 이긴다.

② 을이 오전 7시 59분에 일어나면, 반드시 을이 진다.

③ 을이 오전 7시 30분에 일어나고, 갑이 오전 6시 30분 전에 일어나면 반드시 갑이 이긴다.

④ 갑과 을이 정확히 1시간 간격으로 일어나면, 반드시 갑이 이긴다.

⑤ 갑과 을이 정확히 50분 간격으로 일어나면, 갑과 을은 비긴다.

35 A ~ D 네 팀이 참여하여 체육대회를 하고 있다. 다음 순위 결정 기준과 각 팀의 현재까지 득점 현황에 근거하여 판단할 때, 항상 옳은 것을 〈보기〉에서 모두 고르면?

〈순위 결정 기준〉

- 종목의 1위에게는 4점, 2위에게는 3점, 3위에게는 2점, 4위에게는 1점을 준다.
- 각 종목에서 획득한 점수를 합산한 총점이 높은 순으로 종합 순위를 결정한다.
- 총점에서 동점이 나올 경우에는 1위를 한 종목이 많은 팀이 높은 순위를 차지한다.
  - 만약 1위 종목의 수가 같은 경우에는 2위 종목이 많은 팀이 높은 순위를 차지한다.
  - 만약 1위 종목의 수가 같고, 2위 종목의 수도 같은 경우에는 공동 순위로 결정한다.

〈득점 현황〉

종목명 \ 팀명	A	B	C	D
가	4	3	2	1
나	2	1	3	4
다	3	1	2	4
라	2	4	1	3
마	?	?	?	?
합계	?	?	?	?

※ 종목별 순위는 반드시 결정되고, 동순위는 나오지 않는다.

보기

ㄱ. A팀이 종목 마에서 1위를 한다면 종합 순위 1위가 확정된다.
ㄴ. B팀이 종목 마에서 C팀에게 순위에서 뒤처지면 종합 순위에서도 C팀에게 뒤처지게 된다.
ㄷ. C팀은 종목 마의 결과와 관계없이 종합 순위에서 최하위가 확정되었다.
ㄹ. D팀이 종목 마에서 2위를 한다면 종합 순위 1위가 확정된다.

① ㄱ
② ㄹ
③ ㄱ, ㄴ
④ ㄴ, ㄷ
⑤ ㄷ, ㄹ

36 두 개의 직육면체 건물이 다음과 같다고 할 때, (나) 건물을 페인트칠 하는 작업에 필요한 페인트는 최소 몇 통인가?(단, 사용되는 페인트 통의 용량은 동일하다)

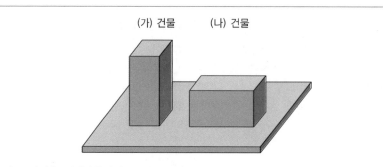

- (가) 건물 밑면은 정사각형이며, 높이는 밑면 한 변 길이의 2배이다.
- (나) 건물은 (가) 건물을 그대로 눕혀놓은 것이다.
- 페인트는 건물의 옆면 4개와 윗면에 (가)와 (나) 건물 모두 같은 방식으로 칠한다.
- (가) 건물을 페인트칠 하는 작업에는 최소 36통의 페인트가 필요했다.

① 30통
② 32통
③ 36통
④ 42통
⑤ 45통

37 A, B 두 국가 간의 시차와 비행시간이 바르게 짝지어진 것은?

〈A ↔ B 간의 운항 시간표〉

구간	출발시각	도착시각
A → B	09:00	15:00
B → A	18:00	08:00(다음날)

※ 1) 출발 및 도착시각은 모두 현지시각임
2) 비행시간은 A → B구간, B → A구간 동일함
3) A가 B보다 1시간 빠르다는 것은 A가 오전 5시일 때 B가 오전 4시임을 의미함

　　　　　　　시차　　　　　　　　　비행시간
① A가 B보다 4시간 빠르다　　　10시간
② A가 B보다 4시간 느리다　　　14시간
③ A가 B보다 2시간 빠르다　　　 8시간
④ A가 B보다 2시간 빠르다　　　10시간
⑤ A가 B보다 3시간 느리다　　　14시간

38 다음 글과 상황을 읽고 추론한 것으로 항상 옳은 것을 〈보기〉에서 모두 고르면?

어떤 단체의 회원들은 단체의 결정에 대하여 각기 다른 선호를 보인다. 단체에 매월 납부하는 회비의 액수를 정하는 문제에 대해서도 마찬가지이다. 단체의 목적 달성에는 동의하나 재정이 넉넉하지 않은 사람은 될 수 있으면 적은 회비를 부담하려 한다(소극적 회원). 반면, 목적 달성에 동의하고 재정 또한 넉넉한 사람은 오히려 회비가 너무 적으면 안 된다고 생각한다(적극적 회원).

따라서 단체가 회비의 액수를 결정할 때에는 각 회원이 선호하는 액수를 알아야 한다. 회원들은 저마다 선호하는 회비의 범위가 있다. 만약 단체가 그 범위 내에서 회비를 결정한다면 회비를 내고 단체에 남아 있겠지만, 회비가 그 범위를 벗어난다면 단체의 결정에 불만을 품고 단체를 탈퇴할 것이다. 왜냐하면 소극적 회원은 과중한 회비 부담을 감수하려 들지 않을 것이고, 적극적 회원은 회비가 너무 적어 단체의 목적 달성이 불가능하다고 볼 것이기 때문이다.

〈상황〉

5명의 회원으로 새롭게 결성된 이 단체는 10만 원에서 70만 원 사이의 일정 금액을 월 회비로 정하려고 한다. 회원이 선호하는 회비의 범위는 다음과 같다.

회원	범위
A	10만 원 이상 ~ 20만 원 미만
B	10만 원 이상 ~ 25만 원 미만
C	25만 원 이상 ~ 40만 원 미만
D	30만 원 이상 ~ 50만 원 미만
E	30만 원 이상 ~ 70만 원 미만

보기

ㄱ. C가 원하는 범위에서 회비가 정해지면, 최소 2인이 단체를 탈퇴할 것이다.
ㄴ. D가 원하는 범위에서 회비가 정해지면, 최소 3인이 단체를 탈퇴할 것이다.
ㄷ. 회비가 일단 정해지면, 최소 2명 이상은 이 단체를 탈퇴할 것이다.
ㄹ. 회비를 20만 원으로 결정하는 경우와 30만 원으로 결정하는 경우 탈퇴할 회원 수는 같다.

① ㄱ, ㄴ
② ㄱ, ㄷ
③ ㄴ, ㄷ
④ ㄴ, ㄹ
⑤ ㄷ, ㄹ

39 다음과 같은 방법으로 〈보기〉에 주어진 수열을 정렬할 때, 다섯 번째 교환이 이루어진 후의 수열은?

> 인접한 두 숫자의 크기를 비교하여 교환하는 방식으로 정렬한다. 이때 인접한 두 숫자는 수열의 맨 앞부터 뒤로 이동하며 비교된다. 맨 마지막 숫자까지 비교가 이루어져 가장 큰 수가 맨 뒷자리로 이동하게 되면 한 라운드가 종료된다. 다음 라운드는 맨 뒷자리로 이동한 수를 제외하고 같은 방식으로 비교 및 교환이 이루어진다. 더 이상 교환할 숫자가 없을 때 정렬이 완료된다. 교환은 두 개의 숫자가 서로 자리를 맞바꾸는 것을 말한다.
>
> 〈예시〉
>
> 다음은 '30 15 40 10'의 수열을 위의 방법으로 정렬한 것이다. 빈칸은 각 단계에서 비교가 이루어지는 인접한 두 숫자를 나타낸다.
> • 제1라운드
>   (30 15) 40 10 : 30>15이므로 첫 번째 교환
>   15 (30 40) 10 : 40>30이므로 교환이 이루어지지 않음
>   15 30 (40 10) : 40>10이므로 두 번째 교환
>   15 30 10 40 : 가장 큰 수 40이 맨 마지막으로 이동
> • 제2라운드(40은 비교 대상에서 제외)
>   (15 30) 10 40 : 30>15이므로 교환이 이루어지지 않음
>   15 (30 10) 40 : 30>10이므로 세 번째 교환
>   15 10 30 40 : 40을 제외한 수 중 가장 큰 수 30이 40 앞으로 이동
> • 제3라운드(30, 40은 비교 대상에서 제외)
>   (15 10) 30 40 : 15>10이므로 네 번째 교환
>   10 15 30 40 : 정렬 완료

보기					
	37	82	12	5	56

① 5 12 37 56 82
② 37 12 82 5 56
③ 5 56 12 37 82
④ 12 37 5 56 82
⑤ 12 5 37 56 82

40 다음 글을 근거로 판단할 때 〈보기〉의 그림에 대한 설명으로 적절하지 않은 것은?

사회 네트워크란 '사람들이 연결되어 있는 관계망'을 의미한다. '중심성'은 한 행위자가 전체 네트워크에서 중심에 위치하는 정도를 표현하는 지표이다. 중심성을 측정하는 방법에는 여러 가지가 있는데, 대표적인 것으로 '연결정도 중심성'과 '근접 중심성'의 두 가지 유형이 있다.

'연결정도 중심성'은 사회 네트워크 내의 행위자와 직접적으로 연결되는 다른 행위자 수의 합으로 얻어진다. 이는 한 행위자가 다른 행위자들과 얼마만큼 관계를 맺고 있는가를 통하여 그 행위자가 사회 네트워크에서 중심에 위치하는 정도를 측정하는 것이다. 예를 들어 예시에서 행위자 A의 연결정도 중심성은 A와 직접 연결된 행위자의 숫자인 4가 된다.

'근접 중심성'은 사회 네트워크에서의 두 행위자 간의 거리를 강조한다. 사회 네트워크상의 다른 행위자들과 가까운 위치에 있다면 그들과 쉽게 관계를 맺을 수 있고 따라서 그만큼 중심적인 역할을 담당한다고 간주한다. 연결정도 중심성과는 달리 근접 중심성은 네트워크 내에서 직·간접적으로 연결되는 모든 행위자들과의 최단거리의 합의 역수로 정의된다. 이때 직접 연결된 두 점의 거리는 1이다. 예를 들어 예시에서 A의 근접 중심성은 $\frac{1}{6}$이 된다.

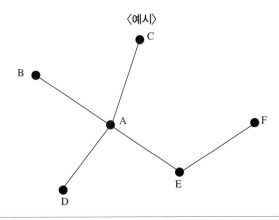

〈예시〉

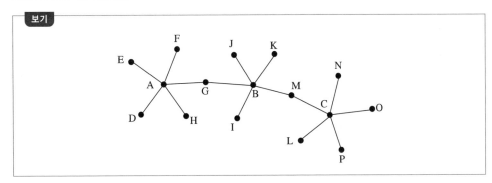

보기

① 행위자 G의 근접 중심성은 $\frac{1}{37}$이다.

② 행위자 A의 근접 중심성은 행위자 B의 근접 중심성과 동일하다.

③ 행위자 G의 근접 중심성은 행위자 M의 근접 중심성과 동일하다.

④ 행위자 G의 연결정도 중심성은 행위자 M의 연결정도 중심성과 동일하다.

⑤ 행위자 A의 연결정도 중심성과 행위자 K의 연결정도 중심성의 합은 6이다.

41 A는 잊어버린 네 자리 숫자의 비밀번호를 기억해 내려고 한다. 비밀번호에 대해서 가지고 있는 단서가 다음의 〈조건〉과 같을 때 적절하지 않은 것은?

> **조건**
> • 비밀번호를 구성하고 있는 어떤 숫자도 소수가 아니다.
> • 6과 8 중에 단 하나만 비밀번호에 들어가는 숫자다.
> • 비밀번호는 짝수로 시작한다.
> • 골라 낸 네 개의 숫자를 큰 수부터 차례로 나열해서 비밀번호를 만들었다.
> • 같은 숫자는 두 번 이상 들어가지 않는다.

① 비밀번호는 짝수이다.
② 비밀번호의 앞에서 두 번째 숫자는 4이다.
③ 위의 〈조건〉을 모두 만족시키는 번호는 모두 세 개가 있다.
④ 비밀번호는 1을 포함하지만 9는 포함하지 않는다.
⑤ 위의 〈조건〉을 모두 만족시키는 번호 중 가장 작은 수는 6410이다.

42 정부는 농산물 가격의 안정을 위해서 정부미를 방출할 계획이다. 정부미 방출시 정부는 아래와 같은 공급절차를 적용한다. 다음 중 보관소에서 도시로 공급하는 정부미의 양으로 가장 적절한 것은?

〈정부미 공급 절차〉

1. 수송 비용표에서 톤당 수송비가 가장 적은 경우를 골라 공급 및 수요 조건의 범위 내에서 가능한 한 많은 양을 할당한다.
2. 그 다음으로 톤당 수송비가 적은 경우를 골라 공급 및 수요 조건의 범위 내에서 가능한 한 많은 양을 할당한다.
3. 위 과정을 공급량과 수요량이 충족될 때까지 계속한다. 만일 두 개 이상의 경우에서 톤당 수송비가 같으면 더 많은 양을 할당할 수 있는 곳에 우선적으로 할당한다.

〈도시별 수요량과 보관소별 공급량〉

(단위 : 톤)

도시	수요량	보관소	공급량
A도시	140	서울보관소	120
B도시	300	대전보관소	200
C도시	60	부산보관소	180
합계	500	합계	500

〈톤당 수송비용〉

(단위 : 만 원)

구분	A도시	B도시	C도시
서울보관소	40	18	10
대전보관소	12	20	36
부산보관소	4	15	12

① 서울보관소는 A도시에 정부미 50톤을 공급한다.
② 서울보관소는 C도시에 정부미 60톤을 공급한다.
③ 대전보관소는 A도시에 정부미 100톤을 공급한다.
④ 대전보관소는 B도시에 정부미 140톤을 공급한다.
⑤ 부산보관소는 C도시에 정부미 10톤을 공급한다.

01 다음 글과 진술 내용을 근거로 판단할 때, 첫 번째 사건의 가해차량 번호와 두 번째 사건의 목격자
를 바르게 짝지은 것은?

- 어제 두 건의 교통사고가 발생하였다.
- 첫 번째 사건의 가해차량 번호는 다음 셋 중 하나이다.
  99★2703, 81★3325, 32★8624
- 어제 사건에 대해 진술한 목격자는 갑, 을, 병 세 명이다. 이 중 두 명의 진술은 첫 번째 사건의
  가해차량 번호에 대한 것이고 나머지 한 명의 진술은 두 번째 사건의 가해차량 번호에 대한 것이다.
- 첫 번째 사건의 가해차량 번호는 두 번째 사건의 목격자 진술에 부합하지 않는다.
- 편의상 차량 번호에서 ★ 앞의 두 자리 수는 A, ★ 뒤의 네 자리 수는 B라고 한다.

〈진술 내용〉

갑 : A를 구성하는 두 숫자의 곱은 B를 구성하는 네 숫자의 곱보다 작다.
을 : B를 구성하는 네 숫자의 합은 A를 구성하는 두 숫자의 합보다 크다.
병 : B는 A의 50배 이하이다.

	첫 번째 사건의 가해차량 번호	두 번째 사건의 목격자
①	99★2703	갑
②	99★2703	을
③	81★3325	을
④	81★3325	병
⑤	32★8624	병

02 녹색성장 추진의 일환으로 자전거 타기가 활성화되면서 자전거의 운동효과를 조사하였다. 다음 〈조건〉을 근거로 판단할 때 〈보기〉에 제시된 5명의 운전자 중 운동량이 많은 순서대로 바르게 나열한 것은?

조건

자전거 종류	바퀴 수	보조바퀴 여부
일반 자전거	2개	없음
연습용 자전거	2개	있음
외발 자전거	1개	없음

- 운동량은 자전거 주행 거리에 비례한다.
- 같은 거리를 주행하여도 자전거에 운전자 외에 한 명이 더 타면 운전자의 운동량은 두 배가 된다.
- 보조바퀴가 달린 자전거를 타면 같은 거리를 주행하여도 운동량이 일반 자전거의 80%밖에 되지 않는다.
- 바퀴가 1개인 자전거를 타면 같은 거리를 주행하여도 운동량이 일반 자전거보다 50% 더 많다.
- 이외의 다른 조건은 모두 같다고 본다.

보기

갑 : 1.4km의 거리를 뒷자리에 한 명을 태우고 일반 자전거로 주행하였다.
을 : 1.2km의 거리를 뒷자리에 한 명을 태우고 연습용 자전거로 주행하였다.
병 : 2km의 거리를 혼자 외발 자전거로 주행하였다.
정 : 2km의 거리를 혼자 연습용 자전거로 주행한 후에 이어서 1km의 거리를 혼자 외발 자전거로 주행하였다.
무 : 0.8km의 거리를 뒷자리에 한 명을 태우고 연습용 자전거로 주행한 후에 이어서 1.2km의 거리를 혼자 일반 자전거로 주행하였다.

① 병> 정> 갑> 무> 을
② 병> 정> 갑> 을> 무
③ 정> 병> 무> 갑> 을
④ 정> 갑> 병> 을> 무
⑤ 정> 병> 갑> 무> 을

03 다음 글을 근거로 판단할 때, 길동이가 오늘 아침에 수행한 아침 일과에 포함될 수 없는 것은?

길동이는 오늘 아침 7시 20분에 기상하여, 25분 후인 7시 45분에 집을 나섰다. 길동이는 주어진 25분을 모두 아침 일과를 쉼없이 수행하는 데 사용했다.

아침 일과를 수행하는 데 정해진 순서는 없으며, 같은 아침 일과를 두 번 이상 수행하지 않는다. 단, 머리를 감았다면 반드시 말리며, 아침 일과 수행 중에 다른 아침 일과를 동시에 수행할 수는 없다. 각 아침 일과를 수행하는 데 소요되는 시간은 아래와 같다.

아침 일과	소요 시간
샤워	10분
세수	4분
머리 감기	3분
머리 말리기	5분
몸치장 하기	7분
구두 닦기	5분
주스 만들기	15분
양말 신기	2분

① 세수
② 머리 감기
③ 구두 닦기
④ 몸치장 하기
⑤ 주스 만들기

04 다음 상황을 근거로 판단할 때, 36개의 로봇 중 가장 빠른 로봇 1, 2위를 선발하기 위해 필요한 최소 경기 수는?

• 전국 로봇달리기 대회에 36개의 로봇이 참가한다.
• 경주 레인은 총 6개이고, 경기당 각 레인에 하나의 로봇만 배정할 수 있으나, 한 경기에 모든 레인을 사용할 필요는 없다.
• 배정된 레인 내에서 결승점을 먼저 통과하는 순서대로 순위를 정한다.
• 속력과 시간의 측정은 불가능하고, 오직 경기 결과에 의해서만 순위를 결정한다.
• 로봇별 속력은 모두 다르고 각 로봇의 속력은 항상 일정하다.
• 로봇의 고장과 같은 다른 요인은 경기 결과에 영향을 미치지 않는다.

① 7
② 8
③ 9
④ 10
⑤ 11

05 다음 규칙을 근거로 판단할 때, 〈보기〉에서 적절한 것을 모두 고르면?

〈규칙〉

- 직원이 50명인 A회사는 야유회에서 경품 추첨 행사를 한다.
- 직원들은 1명당 3장의 응모용지를 받고, 1 ~ 100 중 원하는 수 하나씩을 적어서 제출한다. 한 사람당 최대 3장까지 원하는 만큼 응모할 수 있고, 모든 응모용지에 동일한 수를 적을 수 있다.
- 1 ~ 100 중 가장 좋아하는 수 하나를 고르면 해당 수를 응모한 사람이 당첨자로 결정된다. 해당 수를 응모한 사람이 없으면 사장은 당첨자가 나올 때까지 다른 수를 고른다.
- 당첨 선물은 사과 총 100개이고, 당첨된 응모용지가 n장이면 당첨된 응모용지 1장당 사과를 $\dfrac{100}{n}$개씩 나누어 준다.
- 만약 한 사람이 2장의 응모용지에 똑같은 수를 써서 당첨된다면 2장 몫의 사과를 받고, 3장일 경우는 3장 몫의 사과를 받는다.

보기

ㄱ. 직원 갑과 을이 함께 당첨된다면 갑은 최대 50개의 사과를 받는다.

ㄴ. 직원 중에 갑과 을 두 명만이 사과를 받는다면 갑은 최소 25개의 사과를 받는다.

ㄷ. 당첨된 수를 응모한 직원이 갑밖에 없다면, 갑이 그 수를 1장 써서 응모하거나 3장 써서 응모하거나 같은 개수의 사과를 받는다.

① ㄱ
② ㄷ
③ ㄱ, ㄴ
④ ㄱ, ㄷ
⑤ ㄴ, ㄷ

06 다음 글과 3년간 인증대학 현황을 근거로 판단할 때, 〈보기〉에서 적절한 것을 모두 고르면?(단, 다른 조건은 고려하지 않는다)

- 대학의 외국인 유학생 관리·지원 체계 및 실적 등을 평가하여 인증을 부여하는 제도가 2020년에 처음 시행되었다.
- 신규 인증을 신청한 대학이 1단계 핵심지표평가 및 2단계 현장평가 결과 일정 기준을 충족할 경우, 신규 인증대학으로 선정되고 인증의 유효기간은 3년이다.
- 매년 2월 인증대학을 선정하며 인증은 당해 연도 3월 1일부터 유효하다.
- 기존 인증대학에 대해서는 매년 2월 핵심지표평가만을 실시하고, 기준을 충족하지 못하는 경우 당해 연도 3월 1일부터 인증이 취소된다.
- 인증이 취소된 대학은 그 다음 해부터 신규 인증을 신청하여 신규 인증대학으로 다시 선정될 수 있다.

〈3년간 인증대학 현황〉

구분	2020년 3월	2021년 3월	2022년 3월
신규 인증대학	12	18	21
기존 인증대학	–	10	25
합계	12	28	46

보기

ㄱ. 2020년에 신규 인증대학으로 선정된 A대학이 2023년에 핵심지표평가만을 받는 경우는 없다.
ㄴ. 2022년 3월까지 인증대학으로 1번 이상 선정된 대학은 최대 51개이다.
ㄷ. 2022년 3월까지 인증대학으로 1번 이상 선정된 대학은 최소 46개이다.
ㄹ. 2023년 2월 현재 23개월 이상 인증을 유지하고 있는 대학은 25개이다.

① ㄱ, ㄷ
② ㄴ, ㄷ
③ ㄴ, ㄹ
④ ㄱ, ㄴ, ㄹ
⑤ ㄴ, ㄷ, ㄹ

07 다음 글을 근거로 판단할 때, 〈보기〉에서 적절한 것을 모두 고르면?

갑은 정육면체의 각 면에 점을 새겨 게임 도구를 만들려고 한다. 게임 도구는 다음의 규칙에 따라 만든다.
- 정육면체의 모든 면에는 반드시 점을 1개 이상 새겨야 한다.
- 한 면에 새기는 점의 수가 6개를 넘어서는 안 된다.
- 각 면에 새기는 점의 수가 반드시 달라야 할 필요는 없다.

> **보기**
>
> ㄱ. 정육면체에 새긴 점의 총개수가 10개라면 점 6개를 새긴 면은 없다.
> ㄴ. 정육면체에 새긴 점의 총개수가 21개인 방법은 1가지밖에 없다.
> ㄷ. 정육면체에 새긴 점의 총개수가 24개라면 각 면에 새긴 점의 수는 모두 다르다.
> ㄹ. 정육면체에 새긴 점의 총개수가 20개라면 3개 이하의 점을 새긴 면이 4개 이상이어야 한다.

① ㄱ
② ㄱ, ㄴ
③ ㄴ, ㄷ
④ ㄷ, ㄹ
⑤ ㄱ, ㄷ, ㄹ

08 다음 글을 근거로 판단할 때, 밑줄 친 ⊙에 해당하는 값은?(단, 소수점 이하는 반올림한다)

한 남자가 도심 거리에서 강도를 당했다. 그는 그 강도가 흑인이라고 주장했다. 그러나 사건을 담당한 재판부가 당시와 유사한 조건을 갖추고 현장을 재연했을 때, 피해자가 강도의 인종을 정확하게 인식한 비율이 80% 정도밖에 되지 않았다. 강도가 정말로 흑인일 확률은 얼마일까?
물론 많은 사람들이 그 확률은 80%라고 말할 것이다. 그러나 실제 확률은 이보다 상당히 낮을 수 있다. 인구가 1,000명인 도시를 예로 들어 생각해보자. 이 도시 인구의 90%는 백인이고 10%만이 흑인이다. 또한 강도짓을 할 가능성은 두 인종 모두 10%로 동일하며, 피해자가 백인을 흑인으로 잘못 보거나 흑인을 백인으로 잘못 볼 가능성은 20%로 똑같다고 가정한다. 이 같은 전제가 주어졌을 때, 실제 흑인강도 10명 가운데 (   )명만 정확히 흑인으로 인식될 수 있으며, 실제 백인강도 90명 중 (   )명은 흑인으로 오인된다. 따라서 흑인으로 인식된 (   )명 가운데 (   )명만이 흑인이므로, 피해자가 범인이 흑인이라는 진술을 했을 때 그가 실제로 흑인에게 강도를 당했을 확률은 겨우 (   )분의 (   ), 즉 약 ___⊙___%에 불과하다.

① 18
② 21
③ 26
④ 31
⑤ 36

09 K부서는 승진후보자 3인을 대상으로 한 승진시험의 채점 방식에 대해 고민 중이다. 다음 글과 채점 방식에 근거할 때 적절하지 않은 것은?

- K부서에는 갑, 을, 병 세 명의 승진후보자가 있으며 상식은 20문제, 영어는 10문제가 출제되었다.
- 채점 방식에 따라 점수를 계산한 후 상식과 영어의 점수를 합산하여 고득점 순으로 전체 등수를 결정한다.
- 후보자들이 정답을 맞힌 문항의 개수는 다음과 같고, 그 이외의 문항은 모두 틀린 것이다.

구분	상식	영어
갑	14	7
을	10	9
병	18	4

〈채점 방식〉

- A방식 : 각 과목을 100점 만점으로 하되 상식은 정답을 맞힌 개수당 5점씩을, 영어는 정답을 맞힌 개수당 10점씩을 부여함
- B방식 : 각 과목을 100점 만점으로 하되 상식은 정답을 맞힌 개수당 5점씩, 틀린 개수당 −3점씩을 부여하고, 영어의 경우 정답을 맞힌 개수당 10점씩, 틀린 개수당 −5점씩을 부여함
- C방식 : 모든 과목에 정답을 맞힌 개수당 10점씩을 부여함

---

① A방식으로 채점하면, 갑과 을은 동점이 된다.

② B방식으로 채점하면, 을이 1등을 하게 된다.

③ C방식으로 채점하면, 병이 1등을 하게 된다.

④ C방식은 다른 방식에 비해 상식 과목에 더 큰 가중치를 부여하는 방식이다.

⑤ B방식에서 상식의 틀린 개수당 점수를 −5, 영어의 틀린 개수당 점수를 −10으로 한다면, 갑과 을의 등수는 A방식으로 계산한 것과 동일할 것이다.

10

다음 상황에 근거하여 점수표의 빈칸을 채울 때, 민경과 혜명의 최종점수가 될 수 있는 것은?

> 민경과 혜명은 0점, 3점, 5점이 그려진 과녁에 화살을 쏘아 과녁 맞히기를 하고 있다. 둘은 각각 10개의 화살을 쐈는데, 0점을 맞힌 화살의 개수만 점수표에 기록을 했다. 최종점수는 화살을 맞힌 점수의 합으로 한다. 둘이 쏜 화살 중 과녁 밖으로 날아간 화살은 하나도 없다. 이때 민경과 혜명이 5점을 맞힌 화살의 개수는 동일하다.

〈점수표〉

점수	민경의 화살 수	혜명의 화살 수
0점	3	2
3점	( )	( )
5점	( )	( )

	민경의 최종점수	혜명의 최종점수
①	25	29
②	26	29
③	27	30
④	28	31
⑤	29	31

PART 1

많이 보고 많이 겪고 많이 공부하는 것은 배움의 세 기둥이다.

– 벤자민 디즈라엘리 –

제1회
NCS in PSAT 최종점검 모의고사

모바일 OMR
답안채점 / 성적분석
서비스

☑ 응시시간 : 20분   ☑ 문항 수 : 20문항   정답 및 해설 p.098

01 다음 규칙을 근거로 수식을 계산한 값은?

<규칙>

연산자 A, B, C, D는 다음과 같이 정의한다.

- A : 좌우에 있는 두 수를 더한다. 단, 더한 값이 10 미만이면 좌우에 있는 두 수를 곱한다(예 2 A 3=6).
- B : 좌우에 있는 두 수 가운데 큰 수에서 작은 수를 뺀다. 단, 두 수가 같거나 뺀 값이 10 미만이면 두 수를 곱한다.
- C : 좌우에 있는 두 수를 곱한다. 단, 곱한 값이 10 미만이면 좌우에 있는 두 수를 더한다.
- D : 좌우에 있는 두 수 가운데 큰 수를 작은 수로 나눈다. 단, 두 수가 같거나 나눈 값이 10 미만이면 두 수를 곱한다.

※ 연산은 '( )', '[ ]'의 순으로 한다.

[(1 A 5) B (3 C 4)] D 6

① 10 ② 12

③ 90 ④ 210

⑤ 360

02 다음 상황을 근거로 판단할 때, 준석이가 가장 많은 식물을 재배할 수 있는 온도와 상품 가치의 총합이 가장 큰 온도는?(단, 주어진 조건 외에 다른 조건은 고려하지 않는다)

- 준석이는 같은 온실에서 5가지 식물(A ~ E)을 하나씩 동시에 재배하고자 한다.
- A ~ E의 재배가능 온도와 각각의 상품 가치는 다음과 같다.

식물 종류	재배가능 온도(℃)	상품 가치(원)
A	0 이상 20 이하	10,000
B	5 이상 15 이하	25,000
C	25 이상 55 이하	50,000
D	15 이상 30 이하	15,000
E	15 이상 25 이하	35,000

- 준석이는 온도만 조절할 수 있으며, 식물의 상품 가치를 결정하는 유일한 것은 온도이다.
- 온실의 온도는 0℃를 기준으로 5℃ 간격으로 조절할 수 있고, 한 번 설정하면 변경할 수 없다.

	가장 많은 식물을 재배할 수 있는 온도	상품 가치의 총합이 가장 큰 온도
①	15℃	15℃
②	15℃	20℃
③	15℃	25℃
④	20℃	20℃
⑤	20℃	25℃

03 다음 〈보기〉의 전제가 모두 참일 때, 결론이 항상 참인 것을 모두 고르면?

> **보기**
>
> (가) 삼촌은 우리를 어린이대공원에 데리고 간다고 약속했다. 삼촌이 이 약속을 지킨다면, 우리는 어린이대공원에 갈 것이다. 우리는 어린이대공원에 갔다. 따라서 삼촌이 이 약속을 지킨 것은 확실하다.
>
> (나) 내일 비가 오면, 우리는 박물관에 갈 것이다. 내일 날씨가 좋으면, 우리는 소풍을 갈 것이다. 내일 비가 오거나 날씨가 좋을 것이다. 따라서 우리는 박물관에 가거나 소풍을 갈 것이다.
>
> (다) 영희는 학생이다. 그녀는 철학도이거나 과학도임이 틀림없다. 그녀는 과학도가 아니라는 것이 밝혀졌다. 따라서 그녀는 철학도이다.
>
> (라) 그가 나를 싫어하지 않는다면, 나를 데리러 올 것이다. 그는 나를 싫어한다. 따라서 그는 나를 데리러 오지 않을 것이다.
>
> (마) 그가 유학을 간다면, 그는 군대에 갈 수 없다. 그가 군대에 갈 수 없다면, 결혼을 미루어야 한다. 그가 결혼을 미룬다면, 그녀와 헤어지게 될 것이다. 따라서 그녀와 헤어지지 않으려면, 그는 군대에 가서는 안 된다.

① (가), (나)
② (가), (라)
③ (나), (다)
④ (나), (마)
⑤ (다), (마)

04 다음 〈조건〉을 근거로 판단할 때, '도토리'와 '하트'를 가장 많이 획득할 수 있는 꽃을 순서대로 바르게 나열한 것은?

조건

- 게임 시작과 동시에 주어지는 12개의 물방울을 가지고 1시간 동안 한 종류만의 꽃을 선택하여 재배·수확을 반복한다.
- 12개의 물방울은 재배·수확이 끝나면 자동 충전된다.
- 꽃을 1회 재배·수확하기 위해서는 꽃 종류별로 각각 일정한 '재배·수확 시간'과 '물방울'이 필요하다.
- 재배·수확된 꽃은 '도토리'나 '하트' 중 어느 하나를 선택하여 교환할 수 있다.
- 이외의 조건은 고려하지 않는다.

구분	재배·수확 시간(회당)	물방울(송이당)	도토리(송이당)	하트(송이당)
나팔꽃	3분	2개	2개	1개
무궁화	5분	4개	3개	5개
수선화	10분	2개	5개	10개
장미	12분	6개	10개	15개
해바라기	20분	4개	25개	20개

예 나팔꽃 1송이를 재배·수확하는데 필요한 물방울은 2개이므로 12개의 물방울로 3분 동안 6송이의 나팔꽃을 재배·수확하여 도토리 12개 또는 하트 6개로 교환할 수 있다.

	도토리	하트
①	해바라기	수선화
②	해바라기	해바라기
③	무궁화	장미
④	나팔꽃	해바라기
⑤	나팔꽃	수선화

05 다음 자료와 〈조건〉을 근거로 판단할 때, 이에 대한 설명으로 가장 적절한 것은?

전문가 6명의 회의 참여 가능 시간과 회의 장소 선호도를 반영하여, 조건을 충족하는 회의를 월 ~ 금요일 중 개최하려 한다.

〈회의 참여 가능 시간〉

요일 전문가	월요일	화요일	수요일	목요일	금요일
A	13:00 ~ 16:20	15:00 ~ 17:30	13:00 ~ 16:20	15:00 ~ 17:30	16:00 ~ 18:30
B	13:00 ~ 16:10	–	13:00 ~ 16:10	–	16:00 ~ 18:30
C	16:00 ~ 19:20	14:00 ~ 16:20	–	14:00 ~ 16:20	16:00 ~ 19:20
D	17:00 ~ 19:30	–	17:00 ~ 19:30	–	17:00 ~ 19:30
E	–	15:00 ~ 17:10	–	15:00 ~ 17:10	–
F	16:00 ~ 19:20	–	16:00 ~ 19:20	–	16:00 ~ 19:20

※ – : 참여 불가

〈회의 장소 선호도〉

(단위 : 점)

전문가 장소	A	B	C	D	E	F
가	5	4	5	6	7	5
나	6	6	8	6	8	8
다	7	8	5	6	3	4

조건

• 전문가 A ~ F 중 3명 이상이 참여할 수 있어야 회의 개최가 가능하다.
• 회의는 1시간 동안 진행되며, 회의 참여자는 회의 시작부터 종료까지 자리를 지켜야 한다.
• 회의 시간이 정해지면, 해당 일정에 참여 가능한 전문가들의 선호도를 합산하여 가장 높은 점수가 나온 곳을 회의 장소로 정한다.

① 월요일에는 회의를 개최할 수 없다.
② 금요일 16시에 회의를 개최할 경우 회의 장소는 '가'이다.
③ 금요일 18시에 회의를 개최할 경우 회의 장소는 '다'이다.
④ A가 반드시 참여해야 할 경우 목요일 16시에 회의를 개최할 수 있다.
⑤ C, D를 포함하여 4명 이상이 참여해야 할 경우 금요일 17시에 회의를 개최할 수 있다.

06 대학생 A ~ E 다섯 명이 모여 주말에 가면파티를 하기로 했다. 자기소개와 〈조건〉을 근거로 판단할 때, 대학생, 성별, 학과, 가면을 모두 바르게 나열한 것은?

> A : 식품영양학과와 경제학과에 다니지 않는 남학생인데 드라큘라 가면을 안 쓸 거야.
> B : 행정학과에 다니는 남학생인데 늑대인간 가면을 쓸 거야.
> C : 식품영양학과에 다니는 남학생인데 처녀귀신 가면을 쓸 거야.
> D : 정치외교학과에 다니는 여학생인데 좀비 가면을 쓸 거야.
> E : 전자공학과에 다니는 남학생인데 드라큘라 가면을 쓸 거야.

조건

- 남학생이 3명이고 여학생이 2명이다.
- 5명은 각각 행정학과, 경제학과, 식품영양학과, 정치외교학과, 전자공학과 재학생이다.
- 5명은 각각 늑대인간, 유령, 처녀귀신, 좀비, 드라큘라 가면을 쓸 것이다.
- 본인의 성별, 학과, 가면에 대해 한 명은 모두 거짓만을 말하고 있고 나머지는 모두 진실만을 말하고 있다.

	대학생	성별	학과	가면
①	A	여	행정학과	늑대인간
②	B	여	경제학과	유령
③	C	남	식품영양학과	좀비
④	D	여	정치외교학과	드라큘라
⑤	E	남	전자공학과	처녀귀신

07 중소기업청은 아래와 같은 지침에 따라 우수 중소기업 지원자금을 5,000억 원 한도 내에서 A ~ D기업에 배분하고자 한다. 다음 중 기업별 지원 금액을 순서대로 바르게 나열한 것은?

〈지침〉

- 평가지표별 점수 부여 : 평가지표별로 1위 기업에게는 4점, 2위는 3점, 3위는 2점, 4위는 1점을 부여한다. 다만, 부채비율이 낮을수록 순위가 높으며, 나머지 지표는 클수록 순위가 높다.
- 기업 평가 순위 부여 : 획득한 점수의 합이 큰 기업 순으로 평가 순위(1 ~ 4위)를 부여한다.
- 지원한도 :
  (1) 평가 순위 1위 기업에는 2,000억 원, 2위는 1,500억 원, 3위는 1,000억 원, 4위는 500억 원까지 지원할 수 있다.
  (2) 각 기업에 대한 지원한도는 순자산의 2/3로 제한된다. 다만, 평가 순위가 3위와 4위인 기업 중 부채비율이 400% 이상인 기업에게는 순자산의 1/2 만큼만 지원할 수 있다.
- 지원 요구 금액이 지원한도보다 적은 경우에는 지원 요구 금액 만큼만 배정한다.

〈평가지표와 각 기업의 순자산 및 지원 요구 금액〉

구분		A	B	C	D
평가 지표	경상이익률(%)	5	2	1.5	3
	영업이익률(%)	5	1	2	1.5
	부채비율(%)	500	350	450	300
	매출액증가율(%)	8	10	9	11
순자산(억 원)		2,100	600	900	3,000
지원 요구 금액(억 원)		2,000	500	1,000	1,800

	A기업	B기업	C기업	D기업
①	1,400억 원	400억 원	450억 원	1,800억 원
②	1,050억 원	500억 원	1,000억 원	1,800억 원
③	1,400억 원	400억 원	500억 원	2,000억 원
④	1,050억 원	500억 원	450억 원	2,000억 원
⑤	1,400억 원	500억 원	450억 원	1,800억 원

08 다음 조항과 K지방자치단체 공직자윤리위원회 위원 현황을 근거로 판단할 때, 이에 대한 설명으로 가장 적절한 것은?(단, 오늘은 2023년 3월 10일이다)

제○○조

① 지방자치단체는 공직자윤리위원회(이하 '위원회'라 한다)를 두어야 한다.

② 위원회는 위원장과 부위원장 각 1명을 포함한 9명의 위원으로 구성하되, 위원은 다음 각 호에 따라 위촉한다.

    1. 5명의 위원은 법관, 교육자, 시민단체에서 추천한 자로 한다. 이 경우 제2호의 요건에 해당하는 자는 제외된다.

    2. 4명의 위원은 해당 지방의회 의원 2명, 해당 지방자치단체 소속 행정국장, 기획관리실장(이하 '소속 공무원'이라 한다)으로 한다.

③ 위원회의 위원장과 부위원장은 위원회에서 다음 각 호에 따라 선임한다.

    1. 위원장은 제2항 제1호의 5명 중에서 선임

    2. 부위원장은 제2항 제2호의 4명 중에서 선임

제□□조

① 위원의 임기는 2년으로 하되, 한 차례만 연임할 수 있다.

② 지방자치단체의회 의원 및 소속 공무원 중에서 위촉된 위원의 임기는 제1항에도 불구하고 지방의회 의원인 경우에는 그 임기 내로 하고, 소속 공무원인 경우에는 그 직위에 재직 중인 기간으로 한다.

③ 전조 제2항 제1호에 따른 위원 중 결원이 생겼을 경우 그 자리에 새로 위촉된 위원의 임기는 전임자의 남은 기간으로 한다.

〈K지방자치단체 공직자윤리위원회 위원 현황〉

성명	직위	최초 위촉일자
A	K지방의회 의원	2021. 9. 1.
B	시민연대 회원	2021. 9. 1.
C	K지방자치단체 소속 기획관리실장	2021. 9. 1.
D	지방법원 판사	2022. 3. 1.
E	대학교 교수	2021. 9. 1.
F	고등학교 교사	2019. 9. 1.
G	중학교 교사	2021. 9. 1.
H	K지방의회 의원	2021. 9. 1.
I	K지방자치단체 소속 행정국장	2021. 9. 1.

※ 모든 위원은 최초 위촉 이후 계속 위원으로 활동하고 있다.

① B가 사망하여 새로운 위원을 위촉하는 경우 K지방의회 의원을 위촉할 수 있다.

② C가 오늘자로 명예퇴직하더라도 위원직을 유지할 수 있다.

③ E가 오늘자로 사임한 경우 당일 그 자리에 위촉된 위원의 임기는 위촉된 날로부터 2년이다.

④ F는 임기가 만료되면 연임할 수 있다.

⑤ I는 부위원장으로 선임될 수 있다.

09 다음은 A ~ J 10개 아파트 단지의 주택성능에 대한 내용이다. 자료와 〈보기〉를 근거로 분석한 결과에 대한 설명으로 가장 적절한 것은?

〈A ~ J아파트 단지의 주택성능〉

단지 \ 부문/세부항목	소음 경량충격	소음 중량충격	소음 화장실	소음 세대간	외부환경
A	☆	☆	☆☆☆	☆☆☆☆	☆☆☆
B	☆	☆	☆☆	☆☆☆	☆☆
C	☆	☆	☆☆☆	☆☆☆☆	☆
D	☆	☆	☆☆☆	☆☆☆☆	☆
E	☆	☆	☆☆☆	☆☆	☆☆
F	☆	☆	☆☆☆	☆☆☆	☆
G	☆☆	☆	☆☆☆	☆☆☆☆	☆☆
H	☆☆	☆☆	☆☆☆	☆☆☆☆	☆☆
I	☆	☆	☆☆☆	☆☆☆☆	☆☆
J	☆	☆	☆☆☆	☆☆☆☆	☆☆

보기

- 소음 부문에서 "세대간"은 '☆' 하나당 2점을, 나머지 세부항목은 '☆' 하나당 1점을 부여한다.
- 외부환경 부문은 '☆' 하나당 3점을 부여한다.
- 소음 부문 점수는 소음 부문 세부항목 점수의 합이고, 주택 성능점수는 소음 부문 점수와 외부환경 부문 점수의 합이다.

① 소음 부문에서 가장 높은 점수를 받은 단지는 'G'이다.
② 소음 부문에서 가장 낮은 점수를 받은 단지는 'B'이다.
③ 외부환경 부문에서 가장 높은 점수를 받은 단지가 주택성능 점수도 가장 높다.
④ 주택성능 점수가 가장 낮은 단지가 '세대간' 소음을 제외한 소음 부문 점수도 가장 낮다.
⑤ 주택성능 점수가 19점인 단지가 가장 많다.

다음은 갑 ~ 병 회사의 부서 간 정보교환을 나타낸 자료이다. 자료와 〈조건〉을 이용하여 작성한 회사의 부서 간 정보교환 형태가 아래와 같을 때, 그림의 (A) ~ (C)에 해당하는 회사를 순서대로 바르게 나열한 것은?

〈'갑' 회사의 부서 간 정보교환〉

부서	a	b	c	d	e	f	g
a		1	1	1	1	1	1
b	1		0	0	0	0	0
c	1	0		0	0	0	0
d	1	0	0		0	0	0
e	1	0	0	0		0	0
f	1	0	0	0	0		0
g	1	0	0	0	0	0	

〈'을' 회사의 부서 간 정보교환〉

부서	a	b	c	d	e	f	g
a		1	1	0	0	0	0
b	1		0	1	1	0	0
c	1	0		0	0	1	1
d	0	1	0		0	0	0
e	0	1	0	0		0	0
f	0	0	1	0	0		0
g	0	0	1	0	0	0	

〈'병' 회사의 부서 간 정보교환〉

부서	a	b	c	d	e	f	g
a		1	0	0	0	0	1
b	1		1	0	0	0	0
c	0	1		1	0	0	0
d	0	0	1		1	0	0
e	0	0	0	1		1	0
f	0	0	0	0	1		1
g	1	0	0	0	0	1	

※ 갑, 을, 병 회사는 각각 a ~ g의 7개 부서만으로 이루어지며, 부서 간 정보교환이 있으면 1, 없으면 0으로 표시한다.

조건

- 점(·)은 부서를 의미한다.
- 두 부서 간 정보교환이 있으면 두 점을 선(___)으로 직접 연결한다.
- 두 부서 간 정보교환이 없으면 두 점을 선(___)으로 직접 연결하지 않는다.

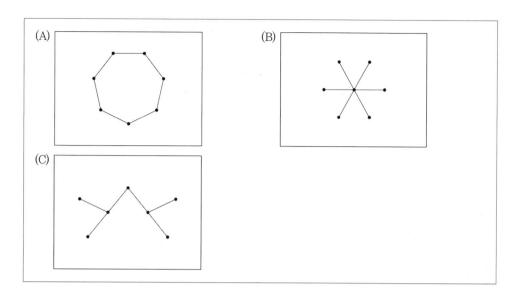

	(A)	(B)	(C)
①	갑	을	병
②	갑	병	을
③	을	갑	병
④	을	병	갑
⑤	병	갑	을

11 다음 글을 근거로 판단할 때, 빈칸 (A)에 해당하는 숫자는?

▣ K원자력발전소에서 매년 사용후핵연료봉(이하 '폐연료봉'이라 한다)이 50,000개씩 발생하고, 이를 저장하기 위해 발전소 부지 내 2가지 방식(습식과 건식)의 임시 저장소를 운영

  1. 습식 저장소
     − 원전 내 저장수조에서 물을 이용하여 폐연료봉의 열을 냉각시키고 방사선을 차폐하는 저장 방식으로 총 100,000개의 폐연료봉 저장 가능
  2. 건식 저장소
     • X저장소
        − 원통형의 커다란 금속 캔에 폐연료봉을 저장하는 방식으로 총 300기의 캐니스터로 구성되고, 한 기의 캐니스터는 9층으로 이루어져 있으며, 한 개의 층에 60개의 폐연료봉 저장 가능
     • Y저장소
        − 기체로 열을 냉각시키고 직사각형의 콘크리트 내에 저장함으로써 방사선을 차폐하는 저장방식으로 이 방식을 이용하여 저장소 내에 총 138,000개의 폐연료봉 저장 가능
▣ 현재 습식 저장소는 1개로 저장 용량의 50%가 채워져 있고, 건식 저장소 X, Y는 각각 1개로 모두 비어 있는 상황
▣ 따라서 발생하는 폐연료봉의 양이 항상 일정하다고 가정하면, K원자력발전소에서 최대 __(A)__ 년 동안 발생하는 폐연료봉을 현재의 임시 저장소에 저장 가능

---

① 3 ② 4
③ 5 ④ 6
⑤ 7

12 다음 축제 안내문과 〈조건〉을 근거로 판단할 때, 갑이 공연을 볼 수 있는 최대 일수는?

〈축제 안내문〉

- 공연장소 : K도시 예술의 전당
- 축제기간 : 4월 1일부터 4월 14일까지
- 공연시간 : 오후 7시(공연 시작 이후 공연장 입장은 불가합니다)
- 참고사항 : 모든 곡은 작품별 공연개시일에 표시된 날부터 연속하여 총 3일 동안 공연되고, 브루크너의 곡은 하루만 공연됩니다.

〈작품별 공연개시일〉

4/1(월)	4/2(화)	4/3(수)	4/4(목)	4/5(금)	4/6(토)	4/7(일)
▪드보르작 – 교향곡 제9번	▪쇼팽 – 즉흥 환상곡	▪브람스 – 바이올린 협주곡	▪파가니니 – 바이올린 협주곡 제1번	▪시벨리우스 – 교향시 〈핀란디아〉 서곡	▪바흐 – 요한 수난곡	▪브람스 – 교향곡 제3번
▪베르디 – 리골레토 서곡	▪드보르작 – 교향곡 제8번	▪생상스 – 교향곡 제1번	▪베토벤 – 전원 교향곡	▪닐센 – 오페라 〈사울과 다윗〉	▪베를리오즈 – 환상 교향곡	▪멘델스존 – 엘리야

4/8(월)	4/9(화)	4/10(수)	4/11(목)	4/12(금)	4/13(토)	4/14(일)
▪베를리오즈 – 로마의 카니발 서곡	▪비발디 – 사계 중 봄	▪슈만 – 사육제	▪브람스 – 교향곡 제11번	▪바흐 – 브란덴브르크 협주곡	▪브루크너 – 교향곡 제6번	▪브루크너 – 교향곡 제9번
▪라벨 – 볼레로	▪바그너 – 탄호이저 서곡	▪브람스 – 교향곡 제2번	▪헨델 – 스페인 칸타타	▪쇼팽 – 야상곡	▪브루크너 – 교향곡 제3번	

> **조건**
> - 갑은 매주 토요일 오후 2시에 B도시를 출발하여 주말을 K도시에서 보내고, 월요일 아침에 B도시로 돌아간다.
> - 갑은 레슨이 있는 날을 제외하고 평일에는 B도시에서 오전 9시부터 오후 6시까지 수업을 듣는다.
> - 레슨은 K도시에서 매주 수요일 오후 2시에 시작하여 오후 6시에 종료된다.
> - 레슨 장소에서 예술의 전당까지 이동시간은 30분이며, B도시에서 예술의 전당까지 이동시간은 3시간이다.
> - 갑은 베토벤 또는 브람스의 곡이 최소한 1곡이라도 공연되는 날짜에만 공연을 본다.

① 2일
② 3일
③ 4일
④ 5일
⑤ 6일

13 다음 글을 근거로 판단할 때, 〈보기〉에서 적절한 것을 모두 고르면?

1부터 5까지 숫자가 하나씩 적힌 5장의 카드와 3개의 구역이 있는 다트판이 있다. 갑과 을은 다음 방법에 따라 점수를 얻는 게임을 하기로 했다.

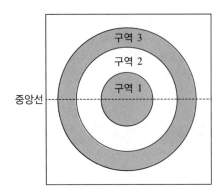

- 우선 5장의 카드 중 1장을 임의로 뽑고, 그 후 다트를 1~2차 시기에 1번씩 총 2번 던진다.
- 뽑힌 카드에 적혀 있는 숫자가 '카드 점수'가 되며 점수를 얻는 방법은 다음과 같다.

[1차 시기 점수 산정 방법]
– 다트가 구역 1에 꽂힐 경우 : (카드 점수)×3
– 다트가 구역 2에 꽂힐 경우 : (카드 점수)×2
– 다트가 구역 3에 꽂힐 경우 : (카드 점수)×1
– 다트가 그 외 영역에 꽂힐 경우 : (카드 점수)×0

[2차 시기 점수 산정 방법]
– 다트가 다트판의 중앙선 위쪽에 꽂힐 경우 : 2점
– 다트가 다트판의 중앙선 아래쪽에 꽂힐 경우 : 0점

[최종 점수 산정 방법]
– (최종 점수)=(1차 시기 점수)+(2차 시기 점수)
※ 다트판의 선에 꽂히는 경우 등 그 외 조건은 고려하지 않는다.

보기

ㄱ. 갑이 짝수가 적힌 카드를 뽑았다면, 최종 점수는 홀수가 될 수 없다.
ㄴ. 갑이 숫자 2가 적힌 카드를 뽑았다면, 가능한 최종 점수는 8가지이다.
ㄷ. 갑이 숫자 4가 적힌 카드를, 을이 숫자 2가 적힌 카드를 뽑았다면, 가능한 갑의 최종 점수 최댓값과 을의 최종 점수 최솟값의 차이는 14점이다.

① ㄱ
② ㄷ
③ ㄱ, ㄴ
④ ㄱ, ㄷ
⑤ ㄴ, ㄷ

14 다음 글을 근거로 판단할 때, A시에서 B시까지의 거리는?

> 갑은 을이 운전하는 자동차를 타고 A시에서 B시를 거쳐 C시로 가는 중이었다. A, B, C는 일직선 상에 순서대로 있으며, 을은 자동차를 일정한 속력으로 운전하여 도시 간 최단 경로로 이동했다.
>
> A시를 출발한지 20분 후 갑은 을에게 지금까지 얼마나 왔는지 물어보았다.
>
> "여기서부터 B시까지 거리의 딱 절반만큼 왔어."라고 을이 대답하였다.
>
> 그로부터 75km를 더 간 후에 갑은 다시 물어보았다.
>
> "C시까지는 얼마나 남았지?"
>
> 을은 다음과 같이 대답하였다.
>
> "여기서부터 B시까지 거리의 딱 절반만큼 남았어."
>
> 그로부터 30분 뒤에 갑과 을은 C시에 도착하였다.

① 35km
② 40km
③ 45km
④ 50km
⑤ 55km

15 다음 논증에 대한 설명으로 가장 적절한 것은?

> • 전제 1 : 절대빈곤은 모두 나쁘다.
> • 전제 2 : 비슷하게 중요한 다른 일을 소홀히 하지 않고도 우리가 막을 수 있는 절대빈곤이 존재한다.
> • 전제 3 : 우리가 비슷하게 중요한 다른 일을 소홀히 하지 않고도 나쁜 일을 막을 수 있다면, 우리는 그 일을 막아야 한다.
> • 결론 : 우리가 막아야 하는 절대빈곤이 존재한다.

① 모든 전제가 참이라고 할지라도 결론은 참이 아닐 수 있다.
② 전제 1을 논증에서 뺀다고 하더라도, 전제 2와 전제 3만으로 결론이 도출될 수 있다.
③ 비슷하게 중요한 다른 일을 소홀히 해도 막을 수 없는 절대 빈곤이 있다면, 결론은 도출되지 않는다.
④ 절대빈곤을 막는 일에 비슷하게 중요한 다른 일을 소홀히 하게 되는 경우가 많다면, 결론은 도출되지 않는다.
⑤ 비슷하게 중요한 다른 일을 소홀히 하지 않고도 막을 수 있는 나쁜 일이 존재한다는 것을 전제로 추가하지 않아도, 주어진 전제만으로 결론은 도출될 수 있다.

16 다음 글을 근거로 판단할 때, 〈보기〉에서 적절한 것을 모두 고르면?

> K축구대회에는 모두 32개 팀이 참가하여 한 조에 4개 팀씩 8개 조로 나누어 경기를 한다. 각 조의 4개 팀이 서로 한 번씩 경기를 하여 승점 – 골 득실 차 – 다득점 – 승자승 – 추첨의 순서에 의해 각 조의 1, 2위 팀이 16강에 진출한다. 각 팀은 16강에 오르기까지 총 3번의 경기를 치르게 되며, 매 경기마다 승리한 팀은 승점 3점을 얻게 되고, 무승부를 기록한 팀은 승점 1점, 패배한 팀은 0점을 획득한다.
>
> 그중 1조에 속한 A, B, C, D팀은 현재까지 각 2경기씩 치렀으며, 그 결과는 A : B=4 : 1, A : D=1 : 0, B : C=2 : 0, C : D=2 : 1이었다. 아래의 표는 그 결과를 정리한 것이다. 내일 각 팀은 16강에 오르기 위한 마지막 경기를 치르는데, A팀은 C팀과, B팀은 D팀과 경기를 갖는다.

〈마지막 경기를 남겨 놓은 각 팀의 전적〉

구분	승	무	패	득 / 실점	승점
A팀	2	0	0	5 / 1	6
B팀	1	0	1	3 / 4	3
C팀	1	0	1	2 / 3	3
D팀	0	0	2	1 / 3	0

보기

ㄱ. A팀이 C팀과의 경기에서 이긴다면, A팀은 B팀과 D팀의 경기 결과에 상관없이 16강에 진출한다.
ㄴ. A팀이 C팀과 1 : 1로 비기고 B팀이 D팀과 0 : 0으로 비기면 A팀과 B팀이 16강에 진출한다.
ㄷ. C팀과 D팀이 함께 16강에 진출할 가능성은 전혀 없다.
ㄹ. D팀은 마지막 경기의 결과에 관계없이 16강에 진출할 수 없다.

① ㄱ, ㄴ
② ㄱ, ㄹ
③ ㄷ, ㄹ
④ ㄱ, ㄴ, ㄷ
⑤ ㄴ, ㄷ, ㄹ

17 다음 세 진술이 모두 거짓일 때, 유물 A ~ D 중에서 전시되는 유물의 총 개수는?

> • A와 B 가운데 어느 하나만 전시되거나, 둘 중 어느 것도 전시되지 않는다.
> • B와 C 중 적어도 하나가 전시되면, D도 전시된다.
> • C와 D 어느 것도 전시되지 않는다.

① 0개
② 1개
③ 2개
④ 3개
⑤ 4개

18 다음 글을 근거로 판단할 때, B전시관 앞을 지나가거나 관람한 총인원은?

- 전시관은 A → B → C → D 순서로 배정되어 있다. 행사장 출입구는 아래 그림과 같이 두 곳이며 다른 곳으로는 출입이 불가능하다.
- 관람객은 행사장 출입구 두 곳 중 한 곳으로 들어와서 시계 반대 방향으로 돌며, 모든 관람객은 4개의 전시관 중 2개의 전시관만을 골라 관람한다.
- 자신이 원하는 2개의 전시관을 모두 관람하면 그 다음 만나게 되는 첫 번째 행사장 출입구를 통해 나가기 때문에, 관람객 중 일부는 반 바퀴를, 일부는 한 바퀴를 돌게 되지만 한 바퀴를 초과해서 도는 관람객은 없다.
- 행사장 출입구 두 곳을 통해 행사장에 입장한 관람객 수의 합은 400명이며, 이 중 한 바퀴를 돈 관람객은 200명이고 D전시관 앞을 지나가거나 관람한 인원은 350명이다.

〈행사장 출입구〉

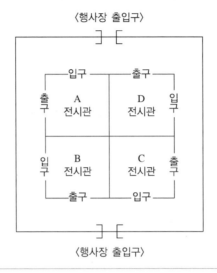

〈행사장 출입구〉

① 50명　　　　　　　　　　② 100명
③ 200명　　　　　　　　　　④ 250명
⑤ 350명

19 다음 글을 읽고, 〈보기〉의 빈칸 (A) ~ (C)에 해당하는 금액을 순서대로 바르게 나열한 것은?

카지노를 경영하는 사업자는 아래의 징수 비율에 해당하는 금액(납부금)을 '관광진흥개발기금'에 내야 한다. 만일 납부기한까지 납부금을 내지 않으면, 체납된 납부금에 대해서 100분의 3에 해당하는 가산금이 1회에 한하여 부과된다(다만 가산금에 대한 연체료는 없다).

〈납부금 징수비율〉

- 연간 총매출액이 10억 원 이하인 경우 : 총매출액의 100분의 1
- 연간 총매출액이 10억 원을 초과하고 100억 원 이하인 경우 : 1천만 원+(총매출액 중 10억 원을 초과하는 금액의 100분의 5)
- 연간 총매출액이 100억 원을 초과하는 경우 : 4억 6천만 원+(총매출액 중 100억 원을 초과하는 금액의 100분의 10)

> **보기**
>
> 카지노 사업자 갑의 연간 총매출액은 10억 원, 사업자 을의 경우는 90억 원, 사업자 병의 경우는 200억 원이다.
> - 갑이 납부금 전액을 체납했을 때, 체납된 납부금에 대한 가산금은 __(A)__ 만 원이다.
> - 을이 기한 내 납부금으로 4억 원만을 낼 때, 체납된 납부금에 대한 가산금은 __(B)__ 만 원이다.
> - 병이 기한 내 납부금으로 14억 원만을 낼 때, 체납된 납부금에 대한 가산금은 __(C)__ 만 원이다.

	(A)	(B)	(C)
①	30	30	180
②	30	30	3,180
③	30	180	180
④	180	30	3,180
⑤	180	180	3,180

20 다음 글을 읽고 선호를 가진 사람들이 투표할 때, 나타날 수 있는 결과로 가장 적절한 것은?

'투표 거래'란 과반수를 달성하지 못하는 집단이 과반수를 달성하기 위하여 표(Vote)를 거래하는 것을 말한다. 예를 들어 갑, 을, 병 세 사람이 대안을 선택하는 경우를 생각해 보자. 하나의 대안을 대상으로 과반수 투표를 하는 경우 갑, 을, 병 세 사람은 모두 자신에게 돌아오는 순편익이 양(+)의 값을 갖는 대안에만 찬성한다. 그러나 투표 거래를 하는 경우에는 자신이 원하는 대안이 채택되는 대가로 순편익이 양(+)의 값을 갖지 않는 대안을 지지할 수 있다. 즉, 갑은 자신이 선호하는 대안을 찬성해 준 을에게 그 대가로 자신은 선호하지 않으나 을이 선호하는 대안을 찬성해 주는 것이 투표 거래이다.

순편익 \ 대안	대안 A	대안 B	대안 C	대안 D	대안 E
갑의 순편익	200	−40	−120	200	−40
을의 순편익	−50	150	−160	−110	150
병의 순편익	−55	−30	400	−105	−120
전체 순편익	95	80	120	−15	−10

① 투표 거래를 하지 않는 과반수 투표의 경우에도 대안 A, B, C는 채택될 수 있다.

② 갑과 을이 투표 거래를 한다면 대안 A와 대안 C가 채택될 수 있다.

③ 갑, 을, 병이 투표 거래를 한다면 대안 A, B, C, D, E가 모두 채택될 수 있다.

④ 대안 D와 대안 E가 채택되기 위해서는 을과 병이 투표 거래를 해야 한다.

⑤ 대안 A와 대안 E가 채택되는 것은 전체 순편익의 차원에서 가장 바람직하지 못하다.

제2회
NCS in PSAT 최종점검 모의고사

모바일 OMR
답안채점 / 성적분석
서비스

☑ 응시시간 : 20분　　　☑ 문항 수 : 20문항　　　정답 및 해설 p.105

01 다음 글을 근거로 판단할 때, 참인지 거짓인지 알 수 있는 내용을 〈보기〉에서 모두 고르면?

> 머신러닝은 컴퓨터 공학에서 최근 주목 받고 있는 분야이다. 이 중 샤펠식 과정은 성공적인 적용 사례들로 인해 우리에게 많이 알려진 학습 방법이다. 머신러닝의 사례 가운데 샤펠식 과정에 해당하면서 의사결정트리 방식을 따르지 않는 경우는 없다.
>
> 머신러닝은 지도학습과 비지도학습이라는 두 배타적 유형으로 나눌 수 있고, 모든 머신러닝의 사례는 이 두 유형 중 하나에 속한다. 샤펠식 과정은 모두 전자에 속한다. 머신러닝에서 새로 떠오르는 방법은 강화 학습인데, 강화 학습을 활용하는 모든 경우는 후자에 속한다. 그리고 의사결정트리 방식을 적용한 사례들 가운데 강화 학습을 활용하는 머신러닝의 사례도 있다.

보기

ㄱ. 의사결정트리 방식을 적용한 모든 사례는 지도 학습의 사례이다.
ㄴ. 샤펠식 과정의 적용 사례가 아니면서 의사결정트리 방식을 적용한 경우가 존재한다.
ㄷ. 강화 학습을 활용하는 머신러닝 사례들 가운데 의사결정트리 방식이 적용되지 않은 경우는 없다.

① ㄴ
② ㄷ
③ ㄱ, ㄴ
④ ㄱ, ㄷ
⑤ ㄱ, ㄴ, ㄷ

02 다음 법규정에 근거할 때, 〈보기〉에서 적절한 것을 모두 고르면?

> **제1조** 혼인은 가족관계등록법에 정한 바에 의하여 신고함으로써 그 효력이 생긴다.
> **제2조** 부부 사이에 체결된 재산에 관한 계약은 부부가 그 혼인관계를 해소하지 않는 한 언제든지 부부의 일방이 이를 취소할 수 있다. 그러나 제3자의 권리를 해하지 못한다.
> **제3조** 혼인 성립 전에 그 재산에 관하여 약정한 때에는 혼인 중에 한하여 이를 변경하지 못한다. 그러나 정당한 사유가 있는 때에는 법원의 허가를 얻어 변경할 수 있다.

보기

ㄱ. 약혼자 A와 B가 가족관계등록법에서 정한 절차에 따라 혼인신고를 하면 아직 혼례식을 올리지 않았더라도 법률상 부부가 된다.

ㄴ. A는 혼인 5주년을 기념하는 의미로 자기가 장래 취득할 부동산을 배우자 B의 명의로 등기하기로 약정하였지만, 마음이 바뀌면 혼인 중에는 이 약정을 언제든지 취소할 수 있다.

ㄷ. B는 배우자 A에게 자기 소유의 주택을 증여하였는데, A가 친구 C에게 이 주택을 매도하여 소유권을 이전하였더라도 그 증여계약을 취소하면 B는 C에게 그 주택의 반환을 청구할 수 있다.

ㄹ. 혼인 후 사이가 좋을 때에 A가 배우자 B에게 자기 소유의 주택을 증여했으나, 이혼을 한 현재는 이전의 증여계약을 취소하고 주택반환을 청구할 수 없다.

ㅁ. 약혼자 A와 B가 혼인 후 B의 재산을 A가 관리하기로 합의를 하였다면, 아직 혼인신고 이전이더라도 법원의 허가 없이는 합의내용을 변경할 수 없다.

※ 배우자란 혼인신고를 한 부부의 일방(한쪽)을 말한다.

① ㄱ, ㄷ　　　　　　　　　　　② ㄴ, ㅁ
③ ㄱ, ㄴ, ㄹ　　　　　　　　　④ ㄱ, ㄴ, ㅁ
⑤ ㄷ, ㄹ, ㅁ

03 다음은 육류의 원산지 표시 방법을 나타낸 자료이다. 이를 근거로 판단할 때, 〈보기〉에서 적절한 것을 모두 고르면?

〈원산지 표시 방법〉

구분	표시 방법
(가) 돼지고기, 닭고기, 오리고기	육류의 원산지 등은 국내산과 수입산으로 구분하고, 다음 항목의 구분에 따라 표시한다. 1) 국내산의 경우 괄호 안에 '국내산'으로 표시한다. 다만 수입한 돼지를 국내에서 2개월 이상 사육한 후 국내산으로 유통하거나, 수입한 닭 또는 오리를 국내에서 1개월 이상 사육한 후 국내산으로 유통하는 경우에는 '국내산'으로 표시하되, 괄호 안에 축산물명 및 수입국가명을 함께 표시한다. 예 삼겹살(국내산), 삼계탕 국내산(닭, 프랑스산), 훈제오리 국내산(오리, 일본산) 2) 수입산의 경우 수입국가명을 표시한다. 예 삼겹살(독일산) 3) 원산지가 다른 돼지고기 또는 닭고기를 섞은 경우 그 사실을 표시한다. 예 닭갈비(국내산과 중국산을 섞음)
(나) 배달을 통하여 판매·제공되는 닭고기	1) 조리한 닭고기를 배달을 통하여 판매·제공하는 경우, 그 조리한 음식에 사용된 닭고기의 원산지를 포장재에 표시한다. 2) 1)에 따른 원산지 표시는 위 (가)의 기준에 따른다. 예 찜닭(국내산), 양념치킨(브라질산)

※ 수입국가명은 우리나라에 축산물을 수출한 국가명을 말한다.

보기

ㄱ. 국내산 돼지고기와 프랑스산 돼지고기를 섞은 돼지갈비를 유통할 때, '돼지갈비(국내산과 프랑스산을 섞음)'로 표시한다.

ㄴ. 덴마크산 돼지를 수입하여 1개월 간 사육한 후 그 삼겹살을 유통할 때, '삼겹살 국내산(돼지, 덴마크산)'으로 표시한다.

ㄷ. 중국산 훈제오리를 수입하여 2개월 후 유통할 때, '훈제오리 국내산(오리, 중국산)'으로 표시한다.

ㄹ. 국내산 닭을 이용하여 양념치킨으로 조리한 후 배달 판매할 때, '양념치킨(국내산)'으로 표시한다.

① ㄱ, ㄴ
② ㄱ, ㄹ
③ ㄴ, ㄷ
④ ㄱ, ㄷ, ㄹ
⑤ ㄴ, ㄷ, ㄹ

04 다음 글을 근거로 판단할 때, 〈보기〉에서 적절한 것을 모두 고르면?

■ 사업개요
1. 사업목적
   - 취약계층 아동에게 맞춤형 통합서비스를 제공하여 아동의 건강한 성장과 발달을 도모하고, 공평한 출발기회를 보장함으로써 건강하고 행복한 사회구성원으로 성장할 수 있도록 지원함
2. 사업대상
   - 0세 ~ 만 12세 취약계층 아동
   ※ 0세는 출생 이전의 태아와 임산부를 포함한다.
   ※ 초등학교 재학생이라면 만 13세 이상도 포함한다.
■ 운영계획
1. 지역별 인력 구성
   - 전담공무원 : 3명
   - 아동통합서비스 전문요원 : 4명 이상
   ※ 아동통합서비스 전문요원은 대상 아동 수에 따라 최대 7명까지 배치 가능하다.
2. 사업예산
   - 시·군·구별 최대 3억 원(국비 100%) 한도에서 사업 환경을 반영하여 차등 지원
   ※ 단, 사업예산의 최대 금액은 기존 사업지역 3억 원, 신규 사업지역 1억 5천만 원으로 제한한다.

보기

ㄱ. 임신 6개월째인 취약계층 임산부는 사업대상에 해당되지 않는다.
ㄴ. 내년 초등학교 졸업을 앞둔 만 14세 취약계층 학생은 사업대상에 해당한다.
ㄷ. 대상 아동 수가 많은 지역이더라도 해당 사업의 전담공무원과 아동통합서비스 전문요원을 합한 인원은 10명을 넘을 수 없다.
ㄹ. 해당 사업을 신규로 추진하고자 하는 K시는 사업예산을 최대 3억 원까지 국비로 지원받을 수 있다.

① ㄱ, ㄴ
② ㄱ, ㄹ
③ ㄴ, ㄷ
④ ㄴ, ㄹ
⑤ ㄷ, ㄹ

05 다음 글과 상황을 근거로 판단할 때, 이에 대한 내용으로 가장 적절한 것은?

> 헌법재판소가 위헌으로 결정한 법률 또는 법률조항은 그 위헌결정이 있는 날부터 효력을 상실한다. 그러나 위헌으로 결정된 형벌에 관한 법률 또는 법률조항(이하 '형벌조항'이라고 함)은 소급하여 그 효력을 상실한다. 이는 죄형법정주의 원칙에 의할 때, 효력이 상실된 형벌조항에 따라 유죄의 책임을 지는 것은 타당하지 않다는 점을 고려한 것이다.
>
> 그러나 위헌인 형벌조항에 대해서 일률적으로 해당 조항의 제정 시점까지 소급효를 인정하는 것은 문제가 있다. 왜냐하면 헌법재판소가 기존에 어느 형벌조항에 대해서 합헌결정을 하였지만 그 후 시대 상황이나 국민의 법감정 등 사정변경으로 위헌결정을 한 경우, 해당 조항의 제정 시점까지 소급하여 그 효력을 상실하게 하여 과거에 형사처벌을 받은 사람들까지도 재심을 청구할 수 있게 하는 것은 부당하기 때문이다. 따라서 위헌으로 결정된 형벌조항에 대해서 종전에 합헌결정이 있었던 경우에는 그 결정이 선고된 날의 다음 날로 소급하여 효력을 상실하는 것으로 규정함으로써 그 소급효를 제한한다. 이러한 소급효 제한의 취지로 인해 동일한 형벌조항에 대해서 헌법재판소가 여러 차례 합헌결정을 한 때에는 최후에 합헌결정을 선고한 날의 다음 날로 소급하여 그 형벌조항의 효력이 상실되는 것으로 본다.
>
> 한편, 헌법재판소의 위헌결정이 내려진 형벌조항에 근거하여 유죄의 확정판결을 받은 사람은 '무죄임을 확인해 달라'는 취지의 재심청구가 인정된다. 또한 그 유죄판결로 인해 실형을 선고받고 교도소에서 복역하였던 사람은 구금일수에 따른 형사보상금 청구가 인정되며, 벌금형을 선고받아 이를 납부한 사람도 형사보상금 청구가 인정된다.
>
> ※ 소급효 : 법률이나 판결 등의 효력이 과거 일정 시점으로 거슬러 올라가서 미치는 것

> 〈상황〉
>
> 1953. 9. 18.에 제정된 형법 제241조의 간통죄에 대해서, 헌법재판소는 1990. 9. 10., 1993. 3. 31., 2001. 10. 25., 2008. 10. 30.에 합헌결정을 하였지만, 2015. 2. 26.에 위헌결정을 하였다. 다음과 같이 형사처벌을 받았던 갑, 을, 병은 재심청구와 형사보상금 청구를 하였다.
>
> • 갑 : 2007. 10. 1. 간통죄로 1년의 징역형이 확정되어 1년간 교도소에서 복역하였다.
> • 을 : 2010. 6. 1. 간통죄로 징역 1년과 집행유예 2년을 선고받고, 교도소에서 복역한 바 없이 집행유예기간이 경과되었다.
> • 병 : 2013. 8. 1. 간통죄로 1년의 징역형이 확정되어 1년간 교도소에서 복역하였다.
>
> ※ 집행유예 : 유죄판결을 받은 사람에 대하여 일정 기간 형의 집행을 유예하고, 그 기간을 무사히 지내면 형의 선고는 효력을 상실하는 것으로 하여 실형을 과하지 않는 제도

① 갑의 재심청구는 인정되나 형사보상금 청구는 인정되지 않는다.
② 을의 재심청구와 형사보상금 청구는 모두 인정된다.
③ 을의 재심청구는 인정되나 형사보상금 청구는 인정되지 않는다.
④ 병의 재심청구와 형사보상금 청구는 모두 인정되지 않는다.
⑤ 병의 재심청구는 인정되나 형사보상금 청구는 인정되지 않는다.

06 다음 글을 근거로 판단할 때 가장 적절한 것은?

> 북독일과 남독일의 맥주는 맛의 차이가 분명하다. 북독일 맥주는 한마디로 '강한 맛이 생명'이라고 표현할 수 있다. 맥주를 최대한 발효시켜 진액을 거의 남기지 않고 당분을 낮춘다. 반면 홉(Hop) 첨가량은 비교적 많기 때문에 '담백하고 씁쓸한', 즉 강렬한 맛의 맥주가 탄생한다. 이른바 씁쓸한 맛의 맥주라고 할 수 있다. 이에 반해 19세기 말까지 남독일의 고전적인 뮌헨 맥주는 원래 색이 짙고 순하며 단맛이 감도는 특징이 있었다. 이 전통을 계승하여 만들어진 뮌헨 맥주는 홉의 쓴맛보다 맥아 본래의 순한 맛에 역점을 둔 '강하지 않고 진한' 맥주다.
>
> 옥토버페스트(Oktoberfest)는 맥주 축제의 대명사이다. 옥토버페스트의 기원은 1810년에 바이에른의 시골에서 열린 축제이다. 바이에른 황태자와 작센에서 온 공주의 결혼을 축하하기 위해 개최한 경마대회가 시초이다. 축제는 뮌헨 중앙역에서 서남서로 2km 떨어진 곳에 있는 테레지아 초원에서 열린다. 처음 이곳은 맥주와 무관했지만, 4년 후 놋쇠 뚜껑이 달린 도기제 맥주잔에 맥주를 담아 판매하는 노점상이 들어섰고, 다시 몇 년이 지나자 테레지아 왕비의 기념 경마대회는 완전히 맥주 축제로 변신했다.
>
> 축제가 열리는 동안 세계 각국의 관광객이 독일을 찾는다. 그래서 이 기간에 뮌헨에 숙박하려면 보통 어려운 게 아니다. 저렴하고 좋은 호텔은 봄에 이미 예약이 끝난다. 축제는 2주간 열리고 10월 첫째 주 일요일이 마지막 날로 정해져 있다.
>
> 뮌헨에 있는 오래된 6대 맥주 회사만이 옥토버페스트 축제장에 텐트를 설치할 수 있다. 각 회사는 축제장에 대형 텐트로 비어홀을 내는데, 두 곳을 내는 곳도 있어 텐트의 개수는 총 9 ~ 10개 정도이다. 텐트 하나에 5천 명 정도 들어갈 수 있고, 텐트 전체로는 5만 명을 수용할 수 있다. 이 축제의 통계를 살펴보면, 기간 14일, 전체 입장객 수 650만 명, 맥주 소비량 510만 리터 등이다.

① ○○년 10월 11일이 일요일이라면 ○○년의 옥토버페스트는 9월 28일에 시작되었을 것이다.

② 봄에 호텔을 예약하지 않으면 옥토버페스트 기간에 뮌헨에서 호텔에 숙박할 수 없다.

③ 옥토버페스트는 처음부터 맥주 축제로 시작하여 약 200년의 역사를 지니게 되었다.

④ 북독일 맥주를 좋아하는 사람이 뮌헨 맥주를 '강한 맛이 없다.'고 비판한다면, 뮌헨 맥주를 좋아하는 사람은 맥아가 가진 본래의 맛이야말로 뮌헨 맥주의 장점이라고 말할 것이다.

⑤ 옥토버페스트에서 총 10개의 텐트가 설치되고 각 텐트에서의 맥주 소비량이 비슷하다면, 2개의 텐트를 설치한 맥주 회사에서 만든 맥주는 하루에 평균적으로 약 7천 리터가 소비되었을 것이다.

07 다음 숫자 배열 (가) ~ (다)의 공통적인 특성을 〈보기〉에서 모두 고르면?

> (가) 2, 3, 6, 7, 8
> (나) 1, 4, 5, 6, 9
> (다) 6, 5, 8, 3, 9

보기

ㄱ. 홀수 다음에 홀수가 연이어 오지 않는다.
ㄴ. 짝수 다음에 짝수가 연이어 오지 않는다.
ㄷ. 동일한 숫자는 반복하여 사용되지 않는다.
ㄹ. 어떤 숫자 바로 다음에는 그 숫자의 배수가 오지 않는다.

① ㄱ, ㄴ   ② ㄴ, ㄷ
③ ㄴ, ㄹ   ④ ㄷ, ㄹ
⑤ ㄱ, ㄷ, ㄹ

08 다음 글을 읽고 이에 대한 설명으로 적절하지 않은 것은?

> 갑, 을, 병은 같은 과목을 수강하고 있다. 이 과목의 성적은 과제 점수와 기말시험 점수를 합산하여 평가한다. 과제에 대한 평가방법은 다음과 같다. 강의에 참여하는 학생은 5명으로 구성된 팀을 이루어 과제를 발표해야 한다. 교수는 과제 발표의 수준에 따라 팀 점수를 정한 후, 이 점수를 과제 수행에 대한 기여도에 따라 참여한 학생들에게 나누어준다. 이때 5명의 학생에게 모두 서로 다른 점수를 부여하되, 각 학생 간에는 2.5점의 차이를 둔다. 기말시험의 성적은 60점이 만점이고, 과제 점수는 40점이 만점이다.
> 과제 점수와 기말시험 점수를 합산하여 총점 95점 이상을 받은 학생은 A+등급을 받게 되고, 90점 이상 95점 미만은 A등급을 받는다. 마이너스(−) 등급은 없으며, 매 5점을 기준으로 등급은 한 단계씩 떨어진다. 예컨대 85점 이상 90점 미만은 B+, 80점 이상 85점 미만은 B등급이 되는 것이다. 갑, 을, 병은 다른 2명의 학생과 함께 팀을 이루어 발표를 했는데, 팀 점수로 150점을 받았다. 그리고 기말고사에서 갑은 53점, 을은 50점, 병은 46점을 받았다.

① 갑은 최고 B+에서 최저 C+등급까지의 성적을 받을 수 있다.
② 을은 최고 B에서 최저 C등급까지의 성적을 받을 수 있다.
③ 병은 최고 B에서 최저 C등급까지의 성적을 받을 수 있다.
④ 을의 기여도가 최상위일 경우 갑과 병은 같은 등급의 성적을 받을 수 있다.
⑤ 갑의 기여도가 최상위일 경우 을과 병은 같은 등급의 성적을 받을 수 있다.

09 다음 글을 근거로 판단할 때, 〈보기〉의 진술 중 항상 참인 것을 모두 고르면?

장애 아동을 위한 특수 교육 학교가 있다. 그 학교에는 키 성장이 멈추거나 더디어서 110cm 미만인 아동이 10명, 심한 약시로 꾸준한 치료와 관리가 필요한 아동이 10명 있다. 키가 110cm 미만인 아동은 모두 특수 스트레칭 교육을 받는다. 그리고 특수 스트레칭 교육을 받는 아동 중에는 약시인 아동은 없다. 어떤 아동이 약시인 경우에만 특수 영상장치가 설치된 학급에서 교육을 받는다. 숙이, 철이, 석이는 모두 이 학교에 다니는 아동이다.

> **보기**
>
> ㄱ. 특수 스트레칭 교육을 받으면서 특수 영상장치가 설치된 반에서 교육을 받는 아동은 없다.
> ㄴ. 숙이가 약시가 아니라면, 그의 키는 110cm 미만이다.
> ㄷ. 석이가 특수 영상장치가 설치된 반에서 교육을 받는다면, 그는 키가 110cm 이상이다.
> ㄹ. 철이 키가 120cm이고 약시는 아니라면, 그는 특수 스트레칭 교육을 받지 않는다.

① ㄱ, ㄴ ② ㄱ, ㄷ
③ ㄴ, ㄷ ④ ㄴ, ㄹ
⑤ ㄷ, ㄹ

10 다음 진술이 모두 참일 때, 〈보기〉에서 항상 참인 것을 모두 고르면?

- A, B, C, D 중 한 명의 근무지는 서울이다.
- A, B, C, D는 각기 다른 한 도시에서 근무한다.
- 갑, 을, 병 각각의 두 진술 중 하나는 참이고 다른 하나는 거짓이다.
- 갑은 "A의 근무지는 광주이다."와 "D의 근무지는 서울이다."라고 진술했다.
- 을은 "B의 근무지는 광주이다."와 "C의 근무지는 세종이다."라고 진술했다.
- 병은 "C의 근무지는 광주이다."와 "D의 근무지는 부산이다."라고 진술했다.

> **보기**
>
> ㄱ. A의 근무지는 광주이다.
> ㄴ. B의 근무지는 서울이다.
> ㄷ. C의 근무지는 세종이다.

① ㄱ ② ㄷ
③ ㄱ, ㄴ ④ ㄴ, ㄷ
⑤ ㄱ, ㄴ, ㄷ

11 정부포상 대상자 추천의 제한요건에 대한 규정을 근거로 판단할 때, 다음 중 2022년 8월 정부포상 대상자로 추천을 받을 수 있는 자는?

1) 형사처벌 등을 받은 자
　가) 형사재판에 계류 중인 자
　나) 금고 이상의 형을 받고 그 집행이 종료된 후 5년을 경과하지 아니한 자
　다) 금고 이상의 형의 집행유예를 받은 경우 그 집행유예의 기간이 완료된 날로부터 3년을 경과하지 아니한 자
　라) 금고 이상의 형의 선고유예를 받은 경우에는 그 기간 중에 있는 자
　마) 포상추천일 전 2년 이내에 벌금형 처벌을 받은 자로서 1회 벌금액이 200만 원 이상이거나 2회 이상의 벌금형 처분을 받은 자
2) 공정거래관련법 위반 법인 및 그 임원
　가) 최근 2년 이내 3회 이상 고발 또는 과징금 처분을 받은 법인 및 그 대표자와 책임 있는 임원 (단, 고발에 따른 과징금 처분은 1회로 간주)
　나) 최근 1년 이내 3회 이상 시정명령 처분을 받은 법인 및 그 대표자와 책임 있는 임원

① 금고 1년 형을 선고 받아 복역한 후 2020년 10월 출소한 자
② 2022년 8월 현재 형사재판에 계류 중인 자
③ 2021년 10월 이후 현재까지, 공정거래관련법 위반으로 3회 시정명령 처분을 받은 기업의 대표자
④ 2021년 1월, 교통사고 후 필요한 구호조치를 하지 않아 500만 원의 벌금형 처분을 받은 자
⑤ 2020년 7월 이후 현재까지, 공정거래관련법 위반으로 고발에 따른 과징금 처분을 2회 받은 기업

12 K는 키보드를 이용해 숫자를 계산하는 과정에서 키보드의 숫자 배열을 휴대폰의 숫자 배열로 착각하고 숫자를 입력하였다. 휴대폰과 키보드의 숫자 배열이 다음과 같다고 할 때, 〈보기〉에서 적절한 것을 모두 고르면?

〈휴대폰의 숫자 배열〉

1	2	3
4	5	6
7	8	9
@	0	#

〈키보드의 숫자 배열〉

7	8	9
4	5	6
1	2	3
	0	.

보기

ㄱ. '46×5'의 계산 결과는 바르게 산출되었다.
ㄴ. '789+123'의 계산 결과는 바르게 산출되었다.
ㄷ. '159+753'의 계산 결과는 바르게 산출되었다.
ㄹ. '753+951'의 계산 결과는 바르게 산출되었다.
ㅁ. '789−123'의 계산 결과는 바르게 산출되었다.

① ㄱ, ㄴ, ㄷ
② ㄱ, ㄴ, ㄹ
③ ㄱ, ㄷ, ㅁ
④ ㄴ, ㄷ, ㄹ
⑤ ㄴ, ㄹ, ㅁ

13 다음 글을 읽고 이에 대한 설명으로 적절하지 않은 것은?

- 혈당이 낮아지면 혈중 L의 양이 줄어들고, 혈당이 높아지면 그 양이 늘어난다.
- 혈중 L의 양이 늘어나면 시상하부 알파 부분에서 호르몬 A가 분비되고, 혈중 L의 양이 줄어들면 시상하부 알파 부분에서 호르몬 B가 분비된다.
- 시상하부 알파 부분에서 호르몬 A가 분비되면, 시상하부 베타 부분에서 호르몬 C가 분비되고 시상하부 감마 부분의 호르몬 D의 분비가 억제된다.
- 시상하부 알파 부분에서 호르몬 B가 분비되면, 시상하부 감마 부분에서 호르몬 D가 분비되고 시상하부 베타 부분의 호르몬 C의 분비가 억제된다.
- 시상하부 베타 부분에서 분비되는 호르몬 C는 물질대사를 증가시키고, 이 호르몬의 분비가 억제될 경우 물질대사가 감소한다.
- 시상하부 감마 부분에서 분비되는 호르몬 D는 식욕을 증가시키고, 이 호르몬의 분비가 억제될 경우 식욕이 감소한다.

---

① 혈당이 낮아지면, 식욕이 증가한다.
② 혈당이 높아지면, 식욕이 감소한다.
③ 혈당이 높아지면, 물질대사가 증가한다.
④ 혈당이 낮아지면, 시상하부 감마 부분에서 호르몬의 분비가 억제된다.
⑤ 혈당이 높아지면, 시상하부 알파 부분과 베타 부분에서 각각 분비되는 호르몬이 있다.

다음 글과 평가 결과를 근거로 판단할 때, 〈보기〉에서 적절한 것을 모두 고르면?

> K국에서는 현재 정부 재정 지원을 받고 있는 A ~ D복지 시설을 대상으로 다섯 가지 항목(환경 개선, 복지 관리, 복지 지원, 복지 성과, 중장기 발전 계획)에 대한 종합적인 평가를 진행하였다.
>
> 평가 점수의 총점은 각 평가 항목에 대해 해당 시설이 받은 점수와 해당 평가 항목별 가중치를 곱한 것을 합산하여 구하고, 총점 90점 이상은 1등급, 80점 이상 90점 미만은 2등급, 70점 이상 80점 미만은 3등급, 70점 미만은 4등급으로 한다.
>
> 평가 결과, 1등급 시설은 특별한 조치를 취하지 않으며, 2등급 시설은 관리 정원의 5%를, 3등급 이하 시설은 관리 정원의 10%를 감축해야 하고, 4등급을 받으면 정부의 재정 지원도 받을 수 없다.

〈평가 결과〉

평가 항목(가중치)	A시설	B시설	C시설	D시설
환경 개선(0.2)	90	90	80	90
복지 관리(0.2)	95	70	65	70
복지 지원(0.2)	95	70	55	80
복지 성과(0.2)	95	70	60	60
중장기 발전 계획(0.2)	90	95	50	65

보기

ㄱ. A시설은 관리 정원을 감축하지 않아도 된다.

ㄴ. B시설은 관리 정원을 감축해야 하나 정부의 재정 지원은 받을 수 있다.

ㄷ. 만약 평가 항목에서 환경 개선의 가중치를 0.3으로, 복지 성과의 가중치를 0.1로 바꾼다면 C시설은 정부의 재정 지원을 받을 수 있다.

ㄹ. D시설은 관리 정원을 감축해야 하고 정부의 재정 지원도 받을 수 없다.

① ㄱ, ㄴ
② ㄴ, ㄹ
③ ㄷ, ㄹ
④ ㄱ, ㄴ, ㄷ
⑤ ㄱ, ㄷ, ㄹ

15 다음 정렬 방법을 근거로 판단할 때, 정렬 대상에서 두 번째로 위치를 교환해야 하는 두 수는?

〈정렬 방법〉

아래는 정렬되지 않은 여러 개의 서로 다른 수를 작은 것에서 큰 것 순으로 정렬하는 방법이다.

(1) 가로로 나열된 수 중 가장 오른쪽의 수를 피벗(Pivot)이라 하며, 나열된 수에서 제외시킨다.

   예 나열된 수가 5, 3, 7, 1, 2, 6, 4라고 할 때, 4가 피벗이고 남은 수는 5, 3, 7, 1, 2, 6이다.

(2) 피벗보다 큰 수 중 가장 왼쪽의 수를 찾는다.

   예 5, 3, 7, 1, 2, 6에서는 5이다.

(3) 피벗보다 작은 수 중 가장 오른쪽의 수를 찾는다.

   예 5, 3, 7, 1, 2, 6에서는 2이다.

(4) (2)와 (3)에서 찾은 두 수의 위치를 교환한다.

   예 5와 2를 교환하여(첫 번째 위치 교환) 2, 3, 7, 1, 5, 6이 된다.

(5) 피벗보다 작은 모든 수가 피벗보다 큰 모든 수보다 왼쪽에 위치할 때까지 (2) ~ (4)의 과정을 반복한다.

   예 2, 3, 7, 1, 5, 6에서 7은 피벗 4보다 큰 수 중 가장 왼쪽의 수이며, 1은 피벗 4보다 작은 수 중 가장 오른쪽의 수이다. 이 두 수를 교환하면(두 번째 위치 교환) 2, 3, 1, 7, 5, 6이 되어, 피벗 4보다 작은 모든 수는 피벗 4보다 큰 모든 수보다 왼쪽에 있다.

(후략)

〈정렬 대상〉

15, 22, 13, 27, 12, 10, 25, 20

① 15와 10
② 20과 13
③ 22와 10
④ 25와 20
⑤ 27과 12

16 다음 글을 근거로 판단할 때, 〈보기〉에서 적절한 것을 모두 고르면?

- 손글씨 대회 참가자 100명을 왼손으로만 필기할 수 있는 왼손잡이, 오른손으로만 필기할 수 있는 오른손잡이, 양손으로 모두 필기할 수 있는 양손잡이로 분류하고자 한다.
- 참가자를 대상으로 아래 세 가지 질문을 차례대로 하여 해당하는 참가자는 한 번만 손을 들도록 하였다.
  [질문 1] 왼손으로만 필기할 수 있는 사람은?
  [질문 2] 오른손으로만 필기할 수 있는 사람은?
  [질문 3] 양손으로 모두 필기할 수 있는 사람은?
- 양손잡이 참가자 중 일부는 제대로 알아듣지 못해 질문 1, 2, 3에 모두 손을 들었고, 그 외 모든 참가자는 바르게 손을 들었다.
- 질문 1에 손을 든 참가자는 16명, 질문 2에 손을 든 참가자는 80명, 질문 3에 손을 든 참가자는 10명이다.

> **보기**
>
> ㄱ. 양손잡이 참가자 수는 총 10명이다.
> ㄴ. 왼손잡이 참가자 수는 양손잡이 참가자 수보다 많다.
> ㄷ. 오른손잡이 참가자 수는 왼손잡이 참가자 수의 6배 이상이다.

① ㄱ
② ㄴ
③ ㄱ, ㄴ
④ ㄱ, ㄷ
⑤ ㄴ, ㄷ

17 다음 글을 근거로 판단할 때, 재생된 곡을 순서대로 바르게 나열한 것은?

> - 찬우는 A ~ D 4개의 곡으로 구성된 앨범을 감상하고 있다. A는 1분 10초, B는 1분 20초, C는 1분 00초, D는 2분 10초간 재생되며, 각각의 곡 첫 30초는 전주 부분이다.
> - 재생 순서는 처음에 설정하여 이후 변경되지 않으며, 찬우는 자신의 선호에 따라 곡당 1회씩 포함하여 설정하였다.
> - 한 곡의 재생이 끝나면 시차 없이 다음 곡이 자동적으로 재생된다.
> - 마지막 곡 재생이 끝나고 나면 첫 곡부터 다시 재생된다.
> - 모든 곡은 처음부터 끝까지 건너뛰지 않고 재생된다.
> - 찬우는 13시 20분 00초부터 첫 곡을 듣기 시작했다.
> - 13시 23분 00초에 C가 재생되고 있었다.
> - A를 듣고 있던 어느 한 시점부터 3분 00초가 되는 때에는 C가 재생되고 있었다.
> - 13시 45분 00초에 어떤 곡의 전주 부분이 재생되고 있었다.

① A – B – C – D

② B – A – C – D

③ C – A – D – B

④ D – C – A – B

⑤ D – C – B – A

18 다음 글을 근거로 판단할 때, 〈보기〉에서 적절한 것을 모두 고르면?

> 사슴은 맹수에게 계속 괴롭힘을 당하자 자신을 맹수로 바꾸어 달라고 산신령에게 빌었다. 사슴을 불쌍하게 여긴 산신령은 사슴에게 남은 수명 중 n년(n은 자연수)을 포기하면 여생을 아래 5가지의 맹수 중 하나로 살 수 있게 해주겠다고 했다.
> 사슴으로 살 경우의 1년당 효용은 40이며, 다른 맹수로 살 경우의 1년당 효용과 그 맹수로 살기 위해 사슴이 포기해야 하는 수명은 아래의 표와 같다. 예를 들어 사슴의 남은 수명이 12년일 경우 사슴으로 계속 산다면 $12 \times 40 = 480$의 총효용을 얻지만, 독수리로 사는 것을 선택한다면 $(12-5) \times 50 = 350$의 총효용을 얻는다.
> 사슴은 여생의 총효용이 줄어드는 선택은 하지 않으며, 포기해야 하는 수명이 사슴의 남은 수명 이상인 맹수는 선택할 수 없다. 1년당 효용이 큰 맹수일수록, 사슴은 그 맹수가 되기 위해 더 많은 수명을 포기해야 한다. 사슴은 자신의 남은 수명과 표의 '?'로 표시된 수를 알고 있다.

맹수	1년당 효용	포기해야 하는 수명(년)
사자	250	14
호랑이	200	?
곰	170	11
악어	70	?
독수리	50	5

보기

ㄱ. 사슴의 남은 수명이 13년이라면, 사슴은 곰을 선택할 것이다.
ㄴ. 사슴의 남은 수명이 20년이라면, 사슴은 독수리를 선택하지 않을 것이다.
ㄷ. 호랑이로 살기 위해 포기해야 하는 수명이 13년이라면, 사슴의 남은 수명에 따라 사자를 선택했을 때와 호랑이를 선택했을 때 여생의 총효용이 같은 경우가 있다.

① ㄴ
② ㄷ
③ ㄱ, ㄴ
④ ㄴ, ㄷ
⑤ ㄱ, ㄴ, ㄷ

- LOFI(Little Out From Inside)는 한 지역 내에서 생산된 제품이 그 지역 내에서 소비된 비율을 의미한다. LOFI가 75% 이상이면 해당 지역은 독립적인 시장으로 본다.
- A도, B도, C도, D도에는 각각 자도(自道)소주인 a소주, b소주, c소주, d소주를 생산하는 회사가 도별로 1개씩만 있다. 각 회사는 소주를 해당 도 내에서만 생산하지만, 판매는 다른 도에서도 할 수 있다.
- 다음 그림은 전체 지역의 지난 1년 간 도별 소주 생산량과 각 도 사이의 물류량을 표시한 것이다. 동그라미 안의 숫자는 도별 소주 생산량을 의미하고, 화살표는 이동의 방향을 나타낸다. 그리고 화살표 옆의 숫자는 소주의 이동량을 의미한다. 예를 들어 A도에서 B도를 향한 화살표의 40은 a소주의 이동량을 나타낸다.

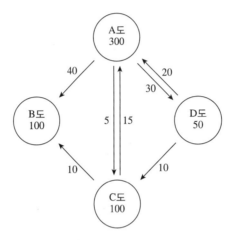

- 다만 D도의 d소주가 A도를 거쳐 B도에서 판매되는 것과 같이 2번 이상의 이동은 일어날 수 없다. 또한 1년 간 생산된 소주는 그 해에 모두 소비된다고 가정한다. 이 경우 자도소주의 LOFI를 구하는 공식은 다음과 같다.

$$[\text{LOFI}_{\text{자도소주}}(\%)] = \frac{(\text{해당 도내 자도소주 소비량})}{(\text{해당 도의 자도소주 생산량})} \times 100$$

보기

ㄱ. A도에서는 소주의 생산량보다 소비량이 더 많다.
ㄴ. A도와 B도가 하나의 도라면, 그 도는 독립적인 시장으로 볼 수 있다.
ㄷ. C도는 독립적인 시장으로 볼 수 없다.

① ㄱ
② ㄴ
③ ㄷ
④ ㄱ, ㄴ
⑤ ㄴ, ㄷ

20 다음 글을 근거로 판단할 때, 가족들이 현재 경작할 수 있는 토지의 면적을 잘못 계산한 것은?

- 모든 호주(戶主)는 국가로부터 영업전(永業田) 20무(畝)를 지급받았다. 이 영업전은 상속이 가능하였다. 단, 상속의 결과 영업전이 20무를 초과하는 경우 초과분은 국가가 환수하였다.
- 신체 건강한 남자는 18세가 되면 구분전(口分田) 80무를 지급받았다. 상속이 가능했던 영업전과 달리 구분전은 노동력의 감퇴 또는 상실에 따라 국가의 환수 대상이 되었다. 즉 60세가 되면 국가가 구분전의 절반을 환수하였고, 사망하면 나머지 절반도 마저 환수하였다.
- 18세 이상의 성인 남자일지라도 심각한 신체장애로 노동력의 일부를 상실한 경우에는 구분전을 40무만 지급받았다.
- 17세 미만의 남자이지만 호주인 경우에는 구분전 40무를 지급받았다.
- 여자는 원칙적으로 구분전의 수전(授田) 대상이 아니었지만, 남편이 사망한 과부에게만은 구분전 30무를 지급하였다.

① 작년에 화재로 부모를 잃어 호주가 된 12세의 A는 5세 위의 누나와 함께 살고 있다. → 60무

② 60세 되던 해에 전염병이 창궐한 탓에 아내와 아들 부부를 잃은 올해 70세의 호주 B는 17세 된 손자와 15세 된 손녀를 데리고 산다. → 60무

③ 작년에 동갑내기 남편을 잃어 호주가 된 40세의 C는 21세의 아들과 함께 사는데, 이 아들은 선천적인 신체장애로 남들만큼 일하지 못한다. → 70무

④ 올해 30세인 호주 D는 신체 건강한 남자로서 10년 전에 결혼하였으며 그의 부모는 모두 오래 전에 사망하였다. 그의 슬하에는 17세 미만인 아들 둘과 딸 둘이 있다. → 100무

⑤ 올해 55세인 호주 E는 아내와 장성한 아들 둘을 데리고 사는데 큰 아들은 24세, 작은 아들은 20세이다. 두 아들은 모두 신체 건강하지만 아직 결혼을 하지 못했다. → 260무

행운이란 100%의 노력 뒤에 남는 것이다.

- 랭스턴 콜만 -

현재 나의 실력을 객관적으로 파악해 보자!

모바일 OMR
답안채점 / 성적분석 서비스

도서에 수록된 모의고사에 대한 객관적인 결과(정답률, 순위)를 종합적으로 분석하여 제공합니다.

OMR 입력

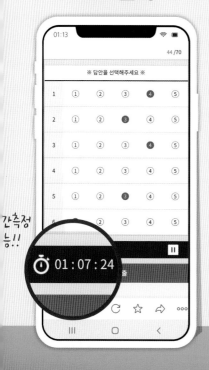

성적분석

채점결과

※OMR 답안채점 / 성적분석 서비스는 등록 후 30일간 사용 가능합니다.

참여
방법

 도서 내 모의고사
우측 상단에 위치한
QR코드 찍기
→
 로그인
하기
→
 '시작하기'
클릭
→
'응시하기'
클릭
→
나의 답안을
모바일 OMR
카드에 입력
→
 '성적분석 & 채점결과'
클릭
→
현재 내 실력
확인하기

공기업 취업
NCS는 우리가 책임진다!
SD에듀 NCS 직업기초능력평가 시리즈

NCS의 FREE Pass! NCS 기본서 시리즈

NCS의 가장 확실한 입문서! NCS 왕초보 시리즈

1위
기업별 NCS 시리즈
누적 판매량

NCS in PSAT

+ 무료NCS특강

[합격시대]
온라인 모의고사
무료쿠폰

[WINA(대표)]
AI면접
무료쿠폰

NCS 핵심이론
및 대표유형
PDF 제공

모바일 OMR
답안채점 / 성적분석
서비스

NCS직무능력연구소 김현철 외 편저

문제해결능력(상황판단)

정답 및 해설

Add+

2022년 7급 상황판단 PSAT
최신기출문제

01	02	03	04	05	06	07	08	09	10	11	12	13	14	15	16	17	18	19	20
⑤	①	⑤	①	②	②	③	④	②	③	①	②	③	⑤	①	③	④	②	③	③

21	22	23	24	25															
⑤	④	①	④	④															

01

정답 ⑤

합병 등에 의하여 인증받은 요건이 변경된 경우에는 인증을 취소할 수 있을 뿐 반드시 취소해야 하는 것은 아니다.

오답분석

① 재해경감활동 비용 조건은 최초 평가에 한하여 3개월 내에 충족할 것을 조건으로 인증할 수 있다.
② 우수기업에 대한 재평가는 의무적으로 실시해야 하는 것이 아니다.
③ 평가 및 인증에 소요되는 비용은 신청하는 자가 부담한다.
④ 거짓으로 인증을 받은 경우 A부 장관은 인증을 취소하여야 한다.

02

정답 ①

가족관계등록부에는 등록기준지가 기록되어야 한다. 그런데 김가을은 김여름의 성과 본을 따르므로 등록기준지는 김여름의 등록기준지인 '부산광역시 남구 ◇◇로 2-22'로 기록되어야 한다.

오답분석

③ · ④ · ⑤ 가족관계등록부에는 출생연월일, 본, 성별이 기록되어야 한다.

03

정답 ⑤

시장 등은 직접 시행하는 정비사업에 관한 공사가 완료된 때에는 그 완료를 해당 지방자치단체의 공보에 고시해야 한다.

오답분석

① 토지 등 소유자로 구성된 조합을 설립하는 경우는 '시장 등이 아닌 자'가 정비사업을 시행하려는 경우이다.
② 준공인가신청이 필요한 경우는 '시장 등이 아닌자'가 정비사업 공사를 완료한 때이다.
③ · ④ 준공인가 후 공사완료의 고시가 있는 날의 다음 날에 정비구역이 해제되지만 이는 조합의 존속에 영향을 주지 않는다.

04

정답 ①

총톤수 100톤 미만인 부선은 소형선박에 해당하며, 소형선박 소유권의 이전은 계약당사자 사이의 양도합의와 선박의 등록으로 효력이 생긴다.

오답분석

② 총톤수 20톤 이상인 기선은 선박의 등기를 한 후에 선박의 등록을 신청하여야 한다.
③ 선박의 신청은 선적항을 관할하는 지방해양수산청장에게 한다.
④ 선박국적증서는 등기가 아니라 등록신청을 한 후에 지방해양수산청장이 발급하는 것이다.
⑤ 등록 신청을 받은 후 이를 선박원부에 등록하는 것은 지방해양수산청장이다.

05

봄보리는 봄에 파종하여 그해 여름에 수확하며, 가을보리는 가을에 파종하여 이듬해 여름에 수확하므로 봄보리의 재배기간이 더 짧다.

오답분석

① 흰색 쌀은 가을, 여름에 심는 콩은 가을에 수확한다.
③ 흰색 쌀은 논에서 수확한 벼를 가공한 것이며, 회색 쌀은 밭에서 자란 보리를 가공한 것이다.
④ 보릿고개는 하지까지이므로 그 이후에는 보릿고개가 완화된다.
⑤ 봄철 밭에서는 보리, 콩, 조가 함께 자라는 것을 볼 수 있었다고 하였다.

06

출발지부터 대안경로의 시점까지의 평균속력은 모든 경우에서 동일하므로 대안경로에서의 평균속력 $\left[\dfrac{거리(A)}{시간(B)}\right]$ 으로 판단해보자.

ㄱ. 분자가 커지고 분모가 작아지므로 전체 값은 커진다. 따라서 대안경로를 선택한다.
ㄷ. 분자와 분모가 모두 작아지는 경우 분모의 감소율이 분자의 감소율보다 더 클 경우 전체 값은 증가한다. 이 경우에 해당한다면 대안경로를 선택한다.

오답분석

ㄴ. 분자와 분모가 모두 커진다면 전체 값의 방향을 알 수 없다. 따라서 대안경로를 선택할지의 여부는 알 수 없다.
ㄹ. 분자가 작아지고 분모가 커진다면 전체 값은 작아진다. 따라서 대안경로를 선택하지 않는다.

07

총액의 차이가 9,300원이므로 이를 만족하는 경우를 찾으면 된다. 딸기 한 상자가 더 계산되고, 복숭아 한 상자가 덜 계산된 경우가 이에 해당한다.

08

• 甲 : 의료법인 근로자에 해당하므로 참여 가능하다.
• 丙 : 대표는 참여 대상에서 제외되지만 사회복지법인의 대표이므로 참여 가능하다.
• 戊 : 임원은 참여 대상에서 제외되지만 비영리민간단체의 임원이므로 참여 가능하다.

오답분석

• 乙 : 회계법인 소속 노무사에 해당하므로 참여 불가능하다.
• 丁 : 대기업 근로자에 해당하므로 참여 불가능하다.

09

국민참여예산사업은 국무회의에서 정부예산안에 반영된 후 국회에 제출된다.

오답분석

① 국민제안제도에서는 국민들이 제안을 할 수 있을 뿐이며 우선순위 결정과정에는 참여하지 못한다.
③ 국민참여예산제도는 정부의 예산편성권 내에서 운영된다.
④ 결정된 참여예산 후보사업이 재정정책자문회의 논의를 거쳐 국무회의에서 정부예산안에 반영되므로 순서가 반대로 되었다.
⑤ 예산국민참여단의 사업선호도는 오프라인 투표를 통해 조사한다.

10

제시된 자료를 정리하면 다음과 같다.

2019년도			2020년도		
생활밀착형 사업	취약계층지원사업	합계	생활밀착형 사업	취약계층지원사업	합계
688억 원	112억 원	800억 원	870억 원	130억 원	1,000억 원

따라서 2019년도와 2020년도 각각에서 국민참여예산사업에서 취약계층지원사업이 차지한 비율은 $\frac{112}{800} \times 100 = 14\%$, $\frac{130}{1,000} \times 100 = 13\%$이다.

11

보고자가 국장인 경우에는 가장 먼저 보고하므로 D법 시행령 개정안이 가장 먼저 보고되며, 법규 체계 순위에 따라 법이 다음으로 보고되어야 한다. 그런데 법에는 A법과 B법 두 개가 존재하므로 소관 부서명의 가나다 순에 따라 B법 개정안이 두 번째로 보고된다. 세 번째로는 소관 부서가 기획담당관으로 같은 C법 시행령 개정안이 보고되어야 하며, 네 번째로는 다시 법규 체계 순위에 따라 A법 개정안이 보고되어야 한다.

12

- A사업 : 창호(내부)는 지원하지 않으므로 쉼터 수리비용만 해당된다. 그러므로 본인부담 10%를 제외한 810만 원을 지원받을 수 있다.
- B사업 : 쉼터 수리비용은 50만 원 한도내에 지원 가능하므로 한도액인 50만 원을 지원받을 수 있으며, 창호 수리비용은 본인부담 50%를 제외한 250만 원을 지원받을 수 있다. 그러므로 총 300만 원을 지원받을 수 있다.

따라서 甲은 둘 중 지원금이 더 많은 사업을 선택하여 신청한다고 하였으므로 A사업을 신청하게 되며, 이때 지원받게 되는 금액은 810만 원이다.

13

방식1 ~ 방식3을 정리하면 다음과 같다.

[방식1]

구분	월	화	수	목	금
기본업무량	60	50	60	50	60
처리업무량	100	80	60	40	20
칭찬 / 꾸중	칭찬	칭찬	−	꾸중	꾸중

[방식2]

구분	월	화	수	목	금
기본업무량	60	50	60	50	60
처리업무량	0	30	60	90	120
칭찬 / 꾸중	꾸중	꾸중	−	칭찬	칭찬

[방식3]

구분	월	화	수	목	금
기본업무량	60	50	60	50	60
처리업무량	60	60	60	60	60
칭찬 / 꾸중	−	칭찬	−	칭찬	−

ㄴ. 수요일에는 어느 방식을 선택하더라도 칭찬도 꾸중도 듣지 않는다.

ㄷ. 어떤 방식을 선택하더라도 칭찬을 듣는 날수는 2일이다.

[오답분석]

ㄱ. 위 표에 의하면 화요일에는 칭찬을 듣는다.

ㄹ. 방식1은 0, 방식2는 0, 방식3은 2이므로 방식3을 선택하여야 한다.

14

정답 ⑤

연수 희망자에 대한 내용을 정리하면 다음과 같다.

남자 700명		여자 300명	
희망 280명		희망 150명	
A지역	B지역	A지역	B지역
168명(60%)	112명(40%)	30명(20%)	120명(80%)

ㄱ. 전체 직원 중 남자직원의 비율은 70%이다.

ㄷ. A지역 연수를 희망하는 직원은 198이다.

ㄹ. B지역 연수를 희망하는 남자직원은 112명이다.

[오답분석]

ㄴ. 전체 연수 희망인원은 430명이므로 이의 40%는 172명인데, 여자 희망인원은 150명에 불과하므로 40%를 넘지 않는다.

15

정답 ①

판매가격을 5% 인하했다면 매출액이 0.4억 원만큼 감소하며, 나머지 항목은 같으므로 이익 역시 0.4억원 감소한다.

[오답분석]

ㄱ. 모든 항목이 같다면 2021년의 이익과 2020년의 이익은 같다.

ㄷ. 판매량이 10% 증가했다면 매출액에서 변동원가를 뺀 수치가 10% 즉, 0.16억 원 증가하였으나 고정원가는 0.05억 원 감소하는 데 그치므로 전체 이익은 증가한다.

ㄹ. 판매가격과 판매량이 모두 증가했다면 매출액에서 변동원가를 뺀 수치는 증가하게 되는데 고정원가가 불변이므로 전체 이익은 증가한다.

16

정답 ③

甲 ~ 丙의 작년과 올해 성과급을 구하면 다음과 같다.

구분	작년	올해
甲	1,050만 원(=3,500만 원×30%)	1,600만 원(=4,000만 원×40%)
乙	1,000만 원(=4,000만 원×25%)	1,600만 원(=4,000만 원×40%)
丙	450만 원(=3,000만 원×15%)	350만 원(=3,500만 원×10%)

따라서 丙은 작년에 비해 올해 성과급이 감소한다.

[오답분석]

① 甲의 작년 성과급은 1,050만 원이다.

② 甲과 乙의 올해 성과급은 1,600만 원으로 모두 같다.

④ 丙의 올해 연봉과 성과급의 합은 800만 원으로 셋 중 가장 작다.

⑤ 丙은 성과급이 감소하였으므로 제외하고 甲과 乙을 비교해 보면 올해의 성과급은 같은 반면 작년의 성과급은 乙이 작다. 따라서 상승률은 乙이 더 크다.

17

제시된 조건을 정리하면 다음과 같다.
- 전공시험 점수 : A>B>E, C>D
- 영어시험 점수 : E>F>G
- 적성시험 점수 : G>B, G>C

B와 E가 합격하였다면 전공시험 점수가 높은 A가 합격하였을 것이고, 적성시험 점수가 높은 G도 합격하였을 것이다. G가 합격하였다면 영어시험 점수가 높은 F도 합격하였을 것이다.

오답분석
① A의 합격여부만을 가지고 B의 합격여부를 판단할 수는 없다.
② G가 합격하였다면 영어시험 점수가 더 높은 E와 F도 합격하였을 것이고 E가 합격하였다면 전공시험 점수가 더 높은 A와 B도 합격하였을 것이다. 또한 B가 합격하였다면 적성시험 점수가 높은 G도 합격하였을 것이다. 하지만 C는 합격여부를 판단할 수 없다.
③ A와 B가 합격하였다면 적성시험 점수가 높은 G가 합격하였을 것이고, G가 합격하였다면 영어시험 점수가 높은 E와 F도 합격하였을 것이다. 또한 E가 합격하였다면 전공시험 점수가 높은 A와 B도 합격하였을 것이다. 하지만 C와 D는 합격여부를 판단할 수 없다.
⑤ B가 합격하였다면 전공시험 점수가 높은 A와 적성시험 점수가 높은 G가 합격하였을 것이다. G가 합격하였다면 영어시험 점수가 높은 E와 F도 합격하였을 것이므로 적어도 5명이 합격하였을 것이다.

18

만약 乙이 4점 슛에 도전하지 않은 상태라면 이 때 얻을 수 있는 최대 득점은 1, 2, 5회차를 모두 3점 슛을 성공시킨 9점이다. 甲이 3점 슛에 2번 도전하였을 경우의 최소 득점은 3점 슛을 1번 성공하고 2점 슛을 3번 성공시킨 9점이다. 따라서 乙이 4점 슛에 도전하지 않은 상태라면 甲에게 승리할 수 없으므로, 만약 乙이 甲에게 승리하였다면 반드시 4점 슛에 도전했을 것이다.

오답분석
ㄱ. 甲이 2회차에 4점 슛을 실패하고 나머지 회차에 2점 슛을 성공시키는 경우가 합계 점수가 최소가 되는 경우인데 이때의 득점은 7점이다.
ㄷ. 선택지의 조건을 적용했을 때 乙의 최댓값보다 甲의 최솟값이 더 크다면 甲은 항상 승리하게 된다. ㄱ에서 甲의 최솟값은 7점임을 알 수 있었으며, 乙의 최댓값은 4점 슛 1번, 3점 슛 2번을 성공한 8점이다. 따라서 항상 甲이 승리하는 것은 아니다.

19

양봉농가 간 거리가 12km 이상인 경우라고 하였으므로 양봉농가를 최대한 배치하면 다음과 같다.

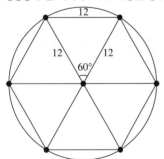

따라서 최대 7개가 가능하다.

20

만약 대화 중인 날이 7월 3일이라고 해보자. 그렇다면 어제는 7월 2일이고 그저께는 7월 1일이 되는데, 7월 1일의 만 나이가 21살이고, 같은 해의 어느 날의 만 나이가 23살이 되는 것은 불가능하다. 이는 대화 중인 날이 7월 3일 이후 어느 날이 되었든 마찬가지이므로 이번에는 앞으로 날짜를 당겨보자.

대화 중인 날이 1월 2일이라고 해보자(1월 3일은 7월 3일과 같은 현상이 발생하므로 제외한다). 그렇다면 어제는 1월 1일이고, 그저께는 12월 31일이 되는데, 1월 1일과 1월 2일, 그리고 같은 해의 어느 날의 만나이가 모두 다르게 되는 것은 불가능하다. 이번에는 대화 중인 날이 1월 1일이라고 해보자. 그렇다면 어제는 12월 31일이고 그저께는 12월 30일이 되는데 만약 12월 31일이 생일이라면 대화의 조건을 모두 충족한다.

따라서 甲의 생일은 12월 31일이며, 만 나이를 고려한 출생연도는 1999년이다. 그렇다면 甲의 주민등록번호 앞 6자리는 9912311이 되어 숫자를 모두 곱하면 486이 된다.

21

주어진 상황을 토대로 자료를 정리하면 다음과 같다.
- 올해 최대 검사 건수 : $(9 \times 100 \times 40\%) + (80 \times 100 \times 90\%) = 360 + 7,200 = 7,560$건
- 내년 예상 검사 건수 : $7,560 \times 120\% = 9,072$건
- 내년 최대 검사 건수(현재 인원으로 검사 가정) : $(9 \times 90 \times 40\%) + (80 \times 90 \times 90\%) = 324 + 6,480 = 6,804$건
- 내년 부족 건수 : $9,070 - 6,804 = 2,268$건
- 증원 요청 인원 : $2,268 \div 81 = 28$명

여기서 81로 나누는 이유는 '필요한 최소 직원 수'에서 올해 직원 수를 뺀 인원을 증원 요청한다고 했기 때문이다. 즉, 최대 검사 건수가 가장 많은 직원들로 충원한다고 가정해야 이것이 가능한데, 이에 해당하는 직원 그룹은 국장, 사무 처리 직원, 과장을 제외한 나머지 직원들이다. 이들의 내년도 기준 검사건수는 90건이지만 품질 검사 교육 이수로 인해 10%를 차감한 81건으로 나누게 되는 것이다.

22

주어진 조건을 토대로 4, 5회차를 제외한 세 사람의 문제 풀이 결과를 정리하면 다음과 같다.

구분	1	2	3	4	5	6	7
甲	1 ○	3 ○	7 ×	4		○	×
乙	1 ○	3 ○	7 ○	15		×	○
丙	1 ○	3 ×	2 ○	5		○	×

- 甲이 4회차에 4번 문제를 틀렸다면 5회차에 3번을 풀어야 하는데, 이는 같은 문제를 두 번 풀지 않는다는 조건에 위배된다. 따라서 甲은 4번을 맞혔다.
- 乙이 4회차에 15번 문제를 맞혔다면 5회차에 25번을 풀고 그 이후로는 문제를 풀지 않아야 한다는 조건에 위배된다. 따라서 乙은 15번을 틀렸다.
- 丙이 4회차에 5번 문제를 틀렸다면 5회차에 3번을 풀어야 하는데, 이는 같은 문제를 두 번 풀지 않는다는 조건에 위배된다. 따라서 丙은 5번을 맞혔다.

여기까지의 결과를 정리하면 다음과 같다.

구분	1	2	3	4	5	6	7
甲	1 ○	3 ○	7 ×	4 ○	9	○	×
乙	1 ○	3 ○	7 ○	15 ×	8	×	○
丙	1 ○	3 ×	2 ○	5 ○	11	○	×

乙이 5회차에 8번 문제를 틀렸다면 6회차에 5번, 7회차에 3번을 풀어야 하는데, 이는 같은 문제를 두 번 풀지 않는다는 조건에 위배된다. 따라서 乙은 8번을 맞혔다. 그런데 7회차까지 세 사람이 맞힌 정답의 개수가 같다고 하였으므로 甲과 丙 역시 해당되는 문제를 맞혔음을 알 수 있다.

이제 위의 결과를 최종적으로 정리하면 다음과 같다.

구분	1	2	3	4	5	6	7
甲	1 ○	3 ○	7 ×	4 ○	9 ○	○	×
乙	1 ○	3 ○	7 ○	15 ×	8 ○	×	○
丙	1 ○	3 ×	2 ○	5 ○	11 ○	○	×

ㄴ. 4회차에는 甲과 丙 두 명이 정답을 맞혔다.
ㄹ. 乙은 6회차에 17번, 7회차에 9번을 풀었다.

[오답분석]

ㄱ. 4회차에 甲은 4번, 丙은 5번을 풀었다.
ㄷ. 5회차에는 세 명 모두 정답을 맞혔다.

23

정답 ①

A가 E와 함께 참석한다면, F도 같이 참석해야 한다. 그런데 식사인원은 최대 4명이므로 (갑, A, E, F)를 한 조로 묶을 수 있다. 다음으로 C와 D는 함께 식사하지 않는다고 하였으므로 C가 들어간 조와 D가 들어간 조로 나누어 생각해보자. 남은 사람은 B와 G인데 G는 부팀장과 함께 식사한다고 하였으므로 B와 G는 하나의 세트로 묶을 수 있다. 그렇다면, 갑, B, G가 고정된 상태에서 C 혹은 D를 추가로 묶어 한 조가 됨을 알 수 있다. 그런데 이렇게 될 경우 C 혹은 D 중 한명은 갑과 단 둘이 식사를 해야 하는 상황이 되고 만다. 이를 표시하면 아래와 같다.

갑	A	B	C	D	E	F	G
○	○	×	×	×	○	○	×
○	×	○	○ / ×	× / ○	×	×	○
○	×	×	× / ○	○ / ×	×	×	×

따라서 A는 E와 함께 환영식사에 참석할 수 없다.

[오답분석]

② 가능한 경우를 판단해 보면 (갑, B, C), (갑, E, F), (갑, A, D, G)가 가능하다.
③ 가능한 경우를 판단해 보면 (갑, A, C, G), (갑, B, D), (갑, E, F)가 가능하다.
④ D와 E가 함께 참석한다면 F도 함께 참석해야 하므로 (갑, D, E, F)를 한 조로 묶을 수 있다. 그런데 부팀장 A와 B는 함께 식사할 수 없으므로 A와 B는 각각 다른 조에 편성이 되어야 한다. 전체 인원으로 인해 남은 조는 2개 뿐이므로 C는 부팀장인 A 또는 B와 같은 조에 편성될 수 밖에 없다.
⑤ G는 부팀장 A 또는 B와 함께 식사해야 하므로 갑, 부팀장1, G의 3명을 일단 묶을 수 있는데 E와 F는 같이 식사해야 하므로 이들은 이 조에 편성될 수 없다. 그렇다면 남은 것은 부팀장2, C, D인데 부팀장2는 같이 식사를 할 수 없으므로 이 조가 4명이 되기 위해서는 C 혹은 D 중 한 명이 이 조에 편성되어야 한다. 다음으로 갑과 E, F가 묶여진 조를 생각해볼 수 있는데 이 조에는 더 이상 다른 인원이 들어갈 수 없다. 왜냐하면 남은 사람은 B와 D뿐인데 이들이 나뉘게 될 경우 (갑, E, F)조에 들어가지 않은 사람인 갑과 단둘이 식사를 해야 하기 때문이다. 따라서 (갑, E, F)가 하나의 조로 묶이게 되며, 이를 표시하면 아래와 같다.

갑	A	B	C	D	E	F	G
○	○	×	○	×	×	×	○
○	×	×	×	×	○	○	×
○	×	○	×	○	×	×	×

24

먼저 두 사람은 자신만의 일정한 속력으로 걷는다고 하였으므로 동일한 거리를 왕복하는 데 걸리는 시간은 동일하다는 것을 알 수 있다. 따라서 甲이 예상했던 시각보다 2분 일찍 사무실로 복귀했다는 것은 가는데 1분, 오는데 1분의 시간만큼 예상보다 빨랐다는 것을 의미한다.

다음으로 문제와는 다르게 만약 甲이 예상했던 시각에 맞추어 사무실로 복귀했다고 해보자. 그렇다면 실제 소요시간과 예상 소요시간이 같으므로 甲은 4분 일찍 자신의 사무실을 떠났을 것이다(예상 소요시간이 4분이므로 4분 전에 나가야 함). 그런데, 문제에서는 2분 일찍(편도로는 1분) 도착하였으므로 甲은 원래 5분이 걸릴 것을 예상했는데 실제로는 4분밖에 걸리지 않았다는 결론이 나오게 된다.

25

재외공무원이 일시귀국 후 국내 체류기간을 연장하는 경우에는 장관의 허가를 받아야 한다.

오답분석
① 재외공무원이 공무로 일시귀국하고자 하는 경우에는 장관의 허가를 받아야 한다.
② 공관장이 공무 외의 목적으로 일시귀국하려는 경우에는 장관의 허가를 받아야 하나, 배우자의 직계존속이 위독한 경우에는 장관에게 신고하고 일시귀국할 수 있다.
③ 재외공무원이 연 1회를 초과하여 공무 외의 목적으로 일시귀국하려는 경우에는 장관의 허가를 받아야 하나, 동반가족의 치료를 위하여 일시귀국하는 경우에는 일시귀국의 횟수에 산입하지 않는다.
⑤ 재외공무원이 연 1회를 초과하여 공무 외의 목적으로 일시귀국하기 위해서는 장관의 허가를 받아야 한다.

성공한 사람은 대개 지난번 성취한 것보다 다소 높게, 그러나 과하지 않게 다음 목표를 세운다.
이렇게 꾸준히 자신의 포부를 키워간다.

- 커트 르윈 -

문제해결능력(상황판단)
in PSAT

CHAPTER 01 상황에 적용

01 NCS 기출유형확인

01	02	03	04	05	06	07											
②	①	③	①	②	⑤	⑤											

01

정답 ②

네 번째 조건에 따르면 갑의 이동 경로는 1층 → 30층 → 20층이다. 이때 첫 번째 조건과 두 번째 조건을 고려하여 갑의 이동시간을 구하면 다음과 같다.

- 1층 → 30층 : 1층에서 2층까지 3초 소요, 2층에서 3층까지 2.8초 소요, 3층에서 4층까지 2.6초 소요, … , 8층에서 9층까지 1.6초 소요, 9층에서 10층까지 1.4초가 소요되며, 이후 10층에서 30층까지 각 층당 1.4초가 소요되므로 1층에서 30층까지의 총 소요시간은 $\dfrac{(3+1.4)\times 9}{2}+1.4\times 20=47.8$초이다.

- 30층 → 20층 : 30층에서 29층까지 2.5초 소요, 29층에서 28층까지 2.2초 소요, 28층에서 27층까지 1.9초 소요, 27층에서 26층까지 1.6초 소요, 26층에서 25층까지 1.3초가 소요되며, 이후 25층에서 20층까지 각 층당 1.3초가 소요되므로 30층에서 20층까지의 총 소요시간은 $\dfrac{(2.5+1.3)\times 5}{2}+1.3\times 5=16$초이다.

따라서 1층에서 엘리베이터를 탄 갑이 20층에 도착할 때까지 소요된 시간은 47.8+16=63.8초이다.

02

정답 ①

가. 뇌혈관은 중증질환에 해당되고, 소득수준도 조건에 해당되기 때문에 이 사업의 지원금을 받을 수 있다.
나. 기준중위소득 50% 이하는 160만 원 초과 시 지원받을 수 있다.

오답분석

다. 기준중위소득 200%는 연소득 대비 의료비부담비율을 고려해 개별심사 후 지원받을 수 있다. 이때 재산 과표 5.4억 원 초과 고액재산보유자는 지원 제외이므로 재산이 5.4억 원인 '다'의 어머니는 심사의 대상이 될 수 있다.
라. 중증질환이 아닌 통원 치료는 대상질환에 해당하지 않는다.

03

정답 ③

ㄱ. 공정 순서는 A → B·C → D → E → F로 전체 공정이 완료되기 위해서는 15분이 소요된다.
ㄷ. B공정이 1분 더 지연되어도 C공정에서 5분이 걸리기 때문에 전체 공정 시간에는 변화가 없다.

오답분석

ㄴ. 첫 제품 생산 후부터는 5분마다 제품이 생산되기 때문에 첫 제품 생산 후부터 1시간마다 12개의 제품이 생산된다.

04

정답 ①

소형버스인 RT코드를 모두 찾으면 다음과 같다.

RT − 25 − KOR − 18 − 0803, RT − 16 − DEU − 23 − 1501, RT − 25 − DEU − 12 − 0904, RT − 23 − KOR − 07 − 0628, RT − 16 − USA − 09 − 0712

소형버스는 총 5대이며, 이 중 독일에서 생산된 것은 2대이다. 따라서 소형버스 전체의 40%를 차지하므로 ①은 적절하지 않다.

05

정답 ②

제11조 (1)에 해당하는 내용이다.

[오답분석]

① 응급조치에 소요된 비용에 대해서는 주어진 자료에서 확인할 수 없다. 따라서 '갑'이 부담하는지 알 수 없다.

③ '을'이 미리 긴급조치를 취할 수 있지만, 즉시 '갑'에게 통지해야 한다.

④ '을'은 설계상의 하자나 '갑'의 요구에 의한 작업으로 인한 재해에 대해서는 책임이 없다.

⑤ 제10조 (2)에 따르면 '갑'은 상세시공도면의 작성비용을 공사비에 반영해야 한다.

06

정답 ⑤

펀드의 총점을 통해 비교 결과를 유추하면 다음과 같다.

• A펀드 : 한 번은 우수(5점), 한 번은 우수 아님(2점)

• B펀드 : 한 번은 우수(5점), 한 번은 우수 아님(2점)

• C펀드 : 두 번 모두 우수 아님(2점+2점)

• D펀드 : 두 번 모두 우수(5점+5점)

펀드의 비교 대상은 다른 펀드 중 두 개이며, 총 4번의 비교를 했다고 하였으므로 다음과 같은 경우를 고려할 수 있다.

ⅰ)

A		B		C		D	
B	D	A	C	B	D	A	C
5	2	2	5	2	2	5	5

표의 결과를 정리하면 D>A>B, A>B>C, B・D>C, D>A・C이므로 D>A>B>C이다.

ⅱ)

A		B		C		D	
B	C	A	D	A	D	C	B
2	5	5	2	2	2	5	5

표의 결과를 정리하면 B>A>C, D>B>A, A・D>C, D>C・B이므로 D>B>A>C이다.

ⅲ)

A		B		C		D	
D	C	C	D	A	B	A	B
2	5	5	2	2	2	5	5

표의 결과를 정리하면 D>A>C, D>B>C, A・B>C, D>A・B이므로 D>A・B>C이다.

ㄱ. 세 가지 경우에서 모두 D펀드는 C펀드보다 우수하다.

ㄴ. 세 가지 경우에서 모두 B펀드보다 D펀드가 우수하다.

ㄷ. 마지막 경우에서 A펀드와 B펀드의 우열을 가릴 수 있으면 A ~ D까지 우열순위를 매길 수 있다.

07

정답 ⑤

(마)의 코드번호가 N134라면, 사고종류는 자연재해(N), 사고 형태는 침수(1), 사고 대상은 여객열차(3), 사고 위치는 교량(4)이어야 한다. 그러나 (마)의 사고 위치가 본선구간(2)이므로 N134가 아닌, N132가 되어야 한다.

| 01 | 기본문제

01	02	03	04	05	06	07	08	09	10	11	12	13	14	15	16	17	18	19	20
④	①	③	⑤	③	②	③	①	①	②	⑤	④	②	④	①	④	①	②	⑤	⑤
21	22	23	24	25	26	27	28	29	30	31	32	33	34	35	36	37	38	39	40
①	①	③	③	③	⑤	②	③	①	④	③	④	③	①	①	③	②	⑤	③	②
41	42	43	44	45	46	47	48	49	50	51	52	53	54	55	56	57	58	59	
④	④	⑤	④	④	③	③	③	③	②	③	②	④	④	④	④	②	④	③	

01

정답 ④

성적 평정 기준표의 비율을 인원수로 변환하여 판단하면 다음과 같다. 이때 등급별 세부학점은 교수 재량으로 정할 수 있으므로 여기서는 감안하지 않는다.

등급	A	B	C	D	E
인원수	2~6	4~7	4~8	0~6	0~8

ㄱ. D와 F등급의 최소비율이 각각 0%이므로 모든 학생들에게 C등급 이상을 부여할 수 있으며 C등급 내에서 C+와 C0의 비율은 교수 재량이므로 C등급에 해당하는 모든 학생들에게 C+를 부여하는 것도 가능하다.

ㄷ. A등급에 최대로 할당 가능한 인원이 6명인데 만약 이보다 1명 적은 5명을 할당했다면 이 1명을 B등급에 배정할 수 있다. 따라서 B등급에 할당할 수 있는 최대 인원수는 8명이 되며, B등급 내에서 B+를 부여할 것인지의 여부는 교수의 재량이므로 이 8명 모두에게 B+를 부여할 수 있다.

ㄹ. 59점을 받은 학생은 18등을 기록한 정호채 학생인데 이 학생이 받을 수 있는 최고등급을 살펴보면 다음과 같다. 만약 A와 B등급에 최대 기준치만큼 배정한다면 13등까지 배정되게 되어 이 학생은 다음 등급인 C등급을 받을 수 있고, C등급 내에서 C+와 C0 중 어느 학점을 부여할 것인지는 교수의 재량이므로 이 학생은 C+와 C0 모두 받을 수 있다. 또한 C등급을 최소 인원인 4명만 할당하면 D등급을 받을 수 있고(D+와 D0 모두 받을 수 있음), D등급에서 최소 인원인 0명을 할당하면 F등급도 받을 수 있다. 따라서 59점을 받은 정호채 학생이 받을 수 있는 등급은 C+, C0, D+, D0, F이므로 적절하다.

[오답분석]

ㄴ. 79점을 받은 학생은 7등을 기록한 이태근 학생이다. 만약 A등급과 B등급에 각각 최소기준인 2명과 4명을 할당한다면 이 학생은 C등급으로 밀려날 수 있으므로 적절하지 않다.

02

정답 ①

개별반 편성 시 만 1세 미만 4명에는 보육교사 2명, 만 1세 이상 만 2세 미만 5명에는 보육교사 1명이 필요하여 총 3명이 필요하다. 혼합반 편성 시에는 영유아가 9명이므로 보육교사 3명이 필요하여 어떤 경우이든 최소 3명의 보육교사가 필요함을 알 수 있다.

[오답분석]

ㄴ. 개별반 편성 시 만 1세 이상 만 2세 미만 6명에는 보육교사 2명, 만 2세 이상 만 3세 미만 12명에는 보육교사 2명이 필요하여 총 4명이 필요하다. 혼합반 편성 시에는 영유아가 18명이므로 보육교사 4명이 필요하여 어떤 경우이든 최소 4명의 보육교사가 필요함을 알 수 있다.

ㄷ. 개별반 편성 시 만 1세 미만 1명에게는 보육교사 1명, 만 2세 이상 만 3세 미만 2명에도 보육교사 1명이 필요하여 총 2명이 필요하다. 이 그룹은 혼합반 편성이 불가능하므로 최소 2명의 보육교사가 필요함을 알 수 있다.

03

정답 ③

가장 먼저 살펴보아야 할 것은 '3번 전구'인데, 이와 관련하여 언급된 사람은 A와 C 두 사람이다. 먼저 C는 3번 전구를 그대로 둔다고 하였고, A는 이 전구가 켜져 있다면 전구를 끄고, 꺼진 상태라면 그대로 둔다고 하였다. 그리고 B는 3번 전구에 대해 어떠한 행동도 취하지 않는다. 즉 3번 전구에 영향을 미치는 사람은 A뿐이며 이를 통해 3번 전구는 A, B, C가 방에 출입한 순서와 무관하게 최종적으로 꺼지게 된다는 것을 알 수 있다. 그렇다면 나머지 1, 2, 4, 5, 6번 전구가 최종적으로 꺼지게 되는 순서를 찾으면 된다. C의 단서에 이 5개의 전구가 모두 꺼지는 상황이 언급되어 있으므로, C를 가장 마지막에 놓으면 A - B - C와 B - A - C의 순서가 가능하다.

먼저 A - B - C의 순서로 판단해 보면 다음과 같다.

전구번호	1	2	3	4	5	6
처음 상태	○	○	○	×	×	×
A	○	○	×	×	×	×
B	○	×	×	○	×	○
C	○	×	×	×	×	×

다음으로 B - A - C의 순서로 판단해 보면, 다음과 같다.

전구번호	1	2	3	4	5	6
처음 상태	○	○	○	×	×	×
B	○	×	○	○	×	○
A	○	×	×	○	×	×
C	×	×	×	×	×	×

따라서 방의 전구가 모두 꺼지는 순서는 B - A - C이다.

04

정답 ⑤

규칙에 맞추어 음과 악기의 지점을 연결하면 다음과 같다.

㉮	㉯	㉰	㉱	㉲	㉳	㉴	㉵	㉶	㉷	㉸
A	A#	B	C	C#	D	D#	E	F	F#	G

따라서 ㉵에 해당하는 음은 E이고, 보기에 E가 4회 나오므로 ㉵도 4회 눌러야 한다.

05

정답 ③

ㄱ. 갑의 자본금액이 200억 원이므로 아무리 종업원 수가 적더라도 '자본금액 50억 원을 초과하는 법인으로서 종업원 수가 100명 이하인 법인'이 납부해야 하는 20만 원 이상을 납부해야 한다.

ㄹ. 갑의 종업원 수가 100명을 초과한다면 50만 원을 납부해야 하며, 을의 종업원 수가 100명을 초과한다면 10만 원을, 병의 자본금액이 100억 원을 초과한다면 50만 원을 납부해야 하므로 이들 금액의 합계는 110만 원이다.

[오답분석]

ㄴ. 을의 자본금이 20억 원이고 종업원이 50명이라면 '그 밖의 법인'에 해당하여 5만 원을 납부해야 하므로 적절하지 않다.

ㄷ. 병의 종업원 수가 200명이지만 자본금이 10억 원 이하라면 '그 밖의 법인'에 해당하여 5만 원을 납부해야 하므로 적절하지 않다.

06

정답 ②

회의 시설에서 C를 받은 도시는 후보도시에서 제외한다고 하였으므로 대전과 제주를 제외한 서울과 인천, 부산만을 놓고 판단하면 다음과 같다.

구분	서울	인천	부산
회의 시설	10	10	7
숙박 시설	10	7	10
교통	7	10	7
개최 역량	10	3	10
가산점	–	10	5
합산점수	37	40	39

따라서 합산점수가 가장 높은 인천이 개최도시로 선정된다.

07

정답 ③

ㄱ. '각기'는 ㄱ이 3회 사용되어 단어점수는 $\frac{2^3}{1}=8$이며, '논리'는 ㄴ이 2회 사용되었고 ㄹ이 1회 사용되어 $\frac{2^2+2^1}{2}=3$이므로 적절한 내용이다.

ㄴ. 예를 들어 '글자'의 단어점수는 $\frac{2^1+2^1+2^1}{3}=2$이며, '곳'의 단어점수 역시 $\frac{2^1+2^1}{2}=2$이다. 즉 단어의 글자 수가 달라도 단어점수가 같을 수 있다.

오답분석

ㄷ. 글자 수가 4개인 단어 중 단어점수가 최대로 나오는 경우는 '난난난난'과 같이 하나의 자음이 총 8회 나오는 경우이다. 이 경우의 단어점수는 $2^8=256$이며, 250점을 넘을 수 있으므로 적절하지 않은 내용이다.

08

정답 ①

갑은 절 제목에 '과학' 또는 '정책'이 들어간 절을 하루에 한 개 이상 읽는다고 하였으므로 최소한 2절까지는 읽어야 한다. 이때 2절은 20페이지까지이므로 적절한 내용임을 알 수 있다.

오답분석

ㄴ. 3월 3일에 갑이 6절까지, 즉 61페이지까지 읽었다면 4일에는 10절까지 읽을 수 있다. 왜냐하면 하루에 최대로 읽을 수 있는 분량이 40페이지인데 11절의 끝은 103페이지여서 읽는 것이 불가능하기 때문이다. 그렇다면 5일에는 11절부터, 즉 92페이지부터 읽기 시작하는 것이 되는데 책의 마지막 쪽이 133페이지여서 하루에 최대로 읽을 수 있는 분량을 넘어선다. 따라서 3월 5일까지 다 읽는 것은 불가능하다.

ㄷ. 1일차에 4절(33페이지)까지, 2일차에 8절(67페이지)까지, 3일차에 12절(106페이지)까지, 4일차에 133페이지까지 읽는 경우가 가능하므로 갑이 책 A를 다 읽는 데 소요되는 최소한의 시간은 4일임을 알 수 있다.

09

정답 ①

백신 A의 최소 접종연령이 12개월이므로, 12개월이 되면서 만 1세가 되는 날 1차 백신을 맞고, 2차 백신은 최소 접종간격인 12개월이 지난날인 만 2세가 되는 날보다 4일 이내로 앞당겨서 맞는다면 만 2세가 되기 전에 백신 A의 예방접종을 2회 모두 실시할 수 있다.

오답분석

ㄴ. 생후 45개월에 백신 B를 1차 접종하고 2차와 3차 접종을 최소 접종간격(각 4주, 합 8주)에 맞춰 마쳤다면 3차 접종을 생후 48개월이 되기 전에 마칠 수 있게 된다. 따라서 이 경우에는 만 4세 이후에 3차 접종을 유효하게 하지 않은 것이 되므로 4차 접종을 생략할 수 없다.

ㄷ. 백신 C의 최소 접종연령이 6주, 즉 42일이어서 40일에 1차 접종을 한 경우는 4일 이내로 앞당겨서 일찍 접종을 한 경우에 해당하여 유효하다. 그러나 2차 접종은 1차 접종 후 4주, 즉 28일 이후에 해야 하므로 최소한 생후 68일 이후에 맞아야 하나 선택지의 생후 60일은 5일 이상 앞당겨서 접종한 경우에 해당하여 무효처리된다.

10

정답 ②

'다'항목에서 폐기 대상 판정 시 위원들 사이에 이견이 있는 자료는 당해 연도의 폐기 대상에서 제외하고 다음 연도의 회의에서 재결정한다고 하였다. 그런데 폐기심의위원회의 회의는 연 2회 정기적으로 개최한다고 하였으므로, 만약 그 해의 첫 번째 정기회의에서 폐기 대상으로 논의되었다면 그 해의 두 번째 정기회의가 아닌 그 다음해의 정기회의에서 재결정하게 된다. 따라서 적절한 내용이다.

오답분석

① '다'항목에서 폐기심의위원회는 폐기 여부만을 판정하며 폐기 방법의 결정은 사서에게 위임한다고 하였으므로 적절하지 않은 내용이다.
③ 폐기심의위원회의 위원들은 실물과 목록을 대조하여 확인하여야 한다고 하였으므로 적절하지 않은 내용이다.
④ 매각과 소각은 폐기 방법의 하나이고 '마'항목에서 폐기한 자료는 현행자료 목록에서 삭제하되, 폐기한 자료의 목록과 폐기 경위에 관한 기록을 보존한다고 하였으므로 적절하지 않은 내용이다.
⑤ '가'항목에서 도서관 직원은 이용하기 곤란하다고 생각되는 자료는 발견 즉시 회수하여 사무실로 옮겨야 한다고 하였다. 그리고 그 자료를 사서들이 추려낸 후 폐기 대상 자료로 판단되는 것을 폐기심의대상 목록으로 작성하는 것이므로 적절하지 않은 내용이다.

11

정답 ⑤

정책팀이 요구한 인원은 2명이나 1지망에서 정책팀을 지원한 F가 먼저 배치된 상태이므로 남은 자리는 한 자리뿐임을 알 수 있다. 그런데 D보다 점수가 높은 A와 G가 모두 2지망으로 정책팀을 지원한 상황이어서 어느 상황에서도 D가 정책팀에 배치될 수는 없음을 알 수 있다. 따라서 적절하지 않다.

오답분석

① A의 입사성적이 90점이라면 국제팀을 1지망으로 선택한 또 다른 직원인 G(93점)보다 점수가 낮으므로 국제팀에는 배치될 수 없다. 그러나 G를 제외한 나머지 직원만을 놓고 볼 때 정책팀에 지원한 직원(A, C, D, F) 중 A의 성적이 가장 높으므로 A는 2지망인 정책팀에 배치된다.
② A의 입사성적이 95점이라면 G(93점)보다 점수가 높으므로 국제팀에 배치된다.
③ B의 점수가 81점에 불과하여 1지망인 국제팀에는 배치될 수 없으나 재정팀의 요구인원과 지원인원이 4명으로 모두 동일하므로 어떤 상황이든 B는 재정팀에 배치된다.
④ 재정팀의 요구인원은 4명인데 반해 1지망에 재정팀을 지원한 직원은 2명(C와 E)뿐이어서 C는 재정팀에 배치된다.

12

정답 ④

ⅰ) 사용목적이 '사업 운영'인 경우에 지출할 수 있다고 하였으므로 '인형탈' 품목에 사업비 지출이 허용된다.
ⅱ) 품목당 단가가 10만 원 이하로 사용목적이 '서비스 제공'인 경우에 지출할 수 있다고 하였으므로 '블라인드' 품목에 사업비 지출이 허용된다.
ⅲ) 사용 연한이 1년 이내인 경우에 지출할 수 있다고 하였으므로 '프로그램 대여' 품목에 사업비 지출이 허용된다.

13

주어진 자료를 정리하면 다음과 같다.

구분	국어	수학	영어	등급의 합계	원점수 합계
갑	3	1	3	7	불합격
을	3	1	2	6	267
병	2	2	2	6	266
정	4	1	2	7	불합격
무	1	4	1	6	258

3개 과목 등급의 합이 6 이내인 자를 선발한다고 하였으므로 갑과 정은 불합격하며, 이 조건을 만족하는 자가 여러 명일 경우, 3개 과목 원점수의 합산 점수가 가장 높은 자를 선발한다고 하였으므로 을이 합격한다.

14

ㄱ. A국은 대기환경지수의 평균값을 통합지수로 사용하지만, B국은 대기환경지수 중 가장 높은 값을 통합지수로 사용하며 세부적으로 들어가면 산정 방식자체가 크게 다르다. 따라서 두 나라의 통합지수가 동일하더라도 각 대기오염물질의 농도는 다를 수 있다.

ㄷ. A국은 5가지 대기오염 물질 농도를 각각 측정하여 대기환경지수를 산정하고, 그 평균값을 통합지수로 하므로 단순히 등급이 '해로움'으로 나타났다고 하더라도 그 정보만으로는 특정 물질의 농도에 대한 정확한 수치를 알 수 없다.

ㄹ. A국은 경보색깔이 노랑인 경우 외부활동이 가능하나, B국은 외부활동을 자제해야 한다. 따라서 A국에 방문하여 B국의 기준을 따른다면 외부활동을 자제할 것이므로 적절한 내용이다.

오답분석

ㄴ. B국의 경우 오염물질별 대기환경지수 중 101 이상인 것이 2개 이상일 경우에는 가장 높은 대기환경지수에 20을 더하여 통합지수를 산정한다고 하였다. 만약 B국 대기환경지수 중 101 이상인 것이 2개 이상이고 가장 높은 것이 160이라면 B국의 통합지수는 180이 되므로 적절하지 않은 내용이다.

15

ㄱ. 연구진은 용역완료(납품) 후에라도 발주기관이 연구결과와 관련된 자료를 요청할 경우에는 관련 자료를 성실히 제출해야 한다고 하였으므로 적절한 내용이다.

ㄴ. 전체회의는 착수보고 전 1회, 각 중간보고 전 1회(총 2회), 최종보고 전 1회이므로 4회 열리게 되며, 보고 횟수는 전체회의 이후에 모두 진행하므로 역시 4회이다. 따라서 수시보고가 없다면 최소 총 8회의 전체회의 및 보고가 이뤄지게 된다.

오답분석

ㄷ. 연구보조원도 연구진의 구성원에 포함되며, 연구 수행기간 중 연구진은 구성원을 임의로 교체할 수 없다고 하였으므로 적절하지 않은 내용이다.

ㄹ. 연구진은 연구과제의 시작부터 종료(최종보고서 제출)까지 과업과 관련된 제반 비용의 지출행위에 대해 책임을 지고 과업을 진행해야 한다고 하였으므로 중간보고서의 출력과 제본 비용의 지출행위 역시 연구진이 책임을 져야 한다.

16

제시문에 의하면 임업인은 2번 항목인 2022년 임산물 판매 영수증과 세금계산서, 4번 항목인 교육 이수증 또는 수료증만 제출하면 된다. 따라서 1번 항목인 보조금 수급 이력 서류는 제출할 필요가 없다.

오답분석

① 총점만을 놓고 볼 때 갑이 87점으로 최고점을 기록하여 선정이 되어야 하나 그렇지 않았다는 것은 보조금을 부당하게 사용하였거나 관련 법령을 위반한 적이 있었다는 것을 의미한다. 그런데 항목 1에서 얻은 점수가 40점이라는 것은 보조금 수급 이력이 없었다는 것을 의미하므로 보조금을 부당하게 사용한 적은 없었다고 볼 수 있다. 따라서 갑은 관련 법령을 위반한 적이 있었을 것이다.

② 항목 5에서 갑과 정 모두 7점을 받았다는 것은 두 명 모두 표본농가에 포함되지 않았다는 것을 의미한다.

③ 을과 병의 총점이 84점으로 동일하나 최종적으로 병이 선정되었으므로 동점 시 우선 선정기준을 확인해 보면 다음과 같다.

   ⅰ) 보조금 수급 이력 점수 : 두 사람 모두 40점으로 동일하여 다음 기준에 의해 판단한다.

   ⅱ) 임산물 판매규모 점수 : 두 사람 모두 19점으로 동일하여 다음 기준에 의해 판단한다.

   ⅲ) 연령 : 최종적으로 병이 선정되었으므로 병이 을보다 나이가 많음을 알 수 있다.

⑤ 을과 정은 모두 4번 항목에서 10점을 획득했기 때문에 교육을 이수했음을 알 수 있고, 이를 인정받기 위해서는 이수증 또는 수료증을 제출해야 하므로 적절한 내용임을 알 수 있다.

17

정답 ①

점수부여기준에 따라 각각의 선택지에 대해 점수를 계산하면 다음과 같다.

구분	패스워드	글자수(3)	글자수(2)	동일문자	인접키	아이디	점수
①	10H&20Mzw	10		0	0	0	10
②	KDHong!	8		0	0	−3	5
③	asjpeblove		10	0	−2	0	8
④	SeCutiTy*	10		0	−2	0	8
⑤	1249dhqtgml		10	0	−2	0	8

따라서 점수가 가장 높은 ①이 가장 안전하다.

18

정답 ②

8월 16일에 신청한 경우 9월 1일에 신청한 것으로 간주하므로 6일까지 시장의 승인이 있어야 하며, 관련기관의 정비는 13일에 완료, 정비결과는 16일까지 시장에게 보고되어야 한다.

오답분석

① 홀수달 1일에 하지 않은 신청은 그 다음 홀수달 1일 신청한 것으로 간주하므로 7월 2일에 정류소 명칭 변경을 신청한 경우 9월 6일까지는 승인 여부를 결정해야 한다.

③ 아파트 명칭은 4순위에 해당하며, 서점 등 기타의 명칭은 5순위이므로 '가나3단지아파트·가나서점'으로 변경해야 한다.

④ 전체 글자 수는 15자 이내로 제한하므로 '다라중학교·다라동1차아파트'(13자)는 명칭 부여기준에 적합하다.

⑤ 글자 수는 15자 이내이지만 명칭 수를 2개 이내로 제한한다는 규정이 있으므로 적절하지 않은 명칭이다.

19

정답 ⑤

제시된 기준에 따라 지방자치단체의 사전경보상태를 정리하면 다음과 같다.

구분	통합재정 수지적자 비율	예산대비 채무비율	채무상환비 비율	지방세 징수액비율	금고잔액 비율	공기업 부채비율
A	주의		주의			
B	주의	주의		주의	주의	
C				주의	주의	심각
D	심각	주의	심각			

따라서 중점관리대상은 주의가 4개(=심각 2개)인 B와, 주의 2개(=심각 1개)와 심각 1개인 C, 심각 2개와 주의 1개인 D임을 알 수 있다.

20

- 병 : 8년째 판매하고 있으므로 계속성 · 반복성 조건을 충족하며, 영리 여부를 따지지 않고 재화(공예품)를 판매하고 있으므로 사업자 조건도 충족한다. 마지막으로 다른 사업자에게 고용 · 종속되어 있다는 언급이 없으므로 독립성 조건도 충족한다. 따라서 병은 사업자등록 대상이다.
- 정 : 10년 동안 판매하고 있으므로 계속성 · 반복성 조건을 충족하며, 영리 여부를 따지지 않고 재화(발명품)를 판매하고 있으므로 사업자 조건도 충족한다. 마지막으로 다른 사업자에 고용 · 종속되어 있다는 언급이 없으므로 독립성 조건도 충족한다. 따라서 정은 사업자등록 대상이다.

[오답분석]
- 갑 : 중고거래를 1회만 하였으므로 계속성 · 반복성을 가지지 않는다. 따라서 사업자등록 대상이 아니다.
- 을 : 영업사원은 회사에 고용되어 일하는 사람이므로 독립성 요건을 충족하지 못한다. 따라서 사업자등록 대상이 아니다.

21

사업별로 평가대상 여부를 판단해 보면 다음과 같다.
- 갑 사업
  - A평가 : 총사업비가 520억 원이어서 이 기준에는 포함되나 국비지원 규모가 100억 원에 불과하여 기준에 미달된다. 따라서 A평가의 대상이 아니다.
  - B평가 : 도시개발사업은 B평가의 대상에 포함된다.
  - C평가 : 부지면적이 12만 5천m²이어서 기준에 포함되므로 C평가의 대상에 해당한다.
- 을 사업
  - A평가 : 법령에 따라 추진되는 사업이므로 A평가의 대상이 아니다.
  - B평가 : 철도건설사업은 B평가의 대상에 포함된다.
  - C평가 : 정거장이 7개소이고, 총길이가 18km이어서 기준에 포함되므로 C평가의 대상에 해당한다.

따라서 갑, 을 사업 모두 B, C 두 개의 평가를 받아야 한다.

22

총지원금은 2020년 14,000백만 원에서 2021년 13,000백만 원으로 1,000백만 원 줄었지만 지원 인원 1인당 평균 지원금은 2020년 약 470여만 원에서 2021년 650만 원으로 많아졌으므로 적절한 내용이다.

[오답분석]
- ㄴ. 저소득층 등 취업 취약계층을 우대한다는 것이지 이에 해당하지 않으면 참여를 못 하는 것이 아니다. 취업 취약계층의 참여목표 비율이 70%라고 한 점에서도 확인할 수 있는 내용이다.
- ㄷ. 근로조건 항목에서 4대 사회보험을 보장한다고 하였으므로 적절하지 않은 내용이다.
- ㄹ. 참여자 항목에서 주된 참여자는 중장년(50 ~ 64세)으로 명시하고 있으므로 적절하지 않은 내용이다.

23

어린이 식사를 미리 주문한 A에게 가장 먼저 제공하고, 저칼로리식(특별식)을 미리 주문한 E에게 두 번째로 제공한다. 다음으로는 좌측 2열 창가에 있는 F, 우측 2열 창가에서 두 번째에 있는 B, 중앙 5열에 있는 D, 좌측 8열 창가에서 두 번째에 있는 C, 중앙 8열에 있는 G의 순으로 제공한다.

24

ㄱ. 지역별 리스트를 보면 기관과 제휴된 호텔과 콘도미니엄의 수는 69개인데, 그 중 호텔은 31개이고 콘도미니엄은 38개이므로 적절하지 않은 내용이다.
ㄴ. 노보텔 앰배서더의 예를 들면 서울시 강남구와 금천구에 위치하고 있으므로 적절하지 않은 내용이다.
ㄷ. 남송마리나피싱리조트 등 호텔이라는 이름을 사용하고 있지 않은 시설이 존재하므로 적절하지 않은 내용이다.

[오답분석]

ㄹ. 서울의 예를 들면 제시된 노보텔 앰배서더 등은 모두 호텔로 분류되고 있으므로 콘도미니엄은 없다는 것을 알 수 있다. 따라서 적절한 내용이다.

25

• 민주 : 보습력이 가장 뛰어난 것은 반짝이와 수분톡톡인데, 둘 다 발림성도 별이 3개로 동일하다. 따라서 민주는 반짝이와 수분톡톡 어느 것을 선택해도 무방하다.
• 호성 : 발림성, 보습력, 향이 모두 우수한 것은 반짝이와 수분톡톡인데, 이 중 제품 가격이 낮은 것은 수분톡톡이므로 호성은 수분톡톡을 선택한다.
• 유진 : 향이 가장 좋은 것은 반짝이, 수분톡톡, 솜구름인데, 이들 모두 발림성도 별이 3개로 동일하다. 마지막으로 이들 중 제품 크기가 가장 작은 것은 용량이 가장 작은 반짝이이므로 유진은 반짝이를 선택한다.

26

명도・채도에 관한 수식어(아주 연한), 색상에 관한 수식어(노랑 끼의), 녹색(유채색)의 순서를 바르게 지켰으므로 적절한 표현이다.

[오답분석]

① 회색은 무채색인데, '진한'이라는 수식어는 유채색에 붙이는 수식어이므로 적절하지 않은 표현이다.
② '보라 띤(보라빛)'은 노랑에는 적용하지 못하는 수식어이므로 적절하지 않은 표현이다.
③ '파랑 띤'은 노랑에는 적용하지 못하는 수식어이므로 적절하지 않은 표현이다.
④ 유채색의 명도・채도에 관한 수식어(밝은)와 색상에 관한 수식어(빨강 기미의)는 나열하는 순서를 바꿀 수 없으므로 적절하지 않은 표현이다.

27

먼저 시간 외 근로를 동의하지 않은 김상형을 제외하면 ①을 소거할 수 있으며, 출산 이후 1년이 지나지 않은 전지연은 이미 1주 동안 6시간의 시간 외 근로를 하였으므로 제외하여 ④, ⑤를 소거할 수 있다. 이제 남은 것은 ②와 ③뿐인데 조경은의 경우 A프로젝트를 완수하기 위해 5시간이 소요되어 야간근로가 필요한 상황이지만 여성의 경우 야간근로에 대해 별도의 동의를 요한다고 하였으므로 제외한다. 따라서 답은 ②가 된다.

28

ㄱ. 네팔어를 사용하는 A장관과 에스파냐어를 사용하는 F장관이 의사소통을 하기 위해서는 네팔어와 에스파냐어를 모두 통역 가능한 통역관이 있어야 하나 그렇지 않은 상황이다. 따라서 A(네팔어) → 통역관 을(네팔어, 영어) → 통역관 정(영어, 한국어) → 통역관 병(한국어, 에스파냐어) → F(에스파냐어)의 과정을 거쳐야 하므로 최소 3명의 통역관이 필요하다.
ㄴ. 통역관 정은 한국어, 영어, 스와힐리어를 통역 가능하므로 한국어를 사용하는 H장관은 이 언어들을 사용하는 장관들과만 의사소통이 가능하다. 따라서 B(영어), E(영어, 스와힐리어), G(스와힐리어)의 3명과 대화가 가능하다.
ㄹ. 장관 D가 사용하는 카자흐어와 러시아어를 제외한 나머지 언어는 4명의 통역관을 통해 통역이 가능하다. 또한 장관 C가 통역관 역할을 겸한다면 러시아어를 매개로 하여 D가 다른 장관들과 의사소통을 하는 것을 가능하게 할 수 있다. 따라서 결과적으로 모든 장관들이 서로 의사소통이 가능하게 된다.

[오답분석]

ㄷ. 장관 E가 통역관의 역할을 하게 될 경우 영어를 매개로 하여 다른 장관(예를 들어 B)과 대화할 수 있으며 다른 통역관까지 참여한다면 더 많은 장관들과도 대화할 수 있다.

29

정답 ①

ㄱ. 5의 배수는 A×5로 표현되므로 30은 6×5, 즉 여섯 개의 다섯으로 바꿔서 나타낼 수 있다. 이에 따라 30은 otailuna(6×5)로 표현된다.

ㄴ. 중간에 i가 들어있다는 것은 i의 앞과 뒤를 더한 숫자라는 것을 의미하므로 ovariluna i tolu는 ovariluna+tolu로 나타낼 수 있다. 여기서 ovari는 다시 o+vari로 분해되어 9임을 알 수 있고, ovari+luna는 ㄱ에서 살펴본 것과 같은 논리로 아홉 개의 다섯으로 해석할 수 있으므로 45임을 알 수 있다. 여기에 i 뒤의 tolu(3)을 더하면 결과적으로 해당되는 숫자는 48이 된다.

30

정답 ④

ㄴ. 주세가 부과된다는 것은 해당 음료의 알코올 함유량이 100분의 1 이상이라는 의미인데, 알코올 함유량이 100분의 0.5를 초과하는 음료는 맥주로 분류되어 30%의 관세가 같이 부과된다. 따라서 주세의 납부 대상이지만 관세의 납부 대상이 아닌 음료는 존재하지 않는다.

ㄷ. 알코올 함유량이 100분의 0.5를 초과한다면 이는 맥주에 해당하여 30%의 관세가 부과된다. 따라서 적절하지 않다.

오답분석

ㄱ. 알코올 함유량이 100분의 0.5를 초과하는 경우 30%의 관세가 부과되며, 이와 별도로 알코올 함유량이 100분의 1 이상인 경우 72%의 주세가 부과된다. 따라서 적절한 내용이다.

31

정답 ③

식품 수입자는 신고의무가 있으며 구기자는 2020.8.1 이후 유통된 경우 신고대상이다. 선택지의 사례는 이에 해당하므로 식품 수입자 C는 유통이력 신고의무가 있다.

오답분석

① 안경테 도매상은 유통업자에 해당하고 선글라스는 2020.2.1 이후 유통된 경우 신고대상이다. 하지만 선택지의 사례는 이보다 앞선 시기에 이루어진 것이므로 신고대상에 포함되지 않는다.

② 한약재 수입자는 신고의무가 있으나 당귀는 2020.8.1 이후 유통된 경우 신고대상이다. 하지만 선택지의 사례는 이보다 앞선 시기에 이루어진 것이므로 신고대상에 포함되지 않는다.

④ 소비자에게 매운탕을 판매하는 음식점 주인은 소매업자에 해당하며, 소매업자는 유통이력 신고의무가 없다.

⑤ 도매상은 신고의무가 있으며 냉동옥돔은 2023.2.1 이후 유통된 경우 신고대상이다. 하지만 선택지의 사례는 이보다 앞선 시기에 이루어진 것이므로 신고대상에 포함되지 않는다.

32

정답 ④

대안별 평가 기준 점수의 합계를 구하면 다음과 같으며, 따라서 2순위는 ㉠과 ㉣, 4순위는 ㉡과 ㉢ 중 한 개가 차지하게 된다.

㉠	㉡	㉢	㉣	㉤
33	19	19	33	18

그런데 ㉠과 ㉣은 총점은 동일하지만 법적 실현가능성 점수에서 ㉠이 앞서므로 1순위는 ㉠, 2순위는 ㉣이 되며, ㉡과 ㉢은 총점뿐만 아니라 법적 실현가능성 점수, 효과성 점수까지 동일하므로 행정적 실현가능성에서 점수가 높은 ㉡이 3순위, ㉢이 4순위가 된다.

33

정답 ③

ㄱ. 갑이 매운 음식을 자주 먹는 것이 위암 검진 시작 시기와 주기에 영향을 미치는 사항은 아니므로 만 40세가 되는 2년 후에 위암 검진을 받아야 한다.

ㄴ. 을은 대장암 가족력이 있으므로 정상적인 검진 시기에서 10년을 앞당긴 만 40세부터 1년 주기로 검진을 받아야 한다. 따라서 을은 만 40세가 되는 7년 후에 대장암 검진을 받아야 한다.

ㄷ. 병은 유방암 가족력이 있으므로 정상적인 검진 시기에서 15년을 앞당긴 만 25세부터 2년 주기로 검진을 받아야 한다. 그런데 병은 올해가 만 25세이므로 올해 곧바로 정기검진을 받아야 한다.

ㄹ. 정은 흡연자이므로 만 40세부터 1년 주기로 폐암 검진을 받아야 한다. 따라서 정은 만 40세가 되는 4년 후에 폐암 검진을 받아야 한다.

따라서 첫 정기검진까지의 기간이 가장 적게 남은 사람부터 순서대로 바르게 나열하면 병(0년) - 갑(2년) - 정(4년) - 을(7년)이다.

34

갑이 7월 20일에 퇴직한다면 퇴직일인 7월 20일에 해당 월의 급여와 사용하지 않은 월차에 대한 월차수당을 함께 지급받게 된다.

[오답분석]

② 을이 6월 9일에 퇴직한다면, 을은 12일 이상 근무하지 않은 것이 되어 월차가 발생하지 않는다. 따라서 을은 6월분의 월차수당을 받을 수 없다.

③ 병이 월차를 받을 수 있는 기간은 3월부터 6월까지의 4개월이며, 퇴직월인 7월은 월차수당으로만 받을 수 있다. 따라서 병이 사용할 수 있는 월차는 최대 4일이다.

④ 12월의 근무로 인해 발생한 월차는 월차수당으로만 지급하므로 정은 1월부터 11월까지의 근무에 대한 최대 11일의 월차를 사용할 수 있다.

⑤ 무의 입사일이 9월 20일이므로 9월의 근무일은 12일에 미치지 못한다. 따라서 10월부터 12월까지 3개월간의 근무에 대한 총 3일분의 월차수당을 받을 수 있다. 만약 월차를 최대로 사용한다면 2일의 월차와 1일분의 월차수당을 받을 수 있을 것이다.

35

정답 ①

주어진 보기와 암호문을 통해 역으로 원문을 추론할 수 있다. 먼저 암호 변환키 B열에서 암호문이 I로 나오는 것은 H이므로 원문의 첫 단어는 H가 된다. 이와 같은 방식으로 암호 변환키 H열에서 암호문이 B로 나오는 것은 I, 변환키 E에서 암호문이 N으로 나오는 것은 J이므로 같은 방식으로 나머지 암호문을 분석해 보면 정답은 HIJACK가 됨을 알 수 있다.

36

정답 ③

오늘 아침의 상황 중 은희의 취향과 관련된 부분을 뽑아내면 다음과 같다.
• 스트레스를 받음
• 배가 고픔
• 피곤한 상황
• 커피만 마심
• 휘핑크림은 넣지 않음

먼저, 스트레스를 받았다고 하였으므로 휘핑크림이나 우유거품을 추가해야 하나 마지막 조건에서 휘핑크림을 넣지 않는다고 하였으므로 우유거품만 추가함을 알 수 있다. 또한 배가 고픈 상황이므로 데운 우유가 들어간 커피를 마시게 된다. 따라서 이 모두를 포함한 카푸치노를 주문할 것임을 추론할 수 있다.

37

정답 ②

첫 번째 조건에서 비상구 앞뒤로 두 번째 열 이내에 앉은 승객을 찾아보면 '가, 나, 라, 마'가 있으며, 여기에 두 번째 조건인 복도(통로)측 좌석을 선별하면 '나, 라, 마'를 확인할 수 있다. 이제 여기에 마지막 조건을 대입해 보면 비행기의 앞쪽 방향에 위치한 승객은 '나'이므로 생존가능성이 가장 높은 좌석은 '나'임을 알 수 있다.

38

A시는 범죄 발생 건수 비율을 기준으로 할 때, 가장 적은 예산을 배분받으므로 적절하지 않은 내용이다.

오답분석

① A시의 경우 범죄 발생 건수 비율로 배분할 때 2,500만 원을 받는 것이 최저액이며, 경찰관 수 비율로 배분할 때 6,500만 원을 받는 것이 최고액이므로 적절한 내용이다.
② B시의 경우 경찰관 수 비율로 배분할 때 3,500만 원을 받는 것이 최저액이며, 범죄 발생 건수 비율로 배분할 때 7,500만 원을 받는 것이 최고액이므로 적절한 내용이다.
③ B시가 선호하는 배분 기준을 순위가 높은 것부터 순서대로 나열하면 범죄발생 건수 비율, 재정자립도 비율, 인구 비율. 경찰관 수 비율이므로 적절한 내용이다.
④ A시가 선호하는 배분 기준을 순위가 높은 것부터 순서대로 나열하면 경찰관 수 비율, 인구 비율, 재정자립도 비율, 범죄 발생 건수 비율이므로 적절한 내용이다.

39

• 1단계 : 1순위 최다 투표자는 A(350표)인데, 이는 과반수에 미치지 못하므로 다음 단계로 넘어간다.
• 2단계 : 1단계의 최소득표자는 E(100표)인데, 이는 그 투표용지에 2순위로 기표된 C에 합산된다. 따라서 A(350표), C(300표), B(200표), D(150표)가 되는데 여전히 A의 득표수가 과반수에 미치지 못하므로 다음 단계로 넘어간다.
• 3단계 : 2단계의 최소득표자는 D(150표)인데, 이는 그 투표용지에 2순위로 기표된 C에 합산된다. 따라서 C(450표), A(350표), B(200표)가 되는데 여전히 C의 득표수가 과반수에 미치지 못하므로 다음 단계로 넘어간다.
• 4단계 : 3단계의 최소득표자는 B(200표)인데, 이는 그 투표용지에 2순위로 기표된 C에 합산된다.
따라서 C(650표), A(350표)가 되어 과반수를 획득한 C가 당선된다.

40

ㄱ. 선착순 우선 원칙에 의할 경우 민원 B가 완료되는 데 소요되는 기간은 24일인 반면, 짧은 사례 우선 원칙에 의할 경우 12일이므로 적절한 내용이다.
ㄷ. 민원 담당자의 입장에서는 어떤 원칙을 채택하든 전체 업무를 처리하는데 소요되는 시간은 28일로 동일하므로 적절한 내용이다.
ㄹ. 병의 민원 C는 24일이 단축되므로 적절한 내용이다.

오답분석

ㄴ. 짧은 사례 우선 원칙에 의할 경우 ㄱ에서 살펴본 것처럼 을은 12일이 단축되고, 병은 24일이 단축되지만 갑은 12일이 더 소요되므로 적절하지 않은 내용이다.
ㅁ. 선착순 우선 원칙에 의할 경우의 총대기기간은 40일(=0일+16일+24일)인 반면, 짧은 사례 우선 원칙에 의할 경우는 16일(=0일+4일+12일)이므로 적절하지 않은 내용이다.

41

ㄱ. 편익 수준을 4,000만 원 이상으로 잡을 경우 1, 3, 4, 5안이 이에 해당되는데, 이 중 가장 적은 비용의 대안이 1안이므로 적절한 내용이다.
ㄷ. 비용의 한도를 550만 원으로 잡을 경우, 1, 2안이 이에 해당되는데, 1안의 편익이 더 높으므로 적절한 내용이다.
ㄹ. 비용의 한도를 700만 원으로 잡을 경우 1, 2, 3, 4안이 이에 해당되는데, 이 중 4안의 편익이 가장 높으므로 적절한 내용이다.

오답분석

ㄴ. 편익 수준을 5,000만 원 이상으로 잡을 경우 4, 5안이 이에 해당되는데, 이 중 가장 적은 비용의 대안이 4안이므로 적절하지 않은 내용이다.
ㅁ. 편익 / 비용의 기준으로 볼 때, 1 ~ 4안은 최대 70정도에 그치지만 5안은 약 80으로 계산되므로 적절하지 않은 내용이다.

42

정답 ④

총청약점수를 계산하면 다음과 같다.

구분	청약자 연령	세대 구성	자녀 수	무주택기간	총청약점수
갑	60	30	0	64	154
을	20	60	0	0	80
병	60	60	60	128	308
정	40	90	30	0	160

따라서 총청약점수가 높은 두 사람은 정과 병이다.

43

정답 ⑤

ㄱ. A건물과 B건물 사이의 도로는 ○○로이므로 폭 2～7차선의 도로이며, D건물과 E건물 사이의 도로는 △△길이므로 폭 1차선의 도로임을 알 수 있다. 따라서 적절한 내용이다.
ㄴ. 도로의 시작점에서 끝점까지 도로의 왼쪽은 홀수번호로 부여한다고 하였으므로 적절한 내용이다.
ㄷ. 해당 건축물의 주된 출입구가 접하고 있는 도로구간에 대하여 건물번호를 부여한다고 하였으므로 적절한 내용이다.

오답분석

ㄹ. 출입구가 여러 개라도 주된 출입구가 접하고 있는 도로구간에 대하여 건물번호를 부여하므로 적절하지 않은 내용이다.

44

정답 ④

근무 경력이 5년에 미달하는 정을 제외하고 나머지 3명의 직원에 대해 각각의 기준을 적용하면 다음과 같다.

구분	현행			개정안		
	갑	을	병	갑	을	병
외국어 성적	15	15	24	25	25	40
근무 경력	40	40	28	20	20	14
근무 성적	A	20	A	A	10	A
포상	5	10	0	10	20	0
합계	60+A	85	52+A	55+A	75	54+A

근무 성적은 을만 만점이라고 하였으므로 갑·병·정의 근무 성적을 A라고 할 때, A는 20(개정안 10)보다 작을 수밖에 없다. 따라서 어느 기준을 적용하더라도 총점이 가장 높은 을의 선발 가능성이 가장 높다.

45

정답 ④

ㄱ. 부양자녀 요건과 주택요건의 경우 국회통과안이 정부제출안에 비해 더 완화되어 있으므로 적절하지 않은 내용이다.
ㄴ. 재산요건에 의하면 정부제출안과 국회통과안 모두 세대원 전원이 소유하고 있는 재산 합계액이 1억 원 미만일 것을 요구한다. 하지만 A의 재산의 합이 1억 원이어서 어느 안에 의하든 신청할 수 없다. 따라서 적절하지 않은 내용이다.
ㄹ. 정부제출안과 국회통과안 모두 내국인과 혼인한 외국인은 신청 가능하므로 적절하지 않은 내용이다.

오답분석

ㄷ. 국회통과안의 부양자녀요건에 따르면 (1)～(3)을 모두 갖춘 자녀를 1인 이상 부양하면 되므로 근로장려금을 신청할 수 있다. 따라서 적절한 내용이다.

46

A이사의 여행일정을 토대로 여비를 정리하면 다음과 같다.

(단위 : 달러)

구분	일비	숙박비	식비
1일째	80	-(항공이동)	-(항공이동)
2일째	80	233	102
3일째	80(많은 금액 기준)	164	102
4일째	70	164	85
5일째	70	-(항공이동)	85
6일째	70	-(항공이동)	-(항공이동)
합계	450	561	374

따라서 총일비, 총숙박비, 총식비가 바르게 짝지어진 것은 ③이다.

47

정답 ③

ㄱ. 70점+10점(최근 2년 이내 최종 결과평가 최우수 등급)+10점(최근 3년 이내 기술실시계약 체결 후 받은 기술료 총액이 2천만 원 이상)=90점으로 연구자로 선정된다.

ㄹ. 90점(가점, 감점 부여항목 없음)으로 연구자로 선정된다.

오답분석

ㄴ. 80점-5점(최근 3년 이내 협약체결 포기 경력)+10점(최근 3년 이내 SCI 논문 게재)=85점으로 연구자로 선정될 수 없다.

ㄷ. 75점+10점(최근 2년 이내 최종 결과평가 최우수 등급)-5점(최근 3년 이내 협약체결 포기 경력)=80점으로 연구자로 선정될 수 없다.

48

정답 ③

C구단은 전년 3위, 금년 2위로 A구단과 마찬가지로 추첨표를 받지 못한다. 따라서 적절하지 않은 내용이다.

오답분석

① A구단은 전년과 금년 모두 1위를 차지하여 1 ~ 3순위 신인선발권 추첨표를 받지 못한다. 하지만 4순위 신인선발권 추첨에는 3개팀이 참여하게 되므로 이때의 확률은 1/3이다. 따라서 적절한 내용이다.

② B구단이 받은 추첨표는 3장(금년 4위)이고, D구단이 받은 추첨표도 3장(전년 4위, 금년 3위)이므로 적절한 내용이다.

④ 전체 추첨표 20장 중 E구단이 가졌던 7장이 제거되면 2순위 신인 선발권 추첨시 남은 추첨표는 13장이며, 그 중 F구단의 추첨표가 7장이므로 F구단이 2순위 신인선발권을 얻을 확률은 약 54%(=7÷13×100)이다. 따라서 적절한 내용이다.

⑤ 1 ~ 3순위 추첨에서 B구단, D구단, E와 F 중 한 구단이 당첨된다면 4 ~ 6순위 추첨은 A, C, E와 F 중 한 구단이 참여한 상황에서 진행되게 된다. 따라서 E구단이나 F구단은 6순위 신인선발권을 얻을 가능성이 있다. 따라서 적절한 내용이다.

49

• (가) 포인트 적립제도가 없는 C, D, F를 제외하면 A, B, E가 남는데 이 중에서 판매자의 귀책사유가 있을 때에 환불수수료가 없는 곳은 E뿐이다.

• (나) 배송비가 없는 A와 무게에 따라 배송비가 부과되는 F를 제외하면 B, C, D가 남으며 현재의 상태에서는 더 이상 판단할 수 없다.

• (다) 이미 확정된 E를 제외하고 주문 취소가 불가능 한 것은 F뿐이므로 (다)는 F와 연결된다.

• (라) 10만 원 어치의 물건을 구매하는 경우 A와 D는 배송비가 무료이므로 이를 제외한 B와 C가 가능하다.

따라서 이를 만족하는 것은 ③뿐이다.

50

ㄴ. 2008년 1월 이후 영도구에 신축되는 모든 건물에는 장애인을 위한 주차구역을 설치해야 하므로 건물 A가 영도구에 위치해 있지 않다는 것은 추론할 수 있다. 하지만 경사로(부산광역시), 점자표시(경상남도)가 모두 설치되어 있으므로 이 두 지역 중 어느 지역에 위치한 것인지는 알 수 없다. 따라서 옳은 내용이다.

ㄷ. 2008년 1월 이후 영도구에 신축되는 모든 건물에는 장애인을 위한 주차구역을 설치해야 하는데 건물 A에는 장애인을 위한 주차구역이 설치되어 있지 않다. 따라서 옳은 내용이다.

오답분석

ㄱ. 2008년 1월 이전에 세워진 건물이라면 제시문의 규정들이 적용되지 않으므로 건물의 위치를 파악하는 것이 불가능하다. 따라서 옳지 않은 내용이다.

ㄹ. 장애인을 위한 각종 시설들은 법으로 규정되기 이전부터 자율적으로 시행되어 왔다고 하였으므로 옳지 않은 내용이다.

ㅁ. 2008년 1월 1일 이후에 신축된 모든 건물에 엘리베이터 내 점자표시가 의무화된 것은 경상남도이다. 따라서 옳지 않은 내용이다.

51

제시된 규정은 운수회사를 전문 직업교육장으로 본다고 하더라도 자신이 원하는 운수회사에 취업하는 것을 막고 있는 것이 아니므로 적절하지 않은 내용이다.

오답분석

① K광역시의 규정을 살펴보면 근속기간 조건과 무사고기간 조건으로 구성되어 있음을 알 수 있는데 이 조건들은 단순히 특정 기간 이상 무사고 상태를 유지하고 있기만 하면 되는 것이며 그로 인해 법규 준수성, 숙련성 등이 뛰어나다는 것을 알려주는 것은 아니므로 적절한 내용이다.

② '동일회사에서 ~년 이상 근속하여 운전 중인 자'로 명시되어 있기 때문에 만약 근무하던 택시회사가 폐업할 경우 피해를 입을 가능성이 존재한다. 따라서 적절한 내용이다.

④ '17년 이상 무사고자로서 A광역시 소재 운수회사에서 10년 이상 운전 중인 자'라는 규정을 두어 이를 보완하고 있기는 하지만 '동일회사에서 ~년 이상 근속하여 운전 중인 자'라는 조건으로 인해 타회사로의 이직이 어려워질 가능성이 있다고 판단할 수 있으므로 적절한 내용이다.

⑤ 2순위를 부여받기 위해서는 8년 이상 무사고자로서 K광역시 소재 동일회사에서 5년 이상 근속하여 운전 중이어야 하는데, 선택지의 경우는 근속기간 조건을 만족하고 있지 못하므로 적절한 내용이다.

52

A국은 D국의 유보에 동의하였으므로 D국과 A국 간에는 제7조가 적용되지 않는다. 따라서 적절한 내용이다.

오답분석

ㄱ. B국은 D국의 유보에만 반대하였으므로 B국와 D국 간에는 제7조가 적용되지 않을 뿐 나머지 조약은 적용된다. 한편 C국은 D국의 유보뿐만 아니라 조약의 발효에도 명시적으로 반대하였으므로 C국과 D국 간의 관계에서 D국은 조약의 당사국이 되지 않는다. 따라서 적절하지 않은 내용이다.

ㄷ·ㅁ. A국, B국, C국은 기존의 체약국들이므로 제7조의 적용에 장애가 되는 것이 없다. 따라서 적절하지 않은 내용이다.

ㄹ. D국과 A국 간에는 제7조가 적용되지 않고, B국도 제7조의 유보에 반대하였으므로 D국과 B국 간에는 제7조를 제외한 나머지 조약은 적용된다.

53

D는 '그 주택을 계속 소유한 채 최초 보상계획공고일 전에 다른 곳으로 전출한 자'에 해당하므로 전용면적 85m² 이하 공공분양아파트를 받을 수 있다. 따라서 적절한 내용이다.

오답분석

① A의 전입일(2021년 5월 4일)이 기준일(2021년 2월 20일)보다 늦으므로 대상자가 될 수 없다. 따라서 적절하지 않은 내용이다.
② B의 전입일(2020년 12월 30일)이 기준일 3개월 전(2020년 11월 20일)보다 늦으므로 대상자가 될 수 없다. 따라서 적절하지 않은 내용이다.
③ C의 전출일(2022년 8월 28일)이 최초 보상계획공고일(2023년 7월 28일)보다 앞서므로 대상자가 될 수 없다. 따라서 적절하지 않은 내용이다.
⑤ E의 전출일(2023년 6월 30일)이 최초 보상계획공고일(2023년 7월 28일)보다 앞서므로 대상자가 될 수 없다. 따라서 적절하지 않은 내용이다.

54

K사가 준공검사를 요청한 시기가 계약기간 내인 2022년 10월 15일이므로 '가'항목에 해당하며 이후 불합격판정을 받아서 계약기간 내인 2022년 10월 25일에 보완지시를 받았으므로 계약기간 다음날(2022년 11월 5일)부터 최종검사에 합격한 날짜(2022년 11월 19일)까지가 지체 기간에 해당한다.

55

ㄱ. 전문성 면에서 유급법률구조제도는 (+)로, 자원봉사제도는 (−)로 나타나고 있으므로 적절한 내용이다.
ㄴ. A안은 접근용이성과 전문성만을 고려하는 것인데, 유급법률구조제도는 이 두 목표가 (+)로 나타나고 있으므로 적절한 내용이다.
ㄹ. A안과 B안 중 어떤 것을 적용하더라도 '유급법률구조제도'가 채택되므로 적절한 내용이다.

오답분석

ㄷ. B안은 전문성만을 고려하는 것인데, 자원봉사제도는 (−)로 나타나고 있고 유급법률구조제도가 (+)로 나타나고 있으므로 적절하지 않은 내용이다.

56

부양능력이 있는 며느리와 함께 살고 있으므로 기초생활수급자 선정기준에 해당되지 않는다.

오답분석

① A의 소득인정액은 (100만 원−20만 원)+12만 원=92만 원인데, 이는 3인 가구의 최저생계비인 94만 원보다 적으므로 기초생활수급자에 해당한다.
② B의 소득인정액은 (0원−30만 원)+36만 원=6만 원인데, 이는 1인 가구의 최저생계비인 42만 원보다 적으므로 기초생활수급자에 해당한다(가구 수 산정시 부양의무자가 아닌 조카는 제외하였다).
③ C의 소득인정액은 (80만 원−22만 원)+24만 원=82만 원인데, 이는 3인 가구의 최저생계비인 94만 원보다 적으므로 기초수급자에 해당한다.
⑤ E의 소득인정액은 (60만 원−30만 원)+36만 원=66만 원인데, 이는 2인 가구의 최저생계비인 70만 원보다 적으므로 기초수급자에 해당한다.

57

정답 ②

주어진 조건을 정리하면 다음과 같다.

구분	A	B	C	D
1차 투표	33	28	21	16(탈락)
2차 투표	33 ~ 37	28(탈락) ~ 32	33	12(C), 4(A, B)
3차 투표	33 ~ 37	C지지	61 ~ 65	12(C), 4(A, B)

D후보를 지지하는 유권자들 중 C후보를 지지하지 않는 4명의 유권자들이 A, B중 어느 후보를 지지하더라도 C가 선출되는 것에는 변함이 없으므로 적절한 내용이다.

오답분석

① D후보를 지지하는 유권자들이 C후보를 지지하는 경우 C후보가 선출되므로 적절하지 않은 내용이다.

구분	A	B	C	D
1차 투표	33	28	21	16(탈락)
2차 투표	33	28(탈락)	37	C지지
3차 투표	33	C지지	65	C지지

③ 2차 투표에서도 A후보는 과반수 득표를 하지 못하므로 적절하지 않은 내용이다.

구분	A	B	C	D
1차 투표	33	28	21	16(탈락)
2차 투표	49	28	21(탈락)	A지지

④ 2차 투표에서 과반수 득표(41% 이상)을 얻은 후보가 없으므로 적절하지 않은 내용이다.

구분	A	B	C	D
1차 투표	33	28	21	16(탈락)
2차 투표	33	28	21	기권

⑤ 2차 투표에서 과반수 득표(50% 이상)을 얻은 후보가 없으므로 적절하지 않은 내용이다.

구분	A	B	C	D
1차 투표	33	28	21	16(탈락)
2차 투표	41	36	21	8(A), 8(B)

58

정답 ④

ㄴ. 병이 4개의 공기업을 모두 유치하기 위해서는 C안이 채택되어야 하는데, C안은 병을 제외한 나머지 도시들이 모두 찬성하지 않는 대안이어서 채택될 수 없다. 따라서 적절한 내용이다.

ㄹ. 투표 순서를 A − C − B − D로 진행할 경우 D안이 채택되고, D − B − C − A로 진행할 경우 A안이 채택되는데 D안과 A안 모두 갑과 을에 최소 1개 이상의 공기업을 배치하는 것이므로 적절한 내용이다.

오답분석

ㄱ. 투표 순서가 B − A − D − C로 정해지는 경우, B안 − A안을 비교하여 B안을 선택하고, 다음으로 B안 − D안을 비교하여 D안을, D안 − C안을 비교하여 최종적으로 D안을 채택하게 된다. 그런데 D안의 경우는 '갑'에 1개의 공기업만 배치하는 것이어서 가장 유리한 대안이 아니다. 따라서 적절하지 않은 내용이다.

ㄷ. 투표 순서를 C − D − A − B로 진행할 경우 B안이 채택되고, C − D − B − A로 진행할 경우 A안이 채택되는데 B안은 갑에 3개의 공기업을 배치하는 것이고, A안은 2개의 공기업을 배치하는 것이므로 갑에 유리한 것은 C − D − A − B의 순서로 투표를 진행하는 것이다. 따라서 적절하지 않은 내용이다.

59

ㄱ. 甲이 신축하는 건물의 현재 예상되는 친환경 건축물 평가점수는 63점으로 우량 등급이고 에너지효율은 3등급이다. 에너지효율을 한 등급 높이는 데 2,000만 원이 추가로 소요되고 친환경 건축물 등급을 높이는 데는 현재 63점이므로 우수 등급까지 7,000만 원, 최우수 등급까지 17,000만 원이 추가로 사용될 수 있다. 따라서 에너지효율을 높이는 것이 취·등록세 감면을 받는 데 있어서 효율적이다. 甲이 세액 감면 혜택을 받기 위해 에너지효율 2등급, 친환경 건축물 우수 등급에 도달한다면 세액을 총 8,000만 원 감면받을 수 있으나 그에 따른 비용이 9,000만 원이므로 경제적 손실을 입는다. 甲이 에너지효율 1등급과 친환경 건축물 등급에서 우수 등급을 받는다면 세액 감면액이 16,000만 원이고 비용이 11,000만 원이므로 추가적인 경제적 이익을 얻을 수 있다.

ㄴ. 친환경 건축물 우수 등급, 에너지효율 1등급을 받기 위해 추가 투자할 경우 경제적 이익은 5,000만 원이다. 에너지효율 1등급, 친환경 건축물 최우수 등급을 받을 경우 전자에 비해 8,000만 원의 세액 감면 혜택을 더 받으나 10,000만 원의 비용이 추가로 사용되어 전체적으로 경제적 이익은 감소한다.

오답분석

ㄷ. 경제적 이익을 얻기 위하여 친환경 건축물 평가점수도 같이 높여줘야 한다. 에너지효율만 높인다면 비용만 추가로 소요될 뿐 세액 감면 혜택을 받을 수 없다.

| 02 | 심화문제

01	02	03	04	05	06	07	08	09	10	11	12	13	14	15	16	17	18	19	20
②	④	②	②	①	②	⑤	③	⑤	②	③	①	⑤	⑤	②	④	②	①	④	⑤

21	22	23	24	25	26	27	28	29	30	31									
①	④	①	①	③	⑤	③	③	③	①	①									

01

산업단지별로 합산점수를 구해 보면 다음과 같다.

산업단지	기업 집적 정도 점수	연관성 점수	입주공간 확보 가능 여부 점수	지자체 육성 의지	총점
A	40	40	20	○	100
B	20	40	20	○	80(3위)
C	30	40	20	○	90
D	30	40	20	×	–
E	40	0	20	○	60
F	30	40	0	○	70
G	40	20	20	○	80(4위)

A가 '소재'산업단지인 경우 연관성 점수가 20점이 되어 총점이 80점으로 감소하지만 선정되는 산업단지는 A, B, C, G로 동일하므로 F는 선정되지 못한다.

오답분석

① 총점에 따르면 A, B, C, G가 선정됨을 알 수 있다.

③ 3곳을 선정할 경우, 1위는 A, 2위는 C가 되며 3위는 총점은 80점으로 B와 동일하나 연관성 점수에서 G에 앞서는 B가 선정됨을 알 수 있다.

④ F산업단지의 기업이 3개 더 있다면 전체 기업수는 30개가 되어 기업 집적 정도 점수가 40점, 총점은 80점이 된다. 이 경우 1위는 A, 2위는 C가 되며, 총점이 80점으로 동일한 B, F, G 중 연관성 점수가 G에 앞서는 B와 F가 선정됨을 알 수 있다.

⑤ D가 소재한 지역의 지자체가 육성 의지가 있다면 D의 총점은 90점이 되어 C와 함께 공동 2위를 기록하게 된다. 따라서 D는 선정됨을 알 수 있다.

02

• 을, 정, 무 : 정이 운전을 하고, 을이 차장이고, 부상 중인 사람이 없기 때문에 17:00에 도착하므로 정의 당직 근무에도 문제가 없다. 따라서 가능한 조합이다.

오답분석

① 갑, 을, 병 : 갑이 부상인 상태이므로 B지점에 17시 30분에 도착하는데, 을은 17시 15분에 계약업체 면담이 진행될 예정이므로 가능하지 않은 조합이다.

② 갑, 병, 정 : 갑이 부상인 상태이므로 B지점에 17시 30분에 도착하는데, 정이 17시 10분부터 당직 근무가 예정되어 있으므로 가능하지 않은 조합이다.

③ 을, 병, 무 : 1종 보통 운전면허를 소지하고 있는 사람이 없으므로 가능하지 않은 조합이다.

⑤ 병, 정, 무 : 책임자로서 차장 직급이 한 명은 포함되어야 하므로 가능하지 않은 조합이다.

03

정답 ②

• gwpyi : gw(잎), p(네 번째 차이), yi(여덟 번째 종)

오답분석

① ditu : di(돌), t(물에 녹는 지구의 응결물), u(여섯 번째 종)

③ dige : di(돌), g(덜 투명한 가치 있는 돌), e(세 번째 종)

④ deda : de(원소), d(두 번째 차이), a(두 번째 종)

⑤ donw : do(금속), n(아홉 번째 차이), w(첫 번째 종)

04

정답 ②

정책들의 평가 결과와 예산 감소액을 정리하면 다음과 같다.

정책	계획의 충실성	계획 대비 실적	성과지표 달성도	예산 감소액
A	○	○	×	2억
B	○	×	○	3억
C	○	○	○	–
D	○	×	×	3억
E	○	○	×	2억
F	○	○	○	–

정책별 예산 감소액을 모두 더하면 10억 원이므로 적절하지 않은 내용이다.

오답분석

① 전년과 동일한 금액의 예산을 편성해야 하는 정책은 C와 F의 2개이므로 적절한 내용이다.

③ B정책의 경우 '성과지표 달성도' 영역에서 통과로 판단되었지만 예산 감소액이 3억 원이므로 적절한 내용이다.

④ 예산을 전년 대비 15% 감액하여 편성하는 정책은 B와 D인데, 이들 모두 '계획 대비 실적' 영역이 미통과로 판단되었으므로 적절한 내용이다.

⑤ 2개 영역이 미통과로 판단된 정책에 대해서만 전년 대비 2018년도 예산을 감액하는 것으로 기준을 변경하는 경우에는 D정책만 감액해야 하므로 적절한 내용이다.

05

정답 ①

사망자가 공무원(C, D)의 부모이며, 해당 공무원이 C와 D의 2명인 경우에 해당한다. 이 경우 1순위 수급권자는 사망한 자의 배우자인 공무원이지만 B는 비공무원이므로 2순위 수급권자인 사망한 자를 부양하던 직계비속인 공무원인 D가 최우선 순위 수급권자에 해당한다. 따라서 적절한 내용이다.

오답분석

ㄴ. 사망자가 공무원(A, B)의 자녀이면서 공무원(D)의 배우자이므로 해당 공무원이 3명인 경우에 해당한다. 이 경우 1순위 수급권자는 사망한 자의 배우자인 공무원이므로 D가 최우선 순위 수급권자에 해당한다. 따라서 적절하지 않은 내용이다.

ㄷ. 사망자가 공무원 본인이므로 1순위 수급권자는 사망한 공무원의 배우자이고, B가 최우선 순위 수급권자에 해당한다. 따라서 적절하지 않은 내용이다.

06

정답 ②

- 설립방식
  - (가)방식 : 5억 원－3억 원＝2억 원
  - (나)방식 : 4.5억 원－(2억 원＋1억 원＋0.5억 원)＝1억 원
  따라서 (가)방식을 채택한다.
- 설립위치
  20 ～ 30대 비율이 50% 이하인 을 지역을 제외하고 계산하면 다음과 같다.
  - 갑 지역 : $(80 \times 0.75) \div 3 = 20$
  - 병 지역 : $(75 \times 0.6) \div 2 = 22.5$
  따라서, 병 지역을 선택한다.

07

정답 ⑤

제시문에 따라 선거 결과를 정리해 보면 다음과 같다.

구분	제1선거구	제2선거구	제3선거구	제4선거구
A정당	41	50	16	39
1번 후보	㉚	㉚	12	⑳
2번 후보	11	20	4	19
B정당	39	30	57	28
1번 후보	㉒	⑱	㊵	26
2번 후보	17	12	⑰	2
C정당	20	20	27	33
1번 후보	11	11	20	⑱
2번 후보	9	9	7	15

가장 많은 당선자를 낸 정당은 B정당(4명)이므로 적절한 내용이다.

오답분석

① A정당은 제3선거구를 제외한 선거구에서 최소 1석씩을 차지하였으므로 적절하지 않은 내용이다.
② B정당은 제4선거구를 제외한 선거구에서 최소 1석씩을 차지하였으므로 적절하지 않은 내용이다.
③ C정당 후보가 당선된 곳은 제4선거구(1번 후보)이므로 적절하지 않은 내용이다.
④ 제4선거구의 경우는 B정당의 1번 후보가 최다 득표를 하였으나 당선되지 못하였으므로 적절하지 않은 내용이다.

08

정답 ③

'가나다정'의 경우 최종 복용시간은 야뇨를 피하기 위해 오후 6시까지로 한다고 하였으며, 식전 30분부터 복용이 가능하다고 하였으므로 늦어도 오후 6시 30분에는 저녁식사를 시작해야 한다.

오답분석
① '가나다정'은 식사를 거르게 될 경우에 복용을 거른다고 하였으므로 적절하지 않은 내용이다.
② '가나다정'의 경우 정기적으로 혈당을 측정해야 한다고 하였으며, 'ABC정'도 정기적인 혈액검사를 통해 혈중 칼슘, 인의 농도를 확인해야 한다고 하였으므로 적절하지 않은 내용이다.
④ 'ABC정'은 씹지 말고 그대로 삼켜서 복용한다고 하였으므로 적절하지 않은 내용이다.
⑤ 식전 30분에 '가나다정'을 복용하고 30분 동안 식사한 후에, 식사 1시간 후에 ABC정을 복용할 수 있다. 이러한 경우라면 두 약의 복용시간은 2시간 차이가 나므로 적절하지 않은 내용이다.

09

정답 ⑤

음식점을 평가 기준에 맞춰 순위를 매겨 총점을 계산하면 다음과 같다.

구분	음식종류	이동거리	가격	맛평점	예약 가능 여부	총점
자금성	2	4	5	1	+1점	13
샹젤리제	3	3	4	2	+1점	13
경복궁	4	5	2	3	-	14
도쿄타워	5	1	3	4	-	13
광화문	4	2	1	5	-	12

따라서 총점이 가장 높은 것은 경복궁(14점)이다.

10

정답 ②

사냥꾼의 전투능력은 4이고, 경찰은 질병이 있어 전투능력이 3으로 떨어지므로 전체의 전투능력은 7이다. 그런데 서쪽 통로에는 7마리의 좀비가 있으므로 탈출이 가능하다.

오답분석
① 폭파전문가는 부상 중이어서 전투능력이 2로 떨어지며, 무사의 전투능력은 8이므로 전체의 전투능력은 10이다. 그런데 동쪽 통로에는 11마리의 좀비가 있으므로 탈출이 불가능하다.
③ 사냥꾼의 전투능력은 4이고, 폭파전문가의 전투능력은 2이므로 전체의 전투능력은 6이다. 그런데 남쪽 통로에는 11마리의 좀비가 있으므로 탈출이 불가능하다.
④ 폭파전문가는 부상 중이어서 전투능력이 2로 떨어지며, 사냥꾼의 전투능력은 4이나 의사가 가진 전투력 강화제를 이용해 전투능력을 6으로 올릴 수 있다. 또한 의사의 전투능력은 2이므로 전체의 전투능력은 10이 되나, 남쪽 통로에는 11마리의 좀비가 있으므로 탈출이 불가능하다.
⑤ 경찰은 질병이 있어 전투능력이 3으로 떨어지며, 의사의 전투능력은 2이나 자신이 가진 전투력 강화제를 이용해 전투능력을 3으로 올릴 수 있으므로 전체의 전투능력은 6이 된다. 그런데 북쪽 통로에는 9마리의 좀비가 있으므로 탈출이 불가능하다.

11

정답 ③

- X지역 : 바람의 방향이 일정하므로 수평축, 수직축 풍력발전기가 모두 설치 가능하며, 최소 150kW 이상의 시간당 발전량이 필요하므로 U-88, U-93의 설치가 가능하다. 그런데 복수의 모델이 조건을 충족할 경우 수평축 모델을 설치하기로 하였으므로 U-93을 설치한다.
- Y지역 : 바람의 방향이 일정하지 않으므로 수직축 풍력발전기만 설치 가능하며, 발전기 높이가 70m 이하가 되어야 하므로 U-50을 설치한다.
- Z지역 : 바람의 방향이 일정하지 않으므로 수직축 풍력발전기만 설치 가능하며, 최대 발전량이 600kW 이상이 되어야 하므로 U-88을 설치한다.

12
정답 ①

JK3이 보낸 6자리의 신호 중 한 자리는 우주잡음에 의해 오염된다고 하였다. 이에 따라 우주센터가 받았어야 할 정확한 신호를 정리하면 000111, 000000, 111000, 000000임을 알 수 있다. 따라서 JK3는 동 – 북 – 서 – 북의 순으로 이동했으므로 이를 만족하는 ①이 가장 적절하다는 것을 알 수 있다.

13
정답 ⑤

A가 서브를 하고 득점하였으므로 A가 계속 서브한다. 그리고 서브를 받는 팀은 자신의 팀으로 서브권이 넘어오기 전까지는 팀 내에서 선수끼리 서로 코트 위치를 바꾸지 않는다고 하였으므로 C와 D의 위치는 변하지 않는다. 또 팀 점수가 0이거나 짝수인 경우는 우측에서 서브한다고 하였는데, 갑팀의 점수가 4점이므로 우측에서 서브한다.

14
정답 ⑤

폐가전은 폐기물 스티커를 부착하여 수거 전날 저녁 7시 ~ 수거 당일 새벽 3시에 배출하면 되므로 규정을 준수하였다.

[오답분석]
① 수거 전날 저녁 7시 ~ 수거 당일 새벽 3시에 배출해야 하는데, 일요일은 수거하지 않으므로 규정을 준수하지 않았다.
② 공동주택의 경우 음식물 쓰레기는 음식물 전용용기에 담아서 배출하여야 하므로 규정을 준수하지 않았다.
③ 캔은 2종 재활용 쓰레기이고 스티로폼은 별도로 묶어서 배출하여야 하므로 규정을 준수하지 않았다.
④ 페트병은 2종 재활용 쓰레기인데 2종은 뚜껑을 제거하고 내용물을 비운 후 배출하여야 하므로 규정을 준수하지 않았다.

15
정답 ②

1구간에서 '비행기'를 연주할 경우 새끼(1), 약지(2), 중지(3) 손가락을 사용하고, 2구간에서 연주할 경우 중지(3), 약지(4), 새끼(5) 손가락을 사용한다.

[오답분석]
③·⑤ '학교종'은 '솔'로 인해 1구간에서만 연주가 가능한데, 이 경우 새끼(1), 약지(2), 중지(3), 왼쪽 엄지(5), 오른쪽 엄지(1)을 사용하므로 검지는 사용하지 않는다. 따라서 적절한 내용이다.
④ '비행기'는 왼손 1, 2, 3번 손가락만으로도 연주가 가능하고, 오른손 3, 4, 5번 손가락만으로도 연주가 가능하므로 적절한 내용이다.

16
정답 ④

제시된 상황의 소는 2,000만 원을 구하는 것이므로 소액사건에 해당한다. 이에 따라 심급별 송달료를 계산하면 다음과 같다.
• 민사 제1심 소액사건 : 2명×3,200원×10회=64,000원
• 민사 항소사건 : 2명×3,200원×12회=76,800원
따라서 갑이 납부하는 송달료의 합계는 140,800원이다.

17
정답 ②

확장형에 해당하며 일련번호가 '로'와만 결합되었으므로 적절한 도로명이다.

[오답분석]
①·③ 확장형에서 일련번호는 '로'와만 결합된다고 했으므로 적절하지 않은 도로명이다.
④·⑤ 방위형에서 어휘는 '동, 서, 남, 북'으로만 한정되고 '골목'과만 결합되었다고 하였으므로 적절하지 않은 도로명이다.

18

정답 ①

ㄱ. 첨부물이 있는 경우, 첨부 표시문 끝에 1자(2타)를 띄우고 '끝.' 표시를 한다고 하였으므로 적절하지 않은 내용이다.

ㄷ. 문서의 모든 처리절차가 전자문서시스템 또는 업무관리시스템상에서 전자적으로 처리되도록 하여야 한다고 하였으므로 문제에 서명한다는 것은 적절하지 않은 내용이다.

오답분석

ㄴ. 날짜는 숫자로 표기하되 연·월·일의 글자는 생략하고 그 자리에 온점을 찍어 표시한다고 하였으므로 적절한 내용이다.

ㄹ. 기안문에는 행정기관의 로고·상징·마크 또는 홍보문구 등을 표시하여 행정기관의 이미지를 높일 수 있도록 하여야 한다고 하였으므로 적절한 내용이다.

19

정답 ④

90일과 3개월은 다른 개념이다. 만약 체류한 기간이 7 ~ 9월이라면 개월 수로는 3개월이지만 날수로는 92일이다. 따라서 적절한 내용이다.

오답분석

① 포르투갈은 비자 없이 60일간 머무를 수 있는데 선택지의 사례는 60일을 초과하므로 별도의 비자를 발급받아야 한다. 따라서 적절하지 않은 내용이다.

② 우즈베키스탄을 비자 없이 방문하기 위해서는 외교관 여권이 필요하므로, 행정원이 방문하는 경우는 체류기간에 관계없이 비자를 취득해야 한다. 그리고 에콰도르를 행정원이 비자없이 방문할 수 있는 기간은 관용여권의 경우 3개월이므로 별도의 비자를 발급받아야 한다. 따라서 적절하지 않은 내용이다.

③ 일반여권으로 이탈리아에 비자 없이 체류할 수 있는 기간은 90일인데, 선택지의 사례는 이를 초과하므로 적절하지 않은 내용이다. 반면 영국의 경우는 체류기간이 90일을 초과하지 않으므로 가능한 상황이다.

⑤ 일반 여권소지자에 대한 비자면제협정만 일시정지되었고, 관용여권으로 파키스탄에 3개월 이내 체류할 경우는 비자가 필요하지 않으므로 적절하지 않은 내용이다.

20

정답 ⑤

ㄴ. 을은 의료급여 수급자이면서 2002.1.1. 이후 출생자이므로 신청 대상자에 해당하며, 단독주택 거주자이므로 실물카드의 신청이 가능하다. 그리고 3인 이상 가구에 해당하므로 114,000원을 지급받을 수 있으므로 적절한 내용이다.

ㄷ. 병은 생계급여 수급자이고 1954.12.31. 이전 출생자이므로 신청 대상자에 해당하지만 아파트 거주자이므로 실물카드의 신청은 불가능하여 가상카드 형식의 지원을 받을 수 있다. 가상카드 형식은 매월 요금이 차감되는 방식이나 사용기간 만료 시 잔액이 발생하면 전기요금이 차감되며, 2인 가구에 해당하므로 102,000원을 지급받을 수 있다. 따라서 적절한 내용이다.

오답분석

ㄱ. '에너지이용권'의 신청 대상은 생계급여 또는 의료급여 수급자인데 갑은 실업급여 수급자이므로 이에 해당하지 않는다. 따라서 적절하지 않은 내용이다.

21

정답 ①

ㄱ. 갑은 신청 연령 기준인 35세 이하에 해당하며, 성적 기준인 직전 학기 12학점 이상 이수 및 평균 C학점 이상 조건도 충족하고, 가구 소득 기준인 1 ~ 8분위에 해당하므로 X학자금 대출을 받을 수 있다. 따라서 적절한 내용이다.

ㄴ. X학자금 대출은 학기당 등록금 소요액 전액과 학기당 생활비 150만 원까지 대출이 가능하므로 을의 한 학기 등록금이 300만 원이라면, 한 학기당 총 450만 원을 대출받을 수 있다. 따라서 적절한 내용이다.

오답분석

ㄷ. Y학자금 대출은 금융채무불이행자 또는 저신용자인 경우에는 대출이 불가능하므로 적절하지 않은 내용이다.

ㄹ. X학자금 대출은 졸업 후 기준소득을 초과하는 소득 발생 이전에는 상환이 유예되지만, Y학자금 대출은 소득과 무관하게 졸업 직후 매월 상환해야 하므로 두 대출의 매월 상환금액은 다를 수 있다. 따라서 적절하지 않은 내용이다.

22

정답 ④

23일(일) 오전 10시에 포항을 출발하여 오후 1시에 울릉도에 도착한 후, 24일(월) 오후 6시에 호박엿 만들기 체험에 참여한다. 그리고 25일(화) 오전 8시부터 오전 11시까지 독도 여행을 진행한 후 26일(수) 오후 3시에 울릉도를 출발해 오후 6시에 포항에 도착하는 일정의 여행이 가능하다.

오답분석

① 이 기간 중 독도 여행이 가능한 날은 18일(화)뿐인데 이날은 파고가 3.2m이어서 모든 노선의 선박이 운행되지 않는다. 따라서 불가능한 일정이다.
② 21일(금)에 술을 마신 관계로 22일(토)에 선박을 탈 수 없어 포항으로 귀환이 불가능하다.
③ 이 기간 중 독도 여행이 가능한 날은 20일(목)뿐인데 해당 시간대에는 포항에서 울릉도로 가는 선박에 있는 상황이므로 불가능한 일정이다.
⑤ 28일(금)에 파고가 3.7m이어서 모든 노선의 선박이 운행되지 않는다. 따라서 포항으로 귀환이 불가능하다.

23

정답 ①

ㄱ. $5km^2$은 500ha이므로 $5km^2$의 면적에서 사과를 재배할 경우의 화학비료 권장량은 50t(=500ha×100kg/ha)이다. 그런데 갑은 농약은 전혀 사용하지 않았고 화학비료만 20t 사용했다고 하였으므로 권장량의 1/2에 미치지 못한다. 따라서 무농약농산물 인증이 가능하다.
ㄹ. 가로 100m, 세로 500m인 과수원의 면적은 5ha이므로 이 과수원의 화학비료 권장량은 600kg(=5ha×120kg/ha)이다. 그런데 정은 총 200kg의 화학비료를 사용하였으므로 권장량의 1/2에 미치지 못한다. 또한, 감의 농약 살포 최대횟수는 4회인데 정은 2회 살포하여 최대 횟수의 1/2 이하라는 조건도 충족하고 있으며, 살포 시기도 수확 14일 이전이라는 조건을 충족하고 있다. 따라서 저농약농산물 인증이 가능하다.

오답분석

ㄴ. 3ha의 면적에서 복숭아를 재배할 경우의 화학비료 권장량은 150kg(=3ha×50kg/ha)인데, 을의 화학비료 사용량은 50kg에 불과하여 권장량의 1/2에 미치지 못한다. 하지만 수확 10일전에 농약을 살포하여 기준이 되는 시기(수확 14일 전까지만 허용)를 충족하지 못하였으므로 저농약농산물 인증이 불가능하다.
ㄷ. 유기농산물 인증을 받기 위해서는 일정 기간(다년생 작물 3년, 그 외 작물 2년) 이상을 농약과 화학비료를 사용하지 않아야 한다. 하지만 병은 1년 내에 화학비료를 사용하였으므로 기준을 충족하지 못한다. 따라서 유기농산물 인증이 불가능하다.

24

정답 ④

ㄱ. K시의 2022년 인구는 13만 명이고, 2025년 예상인구는 15만 명인데 각주에서 인구는 해마다 증가한다고 하였으므로 K시 도서관이 실제 개관하게 될 2024년 상반기 K시의 인구는 13만 명 이상~15만 명 미만의 범위 내에 있음을 알 수 있다. 그런데 봉사대상 인구가 10만 이상~30만 미만인 경우 기존장서는 30,000권 이상이라고 하였으므로 적절한 내용이다.
ㄷ. K시의 인구가 2025년~2030년에 매년 같은 수로 늘어난다면 2028년 K시의 인구는 24만 명이 된다. 그리고 공공도서관은 봉사대상 인구 1천 명당 1종 이상의 연속간행물, 10종 이상의 시청각자료를 보유해야 한다고 하였으므로 각각 최소 240종 이상, 2,400종 이상을 보유해야 한다. 따라서 적절한 내용이다.
ㄹ. 2030년 실제 인구가 예상 인구의 80% 수준인 24만 명이라면, 이때의 연간증서는 3,000권 이상이 된다. 따라서 6년 동안 매년 3,000권 이상씩 추가로 보유해야 하므로 총 연간증서는 최소 18,000권이다. 따라서 적절한 내용이다.

오답분석

ㄴ. 봉사대상 인구가 10만 명 이상~30만 명 미만이라면 열람석은 350석 이상이어야 하고, 이 중 10% 이상을 노인과 장애인 열람석으로 할당하여야 한다. 그런데 2024년 개관 시와 2025년 모두 인구가 이 범위 내에 존재하므로 열람석은 350석 이상만 충족하면 되며 추가로 열람석을 확보해야 할 필요는 없다. 따라서 적절하지 않은 내용이다.

25

확정신고분(코드 1)의 자진납부에 대한 무납부고지의 결정구분코드는 '5'이므로 적절하지 않은 내용이다.

[오답분석]

① 코드 1 ~ 4가 납부에 대한 것인데, 코드 1과 코드 3에서는 수정신고분을 명시적으로 제외하고 있으며 코드 4는 원천세에 해당하는 것이므로 남은 코드 2가 수정신고 자진납부분에 해당한다. 따라서 적절한 내용이다.

② 납세의무자가 실제 납부하는 연도와 달이 2023년 4월이므로 납부연월은 '2304'이고, 확정분 자진납부에 해당하므로 결정구분코드는 '1', 세목은 개별소비세이므로 '47'이다. 따라서 적절한 내용이다.

④ 납부연월은 '2210'이고, 예정신고 자진신고납부분의 결정구분코드는 '3', 세목은 양도소득세이므로 '22'이다. 따라서 적절한 내용이다.

⑤ 납부연월은 '2302'이고 원천세 자진납부분의 결정구분코드는 '4', 세목은 갑종근로소득세이므로 '14'이다. 따라서 적절한 내용이다.

26

사전평가에서 77점을 받았다면 '한국어 중급 2과정'(100시간)에 배정되며, 이 과정을 이수한 후 '한국사회이해과정'(50시간)을 이수하여야 한다. 따라서 적절한 내용이다.

[오답분석]

① A의 사전평가점수가 50점 이상이라면 '한국어과정' 4단계 또는 5단계부터 시작하면 되지만 A는 결혼 이민자이므로 4단계와 5단계를 면제받아 곧바로 '한국사회이해과정'으로 진입하게 된다. 따라서 A가 이수해야 할 '한국어과정'시간은 최소 0시간이므로 적절하지 않은 내용이다.

② 사전평가에서 95점을 받은 경우는 '한국사회이해과정'으로 곧바로 진입하게 되므로 적절하지 않은 내용이다.

③ 일반 이민자로서 참여를 신청한 자는 사전평가 점수에 의해 배정된 단계로부터 6단계까지 순차적으로 교육과정을 이수하여야 한다고 하였으므로 적절하지 않은 내용이다.

④ 결혼 이민자에 대한 '한국어과정' 면제제도는 2023년 1월 1일부터 폐지되었으므로 적절하지 않은 내용이다.

27

현재가 2023년 8월 1일인 것과 화장품 제조번호 표기방식 및 사용가능기한을 고려하여 매장 내 보유중인 화장품의 처분여부를 판단한다.

- M2225030이라고 쓰여 있고 개봉된 립스틱
  - 제조일 : 2022년 9월 7일
  - 제조일로부터 5년 이내이며, 생산 직후에 개봉했다고 하더라도 1년이 지나지 않았으므로 처분대상에서 제외된다.
- M2020030이라고 쓰여 있고 개봉되지 않은 클렌저
  - 제조일 : 2020년 7월 19일
  - 제조일로부터 3년이 넘었으므로 개봉하지 않았더라도 처분대상에 포함된다.
- M2123010이라고 쓰여 있고 개봉되지 않은 에센스
  - 제조일 : 2021년 8월 18일
  - 제조일로부터 3년 이내이며, 개봉하지 않았으므로 처분대상에서 제외된다.
- M2012040이라고 쓰여 있고 개봉된 날짜를 알 수 없는 아이크림
  - 제조일 : 2020년 4월 30일
  - 제조일로부터 3년이 넘었으므로 개봉여부와 상관없이 처분대상에 포함된다.
- M2216030이라고 쓰여 있고 2023년 10번째 되는 날에 개봉된 로션
  - 제조일 : 2022년 6월 9일 / 개봉일 : 2023년 1월 10일
  - 제조일로부터 3년 이내이지만, 개봉일로부터 6개월이 지났으므로 처분대상에 포함된다.
- M2230050이라고 쓰여 있고 2023년 50번째 되는 날에 개봉된 스킨
  - 제조일 : 2022년 10월 27일 / 개봉일 : 2023년 2월 19일
  - 제조일로부터 3년 이내이고 개봉일로부터 6개월이 지나지 않았으므로 처분대상에서 제외된다.

따라서 매장 내 보유중인 화장품 중에서 처분대상이 되는 것은 총 3개이다.

28

ㄱ. 정보화수준 점수는 전자정부순위로 판단하므로 순위가 가장 높은 E국이 30점, 가장 낮은 A국이 0점이고, 다른 국가들은 모두 15점이다. 따라서 적절한 내용이다.

ㄹ. S/W시장규모가 10억 불 이상이면서 인구가 5천만 명 이상인 국가는 E국뿐이므로 E국의 시장매력도 점수는 30점이 되어 종합점수는 60점이 된다. 그런데 시장매력도를 제외한 나머지 항목의 점수의 합이 가장 큰 A국(40점)이 시장매력도에서 얻을 수 있는 최대 점수가 15점에 불과하므로 E국의 종합점수가 가장 높게 된다. 따라서 적절한 내용이다.

[오답분석]

ㄴ. 접근가능성 점수는 S/W수출액으로 판단하므로 수출액이 가장 많은 A국이 40점, 가장 작은 E국이 0점이고 나머지 국가들은 모두 20점이다. 따라서 적절하지 않은 내용이다.

ㄷ. 시장매력도 점수를 S/W시장규모만을 고려하여 결정할 경우 A국의 종합점수는 55점이고, D국은 65점이므로 적절하지 않은 내용이다.

29

ㄱ. 800cc인 경차의 경우 FTA가 발효되어도 특별소비세와 자동차세 세율에 변화가 없으므로 적절한 내용이다.

ㄴ. 1,600cc인 국산 신차의 경우 자동차세의 세율은 FTA 발효 전과 후가 동일하지만 특별소비세의 경우 FTA 발효 후에는 면제되므로 적절한 내용이다.

ㄷ. 2,000cc 초과차량의 특별소비세율은 FTA 발효 시 8%로, 3년 후 5%로 인하한다고 하였으므로 적절한 내용이다.

[오답분석]

ㄹ. 보유 시 부과되는 자동차세의 경우 FTA 발효 후 세율이 cc당 200원으로 인하되므로 적절하지 않은 내용이다.

30

40점(미성년 자녀 4명 이상)+15점(5년 이상 ~ 10년 미만 거주)+20점(만 45세, 무주택 기간 14년)=75점. 75점을 얻은 경우가 ①, ③, ⑤이므로 동점자 처리 기준을 적용해야 한다. 먼저 이 중 미성년 자녀 수가 많은 자는 ①과 ③이며, 이 둘 중 연령이 많은 가구주는 ①이므로 최우선 순위로 당첨된다.

[오답분석]

② 수도권 지역에 거주하는 무주택 가구주가 아니므로 신청자격이 없다.

③ 40점(미성년 자녀 4명 이상)+10점(1년 이상 ~ 5년 미만 거주)+15점(만 37세, 무주택 기간 15년)+10점(6세 미만 영유아 2명)=75점

④ 35점(미성년 자녀 3명)+15점(1년 이상 ~ 5년 미만 거주)+20점(만 47세, 무주택 기간 20년)=70점

⑤ 35점(미성년 자녀 3명)+20점(10년 이상 거주)+20점(만 45세, 무주택 기간 10년)=75점

31

①의 내용을 정리하면 다음과 같다.

감사	총원	연령		성별		직업(직위)	
		40대	50대	남자	여자	공무원	민간기업
현재	14	4	10	10	4	8	6
추가 후	15	5	10	10	5	8	7

따라서 구성기준을 모두 충족하는 것은 ①이다.

② ㄱ, ㄴ기준은 충족하나 ㄷ기준을 충족하지 않는다.

인사	총원	연령		성별		직업(직위)	
		40대	50대	남자	여자	공무원	민간기업
현재	34	12	22	24	10	14	20
추가 후	36	12	24	24	12	14	22

③ ㄱ, ㄴ기준은 충족하나, ㄷ기준을 충족하지 않는다.

홍보	총원	연령		성별		직업(직위)	
		40대	50대	남자	여자	공무원	민간기업
현재	17	7	10	12	5	10	7
추가 후	20	9	11	13	7	13	7

④ ㄴ, ㄷ기준은 충족하나, ㄱ기준을 충족하지 않는다.

인사	총원	연령		성별		직업(직위)	
		40대	50대	남자	여자	공무원	민간기업
현재	34	12	22	24	10	14	20
추가 후	38	12	26	26	12	14	24

⑤ ㄴ, ㄷ기준은 충족하나, ㄱ기준을 충족하지 않는다.

감사	총원	연령		성별		직업(직위)	
		40대	50대	남자	여자	공무원	민간기업
현재	14	4	10	10	4	8	6
추가 후	17	5	12	12	5	10	7

03　조건의 적용

| 01 |　기본문제

01	02	03	04	05	06	07	08	09	10	11	12	13	14	15	16	17	18	19	
②	⑤	②	②	③	④	②	⑤	③	②	⑤	①	②	②	①	①	③	⑤	③	

01

정답 ②

(가) A유형의 시험체 강도 평균은 24.2MPa이며, 기준강도는 24MPa이므로 각 시험체 강도가 모두 기준강도에서 3.5MPa을 뺀 값(20.5MPa) 이상이어야 한다. A유형의 3개의 시험체는 모두 이 조건을 충족하므로 판정결과는 합격이다.

(나) C유형의 시험체 강도 평균은 35.1MPa이며, 기준강도는 35MPa이므로 각 시험체 강도가 모두 기준강도에서 3.5MPa을 뺀 값(31.5MPa) 이상이어야 한다. C유형의 3개의 시험체는 모두 이 조건을 충족하므로 판정결과는 합격이다.

(다) E유형의 시험체 강도 평균은 45.5MPa이며, 기준강도는 45MPa이므로 각 시험체 강도가 모두 기준강도의 90%(40.5MPa) 이상이어야 한다. 그런데 E유형의 시험체 1은 이 조건을 충족하지 못하므로 판정결과는 불합격이 된다.

02

전체 수송량이 고정되어 있지 않은 상황에서 총수송비용을 최소화하기 위해서는 결국 전체 수송량을 최소화해야 한다. 이는 결국 구미 공장에서 대구 물류센터와 광주 물류센터로 수송하는 물량을 최소요구량만큼만 배정해야 함을 의미한다. 따라서 구미 공장에서 광주 물류센터까지의 수송량은 150개가 되어야 한다. 총수송비용의 최소 금액은 구미 공장에서의 공급량이 550인 상태, 즉 구미 공장에서 대구 물류센터까지의 수송량이 200, 광주 물류센터까지의 수송량이 150인 경우에 성립한다. 따라서 최대공급량이 600개에서 550개로 줄어든다고 하여도 총수송비용의 최소 금액은 감소하지 않는다.

오답분석

① 청주 공장에서 부산 물류센터까지의 수송량을 x라 할 때, 주어진 조건을 토대로 부등식을 작성하면 다음과 같다.
　 i) $500 \geq 300 + x$, $200 \geq x$
　ii) $400 \leq 200 + x$, $200 \leq x$
　이를 연립하여 풀면 x는 200임을 알 수 있다.
③ 총수송비용을 최소로 하려면 청주에서 부산까지의 수송량이 200개로 고정된 상태에서 구미 공장에서 대구 물류센터와 광주 물류센터로 수송하는 물량을 최소요구량만큼만 배정해야 한다. 따라서 이를 계산하면 다음과 같다.
　$[(5 \times 200개) + (2 \times 200개) + (3 \times 150개)] + [(4 \times 300개) + (2 \times 200개)] + (2 \times 300개) = 405만 원$이 된다.
④ 구미 공장에서 서울 물류센터까지의 수송량이 0이므로 이의 수송비용이 증가한다고 해도 총수송비용의 최소 금액은 변하지 않는다. 따라서 적절한 내용이다.

03

정답 ②

제시된 자료를 통해 법정 필요 교원수와 충원해야 할 교원수를 계산하면 다음과 같다.

구분	A	B	C	D	E
재학생 수	900	30,000	13,300	4,200	18,000
재직 교원수	44	1,260	450	130	860
필요 교원수	41	1,579	665	200	900
충원 교원수	0	319	215	70	40

충원 교원수가 많은 순서대로 나열하면 B – C – D – E – A이다.

04

정답 ②

재무팀이 2종목에서 이긴 상황에서 기획팀이 최대의 승점을 얻을 수 있는 경우는 다음과 같다.
 i) 재무팀과의 맞대결을 펼친 단체줄넘기에서 승리
ii) 족구에서는 기획팀이 재무팀에 패배
iii) 피구에서는 재무팀이 인사팀에 승리
iv) 제기차기에서는 기획팀이 인사팀에 승리
이 경우 재무팀이 얻은 승점은 280점인데 반해 기획팀은 270점에 그치므로 기획팀이 종합우승을 할 수 없게 된다.

오답분석

① 법무팀은 모든 종목에서 결승에 진출하지 못하므로 현재까지 얻은 120점이 최종 획득점수이다. 그런데 기획팀의 경우 진출한 3종목의 결승전에서 모두 패하더라도 210점을 획득하므로 법무팀보다 승점이 높게 된다. 따라서 법무팀은 남은 경기결과에 상관없이 종합 우승을 할 수 없다.
③ 기획팀이 남은 경기에서 모두 지면 얻게 되는 승점은 210점이며, 피구에서 인사팀이 재무팀을 이겼다고 가정하더라도 재무팀의 승점은 290점이 된다. 한편 이 경우 인사팀이 얻게 되는 승점은 220점에 불과하므로 결국 재무팀이 종합우승을 차지하게 된다.
④ 재무팀이 남은 경기에서 모두 패하면 얻게 되는 승점은 220점이며, 기획팀과 인사팀의 승점은 마지막 제기차기의 결승결과에 따라 달라지게 된다. 만약 인사팀이 승리하게 되면 인사팀은 220점, 기획팀은 280점을 얻게 되고, 기획팀이 승리하게 되면 인사팀은 200점, 기획팀은 300점을 얻게 된다. 이를 정리하면 다음과 같다.
　 i) 인사팀 승리 : 기획팀(280점), 재무팀(220점), 인사팀(220점)
　ii) 기획팀 승리 : 기획팀(300점), 재무팀(220점), 인사팀(200점)
　따라서 인사팀이 승리하는 경우와 기획팀이 승리하는 경우 모두 재무팀이 종합 준우승을 차지하게 되므로 적절한 내용임을 알 수 있다.

⑤ 인사팀이 남은 경기인 피구와 제기차기에서 모두 이긴다면 인사팀이 얻을 수 있는 승점 합계는 220점이며 이 두 종목에서 재무팀
은 80점, 기획팀은 70점을 확보하게 된다. 그런데 단체줄넘기와 족구는 모두 기획팀과 재무팀이 결승에 진출한 상태이므로
어느 조합의 결과가 나오더라도 두 팀의 승점 합계는 220점을 넘게 된다. 따라서 인사팀은 종합 우승을 할 수 없다.

05

주어진 조건을 통해 행정동별 인구와 개편 전·후 자치구 현황의 빈칸을 채우는 것이 관건이므로 개편 전 자치구부터 살펴보면
다음과 같다. 한 곳만 인접하고 있는 행정동이 존재한다면 그것을 가장 먼저 확정지을 수 있으나 그렇지 않은 상황이므로 이미
확정되어 주어져 있는 것들을 통해 역으로 찾아가는 방법을 택해야 한다. 일단 A, C, F는 각각 '가', '나', '다' 자치구임이 알려져
있으므로 이들은 인접해 있더라도 같은 자치구가 아니다. 따라서 F의 경우 인접한 행정동이 C와 E로 2곳이지만 C는 '나' 자치구이므
로 F는 E와만 연결되어 '다' 자치구임을 알 수 있다. 다음으로 C는 B, E, F와 인접하고 있으나 이미 E와 F는 '다' 자치구임이
확인되었으므로 C와 B는 '나' 자치구가 되며, 마지막으로 남은 A와 D가 '가' 자치구가 됨을 알 수 있다.
개편 후의 자치구 역시 같은 논리로 접근하면 된다. D와 E행정동이 각각 '라', '마' 자치구임이 알려져 있으므로 이들은 인접해
있더라도 같은 자치구가 아니다. 따라서 D는 A, B, E와 인접해 있지만 E는 '마' 자치구이므로 D, A, B는 '라' 자치구임을 알 수
있다. 그리고 같은 논리로 남은 C, E, F는 '마' 자치구가 됨을 알 수 있다.
위의 내용을 표로 정리하면 다음과 같다.

구분 행정동	인구(명)	개편 전	개편 후
A	1,500	가	(라)
B	2,000	(나)	(라)
C	1,500	나	(마)
D	1,500	(가)	라
E	1,000	(다)	마
F	1,500	다	(마)

자치구 개편 전, 자치구 '가'의 인구는 3,000명인데 반해 자치구 '나'의 인구는 3,500명이므로 적절하지 않은 내용이다.

[오답분석]
① 자치구 개편 전, 행정동 E는 자치구 '다'에 속하므로 적절한 내용이다.
② 자치구 개편 후, 행정동 C와 행정동 E는 같은 자치구에 속하므로 적절한 내용이다.
④ 자치구 개편 후, 자치구 '라'의 인구는 5,000명이며 자치구 '마'의 인구는 4,000명이므로 적절한 내용이다.
⑤ 행정동 B는 개편 전 자치구 '나'에 속하고, 개편 후 자치구 '라'에 속하므로 적절한 내용이다.

06

왼쪽으로의 이동을 (−), 오른쪽으로의 이동을 (+)로 표시하면 다음과 같이 설명할 수 있다.
ⅰ) A를 살펴보면, 3회차까지의 결과값이 +3인데 5회차까지의 결과값도 역시 +3이므로 4회차와 5회차에 비기거나 졌음을 알
수 있다. 그런데 4회차를 보면 A는 바위를 낸 상태이고 B와 D가 가위를 냈으므로 질 수는 없는 상황이다. 따라서 4회차에서
A는 비겼음을 추론할 수 있으며 이를 통해 (나)에는 '보'가 들어가야 함을 알 수 있다. 그리고 이는 4회차에서는 4명의 참가자가
모두 무승부를 기록한 것까지 알 수 있게 한다.
ⅱ) D를 살펴보면, D는 4회차까지는 3패 후 1무를 기록한 상황이므로 결과값이 0인데 5회차의 결과값은 −3이므로 D는 5회차에서
'가위'로 승리했음을 알 수 있다. 결과적으로 5회차에서 A~C는 모두 패한 것이 된다.
ⅲ) B를 살펴보면, 2회차를 제외한 나머지의 결과값이 −3인데, 2회차를 반영한 결과값은 −2이다. 따라서 B는 2회차에서 '바위'로
승리했음을 알 수 있다.

07

아래와 같이 빈 동그라미들을 각각 A ~ D라 하면 다음과 같다.

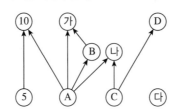

먼저 2부터 10까지의 숫자 중에서 배수관계가 없는 숫자는 7이 유일하므로 '다'는 7임을 알 수 있다. 다음으로 10의 약수는 2와 5이므로 A에는 2가 들어가야 하며, B에는 2(A)의 배수가, '가'에는 2(A)의 '배수의 배수'가 들어가야 한다. 그런데 2부터 10까지의 숫자 중에서 2와 이러한 관계를 가질 수 있는 조합은 2, 4, 8뿐이다. 따라서 B는 4가 되고 '가'는 8이 되어야 한다.

'나'에는 2의 배수 중 아직 할당이 되지 않은 유일한 숫자인 6이 들어가야 하며, C에는 6의 약수인 2와 3 중에서 3이 들어가야 한다. 마지막으로 D에는 아직까지 배정되지 않은 유일한 숫자인 9(3의 배수)가 들어가게 된다. 따라서 가, 나, 다에 해당하는 수의 합은 21이다.

08

먼저, 주어진 조건 중 확정된 값이 제시된 병을 살펴보면, (가)+(다)+16,000=44,000이므로 (가)+(다)=28,000임을 알 수 있다. 주어진 조건들을 종합하면 다음의 부등식을 이끌어낼 수 있다.

(가)+(나)+(다)>24,000+(나)>44,000 → 28,000+(나)>24,000+(나)>44,000

따라서 (나)>20,000임을 알 수 있다. 모든 조건을 만족하는 선택지는 ⑤뿐이다.

09

2022년 E강사의 수강생 만족도는 3.2점이므로 2019년 E강사의 시급은 2018년과 같은 48,000원이다. 2023년 시급과 수강생 만족도를 참고하여 2024년 강사별 시급과 2023년과 2024년의 시급 차이를 구하면 다음과 같다.

강사	2024년 시급	(2024년 시급)−(2023년 시급)
A	55,000(1+0.05)=57,750원	57,750−55,000=2,750원
B	45,000(1+0.05)=47,250원	47,250−45,000=2,250원
C	54,600(1+0.1)=60,060원 → 60,000원(∵ 시급의 최대)	60,000−54,600=5,400원
D	59,400(1+0.05)=62,370원 → 60,000원(∵ 시급의 최대)	60,000−59,400=600원
E	48,000원	48,000−48,000=0원

따라서 2023년과 2024년 시급 차이가 가장 큰 강사는 C이다.

오답분석

① E강사의 2023년 시급은 48,000원이다.

② 2024년 D강사의 시급과 C강사의 시급은 60,000원으로 같다(∵ 강사가 받을 수 있는 최대 시급 60,000원).

④ 2023년 C강사의 시급 인상률을 a%라고 하면 $52,000\left(1+\dfrac{a}{100}\right)=54,600 \to 520a=2,600$ ∴ $a=5$

즉, 2023년 C강사의 시급 인상률은 5%이므로, 수강생 만족도 점수는 4.0점 이상 4.5점 미만이다.

⑤ 2024년 A강사와 B강사의 시급 차이는 57,750−47,250=10,500원이다.

10

정답 ②

갑이 B지점에서 1시간 이상 머물렀다면 전체 구간인 600km를 최소 5시간 이내에 이동해야 하는데 그렇다면 이때의 평균속력은 120km/h가 되어야 한다. 따라서 A → B 또는 B → C 구간에서 속력이 120km/h 이상인 적이 있다.

오답분석

① B지점에서 C지점까지의 거리가 400km이고 자동차의 최고속력이 200km/h이므로 소요시간은 최소 2시간이다. 최고속력을 고려할 때 A지점에서 B지점까지의 이동시간은 충분하므로 B지점에서 최소 14시 이전에만 출발하면 된다.

③ 을은 B지점에서 C지점까지의 400km를 4시간 동안 주행하였으며 C지점에서 E지점까지의 200km를 2시간 동안 주행하였으므로 두 구간의 평균속력은 모두 시속 100km로 동일하다.

④ B지점에서 C지점까지의 거리가 400km이고 4시간이 소요되었으므로 을의 평균속력은 시속 100km이다. 그러나 갑의 경우는 B지점에서의 출발시간이 12시 이전인지 이후인지에 따라 평균속력이 100km/h에서 높아질 수도 낮아질 수도 있다. 따라서 둘 간의 평균속력은 비교가 불가능하다.

⑤ B → C의 거리는 200km이고 C → E의 거리는 400km이므로, B → C → E의 거리는 600km이다. 또 B → D의 거리는 200km이고 D → E의 거리는 400km이므로 B → D → E의 거리 역시 600km이다. 따라서 두 구간의 거리는 동일하므로 적절하지 않다.

11

정답 ⑤

기업 A~E의 기본 생산능력을 각각 a~e라 하고, 주어진 정보와 공식을 이용하여 1월~3월에 해당하는 식을 세워보면 다음과 같다.

- 1월 : $b+c=23,000$
- 2월 : $(b+d)\times0.5=17,000$
- 3월 : $c+1.2e=22,000$(단, $c=e$이므로, $c+1.2c=22,000$)

위의 식을 연립해서 풀면 $a=15,000$, $b=13,000$, $c=10,000$, $d=21,000$, $e=10,000$으로 계산되므로 기본 생산량이 가장 큰 기업은 D이고, 세 번째로 큰 기업은 B이다.

12

정답 ①

지급방식에 따라 가입자 A~D의 탄소 포인트를 계산하면 다음과 같다.

구분	A	B	C	D
전기	0	10,000	10,000	5,000
수도	2,500	2,500	1,250	2,500
가스	5,000	5,000	5,000	2,500
총합	7,500	17,500	16,250	10,000

이에 따라 탄소 포인트를 가장 많이 지급받는 가입자는 B, 가장 적게 지급받는 가입자는 A임을 알 수 있다.

13

정답 ②

먼저 주어진 조건을 통해 A에서 ☆△□<☆○△이므로 △<○이고, B에서 □☆○>□△☆이므로 ☆>△이며, C에서 ○□☆<○△☆ 이므로 □<△임을 알 수 있다. 이를 정리하면 결국 변수들의 관계를 □<△<○와 □<△<☆로 정리할 수 있는데, 이를 통해 □이 백의 자리에 위치한 □☆○은 가장 높은 수익률인 532가 될 수 없음을 알 수 있다. 따라서 ○△☆과 ☆○△ 둘 중 하나가 532가 된다. 그런데 만약 ○△☆이 532라면 △<☆이라는 조건에 모순되므로 결국 가장 높은 수익률은 ☆○△가 되며 이의 값은 532가 된다. 마지막으로 △이 2이고 △보다 □이 작다고 하였으므로 □은 1임을 알 수 있다(첫 번째 조건에서 각 기호는 모두 자연수라고 하였다).

14

주어진 조건에 맞추어 단계별로 진행한 결과를 표시하면 다음과 같다.

구분	15L 항아리	10L 항아리	4L 항아리
1단계	11	5	4
2단계	6	10	4
3단계	10	10	0
4단계	10	6	4
5단계	14	6	0
6단계	15	5	0

따라서 모든 단계를 완료한 후 10L 항아리에 남아 있는 물의 양은 5L이다.

15

구매방식별 비용을 구하면 다음과 같다.
- 스마트폰앱 : 12,500원×0.75=9,375원
- 전화 : (12,500원-1,000원)×0.9=10,350원
- 회원카드와 쿠폰 : (12,500원×0.9)×0.85≒9,563원
- 직접방문 : (12,500원×0.7)+1,000원=9,750원
- 교환권 : 10,000원

따라서 피자 1판을 가장 싸게 살 수 있는 구매방식은 스마트폰앱이다.

16

제시된 2023년 양육수당 지급조건과 자료의 내용을 토대로 신청가구별 양육수당을 계산하면 다음과 같다.
- 가 : A(22개월, 일반) – 15만 원
- 나 : B(16개월, 농어촌) – 17.7만 원, C(2개월, 농어촌) – 20만 원
- 다 : D(23개월, 장애아동) – 20.5만 원
- 라 : E(40개월, 일반) – 10만 원, F(26개월, 일반) – 10만 원
- 마 : G(58개월, 일반) – 제외, H(35개월, 일반) – 10만 원, I(5개월, 일반) – 20만 원

이를 정리하면 가) 15만 원, 나) 37.7만 원, 다) 20.5만 원, 라) 20만 원, 마) 30만 원이다. 따라서 2023년 5월분의 양육수당이 많은 가구부터 순서대로 나열하면 나 – 마 – 다 – 라 – 가이다.

17

제시된 평가점수와 평가등급의 결정방식에 따라 갑회사의 공채 지원자 평가 자료의 빈칸을 채우면 다음과 같다.

지원자 \ 구분	창의성	성실성	체력	학위	평가점수
가	80	90	95	박사	(400)
나	90	60	80	학사	310
다	70	60	75	석사	300
라	85	(70)	50	학사	255
마	95	80	60	학사	295

바	55	95	65	학사	280
사	60	95	90	석사	355
아	80	(85)	85	박사	375
자	75	90	95	석사	(375)
차	60	70	(80)	학사	290

'아'의 성실성 점수(85점)는 '라'의 성실성 점수(70점)와 같지 않으므로 적절하지 않다.

오답분석

① '가'의 평가점수는 400점이고 전체 지원자 중 가장 높으므로 적절한 내용이다.

② '라'의 성실성 점수(70점)는 '다'(60점)보다 높지만 '마'(80점)보다 낮으므로 적절한 내용이다.

④ 평가점수가 350점 이상인 지원자에게 S등급이 부여되므로 이를 충족하는 지원자는 가, 사, 아, 자의 4명이다.

⑤ '차'가 체력점수에서 5점을 더 얻는다면 2배 가중한 값인 10점만큼 전체 평가점수가 상승하게 되어 300점을 얻게 된다. 그런데 기준에 따르면 300점 이상 350점 미만인 경우 A등급이 부여된다고 하였으므로 적절한 내용이다.

18

정답 ⑤

첨가물별로 섭취량과 섭취 허용량을 구하면 다음과 같다.

(단위 : mg)

바닐린	섭취량	300(사탕)
	허용량	10×50=500, 따라서 허용량을 초과하지 않는다.
푸마르산	섭취량	15(사탕)+2,000(햄버거)=2,015
	허용량	4×50=200, 따라서 허용량을 초과한다.
글리세린	섭취량	600(음료)+800(스낵)=1,400
	허용량	30×50=1,500, 따라서 허용량을 초과하지 않는다.
식용색소 적색3호	섭취량	12(사탕)+8(스낵)=20
	허용량	0.1×50=5, 따라서 허용량을 초과한다.
식용색소 황색4호	섭취량	300(음료)+160(스낵)=460
	허용량	10×50=500, 따라서 허용량을 초과하지 않는다.

19

정답 ③

A8은 현재 A2, A13, A21, A7 4명의 친구를 가지고 있으나 여기에 추가로 A14와 A16까지 친구가 되면 총 6명의 친구를 가지게 되어 A7과 함께 가장 많은 친구가 있는 학생 중의 한 명이 된다. 따라서 적절한 내용이다.

오답분석

① A14와 A16은 친구가 한 명도 없는 학생이므로 적절하지 않은 내용이다.

② A7은 A5, A8, A10, A15, A1, A3 6명의 친구가 있으므로 적절하지 않은 내용이다.

④ A10이 전학을 가게 되더라도 여전히 A1과 A3는 A7과 A15 모두 친구이므로 적절하지 않은 내용이다.

⑤ A8과 A11이 전학을 가게 되면 A6, A13, A21도 친구가 한 명도 없는 학생이 되므로 현재의 2명에서 5명으로 두 배 이상 증가하게 된다. 따라서 적절하지 않은 내용이다.

01	02	03	04	05	06	07	08	09									
②	⑤	①	②	④	②	④	⑤	④									

01

정답 ②

주어진 실험결과를 정리하면 다음과 같다.

구분	A	B	C	D
민감도	$\dfrac{100}{120}$	$\dfrac{80}{120}$	$\dfrac{80}{110}$	$\dfrac{80}{100}$
특이도	$\dfrac{100}{120}$	$\dfrac{80}{120}$	$\dfrac{100}{130}$	$\dfrac{120}{140}$
양성 예측도	$\dfrac{100}{120}$	$\dfrac{80}{120}$	$\dfrac{80}{110}$	$\dfrac{80}{100}$
음성 예측도	$\dfrac{100}{120}$	$\dfrac{80}{120}$	$\dfrac{100}{130}$	$\dfrac{120}{140}$

ㄱ. 민감도가 가장 높은 질병진단키트는 A이므로 적절한 내용이다.

ㄷ. 질병진단키트 C의 민감도와 양성 예측도가 모두 $\dfrac{80}{110}$으로 동일하므로 적절한 내용이다.

오답분석

ㄴ. 특이도가 가장 높은 질병진단키트는 D이므로 적절하지 않은 내용이다.

ㄹ. 질병진단키트 D의 양성 예측도는 $\dfrac{80}{100}$이고, 음성 예측도는 $\dfrac{120}{140}$이므로 적절하지 않은 내용이다.

02

정답 ⑤

ㄴ. B국은 (가)요건(742억 달러), (나)요건(8.5%)을 모두 충족하므로 적절한 내용이다.

ㄷ. 관찰대상국으로 지정되는 국가는 A, B, E, J국 등 4개국이므로 적절한 내용이다.

ㄹ. (가)요건이 변동되면 영향을 받는 것은 H국뿐인데, H국은 나머지 요건을 충족하지 못하기 때문에 관찰대상국 및 환율조작국으로 지정되는 국가들은 동일하다. 따라서 적절한 내용이다.

오답분석

ㄱ. C국의 경우 요건 (가)(686억 달러), (나)(3.3%), (다)(2.1%)를 모두 충족하여 환율조작국으로 지정되므로 적절하지 않은 내용이다.

03

정답 ①

ㄱ. 2021년에 비해 2022년에 직접거래관계의 수가 가장 많이 증가한 기업은 C7(3개 → 5개)이고, 가장 많이 감소한 기업은 C4(6개 → 3개)이므로 적절한 내용이다.

ㄴ. 2021년에 비해 2022년 직접거래액의 합이 가장 많이 증가한 기업은 C2(22억 원 → 28억 원)이고, 가장 많이 감소한 기업은 C4(32억 원 → 20억 원)이므로 적절한 내용이다.

오답분석

ㄷ. 직접거래관계의 수가 동일한 기업은 C1(3개), C3(2개), C5(4개), C6(3개), C8(3개)의 5개이므로 적절하지 않은 내용이다.

ㄹ. 2021년에 비해 2022년 총직접거래관계의 수는 28개로 동일하나, 총직접거래액은 148억 원에서 154억 원으로 증가하였으므로 적절하지 않은 내용이다.

04

정답 ②

ㄱ. 직원들의 총점을 판단해 보면 다음과 같다.
- 하선행 : 268점(94+90+84)
- 성혜지, 김성일 : 3과목 모두에서 하선행보다 순위가 낮으므로 총점 역시 하선행보다 낮다.
- 양선아 : 윤리영역에서 하선행보다 13점이 높으나 논리(6점), 추리(14점)에서 하선행보다 20점이 낮으므로 총점은 하선행보다 낮다.
- 황성필 : 윤리에서 하선행보다 6점이 높으나 논리(9점), 추리(8점)에서 하선행보다 17점이 낮으므로 총점은 하선행보다 낮다.
- 신경은 : 추리(1점), 윤리(4점)에서 하선행보다 5점이 높으나 논리 점수는 85점을 넘을 수 없어 최소 9점차 이상 하선행의 점수가 높다.
- 박기호 : 윤리에서 하선행보다 11점이 높으나 나머지 영역에서 5위안에 들지 못해 총점은 하선행보다 낮을 수밖에 없다.

따라서 하선행의 점수가 가장 높으므로 적절한 내용이다.

ㄹ. 김성일의 논리점수가 90점이고, 추리점수는 76점을 넘을 수 없고, 윤리점수는 84점을 넘을 수 없으므로 추리와 윤리에서 공동 5위를 차지하였다고 하더라도 총점은 250점에 머무른다. 따라서 적절한 내용이다.

오답분석

ㄴ. 양선아의 총점은 261점이나, 성혜지가 윤리 영역에서 81점 이상을 얻으면 양선아의 점수를 넘어선다. 하선행의 점수가 268점으로 가장 높고 성혜지가 양선아보다 총점이 높아지는 경우가 가능하므로 적절하지 않은 내용이다.

ㄷ. 신경은이 논리영역에서 82점 이상을 얻으면 총점이 260점을 초과하므로 적절하지 않은 내용이다.

05

정답 ④

소송을 제기하기만 하고 소송을 제기받지 않은 기업은 B, F, H, K, M의 5개 기업이므로 적절하지 않은 내용이다.

오답분석

① 소송을 제기하지 않은 기업은 C, D, E, G, N, O, P, Q의 8개이므로 적절한 내용이다.
② A기업은 B, F, I, J의 4개 기업으로부터 소송을 제기받아 가장 많은 수의 기업으로부터 소송을 제기받았다. 따라서 옳은 내용이다.
③ J기업은 A, D, G, I, L, N, O, Q의 8개 기업에 소송을 제기하였으므로 적절한 내용이다.
⑤ 서로가 소송을 제기한 경우는 A기업과 J기업, L기업과 J기업의 경우뿐이므로 적절한 내용이다.

06

정답 ②

주어진 자료를 정리하면 다음과 같다.

(단위 : 만 원)

구분	가 (6,000)	나 (14,000)	다 (35,000)	라 (117,000)	마 (59,000)	총지출	사전 지출	환급(−) / 지급(+)
A	○	○	○	○	○	34,000	10,000	24,000
B	○	○	○	○	○	34,000	26,000	8,000
C	○	○	○	○	○	34,000	10,000	24,000
D	○	○	○	○	○	34,000	10,000	24,000
E	×	×	○	○	○	29,000	175,000	−146,000
F	×	×	×	○	○	22,000	0	22,000
G	×	×	×	○	○	22,000	0	22,000
H	×	×	×	○	○	22,000	0	22,000
부담비용	1,500	3,500	7,000	14,625	7,375			

B부서는 8,000만 원을 지급해야 하므로 적절하지 않은 내용이다.

① G부서는 22,000만 원을 지급해야 하므로 적절한 내용이다.
③ E부서는 146,000만 원을 환급받으므로 적절한 내용이다.
④ A, C, D부서는 24,000만 원씩 지급해야 하므로 적절한 내용이다.
⑤ '다'행사의 총비용은 35,000만 원이고 참여하는 부서가 총 5개인데 부서별로 7,000만 원씩 부담하므로 적절한 내용이다.

07

정답 ④

주어진 조건에 의해 갑 ~ 무의 출장 여비를 계산하면 다음과 같다.
- 갑 : $(145 \times 3) + (72 \times 4) = 723\$$
- 을 : $(170 \times 3 \times 0.8) + (72 \times 4 \times 1.2) = 753.6\$$
- 병 : $(110 \times 3) + (60 \times 5 \times 1.2) = 690\$$
- 정 : $(100 \times 4 \times 0.8) + (45 \times 6) = 590\$$
- 무 : $(75 \times 5) + (35 \times 6 \times 1.2) = 627\$$

따라서 출장 여비를 가장 많이 지급받는 출장자부터 순서대로 나열하면 을, 갑, 병, 무, 정이다.

08

정답 ⑤

ㅁ과 ㅇ, ㄴ원칙에 의해 운전자는 E, B, F이다. 이때 F는 여성이므로 남성 2명과 승차해야 하는데 4명이 승차한다는 것은 적절하지 않다.

① ㄱ과 ㄹ원칙을 적용할 때 운전자는 A, B, F이다. ㄷ 원칙을 적용하면 F는 E와 같은 차에 승차해야 하며, ㅂ 원칙을 적용하면 A와 B 중 한 명은 혼자서 탑승하고 나머지 차량이 C, D, G가 같이 탑승하므로 적절하다.
② ㄱ, ㄷ원칙을 적용하면 F가 운전하며 E가 승차하는 차량이 있다.
③ 여성 E, F가 각각 차를 운전하는 경우와 E, F가 같은 차에 타는 경우가 있다. E, F가 각각 차를 운전한다면 E, F의 차에 남성 두 명씩 탈 것이고, 남은 한 명은 차 하나를 혼자서 운전해서 갈 것이다. E, F가 같은 차에 탄다면 남성 두 명과 함께 4명이서 같은 차를 타고 남은 3명이 2대의 차를 운전하므로 두 명은 같은 차에 타고 한 명은 혼자 운전해서 갈 것이다.
④ 다른 성별끼리 같은 차량에 타지 않는다는 원칙이 적용되면 여성만 있는 차량에서는 E나 F가 운전을 해야 한다. 그런데 F가 E보다 운전기간이 길고 면허보유기간도 길기 때문에 ㄱ, ㅁ 어느 것을 적용하더라도 F가 운전할 것이다.

09

정답 ④

1600년에 나무 1단이 면포 0.5필과 동일한 가치를 갖는다면, 왕릉 축조의 1인당 노동임금은 '면포 4필'로 변환할 수 있으며, 이의 1.5배인 '면포 6필'과 궁궐 수리의 임금인 '면포 2필, 쌀 12두'의 가치가 같다는 것을 의미한다. 이는 면포 4필과 쌀 12두가 동일한 가치를 가진다는 것이므로 이를 정리하면 면포 1필은 쌀 3두의 가치에 해당한다고 볼 수 있다. 따라서 적절하지 않다.

① 궁궐 수리의 1인당 노동임금이 왕릉 축조의 1인당 노동임금의 1.5배라고 하였으므로 왕릉 축조의 임금인 '나무 1단, 쌀 6두'에 1.5배를 한 '나무 1.5단, 쌀 9두'와 궁궐 수리의 임금인 '나무 3단, 쌀 6두'가 같아야 한다. 이는 결국 나무 1.5단과 쌀 3두의 가치가 같다는 것이므로 정리하면 1750년의 나무 1단과 쌀 2두가 동일한 가치를 가진다는 의미이다. 따라서 적절한 내용이다.
② 1650년에 나무 1단이 면포 1필과 동일한 가치를 갖는다면, 왕릉 축조의 1인당 노동임금은 '면포 2필, 쌀 8두'로 변환할 수 있고, 이에 1.5배를 한 '면포 3필, 쌀 12두'와 궁궐 수리의 임금인 '면포 4필, 쌀 10두'가 같아야 한다. 이는 결국 면포 1필과 쌀 2두의 가치가 같다는 것이므로 적절한 내용이다.
③ ①에서 1750년의 나무 1단과 쌀 2두가 동일한 가치를 가진다고 하였고, 이 관계가 1700년에도 동일하다고 하였으므로 1700년의 왕릉 축조의 1인당 노동비용은 '엽전 6냥, 쌀 8두'로 변환할 수 있다. 그리고 이의 1.5배인 '엽전 9냥, 쌀 12두'와 궁궐 수리의 임금인 '엽전 12냥, 쌀 6두'와 동일하므로 결국 엽전 3냥과 쌀 6두가 동일한 가치를 가진다는 것을 의미한다. 이는 정리하면 엽전 1냥과 쌀 2두가 동일한 가치를 가지는 것으로 나타낼 수 있으므로 적절한 내용이다.
⑤ 1850년에 쌀 20두가 왕릉 축조의 1인당 노동임금이므로 이의 1.5배인 쌀 30두가 궁궐 수리의 임금인 엽전 15냥과 같아야 한다. 이는 결국 쌀 30두와 엽전 15냥의 가치가 같다는 것이므로 이를 정리하면 쌀 1두와 엽전 0.5냥은 동일한 가치를 가진다는 것을 의미한다. 따라서 적절한 내용이다.

01 NCS 기출유형확인

01	02	03	04	05	06	07									
⑤	③	②	⑤	①	④	⑤									

01

정답 ⑤

A, B, D의 진술에 따라 다섯 사람의 상대적 위치를 표시하면 다음과 같다.
- A : D보다 빨리 달렸다. → A>D
- B : C와 E의 사이에서 달렸다. → C>B>E 또는 E>B>C
- D : B보다 결승선에 먼저 도착했다. → D>B

A와 D의 진술을 종합하면 A, B, D 세 사람의 상대적 위치는 'A>D>B' 순이 된다. 마지막으로 B, C, E의 진술을 고려하면 C가 꼴등으로 도착한 것이 되고, E의 위치는 다음 2가지 경우가 가능한데 각 경우에 따라 두 번째로 도착한 사람을 구하면 다음과 같다.
- 경우 1 : A>D>E>B>C → 이 경우 2등으로 도착한 사람은 D가 된다.
- 경우 2 : A>E>D>B>C → 이 경우 2등으로 도착한 사람은 E가 된다.

따라서 달리기 시합에서 두 번째로 도착할 수 있는 사람은 D와 E이다.

02

정답 ③

오전 9시에 B과 진료를 본다면 10시에 진료가 끝나고, 셔틀을 타고 이동하면 10시 30분이 된다. 이후 C과 진료를 이어 보면 12시 30분이 되고, 점심시간 이후 바로 A과 진료를 본다면 오후 2시에 진료를 다 받을 수 있다. 따라서 가장 빠른 경로는 B → C → A이다.

03

정답 ②

11주 차까지 쓰레기 배출 가능한 요일을 표로 정리하면 다음과 같다.

구분	일	월	화	수	목	금	토
1주 차	A		B		C		D
2주 차		E		A		B	
3주 차	C		D		E		A
⋮	⋮	⋮	⋮	⋮	⋮	⋮	⋮
8주 차		A		B		C	
9주 차	D		E		A		B
10주 차		C		D		E	
11주 차	A		B		C		D

따라서 10주 차 일요일에는 어떠한 동도 쓰레기를 배출하지 않으며, 11주 차 일요일에 A동이 다시 쓰레기를 배출할 수 있다.

① 2주 차만 보더라도 참이다.
③ A동이 쓰레기 배출 가능한 요일을 순서대로 나열하면, '일 – 수 – 토 – 화 – 금 – 월 –목 – 일'이므로, 모든 요일에 쓰레기를 배출할 수 있다.
④ 처음 2주 차까지 살펴보면, 2주에 걸쳐 모두 7번의 쓰레기 배출이 이루어지므로 A, B 두 동은 2주 동안 쓰레기를 2회 배출한다.
⑤ B동이 수요일에 쓰레기를 처음 버리는 주는 8주 차이다.

04
정답 ⑤

E는 교양 수업을 신청한 A보다 나중에 수강한다고 하였으므로 목요일 또는 금요일에 강의를 들을 수 있다. 이때, 목요일과 금요일에는 교양 수업이 진행되므로 'E는 반드시 교양 수업을 듣는다.'는 항상 참이 된다.

① A가 수요일에 강의를 듣는다면 E는 교양2 또는 교양3 강의를 들을 수 있다.
② B가 수강하는 전공 수업의 정확한 요일을 알 수 없으므로 C는 전공1 또는 전공2 강의를 들을 수 있다.
③ C가 화요일에 강의를 듣는다면 D는 교양 강의를 듣는다. 이때, 교양 수업을 듣는 A는 E보다 앞선 요일에 수강하므로 E는 교양2 또는 교양3 강의를 들을 수 있다.

구분	월(전공1)	화(전공2)	수(교양1)	목(교양2)	금(교양3)
경우1	B	C	D	A	E
경우2	B	C	A	D	E
경우3	B	C	A	E	D

④ D는 전공 수업을 신청한 C보다 나중에 수강하므로 전공 또는 교양 수업을 들을 수 있다.

05
정답 ①

W사원이 영국 출장 중에 받는 해외여비는 $50 \times 5 = 250$파운드이고, 스페인은 $60 \times 4 = 240$유로이다. 항공권은 편도 금액이므로 왕복으로 계산하면 영국은 $380 \times 2 = 760$파운드, 스페인 $870 \times 2 = 1,740$유로이며, 영국과 스페인의 비행시간 추가 비용은 각각 $20 \times (12-10) \times 2 = 80$파운드, $15 \times (14-10) \times 2 = 120$유로이다. 따라서 영국 출장 시 드는 비용은 $250 + 760 + 80 = 1,090$파운드, 스페인 출장은 $240 + 1,740 + 120 = 2,100$유로이다.
은행별 환율을 이용하여 출장비를 원화로 계산하면 다음과 같다.

구분	영국	스페인	총비용
A은행	$1,090 \times 1,470 = 1,602,300$원	$2,100 \times 1,320 = 2,772,000$원	4,374,300원
B은행	$1,090 \times 1,450 = 1,580,500$원	$2,100 \times 1,330 = 2,793,000$원	4,373,500원
C은행	$1,090 \times 1,460 = 1,591,400$원	$2,100 \times 1,310 = 2,751,000$원	4,342,400원

따라서 A은행의 비용이 가장 많이 들고, C은행이 비용의 가장 적으므로 두 은행의 총비용 차이는 $4,374,300 - 4,342,400 = 31,900$원이다.

06
정답 ④

기본급은 180만 원이며, 시간외근무는 10시간이므로 $1,800,000 \times \dfrac{10}{200} \times 1.5 = 135,000$원이다.

07

정답 ⑤

A~D기관의 내진성능평가 지수와 내진보강공사 지수를 구한 뒤 내진성능평가 점수와 내진보강공사 점수를 부여하면 다음과 같다.

구분	A기관	B기관	C기관	D기관
내진성능평가 지수	$\frac{82}{100}\times100=82$	$\frac{72}{80}\times100=90$	$\frac{72}{90}\times100=80$	$\frac{83}{100}\times100=83$
내진성능평가 점수	3점	5점	1점	3점
내진보강공사 지수	$\frac{91}{100}\times100=91$	$\frac{76}{80}\times100=95$	$\frac{81}{90}\times100=90$	$\frac{96}{100}\times100=96$
내진보강공사 점수	3점	3점	1점	5점
합산 점수	3+3=6점	5+3=8점	1+1=2점	3+5=8점

B, D기관의 합산 점수는 8점으로 동점이다. 최종순위 결정조건에 따르면 합산 점수가 동점인 경우에는 내진보강대상 건수가 가장 많은 기관이 높은 순위가 된다. 따라서 최상위기관은 D기관이고 최하위기관은 C기관이다.

PART 1

---

02 최적대안의 계산

| 01 | 기본문제

01	02	03	04	05	06	07	08	09	10	11	12	13	14	15	16	17	18	19	20
④	②	⑤	③	①	①	⑤	①	①	④	⑤	③	①	④	③	⑤	③	④	②	②

21	22
②	①

01

정답 ④

먼저 국가 및 지방자치단체 소유 건물은 지원 대상에서 제외한다고 하였으므로 병은 지원대상에서 제외되며, 전월 전력사용량이 450kwh 이상인 건물은 태양열 설비 지원 대상에서 제외되므로 을 역시 제외된다. 마지막으로 용량(성능)이 지원 기준의 범위를 벗어나는 신청은 지원 대상에서 제외된다고 하였으므로 무도 제외된다.

지원금을 받을 수 있는 것은 갑과 정이며, 이들의 지원금을 계산하면 다음과 같다.

• 갑 : 8kW×80만 원=640만 원
• 정 : 15kW×50만 원=750만 원

따라서 정이 가장 많은 지원금을 받는다.

02

정답 ②

갑이 향후 1년간 자동차를 유지하는 데 소요될 총비용을 세분화하면 다음과 같다.

• 감가상각비 : (1,000만 원−100만 원)÷10년=90만 원
• 자동차보험료 : 120만 원×90%=108만 원(블랙박스 설치로 인한 10% 할인 반영)
• 주유비용 : 매달 500km를 운행하므로 한 달에 50리터의 기름이 소모된다. 따라서 주유비용은 50리터×1,500원×12개월=90만 원으로 계산된다.
• 1년간 총 유지비용 : 90만 원+108만 원+90만 원=288만 원

CHAPTER 02 상황 추론 • 51

03

출장별로 나누어 출장여비를 계산하면 다음과 같다.

구분	출장수당	교통비	차감	출장여비
출장 1	1만 원	2만 원	1만 원(관용차량 사용)	2만 원
출장 2	2만 원	3만 원	1만 원(13시 이후 시작)	4만 원
출장 3	2만 원	3만 원	1만 원(업무추진비 사용)	4만 원

따라서 K사무관이 출장여비로 받을 수 있는 총액은 10만 원이다.

04

A가게는 배달가능 최소금액이 10,000원이고 조건 2에서 동일한 가게에 세 마리를 주문하지 않는다고 하였다. 따라서 갑이 A가게에서 치킨을 주문한다면 2종류의 치킨을 한 마리씩 주문하는 경우이어야 한다. 그런데 A가게에서 금액이 낮은 2종류의 치킨(프라이드, 양념)을 주문한다면 비용은 15,000원이 되는데 이를 C가게에서 주문할 경우에는 14,000원(배달료 포함)으로도 가능하다. 따라서 두 경우 모두 남은 간장치킨을 D가게에서 주문한다고 할 때 A가게에서 주문하는 경우의 비용이 더 많게 되어 A가게에서 주문할 이유가 없어진다.

A가게에서 주문하지 않는 것이 확정되었으므로 B, C, D가게에서 주문하는 경우를 살펴보면 다음과 같다. 그런데 C가게의 경우 배달가능최소금액이 7,000원이어서 한 마리만 사는 것이 불가능하다. 따라서 B, C, D가게 각각에서 한 마리씩 사는 경우는 배제한다. 그렇다면 어느 가게에서든 2마리를 사는 경우가 존재하게 되는데, 이를 경우의 수로 나누어 생각해 보면 다음과 같다.

ⅰ) B에서 2마리를 사는 경우(25,000원)
- B : 프라이드치킨(7,000원)+양념치킨(7,000원)+2,000원=16,000원
- C(또는 D) : 간장치킨(8,000원)+1,000원=9,000원

ⅱ) C에서 2마리를 사는 경우(23,000원)

프라이드	양념	간장	배달료	주문금액
C	C	D	2,000	
C	B	C	3,000	23,000
C	D	C	2,000	

ⅲ) D에서 2마리를 사는 경우(26,000원)
- B : 간장치킨을 제외한 나머지 중 한 마리 7,000원+배달료 2,000원=9,000원
- C : 1마리만 사는 것이 불가능하므로 배제
- D : 간장치킨을 포함하여 16,000원+배달료 1,000원=17,000원

[오답분석]
② 조건을 모두 만족하는 경우는 ⅱ)뿐이며 이때의 총주문금액은 23,000원이므로 적절한 내용이다.
④ B가 휴업을 했다면 C-C-D, C-D-C의 조합으로 주문하면 되므로 총주문금액은 달라지지 않는다.
⑤ 동일한 가게에서 세 마리를 주문하지 않는다는 조건 2를 고려하지 않는다면, C가게에서 세 마리 모두를 주문하는 것이 주문금액을 최소화시키는 것이다. 그때의 주문금액은 22,000원이므로 적절한 내용이다.

05

ⅰ) 갑의 최대 배상금액
- 피해기간 기준 : 650,000원
- 가산 기준 (2) : 650,000원×30%
- 피해자가 아래층 부부(2명)이므로 갑의 최대 배상금액은 [650,000원+(650,000원×0.3)]×2=1,690,000원이다.

ⅱ) 을의 최대 배상금액
- 피해기간 기준 : 800,000원
- 가산 기준 (1) : 800,000원×30%
- 가산 기준 (3) : 800,000원×20%

• 피해자는 4인이며 이 중 1명이 수험생이므로 을의 최대 배상금액은 [800,000원+(800,000원×0.3)]×4]+(800,000원× 0.2)=4,320,000원이다.

06

정답 ①

갑의 신장이 180cm이고, 체중이 85kg이라는 정보를 활용하여 두 방법을 적용하면 다음과 같다.
• Broca 보정식에 의한 표준체중(kg)이 (180−100)×0.9=72kg이다. 그런데 갑의 체중(85kg)은 표준체중의 약 118%이므로 '체중과잉'에 해당한다.
• 갑의 체질량 지수는 85÷(1.8)^{2}로 계산되며, 이는 약 26 정도이다. 따라서 '경도비만'에 해당한다.

07

정답 ⑤

주어진 공식에 따라 두 나라의 최소 득표율을 계산하면 다음과 같다.
• 갑국 : $\dfrac{2}{2+3}×100=40\%$
• 을국 : $\dfrac{3}{3+5}×100=37.5\%$

08

정답 ①

첫 번째 사례에서 슬기가 달러를 사기 위해 지불한 금액은 100달러×1204.10=120,410원이고 두 번째 사례에서 달러를 팔고 받은 금액은 100달러×1205.10=120,510원이므로 100원의 이익을 얻었다.

09

정답 ①

제시된 거래의 공급시기는 선적일인 2.16.이므로 선적일 전과 후로 나누어 판단해보자.
• 2.4. 송금분 : 20,000달러×950(환가 당일의 적용환율)=19,000,000원
• 2.16. 송금분 : 30,000달러×1,000(공급 시기의 기준환율)=30,000,000원
따라서 K주식회사에 대한 부가가치세 과세표준액은 49,000,000원이다.

10

정답 ④

ㄱ. 계산의 편의를 위해 중국의 생산량을 30으로, 인도의 생산량을 20으로 놓으면, 중국의 단위면적당 쌀 생산량은 $\dfrac{30}{3,300}$, 인도는 $\dfrac{20}{4,300}$으로 나타낼 수 있다. 이를 비교하기 위해 양변에 100을 곱한 후 비교하면 중국은 $\dfrac{10}{11}$, 인도는 약 $\dfrac{10}{22}$로 나타낼 수 있으며, 따라서 중국이 인도보다 2배 정도 크다는 것을 확인할 수 있다.
ㄴ. K국과 일본의 단위면적당 쌀 생산량을 수식으로 나타내면 아래와 같다.
  • K국의 단위면적당 쌀 생산량=(K국의 연간 쌀 생산량÷A)=5.0
  • 일본의 단위면적당 쌀 생산량=[일본의 연간 쌀 생산량÷(A+400)]=4.5
  이를 정리하면 다음과 같이 나타낼 수 있다.
  • K국의 연간 쌀 생산량=5A
  • 일본의 연간 쌀 생산량=4.5A+1,800
  이 둘의 대소를 비교하기 위해 일본의 연간 쌀 생산량에서 K국의 연간 쌀 생산량을 빼면 −0.5A+1,800을 구할 수 있다. 여기서 일본의 벼 재배면적이 중국의 벼 재배면적보다 적으므로 A+400헥타르는 3,300헥타르보다 적을 것이고 A는 2,900헥타르보다 적다는 것을 알 수 있다. 따라서 −0.5A+1,800은 양수가 될 수밖에 없으며, 이를 통해 일본의 쌀 생산량은 K국에 비해 많다는 것을 알 수 있다.

ㄷ. A국의 단위면적당 쌀 생산량이 5.0톤이고 인도가 이의 1/3인 약 1.7톤이므로 이는 (인도의 연간 쌀 생산량÷4,300≒1.7)으로 나타낼 수 있다. 이를 통해 인도의 연간 쌀 생산량을 계산하면 약 7,300톤으로 11,000톤에 한참 미치지 못한다.

11

정답 ⑤

ㄱ. A방식에 따르면 2022년과 비교했을 때 2023년의 세수액의 감소분을 계산하면 되므로 42조 5,000억−41조 8,000억=7,000억 원이 된다.

ㄴ. B방식에 따르면 2022년이 기준년도가 되며, 2023년의 감소액은 7,000억 원, 2022년의 감소액은 1조 1,000억 원이 되어 이의 누적액은 1조 8,000억 원이 된다.

ㄷ. A방식에 따른 2025년까지의 세수 감소액은 7,000억 원(2023년분)+4,000억 원(2024년분)+1,000억 원(2025년분)=1조 2,000억 원이며, B방식에 따른 2025년까지의 세수 감소액은 7,000억 원(2023년분)+11,000억 원(2024년분)+12,000억 원(2025년분)=3조 원이다. 따라서 이 둘의 차이는 1조 8,000억 원이 된다.

12

정답 ③

총주차시간이 3시간을 초과하므로 2단계로 나누어 계산하면 다음과 같다.

ⅰ) 주차 시작 ~ 3시간 : 첫 1시간을 제외한 나머지 30분×4=2시간에 해당하는 주차비 500원×4=2,000원이 발생한다.

ⅱ) 3시간 ~ 주차 종료 : 잔여시간이 30분 미만일 경우 30분으로 간주한다고 하였으므로 요금부과 기준시간은 1시간 45분이 아니라 2시간으로 산정된다. 따라서 주차비 2,000원×4=8,000원이 발생한다. 결과적으로 총 주차 요금은 10,000원이다.

13

정답 ①

각각의 컴퓨터에 대해 기준에 따라 점수를 부여하면 다음과 같다.

컴퓨터 \ 항목	램 메모리 용량	하드 디스크 용량	가격	총점
A	0	50	200	250
B	100	0	100	200
C	0	100	0	100
D	100	50	0	150
E	50	0	100	150

항목별 점수의 합이 가장 큰 컴퓨터를 구입한다고 하였으므로 갑은 A컴퓨터를 구입하게 된다.

14

정답 ④

먼저 가장 많은 소득을 얻을 수 있는 A와 B를 재배할 경우, 총 1,800만 원을 얻을 수 있다는 것을 알 수 있다. 다른 조합을 통해 1,800만 원 이상의 소득을 얻을 수 있는지의 여부를 확인해 보면, 먼저 A, B, C를 재배하는 것은 전체 재배기간이 12개월이어서 불가능하다. 재배 가능 시기가 2월부터여서 실제 가능한 재배기간이 11개월이기 때문이다. 이와 같은 논리로 A, B, D를 재배하는 것도 불가능하며 A, C, D의 경우는 전체 소득이 1,650만 원이므로 A, B를 재배하는 것보다 못한 결과를 가져온다.

이제 남은 것은 B, C, D이며 2 ~ 6월에 B를 재배하고, 7 ~ 9월에 C를, 10 ~ 12월에 D를 재배하는 것이 가능하다. 이때의 전체 소득은 1,850만 원이어서 A와 B를 재배하는 경우의 소득인 1,800만 원을 넘어선다. 따라서 최대로 얻을 수 있는 소득은 1,850만 원이 된다.

15

ⅰ) 면세여부 확인
 – 과세표준 : ($120×1,100원)+10,000원=142,000원
 – 15만 원 미만이고 개인인 갑이 사용할 목적으로 수입하는 것이므로 면세이다.
ⅱ) 나머지 지출액
 – 전자기기 가격 : $120×1,200원=144,000원
 – 운송비 : $30×1,200원=36,000원
따라서 갑이 전자기기 구입으로 지불한 총금액은 180,000원이다.

16

• 운임 : 철도운임은 일반실 기준으로 실비로 지급하므로 총 40,000원이 지급된다.
• 일비 : 출장지에서 소요되는 교통비 등을 일비로 지급하나 일비는 실비가 아닌 1일당 20,000원을 지급하므로 총 60,000원이 지급된다.
• 식비 : 식비는 1일당 20,000원을 일수에 따라 지급하므로 총 60,000원이 지급된다.
• 숙박비 : 2박 이상이므로 출장기간 전체의 총액한도(80,000원)내에서 실비로 지급하므로 75,000원이 지급된다.
따라서 갑은 총 235,000원을 정산받는다.

17

• 취득가액은 신고가액과 공시지가 중 큰 금액으로 하므로 5억 원이 된다.
• 취득세 : 갑은 자경농민이고 농지를 상속으로 취득하는 경우에는 취득세가 비과세된다고 하였으므로 납부할 취득세액은 없다. 또한 농어촌특별세 역시 납부할 금액이 없다.
• 등록세 : 자경농민이 농지를 상속으로 취득하는 경우에는 취득가액의 0.3%를 등록세액으로 하므로 납부할 등록세액은 150만 원이다. 또한 지방교육세는 등록세액의 20%이므로 30만 원이 된다.
따라서 갑이 납부하여야 할 세금은 총 180만 원이다.

18

ㄱ・ㄴ. 기존의 선정방식에서는 1순위 선호도가 제일 낮은 A가 탈락하게 되는데, 2순위에서는 A가 가장 선호하는 가수이다. 따라서 ㄱ과 ㄴ 모두 적절한 내용이다.
ㄷ. 4순위 표가 가장 많은 가수는 C이므로 C가 탈락하게 된다.

[오답분석]
ㄹ. 가장 선호하는 가수 두 명을 우선순위 없이 제출하는 방식이라면 1순위와 2순위의 인원수를 더한 값을 비교하면 되므로 이 값이 가장 적은 가수는 C(40)가 된다.

19

투자대안에 따른 기대수익금을 계산해 보면 다음과 같다.

구분	경기에 따른 예상수익금			합계
	상승(0.2)	안정(0.7)	침체(0.1)	
국채	140만 원	770만 원	120만 원	1,030만 원
지방채	160만 원	700만 원	130만 원	990만 원
부동산 펀드	160만 원	700만 원	140만 원	1,000만 원
주식	500만 원	630만 원	20만 원	1,150만 원

ㄱ. 기대수익률이 가장 높은 것은 주식(11.5%)이므로 적절하지 않은 내용이다.
ㅁ. 기대수익금이 가장 높은 대안(주식, 1,150만 원)과 가장 낮은 대안(지방채, 990만 원)의 차이는 160만 원이므로 적절하지 않은 내용이다.

ㄴ. 국채의 기대수익금은 1,030만 원이므로 적절한 내용이다.
ㄷ. 주식의 수익률은 11.5%이며, 부동산 펀드의 수익률은 10%이므로 적절한 내용이다.
ㄹ. 국채(1,030만 원)와 지방채(990만 원)간의 기대수익금의 차이는 40만 원이므로 적절한 내용이다.

20 정답 ②

분기별 성과평가 점수를 계산하면 다음과 같다.
- 1/4분기 : $(8 \times 0.4) + (8 \times 0.4) + (6 \times 0.2) = 7.6$
- 2/4분기 : $(8 \times 0.4) + (6 \times 0.4) + (8 \times 0.2) = 7.2$
- 3/4분기 : $(10 \times 0.4) + (8 \times 0.4) + (10 \times 0.2) = 9.2$
- 4/4분기 : $(8 \times 0.4) + (8 \times 0.4) + (8 \times 0.2) = 8.0$

이를 통해 분기별 성과급을 계산해 보면, 1/4분기에 지급되는 성과급은 80만 원, 2/4분기는 80만 원, 4/4분기는 90만 원이며, 3/4분기는 100만 원에 직전분기 차감액(20만 원)의 50%를 가산한 110만 원이다. 따라서 지급되는 성과급의 1년 총액은 360만 원이다.

21 정답 ②

ㄴ. A의 일시불연금지급액 : (100만 원×20×2)+[100만 원×(20−5)×0.1]=4,150만 원
　　D의 일시불연금지급액 : (200만 원×10×2)+[200만 원×(10−5)×0.1]=4,100만 원
ㄹ. 현재 D의 일시불연금지급액은 위 ㄴ에서 구하였으므로 10년 더 근무하는 경우의 지급액을 구해 보면 (200만 원×20×2)+[200만 원×(10−5)×0.1]이다. 그런데 [ ]안의 계산식을 살펴보면 현재는 (10−5)가 곱해지는데 반해, 10년 더 근무할 경우에는 (20−5)가 곱해지므로 전체값은 2배 이상이 될 것이라는 것을 추론할 수 있다. 따라서 적절한 내용이다.

ㄱ. A의 월별연금지급액 : 100만 원×[0.5+0.02×(20−20)]=50만 원, 따라서 100개월 동안 5,000만 원을 받게 된다. A의 일시불연금지급액은 위에서 구한 것과 같이 4,150만 원으로, 월별연금을 선택하는 것이 유리하므로 적절하지 않은 내용이다.
ㄷ. B의 월별연금지급액 : 100만 원×[0.5+0.02×(35−20)]=80만 원, C의 근무연수가 B보다 2년 더 많으므로 80만 원보다는 많을 것이라는 것을 알 수 있으나 월별연금지급액은 최종평균보수월액의 80%를 초과할 수 없다고 하였으므로 B와 동일한 80만 원을 받게 되므로 적절하지 않은 내용이다.

22 정답 ①

ㄱ. (10억 원×0.6)+(17억 원×0.4)=12.8억 원이므로 적절한 내용이다.
ㄴ. B회사 제품의 반환과 신규구입의 지체에 따른 추가비용 3억 원+A회사의 제품 가격 14억 원=17억 원이므로 적절한 내용이다.

ㄷ. 시뮬레이션 검사를 하지 않는다면 기대비용의 크기에 따라 구입을 결정하게 되는데 A회사 제품의 기대비용은 14억 원이고, B회사 제품의 기대비용은 12.8억 원이므로 기대비용이 작은 B회사와 계약을 체결할 것이다. 따라서 적절하지 않은 내용이다.
ㄹ. 시뮬레이션을 하는 이유는 B회사 제품이 가진 불확실성 때문인데 만약 시뮬레이션에 드는 비용과 B회사 제품의 가격을 합한 금액이 확실한 A회사의 제품을 구입하는 비용보다 크다면 굳이 시뮬레이션을 하지 않고 A회사의 제품을 구입하게 될 것이다. 따라서 시뮬레이션 검사비용의 최댓값은 14억 원과 12.8억 원의 차이인 1.2억 원이므로 적절하지 않은 내용이다.

| 02 | 심화문제

01	02	03	04	05	06	07	08	09	10	11								
②	⑤	④	③	③	③	⑤	④	⑤	①	①								

01

정답 ②

ㄱ. A안은 18세 이하의 자녀에 대해서 첫째와 둘째는 각각 15만 원, 셋째는 30만 원을 지급한다고 하였으므로 18세 이하 자녀 3명만 있는 가정의 경우에는 총 60만 원(=15만 원+15만 원+30만 원)을 지급받는다. 그리고 B안은 첫째와 둘째는 각각 20만 원, 셋째는 22만 원을 지급한다고 하였으므로 총 62만 원(=20만 원+20만 원+22만 원)을 지급받는다. 따라서, 해당 가정이 지급받는 월 수당액은 A안보다 B안을 적용할 때 더 많다.

ㄷ. 중학생 자녀 2명(14세, 15세)만 있는 가정은 A안을 적용할 때에는 총 30만 원(=15만 원+15만 원)을 지급받으며, 원래의 C안에서 50%를 증액한 경우에는 총 24만 원(=12만 원+12만 원)을 지급받는다. 따라서 A안보다 증액된 C안을 적용할 때 더 적은 월 수당을 지급받는다.

오답분석

ㄴ. A안은 자녀가 둘 이상인 경우에만 적용되므로 적절하지 않다.

ㄹ. C안은 3세 미만의 경우는 1명당 10만 원, 3세부터 초등학교를 졸업할 때까지는 첫째와 둘째는 각각 8만 원, 셋째부터는 10만 원, 중학생은 1명당 8만 원씩 지급한다. 즉, 한 자녀에 대해 지급되는 월 수당액은 증감의 방향이 일정하지 않다.

02

정답 ⑤

KTX는 광고비용이 월 3천만 원을 초과하므로 제외하고 나머지 광고수단들의 광고효과를 계산하면 다음과 같다.

- TV : (3회×100만 명)÷30,000천 원=0.1
- 버스 : (1×30×10만 명)÷20,000천 원=0.15
- 지하철 : (60×30×2,000명)÷25,000천 원=0.144
- 포털사이트 : (50×30×5,000명)÷30,000천 원=0.25

따라서 K사무관은 광고효과가 가장 큰 포털사이트를 광고수단으로 선택한다.

03

정답 ④

통역사 1인당 통역경비를 계산하면 다음과 같다.

- 영어 통역사 : 500,000원(기본요금)+100,000(추가요금)+100,000(교통비)+40,000(이동보상비)=740,000원
- 인도네시아어 통역사 : 600,000(기본요금)+100,000(교통비)+40,000(이동보상비)=740,000원

언어별 통역사는 2명씩이므로 총통역경비는 2,960,000원이다.

04

정답 ③

A, B의 점수를 계산해 보면 다음과 같다.

- A : 거리점수 : 60+(2×2)=64
  자세점수 : 17+17+17=51, 따라서 합산점수는 115점이다.
- B : 거리점수 : 60+(-1.8×2)=56.4
  자세점수 : 19+19.5+17.5=56, 따라서 합산점수는 112.4점이다.

따라서 A와 B의 합계점수는 227.4점이다.

05

정답 ③

방송매체별 방송시간을 정리하면 다음과 같다.
- 방송광고 : 15회×1분×2매체=30분
- 방송연설(비례대표의원) : 10분×2매체×2명=40분
- 방송연설(지역구의원) : 10분×2매체×2회×100명=4,000분

따라서 갑 정당과 그 소속 후보자들이 최대로 실시할 수 있는 선거방송 시간의 총합은 4,070분이다.

06

정답 ③

K주택의 지붕의 수선이 필요하다고 하였으므로 대보수에 해당하여 주택당 보수비용 지원한도액은 950만 원인데, 미란의 소득인정액은 중위소득 40%에 해당하여 지원율을 감안한 지원액은 950만 원×0.8=760만 원이다.

07

정답 ⑤

경제성 점수를 부여하기 위해 이동수단별 최소비용을 계산하면 다음과 같다.
- 렌터카 : (50달러+10달러)×3일=180달러(중)
- 택시 : 1달러×200마일=200달러(하)
- 대중교통 : 40달러×4명=160달러(상)

이를 반영하여 이동수단별 평가점수표를 작성하면 다음과 같다.

구분	경제성	용이성	안전성	총점
렌터카	2	3	2	7
택시	1	2	4	7
대중교통	3	1	4	8

따라서 총점이 가장 높은 대중교통을 이용하게 되며, 이때의 비용은 160달러이다.

08

정답 ④

모임당 구성원 수가 6명 이상 9명 미만인 경우에 해당하지 않는 A모임과 E모임을 제외하고 나머지 모임을 판단해보자.
- B모임 : 1,500천 원+(100천 원×6)=2,100천 원
- C모임 : [1,500천 원+(120천 원×8)]×1.3=3,198천 원
- D모임 : 2,000천 원+(100천 원×7)=2,700천 원

따라서 두 번째로 많은 총지원금을 받는 모임은 D모임이다.

09

정답 ⑤

직원들의 오류 점수와 벌점을 정리하면 다음과 같다.

구분	오류 점수	벌점
갑	450점[=(10×5)+(20×20)]	없음(오류발생비율 25%)
을	500점[=(10×10)+(20×20)]	5,000점
병	370점[=(10×15)+(20×15)-80]	없음(오류점수 400점 미만)
정	400점[=(10×20)+(20×10)]	4,000점
무	420점[=(10×30)+(20×10)-80]	4,200점

따라서 두 번째로 높은 벌점을 받게 될 사람은 무이다.

10

A사와 B사의 비용의 분배비율은 다음과 같다.

구분	A사	B사
연구개발비	1/4	3/4
판매관리비	1/2	1/2
광고홍보비	2/3	1/3

ㄱ. 분배받는 순이익을 극대화하기 위해서는 회사별로 분배비율이 가장 높은 것을 선택하면 되므로 A사는 광고홍보비, B사는 연구개발비를 선호할 것이다. 따라서 적절한 내용이다.

ㄴ. 연구개발비가 분배 기준이 된다면 B사가 분배받는 금액은 150억 $\left[=60억+\left(120억\times\dfrac{3}{4}\right)\right]$ 이고 A사가 분배받는 금액은 50억이므로 적절한 내용이다.

[오답분석]

ㄷ. 판매관리비의 분배비율은 두 회사가 동일하지만 (가)에서 규정하고 있는 '제조원가의 10%'는 두 회사가 다르므로 적절하지 않은 내용이다.

ㄹ. 광고홍보비가 분배 기준이 된다면 A사가 분배받는 금액은 100억 $\left[=20억+\left(\dfrac{2}{3}\right)\right]$ 이고 B회사 역시 100억을 분배받으므로 둘은 동일하다. 따라서 적절하지 않은 내용이다.

11

- A : 제2항 제2호의 '수학 중 해임된 자'에 해당하므로 지급경비 1,500만 원을 모두 반납해야 한다.
- B : 제2항 제1호의 '소정의 과정을 마친 후 정당한 사유 없이 복귀하지 아니한 자'에 해당하므로 지급경비 2,500만 원을 모두 반납해야 한다.
- C : 제2항 제3호의 '소정의 과정을 마친 후 의무복무기간 중에 전역 또는 제적 등의 사유가 발생하여 복무의무를 이행하지 아니한 자'에 해당하므로 지급경비 중 1,750만 원 $\left(=3,500\times\dfrac{6-3}{6}\right)$ 을 반납해야 한다.
- D : 2항 2호의 '수학 중 해임된 자'에 해당하나 심신장애로 인하여 해임된 경우에는 지급경비의 2분의 1을 반납해야 한다고 하였으므로 1,000만 원을 반납해야 한다.
- E : 2항 2호에서 국가비상 시에 군에 복귀시킬 필요가 있다고 인정하여 군위탁생 임명을 해임한 경우는 지급경비를 반납하지 않는다고 하였으므로 반납해야 할 경비는 0원이다.

따라서 반납해야 할 경비가 가장 많은 사람부터 가장 적은 사람 순으로 나열하면 B − C − A − D − E이다.

|01| 기본문제

01	02	03	04	05	06	07	08	09	10	11	12	13	14	15	16	17	18	19	20
①	④	②	②	③	④	⑤	②	②	④	①	③	③	④	③	②	④	③	②	④

21	22	23	24	25	26	27	28	29	30										
④	④	④	③	④	④	②	②	②	③										

01

정답 ①

먼저 청소 횟수가 가장 많은 C구역을 살펴보면, 이틀을 연달아 같은 구역을 청소하지 않는다고 하였으므로 다음의 경우만 가능함을 알 수 있다.

일	월	화	수	목	금	토
C		C	×		C	

다음으로 B구역을 살펴보면, B구역은 청소를 한 후 이틀간은 청소를 할 수 없다고 하였으므로 토요일은 불가능함을 알 수 있다. 만약 토요일에 B구역을 청소하면 남은 1회는 월요일 혹은 목요일에 진행해야 하는데 어떤 경우이든 다음 청소일과의 사이에 이틀을 비우는 것이 불가능하기 때문이다.

일	월	화	수	목	금	토
C	B	C	×	B	C	

그렇다면 남은 A구역은 토요일에 청소하는 것으로 확정되어 다음과 같은 일정표가 만들어지게 된다.

일	월	화	수	목	금	토
C	B	C	×	B	C	A

따라서 B구역 청소를 하는 요일은 월요일과 목요일이다.

02

정답 ④

주어진 조건을 살펴보면 명확하게 고정되는 경우는 A의 왼편에 앉은 사람이 파란 모자를 쓰고 있다는 것과 C의 맞은편에 앉은 사람이 빨간 모자를 쓰고 있다는 것이다. 따라서 이 두 조건을 먼저 표시하면 다음의 두 가지의 경우로 나누어 볼 수 있다.

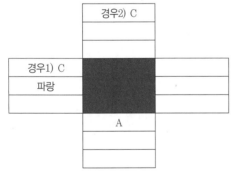

먼저 C가 A의 왼쪽에 앉게 되는 경우를 살펴보면 이는 다시 B와 D가 어디에 앉느냐에 따라 다음의 ⅰ)과 ⅱ) 두가지로 나누어 볼 수 있으며 각각에 대해 살펴보면 다음과 같다.

ⅰ)

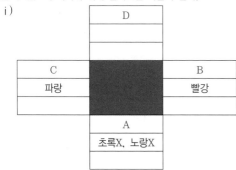

이 경우는 A와 D에 초록, 노랑 모자를 쓴 사람이 앉아야 하지만 A는 이 둘 모두에 해당하지 않는다는 모순된 결과가 나온다. 따라서 성립하지 않는 경우이다.

ⅱ)

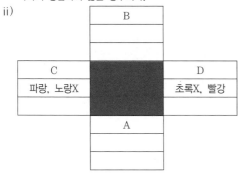

이 경우는 A와 B에 노랑과 초록 모자를 쓴 사람이 앉아야 한다. 그런데 A와 B는 여자라는 조건과 노란 모자와 초록 모자 중 한 명만 여자라는 조건은 서로 모순되는 상황이다. 따라서 이 역시 성립하지 않는다.

다음으로 C가 A의 맞은 편에 앉는 경우를 생각해 보면, 역시 다음의 ⅲ)과 ⅳ) 두 가지의 경우로 나누어 볼 수 있다.

ⅲ)

	C	
	초록X → 노랑	
	남자	
B		D
파랑, 노랑X		초록
여자		남자
	A	
	빨강	
	여자	

이 경우는 노란 모자와 초록 모자(C와 D) 중 한 명은 남자, 나머지 한 명은 여자라는 조건에 위배되므로 성립하지 않는다.

PART 1

iv)

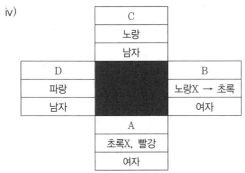

마지막으로 이 경우는 주어진 조건을 모두 만족하고 있는 상황이다. 따라서 초록 모자를 쓰고 있는 사람은 B이고, A입장에서 왼편에 앉은 사람은 D이다.

03
정답 ②

- A : B불가능(민주주의 국가), C가능, D불가능(핵무기 보유), E가능 → 2개 국가 공격가능
- B : A불가능(민주주의 국가), C가능, D불가능(핵무기 보유), E불가능(동맹관계) → 1개 국가 공격가능
- C : A가능(D와 연합하여 공격), B가능(D와 연합하여 공격), D불가능(핵무기 보유), E가능 → 3개 국가 공격가능
- D : A가능, B가능(C와 연합하여 공격), C불가능(동맹관계), E가능 → 3개 국가 공격가능
- E : A불가능(B와 연합은 가능하지만 B는 민주주의 국가인 A를 공격하지 않음), B불가능(동맹관계), C가능(B와 연합하여 공격), D불가능(핵무기 보유) → 1개 국가 공격가능

따라서 두 개 이상의 국가를 공격할 수 있는 국가들은 A, C, D이다.

04
정답 ②

먼저 마지막 조건에서 A정책과 D정책 사이에 다른 정책 하나를 두면 두 정책의 효과가 두 배가 된다고 하였으므로 A − ( ) − D 또는 D − ( ) − A의 경우가 가능하나, 두 번째 조건에서 D정책이 A정책 전에 실시될 경우 D정책의 효과가 0이 된다고 하였으므로 A − ( ) − D의 경우만 가능함을 알 수 있다.

다음으로 세 번째 조건에서 A정책과 B정책을 바로 이어서 실시하면 A정책과 B정책의 비용이 두 배가 된다고 하였으므로 A − ( ) − D − B가 가능함을 알 수 있으며, 남은 C를 ( )안에 집어넣어 A − C − D − B의 순서를 끌어낼 수 있다.

여기서 중요한 것은 세 번째 조건의 효과는 비용이 두 배가 된다는 것이지만, 네 번째 조건은 효과가 절반으로 줄어든다는 것이어서 세 번째 조건이 더 안 좋은 결과를 가져온다는 점이다. 따라서 둘 다 바람직하지 않은 상황이지만 그 중에서 차선인 세 번째 조건을 먼저 배제해야 한다.

05
정답 ③

주어진 조건을 토대로 가능한 상황을 정리해 보면 다음과 같다.

구분	A	B	C	D
첫해	장미	진달래	튤립	×
둘째 해	진달래	장미	×	나팔꽃 or 백합
셋째 해(1)	장미	×	튤립, (나팔꽃 or 백합)	
셋째 해(2)	×	진달래	튤립, (나팔꽃 or 백합)	

따라서 3년 차에 가능한 것은 ③이다.

06

학과장인 C는 한 과목만 가르칠 수 있으며, 일주일에 하루만 가르칠 수 있다고 하였으므로 논리학과 윤리학은 불가능하다. 따라서 C는 과학철학을 가르칠 수 있다. 그런데 윤리학과 논리학 이외에는 동일 과목이 동시에 개설될 수 없으므로 A의 과학철학은 개설될 수 없다. 따라서 A는 논리학과 언어철학을 가르치게 된다. E를 살펴보면 위와 같은 논리로 언어철학은 개설될 수 없으므로 E는 수리철학과 논리학을 가르치게 된다. 또한 윤리학은 적어도 두 강좌가 개설된다고 하였으므로 B와 G 모두 윤리학을 가르쳐야 함을 알 수 있다. 지금까지의 내용을 정리하면 다음과 같다.

• A : 논리학, 언어철학
• B : 윤리학, (희랍철학 or 근세철학)
• C : 과학철학
• D : (인식론, 논리학, 형이상학 중 2과목)
• E : 수리철학, 논리학
• F : (인식론, 심리철학, 미학 중 2과목)
• G : 윤리학, (사회철학 or 근세철학)

따라서, D가 형이상학과 인식론을 강의하고 F가 심리철학과 미학을 강의하는 경우가 가능하므로 적절하지 않은 내용이다.

[오답분석]

① 위에서 학과장 C는 과학철학을 강의한다고 하였으므로 적절한 내용이다.
② D가 논리학을 강의하게 될 경우 논리학은 A, D, E 등 3강좌가 개설될 수 있으므로 적절한 내용이다.
③ F가 인식론과 심리철학을 강의하고, D가 논리학과 형이상학을 강의하는 경우가 가능하므로 적절한 내용이다.
⑤ B가 윤리학과 희랍철학을 강의하고, G가 윤리학과 사회철학을 강의하는 경우가 가능하므로 적절한 내용이다. 이 경우 근세철학은 개설되지 않게 된다.

07

각국을 합병할 수 있는 가능성을 정리하면 다음과 같다.
• B국 : (A국+C국+D국) vs (B국+F국)의 경우가 가능하므로 합병할 수 없다.
• C국 : (A국+B국+D국)이 연합하면 C국은 연합할 수 있는 국가가 없으므로 합병이 가능하다.
• D국 : A국이 F국과 연합하면 D국을 침공할 수 없고, 남은 B국과 C국은 서로 적대관계이므로 (A국+B국+C국)의 연합이 불가능하다. 따라서 합병할 수 없다.
• F국 : (A국+B국+D국)이 연합하면 F국은 연합할 수 있는 국가가 없으므로 합병이 가능하다.

따라서 A국이 합병할 수 있는 나라는 C국과 F국이다.

08

제시된 조건을 기호화하면 다음과 같다.
• A(×) → B(○)
• B(○) → C(×)

따라서 이 둘을 결합하면 'A(×) → B(○) → C(×)'를 도출할 수 있으며 이의 대우명제는 'C(○) → B(×) → A(○)'로 나타낼 수 있다. 따라서 C시가 채택되면 B시는 채택되지 않지만 A시는 채택되는 상황이 되어 A와 C가 모두 채택되게 된다. 이를 해결하기 위해서는 A시나 C시 중 하나가 선정된다는 조건이 필요하다. 왜냐하면, A시나 C시 중 하나가 선정된다는 조건이 추가되었을 때 C가 채택된다면 A도 채택되어 모순이 발생하므로 결국은 A만 선정되기 때문이다.

09

먼저 문제에서 E가 참석할 수 없다고 하였고 (조건 2)에서 D 또는 E는 반드시 참석해야 해야 한다고 하였으므로 D는 반드시 참석한다는 것을 알 수 있다.

다음으로 (조건 1)에서 A와 B가 함께 참석할 수는 없지만 둘 중 한 명은 반드시 참석해야 한다고 하였으므로 (A, D)와 (B, D)의 조합이 가능함을 알 수 있다. 그리고 (조건 3)을 대우명제로 바꾸면 'D가 참석한다면 C도 참석한다.'가 되므로 (A, D, C)와 (B, D, C)의 조합이 가능함을 알 수 있다.

그런데 마지막 (조건 4)에서 B가 참석하지 않으면 F도 참석하지 못한다고 하였으므로 (A, D, C)의 조합은 가능하지 않다는 것을 알 수 있다(4명의 직원으로 팀을 구성해야 하기 때문). 따라서 가능한 팀의 조합은 (B, D, C, F)의 1개라는 것을 알 수 있다.

10

ㄱ. A국이 C국이나 D국 중 하나의 국가의 지지만 받는다면 A국은 상임이사국이 될 수 없다.

ㄴ. C국이 A국만 지지하는 경우 A국은 하나의 국가의 지지만 받게 되므로 A국은 상임이사국이 될 수 없다.

ㄹ. B국이 D국을 지지하므로 A국은 C국을 지지한다.

[오답분석]

ㄷ. A국은 B국이 지지하는 국가를 지지한다고 하였으므로 B국이 D국을 지지하면 A국도 D국을 지지하게 되어 D국은 최소 2개국의 지지를 받게 된다.

11

외부심사위원 1은 s를, 외부심사위원 2는 u를 사무차장보 P에게 보고할 것이다. 다음으로 사무차장보 P는 u를 사무차장 A에게 보고할 것이다. 또한 외부심사위원 3은 y를, 외부심사위원 4는 s를 보고하여 사무차장보 R은 y를 사무차장 A에게 보고하게 되어 사무차장의 최종 선택은 지원자 u가 된다.

[오답분석]

②, ③, ④, ⑤ 지원자 s가 선택된다.

12

먼저 (가)와 (나)를 반영한 투숙 상황을 정리하면 다음과 같다.

구분	1인실	2인실
	B, E, G, H	A, C, D, F, I
5층		
4층		
3층	×	
2층		×
1층		

다음으로 (다)를 반영하면 아래의 경우만 가능하다는 것을 알 수 있다.

구분	1인실	2인실
	B, E, G, H	A, C, D, F, I
5층	E	
4층		
3층	×	A, C
2층		×
1층		

이제 여기에 (라)를 반영하면 다음의 경우만 가능하다는 것을 알 수 있다.

구분	1인실	2인실
	B, E, G, H	A, C, D, F, I
5층	E	
4층		
3층	×	A, C
2층	H	×
1층	G	I

마지막으로 남은 손님들을 배치하면 다음의 경우가 가능함을 알 수 있다.

구분	1인실	2인실
	B, E, G, H	A, C, D, F, I
5층	E	D / F
4층	B	F / D
3층	×	A, C
2층	H	×
1층	G	I

B는 4층 1인실에 투숙중이고 D는 4층 2인실 또는 5층 2인실에 투숙중이므로 두 손님이 같은 층에 투숙할 수도 있다. 따라서 옳지 않은 내용이다.

[오답분석]

① A와 C는 3층 2인실에 투숙중이고 I는 1층 2인실에 투숙중이므로 옳은 내용이다.
② H는 2층 1인실에 투숙중이고 B는 4층 1인실에 투숙중이므로 옳은 내용이다.
④ B는 4층 1인실에 투숙중이고 F는 4층 2인실 또는 5층 2인실에 투숙중이므로 옳은 내용이다.
⑤ A와 C는 3층 2인실에 투숙중이고 D는 4층 2인실 또는 5층 2인실에 투숙중이므로 옳은 내용이다.

13

정답 ③

주어진 조건을 기호화하면 다음과 같다.
- $A(\bigcirc) \rightarrow [B(\times) \vee C(\times)]$
- $[C(\bigcirc) \wedge D(\bigcirc)] \rightarrow B(\times)$
- $[A(\bigcirc) \vee B(\bigcirc)] \rightarrow D(\bigcirc)$

(조건 2)의 대우명제가 $B(\bigcirc) \rightarrow [C(\times) \vee D(\times)]$이고, (조건 3)에서 $B(\bigcirc) \rightarrow D(\bigcirc)$를 도출할 수 있으므로 B안을 채택하면 반드시 C안은 폐기해야 한다. 따라서 적절하지 않은 내용이다.

[오답분석]

① (조건 3)이 참이면 $[A(\bigcirc) \wedge B(\bigcirc)] \rightarrow D(\bigcirc)$도 반드시 참이 되므로 적절한 내용이다.
② (조건 1)이 참이라고 해서 $A(\bigcirc) \rightarrow C(\bigcirc)$이 거짓이 되는 것은 아니므로 적절한 내용이다.
④ 주어진 조건이 모두 참이라고 해도 $[A(\times) \wedge B(\times)] \rightarrow D(\bigcirc)$이 거짓이 되는 것은 아니므로 적절한 내용이다.
⑤ 주어진 조건이 모두 참이라고 해도 $[B(\times) \wedge C(\bigcirc)] \rightarrow A(\bigcirc)$이 거짓이 되는 것은 아니므로 적절한 내용이다.

14

정답 ④

제시된 조건을 간략하게 기호화하면 다음과 같다.
ⅰ) (폭탄○ ∨ 공대공○) → 정비×
ⅱ) 비행시간○ → 공대공×
ⅲ) 정비○

여기서 ⅲ)과 ⅰ)의 대우명제를 결합하면 ⅳ) 폭탄× ∧ 공대공×을 추가로 확인할 수 있다.

결국 네 가지의 조건 중에서 폭탄 적재량 조건과 공대공 전투능력 조건은 충족할 수 없으므로 차기 전투기로 선정되기 위해서는 '정비시간' 조건과 '비행시간' 조건을 충족시켜야 한다.

ㄴ. 위에서 차기 전투기로 선정되기 위해서는 '정비시간' 조건과 '비행시간' 조건을 충족시켜야 한다고 하였으므로 옳은 내용이다.

ㄷ. 위 ii)를 대우명제로 변환하면 공대공O → 비행시간×로 나타낼 수 있으므로 옳은 내용이다.

[오답분석]

ㄱ. K사의 기종은 비행시간이 길고 폭탄 적재량이 많다고 하였는데 위 i)에서 폭탄 적재량이 많으면 정비시간은 길어진다는 것을 알 수 있으므로 필수조건인 iii)을 만족시키지 못한다. 따라서 K사의 기종은 선택되지 않았을 것이다.

15

정답 ③

제시문의 논증을 기호화하면 다음과 같다.

i) A(O) → B(O)

ii) B와 C가 모두 선정되는 것은 아님

iii) B(O) ∨ D(O)

iv) C(×) → B(×) : B(O) → C(O)

먼저 ii)와 iv)의 경우 B가 선정된다면 iv)에 의해 C가 선정되어야 하는데 ii)에서 B와 C는 동시에 선정되는 것은 아니라고 하였으므로 B가 선정되지 않는 것을 알 수 있다. 따라서 i)의 대우명제를 이용하면 A 역시 선정되지 않는다.

마지막으로 iii)에서 B와 D 중 적어도 한 도시는 선정된다고 하였는데 위에서 B가 선정되지 않는다고 하였으므로 D는 반드시 선정되어야 함을 알 수 있다. 따라서 이를 정리하면 A와 B는 선정되지 않으며, C는 알 수 없고, D는 선정된다.

ㄱ. A와 B 모두 선정되지 않는다고 하였으므로 옳은 내용이다.

ㄷ. D는 선정된다고 하였으므로 옳은 내용이다.

[오답분석]

ㄴ. B가 선정되지 않는 것은 알 수 있으나 C가 선정될지의 여부는 알 수 없다.

16

정답 ②

먼저 A와 B의 진술은 적어도 둘이 모두 참이 될 수는 없는 상황이므로 이를 경우의 수로 나누어 판단해보도록 하자.

i) A : 참, B : 거짓

둘 중 B만 거짓말을 하고 있는 상황이므로 C는 참이 되어야 모순이 발생하지 않는다. 따라서 이 경우에 B는 가해자로, A와 C는 가해자가 아닌 것으로 추정된다.

ii) A : 거짓, B : 참

B가 참을 말하고 있다면 C는 거짓이 되어야 하는데 A와 B 중 한 명만 거짓을 말하고 있다고 가정하고 있으므로 C는 참이 되어야 하는 모순된 상황이 발생한다. 따라서 이 경우는 제외된다.

iii) A : 거짓, B : 거짓

이미 A와 B가 모두 거짓을 말하고 있는 상황이므로 C 역시 거짓이 되어야 모순이 발생하지 않는다. 따라서 이 경우는 A, B, C 모두 가해자로 추정된다.

결국 모순이 발생하지 않은 두 가지 경우 i)과 iii)을 통해 B는 가해자인 것이 확실하지만 나머지 A와 C는 가해자의 여부를 확정지을 수 없는 상황임을 알 수 있다.

17

주어진 조건을 정리하면 다음과 같다.

ⅰ) 먼저, 신임 사무관은 을 한 명이고 을은 갑과 단둘이 가는 한 번의 출장에만 참석한다고 하였으므로 갑이 모든 출장에 참가하는 총괄 사무관임을 알 수 있다(편의상 A팀으로 칭한다).

ⅱ) 다음으로 병과 정이 함께 출장을 가는 경우가 있다고 하였으므로 갑, 병, 정 3명이 가는 출장(B팀)이 존재함을 알 수 있다. 출장 인원은 최대 3인으로 제한되어 있으므로 갑, 병, 정, 무 4인이 가는 출장은 존재할 수 없다.

ⅲ) 을 신임 사무관을 제외한 나머지 사무관들은 최소 2회의 출장에 참여해야 하고 병과 정이 함께 참여하는 한 번의 출장은 ⅱ)에 언급되어 있으므로 남은 2팀에는 병과 정이 각각 따로 포함되어야 한다. 그리고 아직 언급되지 않은 무 역시 신임 사무관이 아니어서 최소 2회의 출장을 가야 하므로 남은 2팀은 갑, 병, 무(C팀), 갑, 정, 무(D팀)가 됨을 알 수 있다.

ⅳ) 만약 A팀이 참여하는 지역이 광역시라면 나머지 3개 지역 중 한 곳만이 광역시가 된다. 그런데 을은 한 번의 출장에만 참여한다고 하였으므로 이렇게 될 경우 병 ~ 무 중 누가 되었든 광역시 출장에 한번만 참여하게 되어 조건에 위배된다. 따라서 광역시는 A팀이 참여하는 지역을 제외한 나머지 지역 중 2곳이 되어야 한다.

이를 표로 정리하면 다음과 같다.

구분	갑	을	병	정	무
A팀	○	○			
B팀	○		○	○	
C팀	○		○		○
D팀	○			○	○

ⅱ)와 ⅲ)에 의하면 정은 두 번의 출장에 참가하게 되므로 옳지 않은 내용이다.

[오답분석]

① ⅰ)에 의해 갑이 모든 출장에 참가하는 총괄 사무관임을 알 수 있다.
② ⅳ)에 의해 을이 출장을 가는 지역은 광역시가 아님을 알 수 있다.
③ ⅲ)에 의해 갑, 병, 무가 함께 가는 출장이 존재함을 알 수 있다.
⑤ ⅲ)에 의하면 무는 C팀과 D팀에 포함되어 두 곳에 출장을 가게 되며, D팀에 속해 있으므로 정과 무가 같이 출장을 가는 것도 확인할 수 있다.

18

ⅰ) 먼저 주어진 조건만으로 소거되는 단체를 찾아보면, 어떤 형태로든 지원을 받고 있는 단체는 최종 후보가 될 수 없다는 점에서 B를 제거할 수 있으며, 부가가치 창출이 가장 적었던 E 역시 최종 후보가 될 수 없다.

ⅱ) 다음으로 제시된 조건을 정리해 보면, $[A(\times) \lor C(\times)] \rightarrow [B(\bigcirc) \lor E(\bigcirc)]$으로 나타낼 수 있으며 이를 대우로 변환하면, $[B(\times) \land E(\times)] \rightarrow [A(\bigcirc) \land C(\bigcirc)]$으로 표시할 수 있다. 이 조건식과 앞서 B와 E가 모두 최종 후보가 될 수 없다는 것을 결합하면 결국 A와 C가 최종 후보에 올라간다는 것을 알 수 있다.

ⅲ) 이제 D가 최종 후보가 될 경우 자유무역협정을 체결한 국가와 교역을 하는 단체는 모두 최종 후보가 될 수 없다는 두 번째 조건을 정리하면, $[D(\bigcirc) \rightarrow A(\times)]$으로 나타낼 수 있으며, 이를 대우로 변환하면 $(A\bigcirc \rightarrow D\times)$로 표시할 수 있다. 그런데 앞서 A는 최종 후보에 올라가는 것이 확정되어 있는 상태이기 때문에 D는 후보가 될 수 없다는 것을 알 수 있다.

결국 최종 후보는 A와 C만 남은 상황인데 조건에서 올림픽 단체를 엔터테인먼트 사업단체보다 우선한다고 하였으므로 폐막식 행사를 주관하는 C가 최종 선정되게 된다.

19

조건들을 기호화하면 다음과 같다.
ⅰ) [갑(○) ∧ 을(○)] → 병(○) : (대우) 병(×) → [갑(×) ∨ 을(×)]
ⅱ) 병(○) → 정(○) : (대우) 정(×) → 병(×)
ⅲ) 정(×)
세 번째 조건에서 정이 위촉되지 않는다고 하였으므로 이를 두 번째 조건식의 대우명제에 대입하면 병도 위촉되지 않는다는 것을 알 수 있다. 그리고 이를 첫 번째 조건식의 대우명제에 대입하면 갑이 위촉되지 않거나 을이 위촉되지 않는다는 결론을 얻을 수 있다. 그런데 적어도 한 명은 위촉한다는 조건에 따라 갑과 을 모두가 위촉되지 않는 경우는 불가능하므로 적어도 갑과 을 중 한 명은 위촉되어야 한다.
ㄷ. 위에서 살펴본 것처럼 갑과 을 중 한 명은 위촉되어야 하므로 옳은 내용이다.

오답분석
ㄱ. 병은 위촉되지 않으나 갑은 위촉 여부를 확정할 수 없으므로 옳지 않다.
ㄴ. 정은 위촉되지 않으나 을은 위촉 여부를 확정할 수 없으므로 옳지 않다.

20

기본적으로 선택지의 구성이 '~방법이 있다.'라고 되어 있으므로 절차별로 최소의 시간을 대입하여 가능한지의 여부를 따져보면 된다. 또한, 발표마다 토론시간이 10분으로 동일하게 주어지므로 발표시간을 50분 혹은 60분으로 놓고 계산하는 것이 좋다. 마지막으로 오전 9시부터 늦어도 정오까지 마쳐야 한다고 하였으므로 가용 시간은 총 180분이다. 발표를 3회 가지고 발표를 50분으로 한다면, 발표에 부가되는 토론 10분씩을 더해 총 180분이 소요되어 전체 가용 시간을 채우게 된다. 그러나 개회사를 최소 10분간 진행해야 하므로 결국 주어진 시간 내에 포럼을 마칠 수 없게 된다.

오답분석
① 발표를 2회 계획한다면 최소 50분씩(이하에서는 선택지에서 별다른 조건이 주어지지 않으면 최소시간인 발표에 소요되는 시간 40분, 토론 10분을 더한 50분으로 상정한다) 도합 100분이 소요되며 휴식 2회에 소요되는 시간이 40분이므로 140분이 소요된다. 여기에 개회사의 최소시간인 10분을 더하면 가능한 최소시간은 총 150분이기 때문에 180분에 미치지 못한다. 따라서 가능한 조합이다.
② 발표를 2회 계획한다면 100분이 소요되며 개회사를 10분간 진행한다고 하면 총 110분이 소요된다. 여기에 휴식은 생략 가능하므로 10시 50분에 포럼을 마칠 수 있다.
③ 발표를 3회 계획한다면 총 150분이 소요되며 개회사를 10분 진행하면 총 160분이 소요된다. 여기에 휴식을 1회 가진다면 포럼 전체에 소요되는 시간은 총 180분으로 정확히 정오에 마칠 수 있다.
⑤ 휴식을 2회 가지면서 소요시간을 최소화하려면 '개회사 – 휴식1 – 발표1, 토론1 – 휴식2 – 발표2 – 토론2'의 과정을 거쳐야 한다(단, 휴식은 발표와 토론 사이에 위치해도 무방하다). 여기서 발표와 토론을 두 번 진행한다면 100분이 소요되며, 휴식 2회를 포함하면 총 140분이 소요된다. 선택지에서 개회사를 20분으로 한다고 하였으므로 총 소요되는 시간은 160분으로 가용 시간 내에 종료 가능하다.

21

주어진 대화내용을 기호화하여 정리하면 다음과 같다.
ⅰ) [A(○) ∧ B(○)] → C(○)
ⅱ) C(×)
여기서 ⅰ)의 대우명제와 ⅱ)를 결합하면 A(×) ∨ B(×)를 도출할 수 있다(갑의 대화내용).
ⅲ) A(○) ∨ D(○)
ⅳ) (을의 대화내용) : ㉠
ⅴ) A(○)
그리고 ⅲ)과 ⅳ)를 통해 ⅴ)를 도출하기 위해서는 ⅳ)에 들어갈 내용이 D(×)이어야 한다(㉠).
ⅵ) (을의 대화내용) : ㉡
ⅶ) E(○) ∧ F(○)
마지막으로 위에서 A(×) ∨ B(×)이고 A(○)라고 하였으므로 B(×)임을 알 수 있으며, 갑의 대화에서 '우리 생각이 모두 참이면 E와 F 모두 참석해'라는 부분을 통해 B(×) → [E(○) ∧ F(○)]를 도출할 수 있다(㉡).

22

정답 ④

주어진 조건을 정리하면 다음과 같다.

ⅰ) 월(×)

ⅱ) [화(○) ∧ 목(○)] ∨ 월(○)

ⅲ) 금(×) → [화(×) ∧ 수(×)]

ⅲ)의 대우 [화(○) ∨ 수(○)] → 금(○)

여기서 ⅰ)과 ⅱ)를 결합하면 [화(○) ∧ 목(○)]를 도출할 수 있으며, 화요일과 목요일에 모두 회의를 개최하므로 이를 ⅲ)의 대우에 대입하면 금요일에도 회의를 개최해야 한다는 것을 알 수 있다.

23

정답 ④

제시문의 내용을 정리하면 다음과 같다.

ⅰ) 지혜(○) → 정열(×)

ⅱ) 정열(○) → 고통(○)

ⅲ) 사랑(○) → 정열(○)

ⅳ) 정열(○) → 행복(×)

ⅴ) 지혜(×) → [사랑(○) ∧ 고통(×)]

ⅵ) 고통(×) → 지혜(○)

ㄴ. ⅲ)과 ⅳ)를 결합하면 '사랑을 원하는 사람은 행복하지 않다.'라는 명제를 도출할 수 있으므로 반드시 참이 된다고 할 수 있다.

ㄷ. ⅰ)과 ⅲ)의 대우명제를 연결하면 '지혜로운 사람은 사랑을 원하지 않는다.'는 명제를 도출할 수 있으므로 항상 참이 된다고 할 수 있다.

오답분석

ㄱ. ⅰ)에 의하면 지혜로운 사람은 정열을 갖지 않기 때문에 선택지의 내용이 항상 참이 되기 위해서는 '정열을 갖지 않는 사람은 행복하다.'라는 명제가 도출되어야 한다. 하지만 이는 제시문에서 도출될 수 없으므로 항상 참이 된다고 볼 수 없다.

24

정답 ③

먼저 주어진 명제들을 조건식으로 변환하면 다음과 같다.

ⅰ) 도덕성 결함(○) → 채용(×)

ⅱ) [업무능력(○) and 인사추천위원회 추천(○) and 공직관(○)] → 채용(○)

ⅲ) 채용(○) → 봉사정신(○)

ⅳ) 철수 : 공직관(○) and 업무능력(○)

철수가 도덕성에 결함이 있다면 ⅰ) 명제에 의해 채용이 되지 않을 것이다. 그리고 이를 ⅱ) 명제의 대우명제에 대입하면 철수는 업무능력이 없거나 인사추천위원회의 추천을 받지 못하거나 혹은 공직관이 없는 것이 된다. 하지만 ⅳ)에서 철수는 공직관이 투철하고 업무능력도 검증받았다고 하였으므로 철수는 인사위원회의 추천을 받지 않았다는 것을 알 수 있다.

오답분석

① ⅰ)명제의 '이'명제이므로 항상 참이 되는 것은 아니다.

② ⅲ)명제의 '역'명제이므로 항상 참이 되는 것은 아니다.

④ ⅱ)명제의 '역'명제가 참인 상황에서 성립하는 것이나 '역'명제가 참이 된다는 보장이 없으므로 선택지의 내용이 항상 참인 것은 아니다.

⑤ ⅰ)명제와 ⅲ)명제를 통해 철수가 채용이 된다면 도덕성에 결함이 없고 봉사정신도 투철함을 알 수 있다. 하지만 선택지는 이 명제에서 논리적으로 도출되지 못한다. 따라서 항상 참인 것은 아니다.

PART 1

25

각각의 논증을 기호로 정리하면 다음과 같다.
ⅰ) 영희 : 갑A(○) → 을B(○) ∴ 을B(×) → 갑A(×)
  원 명제의 대우명제로 나타낸 것이므로 반드시 참이다.
ⅱ) 철수 : 갑A(○) → 을A(○) ∴ 을A(○) → 갑A(○)
  원 명제의 역명제로 나타낸 것이므로 반드시 참이 된다고 할 수 없다.
ⅲ) 현주 : 갑A(×) ∨ [을C(○) ∧ 병C(○)] ∴ 갑A(○) → [을C(○) ∧ 병C(○)]
  현주의 주장이 참이 되기 위해서는 적어도 둘 중 하나는 반드시 참이 되어야 한다. 그런데 갑이 A부처에 발령을 받았다고 하여
  전자가 거짓으로 판명되었다면 후자인 '을과 병이 C부처에 발령받았다.'가 반드시 참이 되어야 한다. 따라서 주어진 논증은
  타당하다.

26

G는 A, B, D와 인접해 있으므로 a, b정책은 추진할 수 없으나 D가 어떤 정책을 선택했는지는 알 수 없으므로 c와 d정책 중 하나를
추진할 수 있다.

[오답분석]
① E는 A, B, C와 인접해 있으므로 a, b, c정책은 추진할 수 없으며, 각 구역은 4개의 정책 중 하나를 추진해야 하므로 남은
  d정책을 추진할 수 있다.
② F는 A와만 인접해 있으므로 a정책을 제외한 나머지 b, c, d정책 중 하나를 추진할 수 있다.
③ G는 A, B, D와 인접해 있으므로 a, b정책을 추진할 수 없으며 D가 d정책을 추진한다고 했으므로 c정책만 추진할 수 있다.
⑤ D는 A, G와 인접해 있고 G가 d정책을 추진하면 a, d정책은 추진할 수 없다. 따라서 남은 b와 c정책을 추진할 수 있다.

27

주어진 내용을 기호화하면 다음과 같다.
ⅰ) A(○) → B(○)
ⅱ) [A(○) → E(○)] ∧ [C(○) → E(○)]
ⅲ) D(○) → B(○)
ⅳ) C(×) → B(×)
조건식 ⅳ)를 대우명제로 변환하여 조건식 ⅰ)과 결합하면 A(○) → B(○) → C(○)를 도출할 수 있으므로 이를 다시 정리하면
다음과 같다.
ⅴ) A(○) → B(○) → C(○)
ⅵ) D(○) → B(○)
ⅶ) [A(○) → E(○)] ∧ [C(○) → E(○)]
D가 참석한다는 결론을 이끌어내기 위해서는 주어진 조건 중 D(○)으로 표시되는 것이 후항(조건식의 오른쪽)에 있어야 한다.
하지만 그렇지 않으므로 이는 항상 참이 된다고 할 수 없다.

[오답분석]
① ⅴ)에서 도출되므로 항상 참이 된다.
③ 대우명제로 전환하면 'D가 참석한다면 C도 참석한다.'가 되는데 이는 ⅴ)와 ⅵ)를 결합하면 얻을 수 있는 결론이다. 따라서
  항상 참이 된다.
④ ③의 대우명제이므로 결과는 ③과 같다.
⑤ 대우명제로 전환하면 'B가 참석한다면 E도 참석한다.'가 된다. 먼저 B가 참석한다면 ⅴ)에서 C가 참석한다는 결론을 얻을 수
  있는데, 이를 다시 ⅶ)에 대입하면 E가 참석한다는 결론이 도출된다. 따라서 항상 참이 된다.

28

정답 ②

제시된 내용을 기호화하여 정리하면 다음과 같다.

ⅰ) A(○) → B(○)

ⅱ) C(○) → D(○)

ⅲ) A(○) ∨ C(○)

A를 추진하지 않기로 결정한다면 C는 반드시 추진해야 하며, C를 추진한다면 D도 추진한다고 하였으므로 C와 D가 추진되는 것은 확정할 수 있다. 하지만 B는 주어진 조건만으로는 추진 여부를 확정할 수 없으므로 옳지 않은 내용이다.

[오답분석]

① A와 C 중 적어도 한 개의 사업은 추진한다고 하였으므로 (A, B), (C, D), (A, B, C, D)의 총 3가지의 경우가 확실하게 가능하다. 따라서 적어도 두 개의 사업이 추진된다고 판단할 수 있다.

③ ⅰ)의 대우명제를 이용하면, B를 추진하지 않기로 하였다면 A도 추진하지 않게 된다. 그런데 ⅲ)에서 A와 C 중 적어도 하나는 추진한다고 하였으므로 C는 반드시 추진하게 되며 ⅱ)에 따라 D도 추진하게 된다. 따라서 옳은 내용이다.

④ C를 추진하지 않기로 하였다면 ⅲ)에 의해 A는 반드시 추진하며, ⅰ)에 의해 A를 추진한다면 B도 추진하게 됨을 알 수 있다. 따라서 옳은 내용이다.

⑤ ⅱ)의 대우명제를 이용하면 D를 추진하지 않기로 하였다면 C도 추진하지 않게 되며, C를 추진하지 않게 되면 A는 반드시 추진해야 한다. 이를 ⅰ)에 적용하면 결국 B도 추진하게 되는 것을 알 수 있게 되어 주어진 모든 사업의 추진 여부가 모두 정해지게 된다.

29

정답 ②

제시된 조건 중 명확하게 판단이 가능한 것들을 먼저 살펴보면 다음과 같다.

ⅰ) C<D

ⅱ) F<G

ⅲ) E<○○○○○<B

이제 C시와 F시가 인접한 순위라는 조건(즉 C<F 혹은 F<C)과 마지막 조건을 결합해 보면, C시의 인구는 A시의 인구와 F시의 인구를 합한 것보다 더 크다고 하였으므로 당연히 C시의 인구는 F시보다 커야 한다. 같은 논리로 C시는 A시보다 인구가 많음을 알 수 있다. 여기에 처음에 판단한 ⅰ)과 ⅱ)를 결합하면 A~F<C<D, G가 됨을 알 수 있는데 위 ⅲ)의 조건에서 알 수 있듯이 빈 자리가 다섯 개뿐이므로 E<A<F<C<D, G<B의 순서로 나열할 수 있게 된다.

이제 미확정인 것은 D시와 G시의 대소관계이다. 이를 확정하기 위해서는 추가적인 조건이 필요하게 되는데 ②의 조건이 추가된다면 E-A-F-C-D-G-B의 순서로 나열이 가능해지므로 ②가 적절하다.

30

정답 ③

제시된 대화를 논리적으로 분석하면 다음과 같다.

ⅰ) 먼저 A의 증언이 참이라면, B의 증언도 참이다. 그런데 B의 증언이 참이라면 E의 증언은 거짓이 된다.

ⅱ) E의 증언이 거짓이라면 '나와 A는 쓰레기를 무단투기하지 않았다.'는 E의 말 역시 거짓이 되어 A와 E 중 적어도 한 명은 무단투기를 했다고 보아야 한다. 그런데 B의 증언은 D를 지적하고 있으므로 역시 모순이다. 결국 A, B의 증언은 모두 거짓이다.

따라서 C, D, E의 증언은 참이 되며 이들이 언급하지 않은 C가 범인이 된다.

| 02 | 심화문제

01	02	03	04	05	06	07	08	09	10	11	12	13	14	15	16	17			
⑤	④	④	①	④	④	④	①	④	③	②	③	②	⑤	④	②	⑤			

01

정답 ⑤

돼지고기는 2.5인분인 225g(=90×2.5)이 필요하다. 현재 냉장고에는 필요한 양의 절반인 112.5g 이하의 돼지고기 100g이 있으므로 125g(=225−100)을 구매해야 한다.

오답분석

① 면은 2.5인분인 500g(=200×2.5)이 필요하다. 현재 냉장고에는 필요한 양의 절반인 250g 이하의 면 200g이 있으므로 300g을 구매해야 한다.
② 양파는 2.5인분인 150g(=60×2.5)이 필요하다. 현재 냉장고에는 양파 100g이 있으므로 50g을 구매해야 한다. 그러나 필요한 양의 절반인 75g 이상이 냉장고에 있으므로 양파는 구매하지 않는다.
③ 아들이 성인 1인분의 새우를 먹으므로 새우는 3인분인 120g(=40×3)이 필요하다. 현재 냉장고에는 새우가 없으므로 새우 120g을 구매해야 한다.
④ 매운 음식을 잘 먹지 못하는 아내로 인해 건고추는 절반만 넣으므로 10g(=4×2.5)이 필요하다. 현재 냉장고에는 건고추가 없으므로 건고추 10g을 구매해야 한다.

02

정답 ④

ㄱ. 을이 첫 번째와 두 번째 가위·바위·보 게임에서 모두 이겨 각각 5번과 2번을 점령하는 경우 이후 갑이 세 번째와 네 번째에서 모두 이겨 4번과 7번을 점령한다 하더라도 세 개의 구역을 점령하는 것이 최대이므로 을이 승리하게 된다. 따라서 적절한 내용이다.
ㄷ. 이 상황에서는 갑이 (3번, 7번) 혹은 (3번, 6번)을 점령하거나 을이 (6번, 7번) 혹은 (6번, 3번)을 점령하여야 승자가 결정되므로 최소 2번 이상의 가위·바위·보 게임을 해야 한다. 따라서 적절한 내용이다.

오답분석

ㄴ. 만약 갑이 네 번째 가위·바위·보 게임을 승리하여 6번을 점령하면 을이 최대로 점령할 수 있는 것은 총 4개의 구역을 점령하는데 그치므로 갑이 승리하게 된다. 하지만 을이 네 번째 가위·바위·보 게임을 승리하였다고 하더라도 여전히 갑이 승리하는 길(예를 들어, 을이 6번을 점령하고 이후에 갑이 3번, 4번을 점령하는 경우)이 열려있으므로 적절하지 않은 내용이다.

03

정답 ④

가장 먼저 확정지어야 할 것은 첫 번째 조건으로 인해 E, F, G가 3층에 투숙해야 한다는 점이며 이를 시작점으로 하여 나머지 조건을 정리하면 다음의 2가지 경우가 가능하다.

〈경우 1〉

G			F	E
I			C	D
H		B	A	

〈경우 2〉

G			E	F
		C	D	I
	B	A		

어느 경우에도 G는 301호에 투숙하게 되므로 항상 옳다.

① · ③ 경우 2에만 해당되므로 항상 옳은 것은 아니다.
② · ⑤ 경우 1에만 해당되므로 항상 옳은 것은 아니다.

04

정답 ①

선택지별로 가능한 상황을 정리하면 아래와 같다.

구분	조사비	인건비	재료비	운영비	홍보비	잡비
①	삭감	삭감	삭감	증액 / 유지	증액	증액
②	증액	(증액불가)	삭감	증액		
③	(증액불가)	증액	삭감		증액	
④	증액	증액	삭감	삭감	유지	삭감
⑤	증액	증액	삭감	삭감		삭감

잡비와 홍보비를 동시에 증액할 수 있으므로 적절하지 않은 내용이다.

② 운영비와 조사비를 모두 증액할 경우 인건비와 조사비는 동시에 증액 / 감액하여야 한다는 조건과 증액이 가능한 항목이 최대 2개라는 조건에 위배되므로 적절한 내용이다.
③ 홍보비와 인건비를 모두 증액할 경우 인건비와 조사비는 동시에 증액 / 감액하여야 한다는 조건과 증액이 가능한 항목이 최대 2개라는 조건에 위배되므로 적절한 내용이다.
④ 인건비를 증액할 경우 위 표와 같이 잡비를 반드시 삭감해야 하므로 적절한 내용이다.
⑤ 조사비를 증액할 경우 위 표와 같이 운영비를 반드시 삭감해야 하므로 적절한 내용이다.

05

정답 ④

제시된 조건을 기호화하면 다음과 같다.
ⅰ) $[A(\times) \lor D(\times)] \to [C \land E(\times)]$
ⅰ)의 대우 $[C(\times) \lor E] \to (A \land D)$
ⅱ) $B(\times) \to [A \land D(\times)]$
ⅱ)의 대우 $[A(\times) \lor D] \to B$
ⅲ) $D(\times) \to C(\times)$
ⅲ)의 대우 $C \to D$
ⅳ) $E(\times) \to B(\times)$
ⅳ)의 대우 $B \to E$
먼저 ⅰ)의 대우와 ⅲ)의 대우를 결합하면 D는 무조건 찬성함을 알 수 있으며, 이를 ⅱ)의 대우에 대입하면 B도 찬성함을 알 수 있다. 그리고 이를 ⅳ)의 대우에 대입하면 E도 찬성함을 알 수 있으며 계속해서 이를 ⅰ)의 대우에 대입하면 A도 찬성함을 알 수 있다. 따라서 A, B, D, E가 찬성하며, 마지막 조건에서 적어도 한 사람이 반대한다고 하였으므로 C는 반대한다는 것을 알 수 있다.

06

정답 ④

주어진 조건들을 기호화하면 다음과 같다.
ⅰ) 내근 $\lor$ 외근
ⅱ) (내근 $\land$ 미혼) $\to$ [과장($\times$) $\land$ 부장($\times$)]
ⅲ) (외근 $\land$ 기혼) $\to$ [과장($\bigcirc$) $\lor$ 부장($\bigcirc$)]
ⅳ) (외근 $\land$ 미혼) $\to$ 연금저축($\bigcirc$)
ⅴ) 기혼 $\to$ 남성
다섯 번째 조건의 대우를 통해 여성이면 미혼이라는 것을 알 수 있고, 두 번째 조건의 대우를 통해 최과장은 외근을 한다는 것을 알 수 있다. 이를 네 번째 조건에 대입하면 최과장은 연금저축에 가입했다는 것을 알 수 있으므로 항상 참이 된다.

① · ③ '내근'과 '미혼'은 모두 조건식에서 '→'의 왼쪽에 있는 명제이므로 이 둘 간의 조건식은 도출할 수 없다. 따라서 알 수 없는 내용이다.

② 네 번째 조건의 대우를 통해 박대리는 외근을 한다는 것을 알 수 있으므로 항상 거짓이 된다.

⑤ 조건식에서 '연금저축(○)'은 '→'의 오른쪽에 위치하고 있으므로 '연금저축(×)'이 오는 조건식은 도출할 수 없다. 따라서 알 수 없는 내용이다.

07

ⅰ) 두 번째 진술이 거짓인 경우

이 경우는 A, C, D 모두 뇌물을 받지 않아야 하는데 이렇게 될 경우 첫 번째 진술과 세 번째 진술이 모두 참이 되게 되어 문제의 전제조건인 '하나만 참'이라는 조건을 위배한다. 따라서 두 번째 진술이 참, 그리고 그것이 유일한 참인 진술임을 알 수 있다.

ⅱ) 두 번째 진술만이 참인 경우

이 경우는 세 번째 진술이 거짓이 되어 B와 C 모두 뇌물을 받아야 하며, 네 번째 진술에서 B와 C 모두 뇌물을 받았기 때문에 이것이 거짓이 되기 위해서는 D가 뇌물을 받아서는 안 된다. 또 첫 번째 진술이 거짓이 되기 위해서는 A, B가 뇌물을 받아야 한다. 따라서 뇌물을 받은 사람은 A, B, C 3명임을 알 수 있다.

08

갑과 정의 진술이 모두 참이라면 가영이에 관한 진술에서 모순이 발생하므로 갑과 정 중 한 명의 진술은 거짓이라는 것을 알 수 있다. 또 을과 병의 진술 중 적어도 하나가 거짓이라고 하였고 4명의 진술 중 2명은 참이고 2명은 거짓이라고 하였으므로 갑과 정 중 하나가 거짓, 을과 병 중 하나가 거짓임을 알 수 있다. 이제 경우의 수를 따져보자.

ⅰ) 갑과 을이 참인 경우

가영 - 미국, 나준 - 프랑스, 다석 - 중국으로 연결되며, 이 경우는 갑과 을이 참이고 병과 정이 거짓이 되므로 전제조건을 만족시킨다.

ⅱ) 갑과 병이 참인 경우

갑이 참이면, 가영 - 미국, 나준 - 프랑스, 다석 - 중국으로 연결되는데, 이 경우는 을도 참이 되어 갑, 을, 병의 세 명이 참이 되게 된다. 따라서 이 경우는 해당되지 않는다.

ⅲ) 을과 정이 참인 경우

병이 거짓이면, 가영 - 미국, 나준 - 프랑스, 다석 - 중국으로 연결되는데, 이 경우는 정이 거짓이 되는 모순이 발생한다. 따라서 이 경우는 해당되지 않는다.

ⅳ) 병과 정이 참인 경우

을이 거짓이면 가영 - 미국으로 연결되는데, 이 경우는 정이 거짓이 되는 모순이 발생한다. 따라서 이 경우는 해당되지 않는다.

따라서 ⅰ) 갑과 을이 참인 경우만 전제조건을 만족시키며 이 경우 항상 참이 되는 것은 ㄱ뿐이다.

09

- 조건 1 : 갑, 을, 병이 같은 부서 소속이라고 하였으므로 이 중에서 평점이 가장 높은 갑이 추천되었고, 나머지 정과 무는 해당 부서에서 가장 평점이 높았다는 것을 알 수 있다. 따라서 갑, 정, 무는 첫 번째 조건을 충족한다.
- 조건 2 : 근무한 날짜가 250일 이상인 사람은 을, 병, 정이다.
- 조건 3 : 공무원 교육자료 집필에 참여한 적이 있으면서, 공무원 연수교육에 3회 이상 참석한 사람은 갑, 무이다.
- 조건 4 : 활동 보고서가 인사혁신처 공식 자료로 등록된 사람은 병이다.

이를 정리하면 다음과 같다.

구분	조건 1	조건 2	조건 3	조건 4
갑	○		○	
을		○		
병		○		○
정	○	○		
무	○		○	

네 가지 조건 중에서 두 가지 이상을 충족하는 사람은 갑, 병, 정, 무 4명이다.

10

정답 ③

제시된 진술들을 기호화하면 다음과 같다.
- 갑 : 법학(○) → 정치학(○)
- 을 : 법학(×) → 윤리학(×)
- 을의 대우 : 윤리학(○) → 법학(○)
- 병 : 법학(○) ∨ 정치학(○)
- 정 : 윤리학(○) → 정치학(○)
- 무 : 윤리학(○) ∧ 법학(×)

먼저 을의 대우명제와 무의 진술은 모순관계에 있다. 따라서 이를 기준으로 경우의 수를 나누어 판단해보자.

ⅰ) 을의 진술만 거짓인 경우

무의 진술이 참이므로 윤리학을 수강하며, 법학은 수강하지 않는다. 그리고 병의 말이 참이므로 법학과 정치학 중 적어도 하나를 수강해야 하는데 이미 법학은 수강하지 않는다고 하였으므로 정치학은 반드시 수강해야 함을 알 수 있다. 따라서 A는 윤리학과 정치학을 반드시 수강하게된다.

ⅱ) 무의 진술만 거짓인 경우

법학을 수강하지 않는 경우, 을의 진술이 참이 되어 윤리학도 수강하지 않아야 한다. 그리고 정의 말은 참이므로 윤리학을 수강하지 않는다면 정치학도 수강하지 않는다. 그런데 이는 법학과 정치학 중 적어도 하나를 수강한다는 병의 말과 모순이 되므로 병의 진술 역시 거짓이라는 결론에 도달하게 된다. 하지만 이는 한 사람의 진술만 거짓이라고 한 전제에 어긋난다. 따라서 법학은 반드시 수강해야 한다. 법학을 수강한다면, 갑에 진술에 따라 정치학도 수강한다는 것을 알 수 있으며, 정의 진술도 참이므로 윤리학도 수강해야 함을 알 수 있다. 따라서 이 경우 A는 윤리학과 법학, 정치학을 모두 수강하게 된다.

결론적으로 두 경우에서 공통적으로 나타나는 윤리학과 정치학을 반드시 수강해야 한다.

11

정답 ②

부산에서 A팀이 제작한 정책홍보책자가 발견되었다면, 부산에는 B팀이 제작한 정책홍보책자 500권 말고도 A팀이 제작한 정책홍보책자가 추가로 배포된 것이라는 것을 추론할 수 있다. 따라서 부산에는 500권이 초과되는, 서울에는 500권에 미달되는 정책홍보책자가 배포되었을 것이므로 옳은 내용이다.

오답분석

ㄱ. B팀이 제작한 정책홍보책자는 모두 부산에 배포되었을 것이다. 그런데 만약 A팀이 제작한 정책홍보책자가 모두 서울에 배포되었다면 부산에는 단 500권만이 배포되었을 것이다. 따라서 '500권이 넘는'이라는 부분은 옳지 않은 내용이다.

ㄴ. A팀이 제작한 정책홍보책자가 모두 서울에 배포되었다면, 서울에는 A팀이 제작한 정책홍보책자가 500권 배포되었을 것이고, 부산에는 B팀이 제작한 정책홍보책자가 500권 배포되었을 것이다. 따라서 서울에 배포된 정책홍보책자의 수가 부산에 배포된 정책홍보책자의 수보다 적다고 할 수는 없으므로 옳지 않은 내용이다.

12

정답 ③

제시문의 내용을 정리하면 다음과 같다.

ⅰ) 갑수＞정희

ⅱ) 을수≦정희

ⅲ) 을수≦철희

ⅳ) 갑수≦병수

ⅴ) (철희＋1＝병수) or (병수＋1＝철희)

이를 정리하면, '을수≦정희＜갑수'의 관계를 알 수 있으며 병수가 갑수보다 어리지는 않다고 하였으므로 병수는 가장 나이가 적은 사람은 아니게 된다. 그리고 철희의 나이가 병수보다 한 살 더 많은 경우를 생각해 본다면, 철희의 나이가 갑수의 나이보다 더 많게 되어 철희는 갑수보다 반드시 나이가 적은 사람이 아니게 된다. 따라서 어떠한 경우에도 갑수보다 나이가 어린 사람은 정희와 을수임을 알 수 있다.

13

정답 ②

제시문의 내용을 기호화하면 다음과 같다.

ⅰ) A정책이 효과적 → (부동산 수요 조절 ∨ 부동산 공급 조절)

ⅱ) 부동산 가격의 적정 수준 조절 → A정책이 효과적

ⅲ) [부동산 가격의 적정 수준 조절 ∧ 물가상승(×)] → 서민의 삶 개선

ⅳ) 부동산 가격의 적정 수준 조절

ⅴ) 물가상승 → [부동산 수요 조절(×) ∧ 서민의 삶 개선(×)]

ⅵ) 물가상승

따라서 ⅱ)와 ⅳ)를 결합하면 A정책이 효과적이라는 것을 알 수 있으며, 이를 ⅰ)에 대입하면 부동산 수요가 조절되거나 부동산 공급이 조절된다는 것을 추론할 수 있다. 하지만 ⅴ)와 ⅵ)을 결합하면 부동산 수요가 조절되지 않는다는 것을 알 수 있으므로 결론적으로 부동산 공급만 조절된다. 따라서 항상 참이다.

[오답분석]

① ⅴ)와 ⅵ)을 결합하면 서민의 삶은 개선되지 않으므로 항상 거짓이다.

③ ②에서 A정책이 효과적이라는 것을 알 수 있었는데, 이미 ⅵ)에서 물가가 상승한다는 것이 고정적인 조건으로 주어진 상태이므로 항상 거짓이다.

④ ②에서 A정책이 효과적이라는 것을 알 수 있었는데, ⅴ)와 ⅵ)을 통해 부동산 수요가 조절되지 않는다는 것을 알 수 있으므로 항상 거짓이다.

⑤ ②에서 A정책이 효과적이라는 것을 알 수 있었는데, 이미 ⅳ)에서 부동산 가격이 적정 수준으로 조절되고 있음을 알 수 있으므로 항상 거짓이다.

14

정답 ⑤

세 명의 사무관 모두가 한 명씩의 성명을 바르게 기억하고 있는 것이므로 옳은 내용이다.

[오답분석]

① 이 경우는 혜민과 서현이 모든 사람의 성명을 바르게 기억하지 못한 것이 되므로 옳지 않다.

② 이 경우는 혜민과 민준이 모든 사람의 성명을 바르게 기억하지 못한 것이 되므로 옳지 않다.

③ 이 경우는 민준이 두 명의 성명을 바르게 기억하고 있는 것이 되므로 옳지 않다.

④ 이 경우는 민준이 모든 사람의 성명을 바르게 기억하지 못한 것이 되므로 옳지 않다.

15

제시문의 내용을 기호화하면 다음과 같다.

ⅰ) A(○) → B(○)

ⅱ) A(×) → [D(×)∧ E(×)]

ⅲ) B(○) → [C(○) ∨ A(×)]

ⅳ) D(×) → [A(○) ∧ C(×)]

식 ⅱ)와 ⅳ)를 통해 A가 채택되지 않으면 D와의 관계에서 모순이 발생하므로 A는 반드시 채택된다는 것을 알 수 있으며 이를 ⅰ)과 결합하면 B역시 채택된다는 것을 알 수 있다. 또한 B가 채택된다는 사실을 ⅲ)과 결합하면 C도 채택된다는 것을 알 수 있고, 이를 ⅳ)의 대우와 연결하면 D가 채택된다는 것을 알 수 있다. 그런데 마지막으로 남은 E는 ⅱ)를 통하더라도 반드시 채택되어야 하는 것은 아니므로 결과적으로 A, B, C, D 4개의 업체가 반드시 채택됨을 알 수 있다.

16

주어진 조건을 정리하면 다음과 같다.

ⅰ) 두 번째와 네 번째 조건을 결합하면 대한민국은 B국과 조약을 갱신하며, A국과는 갱신할 수 없다.

ⅱ) 첫 번째와 세 번째 조건, ⅰ)의 내용을 결합하면 대한민국은 유엔에 동북아 안보 관련 안건을 상정할 수 없다.

ⅲ) 마지막 조건과 ⅱ)의 내용을 결합하면 대한민국은 6자 회담을 올해 내로 성사시켜야 한다.

따라서 ⅲ)에서 6자 회담을 올해 내로 성사시켜야 한다고 하였으므로 옳은 내용이다.

[오답분석]

① ⅰ)에서 A국과 상호방위조약을 갱신하지 않는다고 하였으므로 옳지 않은 내용이다.

③ ⅱ)에서 유엔에 동북아 안보 관련 안건을 상정할 수 없다고 하였으므로 옳지 않은 내용이다.

④ ⅱ)에서 유엔에 동북아 안보 관련 안건을 상정할 수 없다고 하였고 ⅲ)에서 6자 회담을 올해 내로 성사시켜야 한다고 하였으므로 옳지 않은 내용이다.

⑤ ⅰ)에서 A국과 상호방위 조약을 갱신하지 않는다고 하였고 ⅱ)에서 유엔에 동북아 안보 관련 안건을 상정할 수 없다고 하였으므로 옳지 않은 내용이다.

17

총 5명의 위원을 선정한다고 하였고, 두 번째 조건에서 신진 학자는 4명 이상 선정될 수 없다는 조건과 중견 학자 3명이 함께 선정될 수 없다는 조건을 고려하면 가능한 조합은 신진 학자 3명, 중견 학자 2명뿐임을 알 수 있다. 그리고 네 번째 조건을 반영하여 경우의 수를 나누어보면 다음의 두 가지만 가능하게 된다.

ⅰ) 신진 윤리학자가 선정되는 경우 : 신진 윤리학자 1명, 신진 경영학자 2명, 중견 경영학자 2명으로 구성하는 경우가 가능하다.

ⅱ) 신진 윤리학자가 선정되지 않는 경우 : 중견 윤리학자 1명, 신진 경영학자 3명, 중견 경영학자 1명으로 구성하는 경우가 가능하다.

따라서 중견 윤리학자가 선정되지 않는 경우는 위의 ⅰ)에 해당하는데 이 경우는 신진 경영학자가 2명 선정되므로 옳은 내용이다.

[오답분석]

① 어느 경우이든 윤리학자는 1명만 선정되므로 옳지 않은 내용이다.

② ⅰ)의 경우는 신진 경영학자가 2명만 선정되므로 옳지 않은 내용이다.

③ 중견 경영학자 2명이 선정되는 경우는 ⅰ)인데 이 경우는 윤리학자가 1명만 선정되므로 옳지 않은 내용이다.

④ 신진 경영학자 2명이 선정되는 경우는 ⅰ)인데 이 경우는 신진 윤리학자가 1명만 선정되므로 옳지 않은 내용이다.

| 01 | 기본문제

01	02	03	04	05	06	07	08	09	10	11	12	13	14	15	16	17	18	19	20
⑤	②	④	⑤	②	②	①	①	③	④	③	③	①	⑤	②	⑤	②	④	③	⑤
21	22	23	24	25	26	27	28	29	30	31	32	33	34	35	36	37	38	39	40
③	③	②	③	⑤	③	③	②	③	①	①	③	④	③	②	②	①	②	⑤	②
41	42																		
③	②																		

01

정답 ⑤

구간별 혼잡도 정보는 결국 해당 정류장의 승하차가 완료된 인원을 통해 알 수 있는 정보이다. 따라서 이를 반영하여 표를 정리하면 다음과 같다. 계산과정에서 일시적으로 40명을 초과하는 탑승인원이 산출될 수 있으나 승하차가 동시에 이루어진다는 전제에 따라 곧바로 조정되므로 이 부분은 무시하도록 한다.

정류장	승차(명)	하차(명)	승하차 후(명)
A	20	0	20
B	(㉠)	10	36 ~ 40
C	5	( )	36 ~ 40
D	( )	10	( )
E	15	( )	16 ~ 25
F	0	( )	( )

이제 정류장별로 차례로 빈칸을 채워보자.

ⅰ) B정류장 : A정류장 출발 시 20명이었던 인원에서 10명이 하차하였고 승차가 완료된 인원이 36 ~ 40명이 되어야 하므로 승차인원은 26 ~ 30명의 범위 안에 있어야 한다.

ⅱ) C정류장 : B정류장 출발 시 36 ~ 40이 탑승하고 있었고 C정류장에서 5명이 승차하였다. 따라서 하차인원을 감안하지 않으면 탑승자는 41 ~ 45명인데, 하차인원을 감안한 인원수가 36 ~ 40명이므로 하차인원은 1 ~ 9명의 범위 안에 있어야 한다.

ⅲ) D정류장 : C정류장 출발 시 36 ~ 40명이 탑승하고 있었고 D정류장에서 10명이 하차하였다. 따라서 승차인원을 감안하지 않으면 탑승자는 26 ~ 30명인데, 이 버스의 승차정원이 40명이므로 승차인원은 0 ~ 14명의 범위 안에 있어야 한다. 따라서 승하차인원을 모두 감안한 탑승인원은 26 ~ 40명이다.

ⅳ) E정류장 : D정류장 출발 시 26 ~ 40명이 탑승하고 있었고 E정류장에서 15명이 탑승하였다. 따라서 하차인원을 감안하지 않으면 탑승자는 41 ~ 55명인데, 하차인원을 감안한 인원수가 16 ~ 25명이므로 하차인원은 16 ~ 39명의 범위 안에 있어야 한다.

따라서, ⅲ)에서 D정류장의 승하차인원을 모두 감안한 탑승인원은 26 ~ 40명이라고 하였으므로 제시문의 기준에 의해 '혼잡' 또는 '매우 혼잡'으로 표시된다.

오답분석

① ⅱ)에서 하차인원은 1 ~ 9명의 범위 안에 있어야 한다고 하였으므로 적절하지 않다.

② ⅳ)에서 하차인원은 16 ~ 39명의 범위 안에 있어야 한다고 하였으므로 적절하지 않다.

③ ⅰ)에서 승차인원은 26 ~ 30명의 범위 안에 있어야 한다고 하였으므로 최솟값과 최댓값의 합은 56이다.

④ A정류장 승하차 후 탑승인원이 20명이므로 제시문의 기준에 의해 '보통'으로 표시된다.

02

대화내용을 순서대로 살펴보면 다음과 같다.

ⅰ) 민경과 지나 : 생일이 5명 중에서 가장 빠를 가능성이 있다고 하였으므로 지나의 생일은 3월이 되어야 한다. 다만 다른 3월생의 날짜를 알지 못하므로 가장 빠른지의 여부를 확신하지 못한다.

ⅱ) 정선과 혜명 : 앞의 대화에서 지나가 3월생이라고 하였는데 정선의 생일이 그보다 빠를 가능성이 있다고 하였다. 따라서 나머지 3월생은 혜명이 된다.

ⅲ) 지나와 민경 : 이제 남은 자리는 6월(1명)과 9월(2명)이다. 만약 민경이 6월생이라면 나머지 정선과 효인은 9월이 되어야 하므로 몇 월생인지 알 수 있다. 하지만 그렇지 않다고 하였으므로 민경은 9월생이 되어야 한다.

ⅳ) 혜명과 효인 : 민경이 9월생인데 효인은 자신이 민경보다 생일이 빠른지를 확신할 수 없다고 하였다. 만약 효인이 6월생이었다면 당연히 자신의 생일이 빠르다는 것을 알 수 있지만 그렇지 않다고 하였으므로 효인은 9월생이어야 한다.

따라서 남은 6월생의 자리에는 정선이 들어가게 된다.

03

정답 ④

제시문을 토대로 가능한 상황을 정리하면 다음과 같다.

ⅰ) 갑 : 12일을 포함하여 총 4일을 운행하기 위해서는 홀짝제가 적용되는 3일 중 하루를 운행하지 않아야 한다. 따라서 갑은 13일을 제외한 운행했음을 알 수 있다. 그렇다면 갑의 차량은 짝수차량이라는 것을 알 수 있으며 15일과 16일에도 운행을 하였으므로 끝자리 숫자가 8, 0은 아니라는 것을 끌어낼 수 있다. 따라서 갑의 차량은 2, 4, 6 중 하나의 숫자로 끝나는 차량임을 알 수 있다.

ⅱ) 을 : 운행이 가능한 날은 모두 자신의 자동차로 출근했다고 하였으므로 12~14일 중 하루는 반드시 운행을 했을 것이다. 모든 숫자는 홀수와 짝수 둘 중 하나에 포함되기 때문이다. 결국 을은 13일에 운행했을 것이다. 나머지 하루는 15일 혹은 16일인데 15일에 운행을 하고 16일에 하지 않았다면 끝자리 숫자는 9일 것이며, 15일에 운행을 하지 않고 16일에 운행을 했다면 끝자리 숫자는 7이 될 것이다.

ⅲ) 병 : 13일에 운행을 했다는 부분에서 홀수차량임을 알 수 있으며 15, 16일에 운행했다는 부분에서 끝자리가 7, 9가 아님을 알 수 있다. 따라서 병의 차량은 1, 3, 5 중 하나의 숫자로 끝나는 차량임을 알 수 있다.

구분	12	13	14	15	16	끝자리
갑	○	×	○	○	○	2, 4, 6
을	×	○	×			7, 9
병	×	○	×	○	○	1, 3, 5

따라서, 끝자리 숫자의 합의 최댓값은 6+9+5=20이다.

04

정답 ⑤

ⅰ) 먼저 대상 기관이 5개이므로 정성평가의 선정비율에 이를 반영하면 '상'에는 1개, '중'에는 3개, '하'에는 1개 기관이 할당됨을 알 수 있다. 이제 주어진 상황 중 훼손된 부분인 정성평가 부분만을 따로 떼어내어 살펴보자.

ⅱ) A가 20점을 얻었다는 것은 분야별로 1개 기관씩만 할당되어 있는 '상'을 모두 A가 가져갔다는 것을 의미한다. 그리고 B와 C가 11점을 얻었다는 것은 배점의 분포상 분야별로 모두 '중'을 가져갔다는 것을 의미한다. 따라서 남은 자리는 분야별로 '중' 1개, '하' 1개라는 것을 알 수 있다.

ⅲ) 그렇다면 D와 E가 얻을 수 있는 경우의 수는 '중중(11) / 하하(4)', '중하(7) / 하중(8)', '하중(8) / 중하(7)', '하하(4) / 중중(11)'의 4가지로 정리할 수 있으며 이를 반영하면 다음과 같은 평가표를 작성할 수 있다.

평가기관	정량평가	정성평가				최종점수			
A	71	21				91			
B	80	11				91			
C	69	11				80			
D	74	11	7	8	4	85	81	82	78
E	66	4	8	7	11	70	74	73	77

E기관은 어떤 경우든 모두 5위를 차지하므로 적절한 내용이다.

CHAPTER 02 상황 추론 • **79**

① · ② A와 B가 91점으로 같지만, 최종점수가 동점일 경우에는 정성평가 점수가 높은 순서대로 순위를 결정하므로 A는 어떤 경우이든 1위를 차지하며, B는 2위를 차지한다.

③ · ④ D기관이 80점 이상을 얻는 경우가 3가지나 존재하므로 이 경우에 해당한다면 D가 3위, C는 4위를 차지하게 된다. 따라서 적절하지 않다.

05

정답 ②

ㄴ. 너무 강한 상대여서 이길 확률이 0%인 경우, 그 경기를 이긴다면 얻게 되는 엘로 점수는 $32 \times 1.0 = 32$이며 이길 확률이 조금이라도 있는 경우라면 이 수치가 32보다 작아지게 되므로 적절한 내용이다.

ㄹ. 먼저, 승리할 확률이 0.76인 경우, 0.5일 때보다 엘로 점수가 200점 높다는 점에서 엘로 점수의 차이와 승리확률이 비례관계에 있음을 알 수 있다. 따라서 A가 B에게 승리할 확률이 0.8이라면 둘의 차이는 200점보다 크다는 것을 알 수 있고, 같은 논리로 B와 C의 엘로 점수 차이도 200점보다 크다고 판단할 수 있다. 이를 토대로 A와 C의 엘로 점수 차이는 400점 이상임을 알 수 있으며 A가 C에게 승리할 확률이 0.9 이상 됨을 의미한다.

ㄱ. 경기에서 승리한 선수가 얻게 되는 점수는 그 경기에서 패배할 확률에 K를 곱한 수치인데 그 경기에서 패배할 확률이라는 것은 결국 상대선수가 승리할 확률과 동일하므로 둘은 항상 같을 수밖에 없다.

ㄷ. A가 B에게 패배할 확률이 0.1이라는 것은 A가 B에게 승리할 확률이 0.9임을 의미한다. 이를 첫 번째 산식을 통해 살펴보면, 만약 둘 사이의 엘로 점수 차이가 400점일 때 A가 B에게 승리할 확률은 0.9x임을 알 수 있으며 차이가 400점보다 더 커진다면 A가 B에게 승리할 확률은 1에 가까워지게 된다(뒤집어 말하면 A가 B에게 패배할 확률이 0에 가까워진다). 따라서 A가 B에게 패배할 확률이 0.0x에서 0.1로 커지기 위해서는 엘로 점수 차이가 400점보다 작아져야 한다.

06

정답 ②

업체의 시간당 작업면적을 계산하면 A업체는 $2m^2$, B업체는 $1m^2$, C업체는 $1.5m^2$로 계산된다. B와 C가 같이 작업을 진행할 경우 시간당 $2.5m^2$를 완료할 수 있다. 이 속도로 전체 면적인 $60m^2$을 진행한다면 24시간이 소요되므로 적절한 내용이다.

ㄱ. 작업이 순차적으로 이루어지지 않고 동시에 작업하는 상황에서는 가용가능한 모든 업체를 모두 동원하는 경우에 가장 빠르게 작업을 마무리 할 수 있다. 이 경우 A, B, C 모든 업체가 작업을 진행할 경우 시간당 $4.5m^2$의 속도로 작업을 진행하며 다른 어떤 조합을 통해서도 이보다 더 큰 수치는 나올 수 없다.

ㄷ. A, B, C가 동시에 작업을 진행하면 시간당 $4.5m^2$를 진행할 수 있어 소요되는 비용은 $(60 \div 4.5) \times 27$이며, B와 C가 동시에 진행하면 시간당 $2.5m^2$를 진행할 수 있어 소요되는 비용은 $(60 \div 2.5) \times 17$로 나타낼 수 있다. 이를 분수비교하기 위해 양변을 60으로 나누고 분모에 10을 곱해주면 $\frac{27}{45}$와 $\frac{17}{25}$의 비교로 변환할 수 있다. 이를 비교하면 분모는 25에서 45로 20이, 분자는 17에서 27로 10이 증가하였는데 이는 직접 계산을 해보지 않아도 분모의 증가율이 더 클 것이라는 것은 충분히 어림할 수 있다. 따라서 $\frac{27}{45}$가 $\frac{17}{25}$보다 작다는 것을 확인할 수 있으며 따라서 B, C가 동시에 진행하는 경우의 비용이 더 크므로 적절하지 않은 내용이다.

07

정답 ①

ⅰ) 게임 결과 총 14점을 획득하였고 두더지를 맞힌 횟수를 모두 더하면 12번이므로 대장 두더지 2번, 부하 두더지 10번을 맞혔음을 알 수 있다.

ⅱ) 먼저 A는 대장이든 부하든 상관없이 2번 맞았다고 밖에 볼 수 없다. 왜냐하면, 대장 두더지가 2번 맞은 것이 확정된 상황에서 만약 A가 2번이 아닌 다른 짝수 횟수만큼(4번) 맞았다고 한다면 A는 맞은 두더지 중에 가장 적게 맞은 것이 아니기 때문이다. 또한 A는 '맞은 두더지 중'에 가장 적게 '맞았다'는 부분을 통해 0이 될 수도 없다.

ⅲ) 또한 한 번도 맞지 않은 두더지가 1마리라는 점에서 B와 C는 모두 0이 아님을 알 수 있으며 D 역시 자신의 발언을 통해 0이 아님을 확정할 수 있다. 따라서 한 번도 맞지 않은 두더지는 E이다.

iv) 다음으로 A, C, D가 맞은 횟수의 합이 9이므로 이를 만족하는 경우를 따져보면 다음과 같다.

A	B	C	D	E	합
2		2	5	0	
2		3	4	0	
2		4	3	0	
2		5	2	0	

v) 또한, B와 C가 같다는 조건과 전체 맞은 횟수의 합이 12라는 점을 고려하면 아래의 표와 같이 정리할 수 있다.

A	B	C	D	E	합
2	2	2	5	0	11(×)
2	3	3	4	0	12
2	4	4	3	0	13(×)
2	5	5	2	0	14(×)

따라서 두 번째 경우만 모든 조건을 충족하며 이 중 2번 맞은 것은 A뿐이므로 A가 대장 두더지임을 알 수 있다.

08

먼저, 제시문의 첫 번째 인원변동 후 부처의 인원 구성을 살펴보면 다음과 같다.

A부처	B부처
109명	91명
A소속 : 100명	A소속 : 0명
B소속 : 9명	B소속 : 91명

ㄱ. 첫 번째의 인원변동 후 A부처의 인원은 109명(A부처 소속 100명, B부처 소속 9명)이며, B부처의 인원은 91명(A부처 소속 0명, B부처 소속 91명)이 된다. 이 상태에서 두 번째 인원변동이 진행되면 두 부처의 인원은 모두 100명으로 동일해지는데, A부처에 B부처 소속 공무원이 3명 남아있다고 하였으므로 A부처는 A부처 소속 97명, B부처 소속 3명으로 구성되어 있음을 알 수 있으며, 이는 A부처에서 B부처로 보낸 9명 중 3명은 A부처 소속이었다는 것을 알 수 있다. 따라서 B부처의 인원구성은 A부처 소속 3명, B부처 소속 97명임을 알 수 있다. 이를 정리하면 다음과 같다.

A부처	B부처
100명	100명
A소속 : 97명	A소속 : 3명
B소속 : 3명	B소속 : 97명

ㄴ. 첫 번째의 인원변동 후 A부처의 인원은 109명(A부처 소속 100명, B부처 소속 9명)이며, B부처의 인원은 91명(A부처 소속 0명, B부처 소속 91명)이 된다. 이 상태에서 두 번째 인원변동이 진행되면 두 부처의 인원은 모두 100명으로 동일해지는데, B부처에 A부처 인원이 2명이라고 하였으므로 B부처는 A부처 소속 2명, B부처 소속 98명으로 구성되어 있음을 알 수 있으며, 이는 A부처에서 B부처로 보낸 9명 중 2명은 A부처 소속이었다는 것을 의미한다. 따라서 A부처의 인원구성은 A부처 소속 98명, B부처 소속 2명임을 알 수 있다. 이를 정리하면 다음과 같다.

A부처	B부처
100명	100명
A소속 : 98명	A소속 : 2명
B소속 : 2명	B소속 : 98명

따라서 빈칸에 들어갈 숫자의 합은 5이다.

09

하얀 블록 5개와 검은 블록 1개를 일렬로 붙인 막대와 하얀 블록 6개를 일렬로 붙인 막대를 각각 A막대, B막대라고 하자. A막대의 윗면과 아랫면에 쓰인 숫자의 순서쌍은 (1, 6), (2, 5), (3, 4), (4, 3), (5, 2), (6, 1)이다. 즉 A막대의 윗면과 아랫면에 쓰인 숫자의 합은 7이다. A막대 30개, B막대 6개를 붙여 만든 그림 2의 윗면과 아랫면에 쓰인 숫자의 합은 7×30+6×0=210이다. 따라서 윗면에 쓰인 숫자의 합은 109이므로 아랫면에 쓰인 36개 숫자의 합은 210−109=101이다.

10

궁궐의 가이드투어 시작 시간이 10시와 14시이므로 이 두 가지의 경우는 다음과 같다.

ⅰ) 10시에 궁궐 관광을 시작하는 경우 – 불가능

분수공원과 박물관의 운영 시작 시간이 각각 8시 30분과 8시 45분이어서 해당 시설의 관광을 마치고 나면 10시를 넘어선다. 따라서 이들 어느 곳도 궁궐보다 먼저 일정을 시작할 수 없다. 그렇다면 남은 경우는 사찰을 가장 먼저 방문하고 10시에 궁궐 관광을 시작하여 12시에 마치는 것인데, 이 경우 박물관과 분수공원 중 어느 곳을 먼저 방문하더라도 총 이동시간(63분 혹은 67분)을 감안하면 마지막 방문지의 관광을 17시 이전에 마치는 것이 불가능하다. 따라서 10시에 궁궐 관광을 시작하는 경우는 가능하지 않다.

ⅱ) 14시에 궁궐 관광을 시작하는 경우 – 가능

이 경우는 16시에 궁궐 관광을 마치게 되어 이동시간을 감안하면 이 이후에는 다른 관광을 할 수 없다. 따라서 궁궐 관광 이전에 나머지 3곳의 관광을 마쳐야 하는데 분수공원 혹은 박물관을 첫 일정으로 잡는 경우는 이동시간과 소요시간을 고려할 때 14시까지 궁궐에 도착하는 것이 불가능하게 된다. 따라서 첫 일정은 사찰이 되어야 하며 마지막 일정은 궁궐 관광이 되어야 한다. 이 경우 두 번째와 세 번째 일정에 포함되는 분수공원과 박물관 관광은 어느 곳을 먼저 방문해도 무방하다.

ㄱ. 사찰을 가장 첫 방문지로 선택해야 시간 내에 모든 일정을 소화할 수 있으므로 적절한 내용이다.

ㄷ. 박물관과 분수공원은 두 번째와 세 번째 일정에 포함되나 방문 순서가 바뀌어도 14시에 궁궐 관광을 시작하는 데 무리가 없으므로 관광 순서는 바뀌어도 무방하다.

[오답분석]

ㄴ. 마지막 관광은 궁궐 관광이 되어야 하므로 16시 정각에 모든 일정이 마무리 된다.

11

ⅰ) 먼저 두 번째 조건을 통해 D~F가 모두 20대임을 알 수 있으며 따라서 A~G 중 나이가 가장 많은 사람은 G라는 것을 확인할 수 있다. 따라서 세 번째 조건에 의해 G는 왕자의 부하가 아니다.

ⅱ) 다음으로 네 번째 조건을 살펴보면, 이미 C, D, G의 3명이 여자인 상황에서 남자가 여자보다 많다고 하였으므로 A, B, E, F의 4명이 모두 남자임을 알 수 있다. 여기까지의 내용을 정리하면 다음과 같다.

친구	나이	성별	국적
A	37살	남자	한국
B	28살	남자	한국
C	22살	여자	중국
D	20대	여자	일본
E	20대	남자	중국
F	20대	남자	한국
G	38살	여자	중국

ⅲ) 마지막 조건을 살펴보면, 일단 국적이 동일한 2명이 왕자의 부하이므로 단 한 명인 일본인 D는 부하가 될 수 없으며, 왕자의 두 부하는 성별이 서로 다르다고 하였는데 한국인 A, B, F는 모두 남자이므로 역시 부하가 될 수 없다. 마지막으로 남은 C와 E가 중국 국적이면서 성별이 다른 상황이므로 이들이 왕자의 부하임을 알 수 있다.

12

먼저, 테이블의 메뉴구성을 살펴보면 전체 메뉴는 5가지이며 각 2그릇씩 주문이 되었다는 것을 알 수 있다. 즉, 1번부터 5번까지의 주문 총액을 2로 나누어주면 전체 메뉴의 총합을 알 수 있다는 것이다. 실제로 구해 보면 테이블 1~5까지의 총합은 90,000원이며 이것을 2로 나눈 45,000원이 전체 메뉴의 총합이 됨을 알 수 있다. 여기서 테이블 1부터 3까지만 따로 떼어놓고 본다면 다른 것은 모두 1그릇씩이지만 짜장면만 2그릇이 됨을 알 수 있다. 즉 테이블 1~3까지의 총합(=51,000원)과 45,000원의 차이가 바로 짜장면 1그릇의 가격이 된다는 것이다. 따라서 짜장면 1그릇의 가격은 6,000원임을 알 수 있다.

13

먼저 편도 총비행시간이 8시간 이내이면서 직항 노선이 있는 곳을 살펴보면 두바이, 모스크바, 홍콩으로 후보군을 압축할 수 있다. 다음으로 연가가 하루밖에 남지 않은 상황에서 최대한 길게 휴가를 다녀오기 위해서는 화요일 혹은 목요일 중 하루를 연가로 사용해야 하는데 어떤 경우이든 5일의 연휴가 가능하게 된다. 따라서 세훈은 두바이(4박 5일), 모스크바(6박 8일), 홍콩(3박 4일) 중 모스크바는 연휴 기간을 넘어서므로 제외하고 두바이와 홍콩 중 여행 기간이 더 긴 두바이로 여행을 다녀올 것이다.

14

ⅰ) 여러 가지 조건 중 가장 확정적인 단서를 제공하는 세 번째 조건을 먼저 확인해보자. 2는 모든 홀수와 인접한다고 하였으므로 이미 고정되어 있는 7을 포함해 총 5개의 칸과 접하고 있는 칸을 찾아야 한다. 이를 찾으면 아래 그림과 같다.

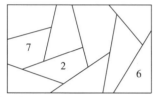

ⅱ) 다음으로 마지막 조건을 확인해 보면 10은 어느 짝수와도 인접하지 않는다고 하였으므로 가능한 칸은 좌측 상단에 위치한 빈칸뿐이다. 이에 따라 2를 둘러싼 빈칸이 7을 제외하고는 모두 홀수임을 알 수 있으며, 아직 할당이 되지 않은 4와 8이 6에 접한 칸에 배치되는 것 또한 확인할 수 있다.

ⅲ) 이제 두 번째 조건을 확인해 보면 홀수인 1은 소수와만 인접한다고 하였으므로 2를 둘러싸고 있는 칸 중에서 1이 들어갈 수 있는 곳은 좌측 모서리의 빈칸뿐임을 알 수 있다.

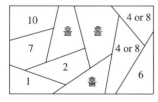

iv) 다음으로 다섯 번째 조건을 확인해 보면 홀수인 5는 가장 많은 짝수와 인접한다고 하였다. 그런데 홀수가 들어갈 수 있는 세 개의 칸 중에서 아래 그림에서 5가 표시된 부분은 3개의 짝수와 접하지만 나머지 두 칸은 2개의 짝수와 접하는 것을 확인할 수 있다.

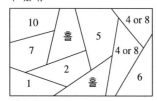

v) 남은 네 번째 조건을 확인해 보면 홀수인 3에 인접한 숫자를 모두 더하면 16이라고 하였다. 그런데 아래 그림에서 A칸에 3이 들어갈 경우 인접한 숫자들의 합이 24가 되어 조건을 만족하지 못한다. 따라서 3이 들어갈 곳은 B가 되며, A는 9가 들어가게 된다.

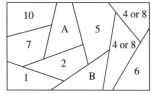

vi) 또한 B에 3이 들어갈 경우 3에 인접한 숫자들의 합이 16이라는 조건에 의해 아직 확정되지 못한 4와 8 역시 아래의 자리에 각각 위치하게 된다.

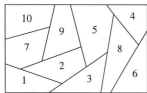

따라서 5에 인접한 숫자를 모두 더한 값은 2+3+9+4+8=26이 된다.

15

정답 ②

ㄱ. 주어진 블록에서 A와 B로 미리 할당되지 않은 칸이 총 20개이고 각 칸은 흰색이나 검정색으로 채울 수 있으므로 가능한 코드의 수는 $2^{20}=(1,024)^2$이다. 이는 100만 개를 초과하는 수치이므로 적절한 내용이다.

ㄷ. ㄱ과 같은 논리로 가능한 코드의 수는 $4^{20}(=2^{40})$으로 나타낼 수 있는데 이는 $(2^{20})^2$로 변형할 수 있다. 기존에 가능한 코드의 수가 2^{20} 즉, 100만 이상이라고 하였으므로 $(2^{20})^2$는 (100만 이상)×(100만 이상)으로 나타낼 수 있다. 따라서 만들 수 있는 코드의 개수는 기존보다 100만 배 이상 증가하므로 적절한 내용이다.

[오답분석]

ㄴ. A와 B로 지정되지 않은 20칸은 다른 지역에서 만든 것과 동일할 수 있으며, A의 3칸 역시 코드가 같다면 같게 나타날 수 있다. 또한 B도 (검정색 – 흰색), (흰색 – 검정색)의 지역코드를 가지는 지역이 존재하며 이 경우 1칸이 역시 흰색으로 같을 수 있으므로 최대 24칸이 동일할 수 있게 된다.

ㄹ. 오른쪽 3칸이 코드를 위해 개방된다면 추가되는 경우의 수는 8가지이다. 즉, 기존의 코드 각각에 대해 8가지의 코드가 추가되는 것이므로 새로운 경우의 수는 $2^{20} \times 8$로 나타낼 수 있다. 따라서 만들 수 있는 코드 개수는 기존의 8배로 증가하므로 적절하지 않은 내용이다.

16

정답 ⑤

먼저, 3단계를 거친 후에 각각 5 – 5 – 5 – 1의 묶음으로 구슬이 나누어졌고 그 직전 단계인 2단계를 통한 결과가 두 묶음으로 나누어졌다고 하였다. 따라서 2단계를 거친 결과는 10 – 6 이외의 다른 경우가 존재하지 않는다는 것을 알 수 있다. 그런데 이 10 – 6의 조합은 1단계를 거친 묶음을 5개 이상의 구슬이 있던 한 묶음에서 다른 묶음으로 5개의 구슬을 옮긴 것이다. 따라서 선택지 중 이것이 가능한 경우는 15개가 있던 묶음에서 5개를 다른 묶음으로 보내 10 – 6의 조합이 만들어지는 ⑤뿐이다. 이를 그림으로 나타내면 다음과 같다.

따라서 1단계에서 갑이 나눈 두 묶음의 구슬 개수는 15 – 1이다.

17

정답 ②

갑의 유언을 그림으로 나타내면 다음과 같다.

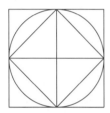

여기서 갑의 땅은 가장 바깥의 정사각형으로 나타낼 수 있는데 이 정사각형은 가로와 세로가 각각 100m이므로 갑소유의 땅의 면적은 $10,000\text{m}^2$임을 알 수 있다. 그런데 이 정사각형은 밑변 50m, 높이 50m인 삼각형 8개로 나눌 수 있으며, 안쪽의 사각형은 이 삼각형 4개로 이루어졌다는 사실을 확인할 수 있다. 따라서 안쪽의 사각형의 면적은 전체 면적의 절반인 $5,000\text{m}^2$가 되며 이 부분을 첫째 딸에게 나누어준다고 하였으므로, 나머지 절반인 $5,000\text{m}^2$가 둘째 딸의 몫임을 알 수 있다.

18

정답 ④

사자바둑기사단은 라운드별로 이길 수 있는 확률이 0.6 이상이 되도록 3명을 선발한다고 하였으므로 이를 기준으로 판단하면 다음과 같다.

ⅰ) 1라운드
   갑을 상대로 승률이 0.6 이상인 선수는 C와 E뿐이므로 2가지의 경우가 존재한다. 따라서 이후의 라운드는 이 2가지의 경우의 수로 나누어 판단한다.
ⅱ) 1라운드에서 C가 출전하는 경우
   2라운드에서 가능한 경우는 A와 B가 출전하는 것이며, 이 경우 각각에 대해 3라운드에서 D, F, G가 출전할 수 있으므로 6가지 경우의 수가 존재한다.
ⅲ) 1라운드에서 E가 출전하는 경우
   2라운드에서 가능한 경우는 A, B, C가 출전하는 것이며, 이 경우 각각에 대해 3라운드에서 D, F, G가 출전할 수 있으므로 9가지의 경우의 수가 존재한다.
따라서 ⅱ)와 ⅲ)의 경우의 수를 합하면 총 15가지의 경우의 수가 존재함을 알 수 있다.

19

ㄱ. 5원까지는 펼친 손가락의 개수와 실제 가격이 동일하지만 6원부터는 둘이 일치하지 않는다. 따라서 적절한 내용이다.

ㄴ. 펼친 손가락의 개수가 3개라면 숫자는 3 혹은 7이므로 물건의 가격은 최대 7원임을 알 수 있다.

ㄷ. 물건의 가격이 최대 10원이라고 하였으므로, 물건의 가격과 갑이 지불하려는 금액이 8원만큼 차이가 나는 경우는 상인이 손가락 2개를 펼쳤을 때 지불해야 하는 금액이 10원인 경우와 손가락 1개를 펼쳤을 때 지불해야 하는 금액이 9원인 경우뿐이다.

[오답분석]

ㄹ. 5원까지는 실제 가격과 지불하려는 금액이 일치하므로 문제가 되지 않으며, 그 이후인 6원부터는 펼친 손가락의 개수가 6개 이상일 경우는 없으므로 역시 물건의 가격을 초과하는 금액을 지불하는 경우는 생기지 않는다.

20

마지막 월요일과 마지막 금요일이 같은 주인지 여부로 경우의 수를 나누어 볼 수 있다. 먼저 월요일과 금요일이 같은 주에 있는 경우를 살펴보면 다음과 같다.

일	월	화	수	목	금	토
						1
–	–	–	–	–	–	–
–	–	–	–	–	–	–
–	–	–	–	–	–	–
–	○	–	–	–	○	–
30						

7월은 31일까지 있는 것에 반해 이 경우는 30일까지만 가능하므로 결국 두 요일은 다른 주에 있다고 판단할 수 있다.

일	월	화	수	목	금	토
×	×	–	–	–	–	–
–	–	–	–	–	–	–
–	–	–	–	–	–	–
–	–	–	–	–	○	–
–	○	–	–	–	×	×

두 번째 표는 두 요일이 다른 주에 있는 상황이며 현재는 25일만 채워져 있는 상태이기 때문에 6일이 더 필요하다. 그런데 조건을 만족할 수 있는 빈칸이 6개이므로 이 칸들이 모두 채워져야 7월 한 달이 완성됨을 알 수 있다. 결국 7월 1일은 화요일이고 31일은 목요일임을 알 수 있다. 따라서 8월 1일은 금요일이다.

21

경기장에서 열리는 경기의 횟수는 모두 동일하다고 하였으므로 각 경기장의 한 경기당 관중 수를 모두 합한 수치로 판단해도 결과는 동일하다. 이에 따르면 올 시즌 관중 수는 대도시 9만 명(=3만 명×60%×5곳), 중소도시 7만 명(=2만 명×70%×5곳), 총 16만 명으로 계산된다. 그런데, 만약 내년 시즌부터 경기가 열리는 장소가 대도시가 4곳, 중소도시가 6곳으로 변화된다면 대도시의 관중 수는 7.2만 명(=3만 명×60%×4곳), 중소도시의 관중 수는 8.4만 명(=2만 명×70%×6곳), 총 15.6만 명이 되어 올해에 비해 4천 명이 줄어들게 된다. 이를 올 시즌 대비 감소율로 나타내면 2.5%가 되므로 적절한 내용이 된다.

[오답분석]

① 1일 최대 관중 수를 기록하기 위해서는 5경기 모두 대도시에서 열려야 한다. 따라서 이때의 최대 관중 수는 (3만 명×60%)×5곳 =9만 명이 된다.

② 중소도시 경기장의 좌석 점유율이 10%p 높아진다면 관중 수는 2만 명×80%=1.6만 명이지만 대도시 경기장의 관중 수는 3만 명×60%=1.8만 명이므로 여전히 대도시 경기장의 관중 수가 더 많다.

④ 1일 평균 관중 수는 대도시 경기장에서 5경기 모두가 진행되는 경우와 중소도시 경기장에서 5경기가 진행되는 경우의 평균으로 구할 수 있다. 만약 대도시에서 5경기 모두가 진행된다면 1일 관중 수는 (3만×0.7)×5=10.5만 명이며, 중소도시에서 모두 열리는 경우는 이보다 작을 수밖에 없다. 따라서 둘의 평균은 11만 명에 미칠 수 없다.

⑤ 대도시 경기장에서 5경기 모두가 진행되는 경우 1일 관중 수는 9만 명이고 중소도시에서 진행되는 경우도 10.5만 명에 그친다. 따라서 11만 명에 미칠 수 없다.

22

정답 ③

ㄱ. 제시문에 언급된 정확도에 대한 정의를 구체적인 수치로 나타낸 것뿐이다. 따라서 진술이 총 100건이라면 80건은 옳은 판단을 내리고, 20건에 대해서는 옳지 않은 판단을 내릴 것으로 예측할 수 있다.

ㄴ. 거짓말 탐지기의 정확도가 80%이므로, 참인 진술 20건을 참으로 판정하는 것이 16건, 거짓으로 판정하는 것이 4건이다. 그리고 거짓인 진술 80건을 거짓으로 판정하는 것이 64건, 참으로 판정하는 것이 16건이다. 따라서 참으로 판정하는 것은 16건+16건=32건임을 알 수 있다.

ㄹ. 정확도가 90%라면, 참인 진술 10건 중 참으로 판단하는 것이 9건, 거짓인 진술 90건 중 참으로 판단하는 것이 9건이 되어 총 18건을 참으로 판단할 것으로 예측할 수 있다.

[오답분석]

ㄷ. 참인 진술이 10건인 경우 거짓말 탐지기의 정확도가 낮은 경우라면 실제 참인 진술을 참으로 판정하는 건수가 작아지지만, 실제 거짓을 참으로 판정하는 건수가 많아지므로 전체적으로는 참으로 판정하는 건수가 많아진다. 하지만 정확도가 높아진다면 실제 참인 진술을 참으로 판정하는 건수는 늘어나지만, 실제 거짓인 진술을 참으로 판정하는 건수가 훨씬 더 적어지므로 전체적으로는 참으로 판정하는 건수가 적어지게 되며 10건에 수렴하게 된다.

23

정답 ②

각각의 주택에 도달하는 빛의 조도를 계산하면 다음과 같다.

A	$(36÷2)+(24÷8)+(48÷12)=18+3+4=25$
B	$(36÷2)+(24÷4)+(48÷8)=18+6+6=30$
C	$(36÷4)+(24÷2)+(48÷6)=9+12+8=29$
D	$(36÷8)+(24÷2)+(48÷2)=4.5+12+24=40.5$
E	$(36÷12)+(24÷6)+(48÷2)=3+4+24=31$

따라서 주택에서 예측된 빛의 조도가 30을 초과하는 곳은 D, E 두 곳이므로 관리대상주택은 총 2채이다.

24

정답 ③

총 4번의 경기를 치러야 우승할 수 있는 자리는 E~J까지의 6개이고, 총 3번의 경기를 치르고 우승할 수 있는 자리는 A~D, K의 5개이므로 전자에 배정될 확률이 더 높다.

[오답분석]

ㄱ. 대진표 상에서 우승을 하기 위해 최소한으로 치러야 하는 경기는 3경기이며, 이에 해당하는 자리는 A~D, K이다. 그러나 K는 8경기를 승리한 이후 다음날 곧바로 9경기를 치르게 되므로 조건에 부합하지 않는다. 따라서 총 4개만 해당한다.

ㄴ. 첫 번째 경기에 승리한 경우 두 번째 경기 전까지 3일 이상을 경기 없이 쉴 수 있는 자리는 A~F까지의 6개로 전체 11개의 50%를 넘는다. 따라서 적절하지 않다.

25

방법 1과 방법 2에 따라 짐들을 분류하면 다음과 같다.

• 방법 1 : (6), (5, 5), (4, 2, 3), (6), (5,4), (5), (7), (8)
• 방법 2 : (8), (7), (6), (6), (5, 5), (5, 5), (4, 4), (3, 2)

ㄴ. 방법 1에서 10kg까지 채워지지 않은 상자는 (6), (4, 2, 3), (6), (5, 4), (5), (7), (8)의 6개이며 이들에 들어간 짐의 무게의 합은 총 50kg이므로 적절한 내용이다.

ㄷ. 방법 2에서 10kg이 채워진 상자는 (5, 5), (5, 5)의 두 개이므로 적절한 내용이다.

[오답분석]

ㄱ. 방법 1과 방법 2 모두 8개의 상자에 넣을 수 있으므로 적절하지 않다.

26

정답 ③

표의 순서대로 단계를 구분한다고 하면 1단계부터 4단계까지는 필수적으로 진행해야 하는 것이고, 4단계까지의 매력 지수는 30점, 총 10.5분이 소요된다. 그리고 전체 8단계 중 7단계만을 선택한다고 하였으므로 순차적으로 하나씩 제거하며 판단해 보면 다음과 같다.

생략단계	감점 전 점수	소요 시간	감점	매력 지수
눈썹 그리기	125	36	−64	61
눈화장 하기	112	29	−36	76
립스틱 그리기	127	38.5	−72	55
속눈썹 붙이기	77	24	−16	61

따라서 갑의 최대 매력 지수는 눈화장 하기를 생략한 상황에서 얻은 76점이다.

27

정답 ③

고속버스터미널에서 각자의 일정을 마치는 데 얼마의 시간이 걸리는지를 파악하여 구할 수 있다.

• 가은 : 은행(30분)
• 나중 : 편의점(10분)
• 다동 : 화장실(20분), 패스트푸드점(25분)
• 라민 : 서점(20분), 화장실(20분)

마란과 바솜은 별도의 일정이 없으므로 네 명 중 가장 시간이 많이 소요되는 다동(45분)이 도착할 때까지 기다려야 버스에 탑승할 수 있다. 따라서 11시 50분에서 45분이 경과한 12시 35분 이후에 출발할 수 있다. 그런데 12시 45분에 출발하는 버스는 잔여좌석 수가 5석에 불과해 여섯 사람이 모두 탑승할 수 없다. 따라서 이들이 가장 이른 시간에 탑승할 수 있는 버스는 13시 정각에 출발하는 버스이므로 대전에 도착할 수 있는 가장 빠른 시간은 15시 정각이다.

28

정답 ②

A ~ E 중 **P**를 3회 이하로 이동해서 위치할 수 있는 경로를 그림에 표시하면 다음과 같다.

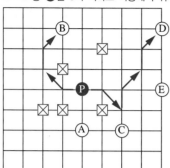

A, C, E의 경우 3회 이하로 이동하여 위치할 수 없으므로 B와 D만 가능하다.

29

정답 ③

A팀의 최종성적이 5승 7패이고, 나머지 팀들 간의 경기는 모두 무승부였다고 하였으므로 이를 토대로 팀들의 최종전적을 정리한 후 승점을 계산하면 다음과 같다.

구분	최종전적	기존 승점	새로운 승점
A팀	5승 0무 7패	10	15
7팀	1승 11무 0패	13	14
5팀	0승 11무 1패	11	11

따라서 A팀은 기존의 승점제에 의하면 최하위인 13위이며, 새로운 승점제에 의하면 1위를 차지한다.

30

정답 ①

주어진 자료를 표로 정리하면 다음과 같다. 단, 편의상 간격은 년과 개월로 표기한다.

구분	태어난 때	간격 1	들어간 때	간격 2	해동된 때	간격 3
갑	2086	19년	2105	8년	2113	7년
을	2075	26년	2101	18년 4개월	2119.4	1년 5개월
병	2083.5.17	20년 10개월	2014.3.17	16년 5개월	2120.8.31	1주일

냉동되어 있던 기간은 간격 2에 해당하며 이에 따르면 세 사람이 냉동되어 있던 기간은 모두 다르다.

[오답분석]

ㄴ. 조건에서 냉동되어 있던 기간은 나이에 산입되지 않는다고 하였으므로 대화시점의 나이는 간격 1과 간격 3을 더한 것이 된다. 따라서 갑은 26살임에 반해, 병은 21살이 되지 않은 상태이므로 갑이 병보다 나이가 많다.

ㄷ. 가장 먼저 냉동캡슐에 들어간 사람은 을(2101년)이다. 따라서 적절하지 않다.

31

정답 ①

갑과 을의 합계점수를 살펴보면, 갑의 합계점수는 1,590점인 반면, 을의 합계점수는 1,560점(=1,250+10+50+50+200)이므로 승리자는 갑이다. 여기서 갑의 합계점수를 세부적으로 살펴보면, 이동거리에 따른 점수 1,400점과 사냥으로 인한 점수 190점으로 이루어졌음을 확인할 수 있는데, 선택지에서 이를 충족하는 것은 토끼 3마리와 사슴 1마리의 구성만이 가능하다.

32

A ~ E 각각에 배정된 숫자가 게임이 진행됨에 따라 어떻게 변화하는지를 정리하면 다음과 같다.

구분	A	B	C	D	E
첫 번째	3	4	5	1	2
두 번째	2	3	4	5	1
세 번째	4	5	1	2	3
네 번째			3		

따라서 규칙에 의해 게임이 진행되었을 때 네 번째 술래는 C임을 알 수 있다.

33

ㄱ. 공휴일의 경우 A시간대가 총 360분이므로 이는 40분×9로 나타낼 수 있다. 따라서 A시간대의 막차는 12:00에 출발하게 되며, B시간대의 배차간격이 60분이므로 다음 버스는 13:00에 출발하게 된다.

ㄴ. 요일에 관계없이 막차는 24:00 이전에 종착지에 도착해야 하므로 2시간의 총운행소요시간을 감안할 때 막차가 출발지에서 출발하는 시간은 22:00 이전이어야 한다.

ㄹ. 06:00부터 09:30까지의 시간간격이 3시간 30분이고 이를 분단위로 환산하면 210분이다. 그리고 각각의 배차간격인 20, 30, 40분 중 210의 약수가 되는 것은 토요일의 배차간격인 30분 하나뿐이기 때문에 출발지에서 9시 30분에 버스가 출발한다면 이 날은 토요일일 것이다.

오답분석

ㄷ. 일요일의 경우 A시간대의 막차는 12:00에 출발하게 되며, B시간대는 총 120분인데 배차간격이 60분이므로 B시간대의 막차는 14:00에 출발하게 된다. 이제 C시간대를 살펴보면, 배차간격이 75분이므로 6번째 출발하는 버스가 450분 후, 즉 21시 30분에 출발하게 되며 이 차량이 종착지에 들어오는 시간은 23시 30분이 된다. 그런데 남은 시간과 배차 간격을 감안한다면 이 버스가 막차가 될 수밖에 없다.

34

을이 오전 7시 30분에 일어나고 갑이 오전 6시 30분 전에 일어나면 갑이 이길 수도 있고 질 수도 있다.

오답분석

① 갑이 오전 6시 정각에 일어나면 을이 오전 7시 정각에 일어나도 갑의 합산 결과가 6으로 이긴다.

② 4개의 숫자를 합산하여 제일 큰 수를 만드는 경우는 을이 오전 7시 59분에 일어났을 때와 갑이 오전 6시 59분에 일어났을 때이며 합은 각각 21, 20이다. 그러므로 을이 오전 7시 59분에 일어나면 을은 반드시 진다.

④ 갑과 을이 정확히 한 시간 간격으로 일어나면 분에 해당하는 두 자리는 같게 된다. 따라서 앞의 숫자가 작은 갑이 이기게 된다.

⑤ 한 시간 차이가 났을 때는 1 차이로 갑이 이겼다. 여기에서 10분 차이가 나는 50분 간격으로 일어나면 한 시간 차이가 났을 때보다 을은 10분 빨리 일어나게 되어 1 차이가 없어진다. 따라서 갑과 을은 비기게 된다.

35

종목 마를 제외한 팀별 득점의 합계는 다음과 같다.

팀명	A	B	C	D
합계	11	9	8	12

종목 가, 나, 다, 라에서 팀별 1, 2위를 차지한 횟수는 다음과 같다.

순위＼팀명	A	B	C	D
1위	1	1	0	2
2위	1	1	1	1

A팀이 종목 마에서 1위를 차지하여 4점을 받는다면, 총점은 15점이고 1위를 차지한 횟수는 2번, 2위를 차지한 횟수는 1번이 된다. 이때 D팀이 종목 마에서 2위를 차지하면, 합계는 15점, 1위를 차지한 횟수는 2번으로 A팀과 같고 2위를 차지한 횟수는 2번이 된다. 따라서 D팀이 종합 1위, A팀이 종합 2위가 된다.

오답분석
ㄱ. D팀이 종목 마에서 2위를 한다면 D가 종합 순위 1위가 확정되므로 옳지 않은 내용이다.
ㄴ. B팀과 C팀의 가, 나, 다, 라 종목의 득점 합계의 차이는 1점이고 B팀이 C팀보다 1위를 차지한 횟수가 더 많다. 따라서 B팀이 종목 마에서 C팀에게 한 등급 차이로 순위에서 뒤처지면 득점의 합계는 같게 되지만, 순위 횟수에서 B팀이 C팀보다 우수하므로 종합 순위에서 B팀이 C팀보다 높게 된다.
ㄷ. C팀이 2위를 하고 B팀이 4위를 하거나, C팀이 1위를 하고 B팀이 3위 이하를 했을 경우에는 B팀이 최하위가 된다.

36

정답 ②

(가)의 건물 윗면의 면적을 A라하면 옆면의 면적은 그의 2배인 2A가 됨을 알 수 있다. 이를 이용해서 풀이하면 다음과 같다.
• (가)의 페인트칠 면적 : A+(2A×4)=9A
• (나)의 페인트칠 면적 : 2A+(2A×3)=8A
따라서 (나)건물을 페인트칠 하는 작업에 필요한 페인트 양을 x라고 할 때, 9A : 36통=8A : x통이며, x는 32통이 된다.

37

정답 ①

만약 A가 B보다 1시간 빠르다면 A에서 B까지의 실제 비행시간은 7시간 즉, 제시된 시간을 토대로 계산한 6시간에 1시간을 더한 것이 되므로, 이를 일반화하면 A가 B보다 x시간 빠를 때 실제 비행시간은 6시간+x가 된다. 이를 반대로 생각하면 B에서 A까지의 실제 비행시간은 제시된 14시간에서 x시간을 뺀 시간이라는 것을 추론할 수 있다. 그런데 비행시간은 A → B구간과 B → A구간이 동일하다고 하였으므로 $6+x=14-x$의 식을 도출할 수 있으며 이를 통해 x는 4시간임을 알 수 있다. 따라서 A가 B보다 4시간 빠르다는 것과 실제 비행시간은 10시간이라는 것을 알 수 있다.

38

정답 ②

ㄱ. C가 원하는 범위에서 회비가 정해지면, A와 B가 탈퇴하므로 옳은 내용이다.
ㄷ. 회원들의 선호 범위를 수직선에 표시해 보면 (A, B)와 (C, D, E)는 두 그룹 사이에 서로 중복되는 부분이 존재하지 않음을 알 수 있다. 즉, 회원들의 선호를 최대한 충족시킨다고 하더라도 4명이 만족하는 금액(1명만이 탈퇴하는 금액)은 존재하지 않으므로 옳은 내용이다.

오답분석
ㄴ. D가 원하는 범위에서 회비가 정해지면 A와 B가 탈퇴하므로 옳지 않은 내용이다.
ㄹ. 회비를 20만 원으로 결정하는 경우 A, C, D, E가 탈퇴하며, 30만 원으로 결정하는 경우 A, B가 탈퇴하므로 옳지 않은 내용이다.

39

정답 ⑤

• 1라운드
  (37 82) 12 5 56 : 82>37이므로 교환이 이루어지지 않음
  37 (82 12) 5 56 : 82>12이므로 첫 번째 교환
  37 12 (82 5) 56 : 82>5이므로 두 번째 교환
  37 12 5 (82 56) : 82>56이므로 세 번째 교환
  37 12 5 56 82 : 가장 큰 수 82가 맨 마지막으로 이동
• 2라운드(82는 비교대상에서 제외)
  (37 12) 5 56 82 : 37>12이므로 네 번째 교환
  12 (37 5) 56 82 : 37>5이므로 다섯 번째 교환
  12 5 37 56 82 : 다섯 번째 교환이 이루어진 후의 수열

40

정답 ②

직접 구하지 않더라도 A와 B는 좌우의 연결이 서로 상이하므로 근접 중심성이 같을 수는 없다. 직접 구해 보면 A는 $\frac{1}{43}$, B는 $\frac{1}{33}$ 으로 서로 일치하지 않으므로 적절하지 않은 내용이다.

[오답분석]

① 먼저 A와 연결된 (D, E, F, H)의 합은 9이고, B와 연결된 (I, J, K, M)의 합도 9, C와 연결된 (L, N, O, P)의 합은 19이므로 행위자 G의 근접 중심성은 $\frac{1}{37}$ 이다. 따라서 적절한 내용이다.

③·④ G와 M은 서로 연결된 점의 배치가 대칭구조를 가지고 있으므로 근접 중심성과 연결정도 중심성 모두 동일하다. 따라서 적절한 내용이다.

⑤ 행위자 A의 연결정도 중심성은 5이고, 행위자 K는 1이므로 둘의 합은 6이다. 따라서 적절한 내용이다.

41

정답 ③

첫 번째 조건을 통해 비밀번호를 구성하고 있는 숫자는 0, 1, 4, 6, 8, 9 중 4개임을 알 수 있으며, 두 번째 조건을 통해 이 숫자들을 0, 1, 4, (6 or 8), 9로 다시 정리할 수 있다. 그런데 세 번째 조건에서 비밀번호는 짝수로 시작한다고 하였고, 네 번째 조건에서 큰 수부터 차례로 나열했다고 하였으므로 9는 포함되지 않는다는 것을 알 수 있다. 따라서 가능한 비밀번호는 8410과 6410이다.

[오답분석]

① 8410과 6410 모두 짝수이므로 적절한 내용이다.
② 두 숫자 모두 두 번째 숫자가 4이므로 적절한 내용이다.
④ 8410과 6410 모두 1은 포함하지만 9는 포함하지 않으므로 적절한 내용이다.
⑤ 8410과 6410중 작은 수는 6410이므로 적절한 내용이다.

42

정답 ②

먼저 톤당 수송비가 가장 적은 경우인 부산보관소에서 A도시로 140톤의 정부미를 방출한 이후의 상황은 다음과 같다.

도시	수요량	보관소	공급량
A도시	0	서울보관소	120
B도시	300	대전보관소	200
C도시	60	부산보관소	40

그 다음으로 톤당 수송비가 적은 경우인 서울보관소에서 C도시로 60톤의 정부미를 방출한 이후의 상황은 다음과 같다.

도시	수요량	보관소	공급량
A도시	0	서울보관소	60
B도시	300	대전보관소	200
C도시	0	부산보관소	40

이제 3곳의 보관소에 남아있는 정부미가 300톤이고 B도시의 수요량이 300톤이므로 각 보관소에 남아있는 정부미를 모두 B도시로 방출하면 공급 절차가 마무리 된다. 따라서 가장 적절한 것은 ②이다.

| 02 | 심화문제

01	02	03	04	05	06	07	08	09	10										
⑤	⑤	①	②	⑤	③	①	④	②	③										

01

정답 ⑤

먼저 A와 B를 구성하는 숫자들의 곱과 합을 구해 보면 다음과 같다.

구분	99	★	2703	81	★	3325	32	★	8624
곱	81		42	8		90	6		384
합	18		12	9		13	5		20

ⅰ) 갑(두 번째 사건 목격자), 을 – 병(첫 번째 사건 목격자)인 경우

을의 진술에 부합하는 것은 81★3325, 32★8624이고, 병의 진술에 부합하는 것은 99★2703, 81★3325이므로 둘 모두에 공통적으로 해당하는 81★3325가 첫 번째 사건의 가해차량 번호임을 알 수 있다. 그런데 81★3325는 갑의 진술과도 부합하여 '첫 번째 사건의 가해차량 번호는 두 번째 사건의 목격자 진술에 부합하지 않는다'는 조건에 위배된다.

ⅱ) 을(두 번째 사건 목격자), 갑 – 병(첫 번째 사건 목격자)인 경우

갑의 진술에 부합하는 것은 81★3325, 32★8624이고, 병의 진술에 부합하는 것은 99★2703, 81★3325이므로 둘 모두에 공통적으로 해당하는 81★3325가 첫 번째 사건의 가해차량 번호임을 알 수 있다. 그런데 81★3325는 을의 진술과도 부합하여 조건에 위배된다.

ⅲ) 병(두 번째 사건 목격자), 갑 – 을(첫 번째 사건 목격자)인 경우

갑과 을의 진술에 부합하는 것은 81★3325, 32★8624이므로 첫 번째 사건의 가해차량 번호는 이 둘 중 하나임을 알 수 있다. 그런데 81★3325는 병의 진술과도 부합하므로 조건에 위배되며, 32★8624만이 병의 진술에 부합하지 않는다.

따라서 32★8624가 첫 번째 사건의 가해차량 번호이며, 첫 번째 사건의 목격자는 갑과 을, 두 번째 사건의 목격자는 병임을 알 수 있다.

02

정답 ⑤

운전자들의 운동량을 계산해 보면 다음과 같다.

- 갑 : $1.4 \times 2 = 2.8$
- 을 : $1.2 \times 2 \times 0.8 = 1.92$
- 병 : $2 \times 1.5 = 3$
- 정 : $(2 \times 0.8) + (1 \times 1.5) = 3.1$
- 무 : $(0.8 \times 2 \times 0.8) + 1.2 = 2.48$

따라서 5명의 운전자를 운동량이 많은 순서대로 나열하면 정>병>갑>무>을이다.

03

정답 ①

각각의 일과를 수행할 수 있는지를 살펴보는 것보다 해당 일과가 포함될 경우 남은 시간으로 다른 일과들을 수행할 수 있는지를 살펴보는 것이 편리하다. 이에 따르면 '세수'(4분)를 포함시킬 경우 남은 시간은 21분인데 다른 일과에 소요되는 시간들(10, 8, 7, 5, 15, 2)의 조합으로는 21을 만들어낼 수 없다. 이때 머리 감기(3분)와 머리 말리기(5분)은 항상 같이 진행해야 하므로 둘의 합인 8분으로 판단해야 한다.

04

정답 ②

먼저 36개의 로봇을 6개조로 나누어 경기를 진행하면 총 6경기가 진행되는데, 조별로 3위 이하를 차지한 로봇들은 전체 로봇의 순위에서도 3위 이하를 차지할 수밖에 없다. 따라서 이들은 이후에도 고려할 필요가 없다. 다음으로 조별로 1위를 차지한 6개의 로봇이 참여하는 경기(7경기)를 진행하여 1위와 2위를 결정한다. 마지막으로 7경기의 1위를 차지한 로봇이 원래 속해있던 조의 2위와 7경기의 2위와의 경기, 총 8경기를 진행하게 되면 가장 빠른 로봇 1위와 2위를 결정할 수 있게 된다.

05

정답 ⑤

ㄴ. 갑이 1장만 당첨되고, 을이 응모한 3장 모두가 당첨되는 경우에 갑이 받는 사과의 개수가 최소가 된다. 이 경우에 갑은 25개 $\left(=\dfrac{100}{4}\times1\right)$의 사과를 받게 되므로 적절한 내용이다.

ㄷ. 당첨된 직원이 한 명 뿐이라면 그 직원이 모든 사과(100개)를 받게 되므로 적절한 내용이다.

[오답분석]

ㄱ. 갑이 응모한 3장 모두가 당첨되고 을이 1장만 당첨된 경우에 갑이 받는 사과의 개수가 최대가 된다. 이 경우에 갑은 75개 $\left(=\dfrac{100}{4}\times3\right)$의 사과를 받게 되므로 적절하지 않은 내용이다.

06

정답 ③

ㄴ. 연도별로 인증대학을 구분해 보면, 2020년에 12개 대학이 인증을 받았으며, 2021년에는 기존의 대학 중 2개 대학의 인증이 취소되었고, 신규로 18개 대학이 인증을 받았다. 그리고 2022년에는 기존의 대학 중 3개 대학의 인증이 취소되었고, 신규로 21개 대학이 인증을 받았다. 이때 인증대학으로 1번 이상 선정된 대학의 수가 최대가 되기 위해서는 신규로 인증된 대학들 중 이전에 인증을 받았다가 취소된 적이 없는 경우여야 한다. 따라서 최댓값은 51개(=12+18+21)이므로 적절한 내용이다.

ㄹ. 2023년 2월 현재 23개월 이상 인증을 유지하고 있는 대학들은 2022년 3월의 기존 인증대학인데 이 대학이 총 25개이므로 적절한 내용이다.

[오답분석]

ㄱ. A대학이 2021년에 인증이 취소된 후 2022년에 다시 인증을 신청하여 신규 인증대학으로 선정되었다면 2023년 2월에는 기존 인증대학에 해당하여 핵심지표평가만을 받게 된다. 따라서 적절하지 않은 내용이다.

ㄷ. 2022년에 인증을 받은 21개 대학 중 2021년에 인증이 취소되었다가 2022년에 다시 인증을 받은 대학이 존재한다면 그만큼 1번 이상 선정된 대학의 수는 줄어들게 된다. 따라서 2021년에 인증이 취소된 2개 대학이 모두 2022년에 인증을 받았다고 가정한다면 최솟값은 49개가 된다.

07

정답 ①

만약 점 6개를 새긴 면이 존재한다면 나머지 5개의 면에 점 4개가 새겨져야 하는데, 이는 모든 면에 반드시 점을 1개 이상 새겨야 한다는 조건에 위배된다. 따라서 적절한 내용이다.

[오답분석]

ㄴ. (3, 3, 3, 3, 4, 5), (4, 4, 4, 4, 4, 1) 등의 경우가 존재하므로 적절하지 않은 내용이다.

ㄷ. (4, 4, 4, 4, 4, 4) 등의 경우가 존재하므로 적절하지 않은 내용이다.

ㄹ. (6, 6, 5, 1, 1, 1) 등의 경우가 존재하므로 적절하지 않은 내용이다.

08

흑인을 백인으로 잘못 볼 가능성이 20%이므로, 실제 흑인강도 10명 가운데 8명만 정확히 흑인으로 인식될 수 있으며, 실제 백인강도 90명 중 18명은 흑인으로 오인된다. 따라서 흑인으로 인식된 26명 가운데 8명만이 흑인이므로, 피해자가 범인이 흑인이라는 진술을 했을 때 그가 실제로 흑인에게 강도를 당했을 확률은 26분의 8, 즉 약 31%에 불과하다.

09

방식별로 갑 ~ 병이 얻게 되는 점수를 정리하면 다음과 같다.

구분	A방식	B방식	C방식
갑	140점	107점	210점
을	140점	105점	190점
병	130점	94점	220점

따라서, B방식으로 채점하면 갑이 107점으로 1등을 하게 되므로 적절하지 않은 내용이다.

[오답분석]

① A방식으로 채점하면 갑과 을 모두 140점을 얻게 되므로 적절한 내용이다.
③ C방식으로 채점하면 병이 220점으로 1등을 하게 되므로 적절한 내용이다.
④ A방식과 B방식은 상식 1문제에 5점, 영어 1문제에 10점을 부과하나 C방식은 두 과목 모두 10점씩 부과하여 두 방식에 비해 상식에 더 많은 가중치가 주어지게 된다. 따라서 적절한 내용이다.
⑤ B방식에서 상식의 틀린 개수당 점수를 −5, 영어의 틀린 개수당 점수를 −10으로 할 경우 갑과 을은 80점, 병은 60점을 얻게 되므로 갑과 을 모두 공동 1위가 되어 A방식으로 계산한 것과 동일하게 된다. 따라서 적절한 내용이다.

10

민경과 혜명이 5점을 맞힌 화살의 개수를 A라 하면, 다음과 같은 점수표를 만들 수 있다.

점수	민경의 화살 수	혜명의 화살 수
0점	3	2
3점	7 − A	8 − A
5점	A	A

따라서 민경의 최종점수는 21+2A가 되어 홀수임을 알 수 있고, 혜명의 최종점수는 24+2A가 되어 짝수임을 알 수 있다. 또한 둘의 최종점수의 차이는 3점임을 알 수 있다. 따라서 이를 만족하는 경우는 ③뿐이다.

배우고 때로 익히면, 또한 기쁘지 아니한가.

- 공자 -

PART

2

최종점검
모의고사

제1회 NCS in PSAT 최종점검 모의고사

제2회 NCS in PSAT 최종점검 모의고사

01	02	03	04	05	06	07	08	09	10	11	12	13	14	15	16	17	18	19	20
①	③	③	⑤	⑤	②	①	⑤	③	⑤	⑤	④	④	③	⑤	④	④	④	①	③

01

정답 ①

주어진 수식을 각주에 있는 순서에 따라 계산하기 위해 A, C, B, D의 순서로 풀이해보자.
i) (1 A 5)=더한 값이 10 미만이면 두 수를 곱한다고 하였으므로 5가 된다.
ii) (3 C 4)=두 수를 곱한다고 하였으므로 12가 된다.
iii) (5 B 12)=큰 수에서 작은 수를 뺀 값이 10 미만이므로 두 수를 곱한 60이 된다.
iv) (60 D 6)=큰 수를 작은 수로 나누라고 하였으므로 10이 된다.

02

정답 ③

선택지에서 가능한 범위의 수들을 제시하고 있으므로 제시된 수치들을 직접 이용해 풀이하도록 한다.
i) 가장 많은 식물을 재배할 수 있는 온도 : 15℃에서는 A, B, D, E 네 종류의 식물을 재배할 수 있으며, 20℃에서는 A, D, E 세 종류의 식물을 재배할 수 있으므로 가장 많은 식물을 재배할 수 있는 온도는 15℃이다.
ii) 상품 가치의 총합이 가장 큰 온도 : 15℃에서는 A, B, D, E 네 종류의 식물을 재배할 수 있어 상품 가치는 85,000원이고, 20℃에서는 A, D, E 세 종류의 식물을 재배할 수 있기 때문에 상품 가치는 60,000원이다. 마지막으로 25℃에서는 C, D, E 세 종류의 식물만 재배할 수 있으나 이때의 상품 가치는 100,000원에 달해 상품 가치의 총합이 가장 큰 온도임을 알 수 있다.

03

정답 ③

(나) 양도논법에 해당하며 이는 선언문들 사이에 모순이 없는 한 결론은 항상 참이 된다.
(다) 선언지 부정은 선언지 가운데 하나가 거짓이라면 나머지 하나는 참이 되어야 한다는 내용으로 결론은 항상 참이 된다.

[오답분석]
(가) 후건긍정의 오류에 해당하므로 결론이 반드시 참이라고 할 수 없다. 즉, 결과인 어린이대공원에 간 것은 삼촌이 데리고 갔을 수도 있지만 다른 가족과 함께 갔을 수도 있고, 학교에서 단체로 놀러갔을 수도 있기 때문이다.
(라) 전건부정의 오류이므로 항상 참이 되는 것이 아니다.
(마) 제시된 논증에서 결론과 연관된 부분은 '군대에 갈 수 없다면 그녀와 헤어지게 될 것이다'이며 이의 대우 명제는 '그녀와 헤어지지 않기 위해서는 군대에 가야 한다'가 된다. 그런데 선택지의 결론 명제는 결론이 이와 반대이므로 항상 참이 된다고 할 수는 없다.

04

주어진 수치가 많아 혼란스러울 수 있으나 결국 알아야 할 것은 '1시간당 몇 송이'의 꽃을 재배할 수 있는지이다. 따라서, 각각의 꽃에 대해 이 수치를 계산한 후에 송이당 도토리(하트)를 곱하면 된다.

구분	1시간당 수확 횟수	회당 수확한 꽃송이	1시간당 수확한 꽃송이
나팔꽃	20	6	120
무궁화	12	3	36
수선화	6	6	36
장미	5	2	10
해바라기	3	3	9

이 수치를 근거로 각각의 꽃과 교환할 수 있는 도토리는 나팔꽃이 240개로 가장 많으며, 하트는 수선화가 360개로 가장 많다.

05

금요일 17시에 회의를 개최한다면 A, B, C, D, F전문가가 참여할 수 있기 때문에 옳다.

[오답분석]

① 월요일에는 C, D, F전문가가 17시에 모여 회의를 개최할 수 있다.

② 금요일 16시에 회의를 개최한다면 A, B, C, F전문가가 참여할 수 있다. 회의 장소 선호도를 정리해 보면 총점이 '나'가 가장 높기 때문에 회의 장소는 '나'이다.

장소＼전문가	A	B	C	F	총점
가	5	4	5	5	19
나	6	6	8	8	28
다	7	8	5	4	24

③ 금요일 18시에 회의를 개최한다면 C, D, F전문가가 참여할 수 있고, 다음과 같이 총점이 '나'가 가장 높기 때문에 회의 장소는 '나'이다.

장소＼전문가	C	D	F	총점
가	5	6	5	16
나	8	6	8	22
다	5	6	4	15

④ 목요일 16시에 회의를 개최할 경우 A, E는 참석이 가능하지만 C는 참석이 불가능하므로 3명이 되지 않아 회의를 개최할 수 없다.

06

먼저 자기소개에서 말한 A의 말이 거짓이라면 A, E 두 명이 드라큘라 가면을 쓰게 되고, E의 말이 거짓이라면 드라큘라 가면을 아무도 쓰지 않게 되므로 둘 다 세 번째 조건에 어긋난다. 또한 C의 말이 거짓이라면 식품영양학과에 다니는 학생이 없으므로 두 번째 조건에 어긋나며, D의 말이 거짓이라면 A, B, C, D, E 다섯 명 모두 남학생이 되므로 첫 번째 조건에 어긋난다. 따라서 거짓만을 말하고 있는 사람은 B이며, 이때 B는 경제학과에 다니는 여학생으로 가면파티에서 유령 가면을 쓸 것이다.

07

정답 ①

각 기업의 점수와 지원액을 정리하면 다음과 같다.

구분		A	B	C	D
평가 지표	경상이익률	4	2	1	3
	영업이익률	4	1	3	2
	부채비율	1	3	2	4
	매출액증가율	1	3	2	4
	총점(순위)	10(2위)	9(3위)	8(4위)	13(1위)
순자산(억 원)		2,100	600	900	3,000
지원한도(억 원)		1,400	400	450	2,000
지원 요구 금액(억 원)		2,000	500	1,000	1,800
지원 금액(억 원)		1,400	400	450	1,800

따라서 A기업은 1,400억 원, B기업은 400억 원, C기업은 450억 원, D기업은 1,800억 원의 지원 금액을 받는다.

08

정답 ⑤

전조 제3항 제2호에 따르면 부위원장은 제2항 제2호에 해당하는 4명의 위원 중에서 선임한다. 지방자치단체 소속 행정국장인 I는 전조 제2항 제2호에 해당하므로 부위원장으로 선임될 수 있다.

[오답분석]

① 전조 제2항 제1호에 따르면 법관, 교육자, 시민단체에서 추천한 5명의 위원에서 제2호의 요건에 해당하는 자는 제외된다. 지방의회 의원은 전조 제2항 제2호에 해당하는 자이므로 제1호에 해당하는 B의 자리에 위촉될 수 없다.

② 후조 제2항에 따르면 위원으로 위촉된 소속 공무원의 임기는 그 직위에 재직 중인 기간이므로 C가 오늘자로 명예퇴직을 할 경우 위원직을 상실하게 된다.

③ 후조 제3항에 따르면 결원이 생겼을 경우 그 자리에 새로 위촉된 위원의 임기는 전임자의 남은 기간이므로 E자리에 새로 위촉된 위원의 임기는 2023. 8. 31.까지이다.

④ 후조 제1항에 따르면 위원은 한 차례 연임할 수 있다. 그러나 F의 경우 최초 위촉일자가 2019. 9. 1.이므로 이미 임기인 2년을 채우고 한 차례 연임 중임을 알 수 있다. 따라서 F는 임기가 만료되면 더 이상 연임할 수 없다.

09

정답 ③

외부환경 부문에서 가장 높은 점수를 받은 단지는 A(9점)이고 A단지의 주택성능 점수는 22점으로 역시 가장 높으므로 옳은 내용이다.

[오답분석]

① 'H'의 경우 'G'에 비해 중량충격 항목에서 1점을 더 얻고 있으므로 옳지 않은 내용이다.

② 'E'의 경우 'B'에 비해 화장실 항목에서 1점을 더 얻었지만, 세대 간 항목에서 2점을 덜 얻었으므로 전체적으로 'E'의 점수가 더 낮다. 따라서 옳지 않은 내용이다.

④ 주택성능 점수가 가장 낮은 단지는 F(14점)이고 '세대 간' 소음을 제외한 소음 부문 점수가 가장 낮은 것은 B(4점)이므로 옳지 않은 내용이다.

⑤ 주택성능 점수가 19점인 단지는 I와 J의 2곳이지만, 16점인 단지는 B, C, D의 3곳이므로 옳지 않은 내용이다.

10

정답 ⑤

ⅰ) '갑' 회사

모든 부서가 a부서와만 정보교환을 하고 있고 다른 부서들은 서로 간에 정보교환을 하지 않으므로 하나의 점을 중심으로 방사형으로 그려진 (B)가 가장 적절하다.

ⅱ) '을' 회사

a부서는 2개의 부서와, b, c부서는 3개의 부서와, 그리고 나머지 d ~ g의 4개 부서는 모두 1개의 부서와 정보교환을 하고 있다. (C)의 경우 좌우 양끝단에 위치한 4개의 점은 모두 1개의 부서와만 연결되어 있으므로 d ~ g와 매칭되며, 정가운데에 위치한 점은 2개의 부서와 연결되어 있으므로 a와, 그리고 남은 2개의 점은 3개의 부서와 연결되어 있으므로 b, c와 매칭시킬 수 있으므로 옳다. 물론 실전에서는 이렇게 하나하나 찾기보다는 별다른 패턴이 보이지 않는 (C)를 답으로 선택하면 될 것이다.

ⅲ) '병' 회사

각 부서는 2개의 부서와만 정보교환을 하고 있으며 서로 꼬리에 꼬리를 무는 구조로 정보교환을 하는 것을 확인할 수 있다. 따라서 이를 잘 나타낸 그림은 (A)이다.

11

정답 ⑤

발생한 사용후핵연료봉을 저장하는 순서가 따로 정해져 있는 것이 아니므로 전체 저장소에 저장 가능한 용량을 구한 후 이를 50,000으로 나누어주면 된다.

ⅰ) 습식 저장소 : 100,000개

ⅱ) 건식 저장소-X : $300 \times 9 \times 60 = 162,000$개

ⅲ) 건식 저장소-Y : 138,000개

따라서 저장소 3곳의 저장 용량을 모두 합하면 400,000개이다. 그런데 이미 습식 저장소 저장 용량의 50%인 50,000개가 채워져 있는 상태이므로 현재 비어있는 저장 용량은 총 350,000개이다. 결론적으로 한 해에 발생하는 사용후핵연료봉이 50,000개이므로 최대 7년 동안 발생하는 폐연료봉을 현재의 임시 저장소에 저장 가능하다.

12

정답 ④

조건을 정리하면 이동시간과 관련된 조건과 작품에 관련된 조건으로 나눌 수 있다.

먼저 이동시간과 관련한 조건을 먼저 살펴보면, 갑은 평일의 경우 수요일을 제외한 나머지 요일은 모두 B도시에서 수업을 듣는데 수업을 마치는 시간이 오후 6시여서 공연 시작시간 이전까지 A도시 예술의 전당에 도착하지 못한다. 따라서 갑이 평일 중 공연관람이 가능한 날은 4/3(수)와 4/10(수)이다.

주말의 경우 갑은 토요일 오후 2시에 B도시를 출발한다고 하였고 이동시간이 3시간이라고 하였으므로 공연장소에 오후 5시에 도착하게 된다. 따라서 갑은 주말 중 4/6 ~ 7, 13 ~ 14일 모두가 가능하다.

다음으로 작품에 관련된 조건을 위에서 추려진 날짜에 대입해 볼 때, 3일과 7일, 10일의 경우 브람스의 작품이 연주되므로 관람이 가능하다. 그리고 4일부터 6일까지 베토벤의 전원교향곡이 연주되므로 6일 역시 관람이 가능하며, 11일부터 13일까지 브람스의 교향곡 제11번이 연주되므로 13일 역시 관람이 가능하다.

그러나 14일의 경우는 이전 3일간의 일정을 모두 고려하더라도 베토벤 또는 브람스의 곡이 연주되지 않으므로 관람이 불가능하다. 따라서 갑이 공연을 볼 수 있는 날은 3, 6, 7, 10, 13일이며 총 5일이다.

13

정답 ④

ㄱ. 갑이 짝수가 적힌 카드를 뽑았다면 1차 시기에서 얻을 수 있는 점수는 무조건 짝수가 된다. 짝수에 어떠한 수를 곱하더라도 그 수는 짝수가 되기 때문이다. 그리고 2차 시기에서는 2점 혹은 0점을 얻는 경우만 존재하므로 1차 시기에서 얻은 짝수 점수에 2점 내지는 0점을 더한 최종 점수는 홀수가 될 수 없다.

ㄷ. 갑이 4가 적힌 카드를 뽑고 1차 시기에서 던진 다트가 구역 1에 꽂힐 경우 12점을 얻게 되며 2차 시기에서 중앙선 위쪽에 꽂힐 경우 2점을 얻게 되어 최종 점수는 14점이 가능하다. 반면 을이 1차 시기에서 던진 다트가 구역 이외에 꽂히고 2차 시기에서는 중앙선 아래쪽에 꽂힌다면 최종 점수는 0점이 되게 된다. 따라서 이의 차이는 14점이다.

오답분석

ㄴ. 갑이 숫자 2가 적힌 카드를 뽑았다면 1차 시기에서 얻을 수 있는 점수는 (6, 4, 2, 0)이고 여기에 2차 시기의 (2, 0)을 더한 최종 점수는 (8, 6, 4, 2, 0)의 다섯 가지의 경우가 존재하게 되므로 적절하지 않다.

14

주어진 상황을 그림으로 정리하면 다음과 같다.

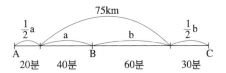

여기서 중요한 것은 첫 번째 대화 지점부터 B까지의 소요시간이 40분이고, B부터 두 번째 대화 지점까지의 소요시간이 60분이라는 점이다. 이는 이 자동차가 '일정한 속력'으로 달린다는 정보를 이용해 추론 가능하다. 즉, 속력이 일정할 때에는 거리가 2배 늘어나면 소요시간도 2배 늘어나게 되는 것이다. 그림에서 볼 수 있듯이 75km를 이동하는 데 100분이 소요되었으므로 A에서 B까지의 소요시간인 60분간 이동한 경우에는 45km를 이동했음을 알 수 있다.

15

주어진 논증의 구조를 명확하게 하기 위해 정리하면 다음과 같다.
ⅰ) 전제 1 : 절대빈곤은 모두 나쁘다.
ⅱ) 전제 2 : '비슷하게 중요한 다른 일을 소홀히 하지 않고도 막을 수 있는' 절대빈곤이 존재한다.
ⅲ) 전제 3 : '비슷하게 중요한 다른 일을 소홀히 하지 않고도 막을 수 있는' 나쁜 일이 존재한다면 그 일을 막아야 한다.
ⅳ) 결론 : 막아야 하는 절대빈곤이 존재한다.

오답분석
① 전제 1에서 절대빈곤은 모두 나쁘다고 하였으므로, 나쁜 것은 절대빈곤을 포함하는 관계에 있음을 알 수 있다. 즉, 다른 명제에서 나쁜 것을 절대빈곤으로 바꾸어도 무방하다는 것이다. 따라서 전제 3은 "'비슷하게 중요한 다른 일을 소홀히 하지 않고도 막을 수 있는' '절대빈곤'이 존재한다면 그 일을 막아야 한다."로 바꿀 수 있다. 그런데 이 문장의 앞부분은 이미 전제 2와 같기 때문에 결국 전제2와 3은 'A라면 B이다', 'A이다' '따라서 B이다'의 정당한 3단 논법의 형식으로 표현될 수 있다. 따라서 해당 논증은 반드시 참이다.
② 전제 1이 없다면 전제 2의 절대빈곤과 전제 3의 나쁜 일의 관계를 알 수 없게 되어 전혀 무관한 명제들이 된다. 따라서 결론을 도출할 수 없다.
③ · ④ 만약 결론이 '절대빈곤은 반드시 막아야 한다.'와 같이 필연적이라면 판단을 달리할 수 있겠지만 주어진 결론은 '존재'만을 입증하고 있다. 즉 단 하나의 사례라도 존재한다면 결론은 참이 되는 것이다. 이미 전제 1∼3을 통한 논증을 통해서 존재가 입증된 상황에서 선택지와 같은 명제가 첨가된다면 막을 수 없는 절대빈곤도 존재한다는 것을 나타낼 뿐 전체 결론을 거짓으로 만드는 것은 아니다.

16

A팀이 C팀과의 경기에서 이긴다면 A팀은 승점 9점이 되며, 나머지 경기에서 B팀이 D팀을 꺾는다고 해도 B팀의 승점은 6점에 그치므로 A팀의 1위 자리에는 영향을 주지 않는다. 따라서 A팀은 다른 경기결과에 무관하게 16강에 진출한다. 잔여 경기가 모두 비기는 것으로 끝나는 경우의 결과는 다음과 같다.

구분	승	무	패	득 / 실점(득실 차)	승점
A팀	2	1	0	6 / 2(+4)	7
B팀	1	1	1	3 / 4(−1)	4
C팀	1	1	1	3 / 4(−1)	4
D팀	0	1	2	1 / 3(−2)	1

따라서 A팀이 1위가 되며, B팀과 C팀은 승점 4점으로 동률이 된다. 그런데 B와 C는 득점과 실점이 동일하므로 결국 승자승 원칙에 의해 B팀이 2위로 16강에 진출하게 된다(이미 B는 C에게 2 : 0으로 승리한 바 있다). 이때 C팀과 D팀이 함께 16강에 진출한다는 것은 결국 A와 B가 모두 탈락한다는 것을 의미한다. 하지만 D팀이 남은 경기에서 얻을 수 있는 승점은 3점에 불과한 반면, A팀은 이미 6점을 얻은 상태이다. 따라서 어떠한 경우에도 C와 D가 같이 16강에 진출할 수 없다.

ㄹ. 만약 D팀이 마지막 경기에서 B팀에 승리를 거두고 A팀이 C팀에 승리를 거둔다면 B, C, D팀은 모두 승점이 3점으로 동일하게 된다. 그런데 만약 A팀이 C팀을 1골차 이상으로 이기고, D팀이 B팀을 역시 1골 차 이상으로 이긴다면 골 득실에 의해 D팀이 조2위로 16강에 진출할 수 있다.

17

세 진술이 모두 거짓이라고 하였으므로 각각의 진술을 다시 정리하면 다음과 같다.

ⅰ) 첫 번째 진술 : A와 B 둘 중 하나만 전시되는 경우도 거짓이고, 둘 중 어느 것도 전시되지 않는 경우도 거짓이므로 A와 B 둘 다 전시된다.

ⅱ) 두 번째 진술 : B와 C 중 적어도 하나가 전시되면 D는 전시되지 않는다.

ⅲ) 세 번째 진술 : C와 D 둘 중 적어도 하나는 전시된다.

먼저 첫 번째 진술을 통해 A와 B가 전시됨을 알 수 있으며, 두 번째 진술의 대우 명제를 통해 D는 전시되지 않는다는 것을 추론할 수 있다. D가 전시된다면 B가 전시되지 않아야 하는데, 이미 첫 번째 진술에서 B는 전시되는 것으로 결정되어 서로 모순이 되기 때문이다. 마지막으로, 세 번째 진술을 통해서는 C가 전시되는 것을 알 수 있다. C와 D 둘 중 하나는 전시되어야 하는데 앞서 살펴본 바와 같이 D가 전시되지 않기 때문이다. 따라서, 전시되는 유물은 A, B, C 세 개다.

18

문제에서 D전시관 앞을 지나간 인원이 제시되어 있는 상태에서 B전시관 앞을 지나간 인원을 구해야 하므로 이를 같이 고려한다. 상단의 출입구를 (가)라 하고 하단의 출입구를 (나)라 부른다면 아래와 같이 정리할 수 있다.

구분	인원수(명)	D 통과 여부	B 통과 여부
(가) → (가)		○	○
(나) → (나)		○	○
(가) → (나)		×	○
(나) → (가)		○	×

먼저 전체 인원이 400명인데 D를 통과한 인원이 350명이라고 하였으므로 D를 통과하지 않은 (가) → (나) 코스를 이용한 인원은 50명임을 알 수 있다. 다음으로 한 바퀴를 돈 인원이 200명이라고 하였으므로 (가) → (가) 코스와 (나) → (나) 코스를 이용한 인원의 합이 200명임을 알 수 있다. 따라서 마지막 남은 (나) → (가) 코스의 인원은 전체 400명과의 차이인 150명임을 알 수 있다.

구분	인원수(명)	D 통과 여부	B 통과 여부
(가) → (가)	200	○	○
(나) → (나)		○	○
(가) → (나)	50	×	○
(나) → (가)	150	○	×

결과적으로 B를 통과한 인원은 전체 400명 중 B를 통과하지 않은 인원의 수를 차감한 수이므로 정답은 250명이 된다.

19

• (A) : 갑이 납부해야 할 납부금은 1천만 원이며, 이를 모두 체납했다고 하였으므로 체납된 납부금에 대한 가산금은 30만 원(=1천만 원×3%)이다.

• (B) : 을이 납부해야 할 납부금은 4억 1천만 원인데 4억 원만을 냈다고 하였으므로 체납된 납부금은 1천만 원이다. 따라서 체납된 납부금에 대한 가산금은 30만 원(=1천만 원×3%)이다.

• (C) : 병이 납부해야 할 납부금은 14억 6천만 원인데 14억 원만을 냈다고 하였으므로 체납된 납부금은 6천만 원이다. 따라서 체납된 납부금에 대한 가산금은 180만 원(=6천만 원×3%)이다.

20

정답 ③

갑과 을이 투표 거래를 한다면 대안 A, B, D, E가 선택될 수 있고 갑 혹은 을과 병이 투표 거래를 한다면 대안 C도 선택될 수 있으므로 옳은 내용이다.

오답분석

① 대안 A, B, C 모두 찬성은 1명, 반대가 2명씩 존재하여 과반수 투표를 할 경우 어느 것도 채택되지 못하므로 옳지 않은 내용이다.

② 갑이 원하는 대안은 A, D이고, 을이 원하는 대안은 B, E이어서 이들이 투표 거래를 한다고 해도 대안 C는 선택되지 않을 것이므로 옳지 않은 내용이다.

④ 대안 D와 E가 채택되기 위해서는 갑과 을이 투표 거래를 해야 하므로 옳지 않은 내용이다.

⑤ 가장 바람직하지 못한 경우는 순편익이 음(−)의 값을 갖는 대안 D와 E가 선택되어 전체 순편익이 −25가 되는 경우이기 때문에 옳지 않은 내용이다.

제2회 NCS in PSAT 최종점검 모의고사

01	02	03	04	05	06	07	08	09	10	11	12	13	14	15	16	17	18	19	20
③	③	②	③	③	④	②	②	②	⑤	⑤	①	④	①	⑤	③	⑤	④	②	③

01

정답 ③

제시문의 내용을 벤다이어그램으로 표시하면 다음과 같다.

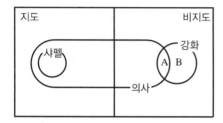

※ A는 공집합이 아님

ㄱ. A부분은 의사결정트리 방식을 적용하면서 비지도학습의 사례에 속하는 것인데, 제시문에서 A부분이 존재한다고 하였으므로 거짓임을 알 수 있다.

ㄴ. A부분은 샤펠식 과정의 적용사례가 아니면서 의사결정트리 방식을 적용한 경우에 해당하는데, 제시문에서 A부분이 존재한다고 하였으므로 참임을 알 수 있다.

[오답분석]

ㄷ. 강화 학습을 활용하는 머신러닝 사례들 중 의사결정트리 방식이 적용되지 않은 경우는 그림에서 B부분에 해당하는데 제시문에서 B부분에 대한 언급이 없으므로 참 거짓을 확정할 수 없다.

02

정답 ③

ㄱ. 제1조에서 '혼인은 가족관계등록법에 정한 바에 의하여 신고함으로써 그 효력이 생긴다.'고 하였으므로 적절한 내용이다.

ㄴ·ㄹ. 제2조에서 '부부 사이에 체결된 재산에 관한 계약은 부부가 그 혼인관계를 해소하지 않는 한 언제든지 부부의 일방이 이를 취소할 수 있다.'고 하였으므로 적절한 내용이다.

[오답분석]

ㄷ. 제2조에서 '그러나 제3자의 권리를 해하지 못한다.'고 하였으므로 적절하지 않은 내용이다.

ㅁ. 제3조에서 '혼인성립 전에 그 재산에 관하여 약정한 때에는 혼인 중에 한하여 이를 변경하지 못한다.'고 하였으므로 적절하지 않은 내용이다.

PART 2

03

ㄱ. 돼지고기, 닭고기, 오리고기의 경우, 원산지가 다른 돼지고기 또는 닭고기를 섞은 경우에는 그 사실을 표시한다고 하였다. 따라서 국내산 돼지고기와 프랑스산 돼지고기를 섞은 돼지갈비를 유통할 때에는 국내산과 프랑스산이 섞여 있다는 사실을 표시해야 하므로 적절하다.

ㄹ. 조리한 닭고기를 배달을 통하여 판매하는 경우, 그 조리한 음식에 사용된 닭고기의 원산지를 포장재에 표시한다고 하였다. 그런데 선택지의 양념치킨은 국내산 닭을 이용하였으므로 '국내산'으로 표시할 수 있다. 따라서 적절한 내용이다.

오답분석

ㄴ. 수입한 돼지를 국내에서 2개월 이상 사육한 후 국내산으로 유통하였다면 '국내산'으로 표시하고 괄호 안에 축산물명 및 수입국 가명을 함께 표시한다고 하였다. 그런데 선택지의 덴마크산 돼지는 국내에서 1개월 간 사육한 것이어서 2개월에 미치지 못하므로 '국내산'으로 표시할 수 없고 '삼겹살(덴마크산)'으로 표시해야 한다.

ㄷ. 수입한 오리고기를 '국내산'으로 표시하기 위해서는 국내에서 1개월 이상 사육해야 한다. 그런데 선택지의 중국산 훈제오리는 그러한 과정이 없었으므로 '국내산'으로 표시할 수 없고 '훈제오리(중국산)'으로만 표시해야 한다.

04

ㄴ. 원칙적으로는 만 12세까지의 취약계층 아동이 사업대상이지만 해당 아동이 초등학교 재학생이라면 만 13세 이상도 포함한다고 하였으므로 해당 학생은 사업대상에 해당한다.

ㄷ. 지역별로 전담공무원을 3명, 아동통합서비스 전문요원을 최대 7명까지 배치 가능하다고 하였으므로 전체 인원은 최대 10명까지 배치 가능하다.

오답분석

ㄱ. 사업대상의 각주에서 0세는 출생 이전의 태아와 임산부를 포함한다고 하였으므로 임신 6개월째인 취약계층 임산부는 사업대상에 포함된다.

ㄹ. 원칙적인 지원 한도는 3억 원이나 신규 사업지역일 경우에는 1억 5천만 원으로 제한한다고 하였으므로 적절하지 않은 내용이다.

05

간통죄에 대해 최후의 합헌결정이 선고된 날이 2008. 10. 30.(이하 기준일이라 한다)이므로 그 이전과 이후로 나누어서 판단하면 된다. 을의 확정판결일이 2010. 6. 1.이므로 기준일 이후이다. 따라서 을의 재심청구는 인정되나 실제로 복역했거나 벌금형을 선고받은 것이 아니기에 형사보상금 청구는 인정되지 않는다.

오답분석

① 갑의 확정판결일이 2007. 10. 1.이므로 기준일보다 앞선다. 따라서 갑의 재심청구와 형사보상금 청구 모두 인정되지 않는다.

② 을의 재심청구는 인정되나 형사보상금 청구는 인정되지 않는다.

④ㆍ⑤ 병의 확정판결일이 2013. 8. 1.이므로 기준일 이후이다. 따라서 병의 재심청구는 인정되며, 실제 교도소에서 복역하였으므로 형사보상금 청구도 인정된다.

06

북독일 맥주는 진액을 거의 남기지 않고 당분을 낮추며 홉(Hop) 첨가량이 비교적 많기 때문에 강렬한 맛의 맥주이지만, 남독일 맥주는 홉의 쓴맛보다 맥아 본래의 순한 맛을 살린 맥주이므로 ④의 판단은 적절하다.

07

오답분석

ㄱ. (다)의 경우 3 다음에 9가 연이어 배치되어 있기 때문에 옳지 않다.

ㄹ. (가)의 경우 3 다음에 60이 연이어 배치되어 있기 때문에 옳지 않다.

08

팀 점수로 150점을 받았으며 5명의 학생 간에 2.5점의 차이를 둔다고 하였으므로 각 학생이 받게 되는 점수는 25, 27.5, 30, 32.5, 35이다. 을의 기말고사 점수는 50점이고 과제 점수는 25 ~ 35점을 받을 수 있으므로 총점은 75 ~ 85점을 받을 수 있다. 따라서 최고 B+에서 최저 C+ 등급까지의 성적을 받을 수 있으므로 적절하지 않은 내용이다.

[오답분석]

① 갑의 기말고사 점수는 53점이고 과제 점수는 25 ~ 35점을 받을 수 있으므로 총점은 78 ~ 88점을 받을 수 있다. 따라서 최고 B+에서 최저 C+ 등급까지의 성적을 받을 수 있으므로 적절한 내용이다.

③ 병의 기말고사 점수는 46점이고 과제 점수는 25 ~ 35점을 받을 수 있으므로 총점은 71 ~ 81점을 받을 수 있다. 따라서 최고 B에서 최저 C 등급까지의 성적을 받을 수 있으므로 적절한 내용이다.

④ 을의 기여도가 1위이고 갑이 5위, 병이 2위라면 갑은 78점(=53+25), 병은 78.5점(=46+32.5)이므로 둘 다 C+를 받을 수 있다. 따라서 적절한 내용이다.

⑤ 갑의 기여도가 1위이고 을이 5위, 병이 2위라면 을은 75점(=50+25), 병은 78.5점(=46+32.5)이므로 둘 다 C+를 받을 수 있다. 따라서 적절한 내용이다.

09

ㄱ. 특수 스트레칭을 받는 아동 중에는 약시가 없다고 하였으므로 항상 참이 된다.

ㄷ. 석이가 특수 영상장치 설치 학급에서 교육을 받는다면, 특수 스트레칭을 받는 아동 중에는 약시가 없다는 조건으로부터 석이는 110cm 미만이 아니라는 것을 알 수 있으므로 항상 참이 된다.

[오답분석]

ㄴ. 숙이가 약시가 아니더라도 키가 110cm 미만인 학생들이 교육을 받는 교실에 들어가는 것은 아니다. 다른 장애도 있을 수 있으므로 항상 참이라고 할 수 없다.

ㄹ. 키가 110cm 이상인 학생이 특수 스트레칭 교육을 받을 수도 있으므로 항상 참이라고 할 수 없다.

10

먼저 갑의 진술을 기준으로 경우의 수를 나누어보자.

ⅰ) A의 근무지는 광주이다(○), D의 근무지는 서울이다(×).

진술의 대상이 중복되는 병의 진술을 먼저 살펴보면, A의 근무지가 광주라는 것이 이미 고정되어 있으므로 앞 문장인 'C의 근무지는 광주이다.'는 거짓이 된다. 따라서 뒤 문장인 'D의 근무지는 부산이다.'가 참이 되어야 한다. 다음으로 을의 진술을 살펴보면, 앞 문장인 'B의 근무지는 광주이다.'는 거짓이며 뒤 문장인 'C의 근무지는 세종이다.'가 참이 되어야 한다. 이를 정리하면 다음과 같다.

A	B	C	D
광주	서울	세종	부산

ⅱ) A의 근무지는 광주이다(×), D의 근무지는 서울이다(○).

역시 진술의 대상이 중복되는 병의 진술을 먼저 살펴보면, 뒤 문장인 'D의 근무지는 부산이다.'는 거짓이 되며, 앞 문장인 'C의 근무지는 광주이다.'는 참이 된다. 다음으로 을의 진술을 살펴보면 앞 문장인 'B의 근무지는 광주이다.'는 거짓이 되며, 뒤 문장인 'C의 근무지는 세종이다.'는 참이 되어야 한다. 그런데 이미 C의 근무지는 광주로 확정되어 있기 때문에 모순이 발생한다. 따라서 ⅱ)의 경우는 성립하지 않는다.

A	B	C	D
		광주 세종(모순)	서울

따라서 가능한 경우는 ⅰ)뿐이며 선택지 ㄱ, ㄴ, ㄷ이 반드시 참임을 알 수 있다.

제2회 NCS in PSAT 최종점검 모의고사 • **107**

11

2) 가)에 의하면 2년 이내 3회 이상 고발 또는 과징금 처분을 받은 법인은 대상자가 될 수 없다. 하지만 선택지의 사례에서 해당 기간의 처분횟수는 최대 2회에 불과하여 대상자가 될 수 있다.

오답분석

① 1) 나)에 의하면 금고 이상의 형을 받고 그 집행이 종료된 후 5년이 경과하지 않은 자는 대상자가 될 수 없다. 그런데 선택지의 사례에서는 2020년 10월에 출소하였다고 하였으므로 아직 5년이 경과하지 않았다. 따라서 대상자로 추천을 받을 수 없다.
② 1) 가)에 의하면 형사재판에 계류 중인 자는 추천을 받을 수 없다.
③ 2) 나)에 의하면 최근 1년 이내 3회 이상 시정명령 처분을 받은 법인의 대표자는 대상자가 될 수 없다.
④ 1) 마)에 의하면 2년 이내에 벌금형 처벌을 받은 자로서 1회 벌금액이 200만 원 이상인 경우 대상자가 될 수 없다.

12

ㄱ. 456은 키보드와 휴대폰 어느 배열을 선택하더라도 동일한 키가 사용된다. 따라서 적절한 내용이다.
ㄴ. 키보드의 789는 휴대폰의 123이고, 키보드의 123은 휴대폰의 789이다. 이 둘을 더하는 경우 덧셈의 전항과 후항의 순서만 달라질 뿐이므로 둘은 같은 결과를 가져온다. 따라서 적절한 내용이다.
ㄷ. 키보드의 159는 휴대폰의 7530이고, 키보드의 753은 휴대폰의 159이다. 위의 ㄴ과 같은 논리로 이 둘을 합한 것은 같은 결과를 가져온다. 따라서 적절한 내용이다.

오답분석

ㄹ. 키보드의 753은 휴대폰의 159이고, 키보드의 951은 휴대폰의 357이다. 이 숫자들의 경우는 위와 달리 키보드와 휴대폰 각각의 숫자가 완전히 달라지므로 둘을 합한 결과값은 달라지게 된다. 따라서 적절하지 않은 내용이다.
ㅁ. 키보드의 789는 휴대폰의 123이고, 키보드의 123은 휴대폰의 789이다. ㄴ과 달리 이 둘을 빼는 경우 결과값은 달라지게 되므로 적절하지 않은 내용이다.

13

주어진 정보를 기호화하여 정리하면 다음과 같다.
ⅰ) 혈당↓ → L↓
ⅱ) 혈당↑ → L↑
ⅲ) L↑ → 알파 A(○)
ⅳ) L↓ → 알파 B(○)
ⅴ) 알파 A(○) → [베타 C(○) ∧ 감마 D(×)]
ⅵ) 알파 B(○) → [감마 D(○) ∧ 베타 C(×)]
ⅶ) 베타 C(○) → 물질대사↑
ⅷ) 베타 C(×) → 물질대사↓
ⅸ) 감마 D(○) → 식욕↑
ⅹ) 감마 D(×) → 식욕↓
이를 공통된 내용을 연결고리로 하여 다시 정리하면 다음과 같이 나타낼 수 있다.
ⅺ) 혈당↓ → L↓ → 알파 B(○) → [감마 D(○) ∧ 베타 C(×)] → (식욕↑ ∧ 물질대사↓)
ⅻ) 혈당↑ → L↑ → 알파 A(○) → [베타 C(○) ∧ 감마 D(×)] → (식욕↓ ∧ 물질대사↑)
이제 이를 토대로 선택지를 분석하면 다음과 같다.
따라서, ⅺ)에 의하면 혈당↓ → [감마 D(○) ∧ 베타 C(×)]을 도출할 수 있으므로 적절하지 않은 내용이다.

오답분석

① ⅺ)에 의하면 혈당↓ → (식욕↑∧ 물질대사↓)을 도출할 수 있으므로 적절한 내용이다.
②·③ ⅻ)에 의하면 혈당↑ → (식욕↓ ∧ 물질대사↑)을 도출할 수 있으므로 적절한 내용이다.
⑤ ⅻ)에 의하면 혈당↑ → L↑ → 알파 A(○) → [베타 C(○) ∧ 감마 D(×)]을 도출할 수 있다. 이에 따르면 알파 부분에서 호르몬 A가, 베타 부분에서 호르몬 C가 분비되므로 적절한 내용이다.

14

ㄱ. A시설은 모든 평가 항목의 점수가 90점 이상이므로 가중치와 무관하게 전체 가중평균은 90점 이상으로 나타나게 된다. 따라서 A시설은 1등급을 받게 되어 정원 감축을 포함한 특별한 조치를 취하지 않아도 된다.

ㄴ. 정부의 재정 지원을 받지 못하는 것은 가중평균값이 70점 미만인 4등급 시설이다. 그런데 B시설은 모든 평가 항목의 점수가 70점 이상이어서 가중치와 무관하게 최소 3등급을 받을 수 있는데, 또한, 정원 감축을 하지 않아도 되는 것은 1등급 시설뿐인데, 직접 계산을 해보지 않더라도 3개의 항목에서 얻은 70점이 각각 0.2의 가중치를 가지고 있어서 전체 가중평균값은 90을 넘지 않을 것이라는 것은 쉽게 알 수 있다. 따라서 적절한 내용이다.

오답분석

ㄷ. 아무리 환경 개선 항목의 가중치를 0.1만큼 올린다고 하더라도 나머지 4개 항목(가중치 0.7)의 평가 점수가 최대 65점에 머무르고 있어 전체 가중평균을 70점 이상으로 올리는 것은 불가능하다. 실제로 두 항목의 가중치의 변화로 인한 가중평균의 변화값을 계산해 보면 $(80 \times 0.1) - (60 \times 0.1)$이 되어 2점의 변화만 가져온다. 따라서 적절하지 않은 내용이다.

ㄹ. 다섯 개 항목의 가중치가 모두 동일하므로 단순히 평가 점수의 합으로 판단해도 무방하다. 이를 계산하면 365점으로 3등급 하한선에 해당하는 350점을 초과한다. 따라서 D시설은 3등급을 받게 되어 정원의 10%를 감축하여야 하나, 정부의 재정 지원은 받을 수 있다. 따라서 적절하지 않은 내용이다.

15

정렬 대상에서 피벗은 20이므로 피벗보다 큰 수 중 가장 왼쪽의 수는 22이고, 피벗보다 작은 수 중 가장 오른쪽의 수는 10이다. 따라서 첫 번째 교환 후의 상태는 15, 10, 13, 27, 12, 22, 25가 된다. 이제 이 과정을 반복하면, 피벗보다 큰 수 중 가장 왼쪽의 수는 27이고, 작은 수 중 가장 오른쪽의 수는 12이다. 따라서 27과 12가 교환된다.

16

주어진 질문들에 대해 참가자들이 모두 제대로 손을 들었다면 질문 1, 2, 3에 손을 든 참가자 수의 합이 전체 참가자인 100명이 되어야 한다. 그러나 실제 손을 든 참가자 수의 합은 106명으로 6명이 초과되는 상황인데, 제시문에서는 그 이유가 양손잡이 참가자 수 중 일부가 모든 질문에 손을 들었기 때문이라고 하였다. 그렇다면 질문 1과 2에(질문 3의 경우는 옳게 든 것이므로) 모두 손을 들었던 양손잡이는 3명이라는 사실을 알 수 있으며 따라서 바르게 손을 들었다면 왼손잡이 참가자 수는 13명, 오른손잡이 참가자 수는 77명, 양손잡이 참가자 수는 10명이라고 판단할 수 있다.

ㄱ. 양손잡이 참가자 수는 10명이라고 하였으므로 적절한 내용이다.

ㄴ. 왼손잡이 참가자 수는 13명, 양손잡이 참가자 수는 10명이라고 하였으므로 적절한 내용이다.

오답분석

ㄷ. 오른손잡이 참가자 수는 77명이고 왼손잡이 참가자 수의 6배는 78명이므로 적절하지 않은 내용이다.

17

ⅰ) 주어진 조건에서 A를 듣고 있던 어느 한 시점부터 3분 00초가 되는 때에는 C가 재생되고 있었다고 하였으므로 ②와 같이 A와 C가 서로 연달아서 재생될 수는 없다. 또한, ③과 ④에서는 A를 듣고 있던 어느 한 시점부터 C가 재생될 때는 3분 00초 이상이 걸리므로 ②, ③, ④는 정답이 될 수 없음을 알 수 있다.

ⅱ) 한 번 반복에 걸리는 시간은 5분 40초이므로 전곡이 네 번 반복되면 13시 42분 40초가 된다. '13시 45분 00초에 어떤 곡의 전주가 흐르고 있었다.'는 조건은 결국 첫 플레이가 시작된 후 2분 20초 후에 전주 부분이 연주되고 있다는 것과 같은 의미이다. 이를 ①과 ⑤에 대입하면 D − C − B − A만이 주어진 조건을 만족하는 순서임을 알 수 있다.

18

정답 ④

ㄴ. 사슴의 남은 수명이 20년인 경우, 사슴으로 계속 살아갈 경우의 총효용은 $20 \times 40 = 800$인 반면, 독수리로 살 경우의 효용은 $(20-5) \times 50 = 750$이다. 사슴은 총효용이 줄어드는 선택은 하지 않기 때문에 독수리를 선택하지 않을 것이므로 적절한 내용이다.

ㄷ. 사슴의 남은 수명을 x라 할 때, 사자를 선택했을 때의 총효용은 $250 \times (x-14)$이며, 호랑이를 선택했을 때의 총효용은 $200 \times (x-13)$이다. 이 둘을 연립하면 x, 즉 사슴의 남은 수명이 18년일 때 둘의 총효용이 같게 되므로 적절한 내용이다.

오답분석

ㄱ. 사슴의 남은 수명이 13년인 경우, 사슴으로 계속 살아갈 경우의 총효용은 $13 \times 40 = 520$인 반면, 곰으로 살 경우의 효용은 $(13-11) \times 170 = 340$이다. 사슴은 총효용이 줄어드는 선택은 하지 않는다고 하였으므로 곰을 선택하지는 않을 것이다.

19

정답 ②

A도와 B도가 하나의 도라면 이 도의 소주 총생산량은 400이 된다. 또한 외부 유출량은 35, 외부 유입량은 45이므로 총소비량은 410이 되는데 이 중 45는 다른 도에서 생산된 소주이므로 자도에서 생산된 소주 소비량은 365임을 알 수 있다. 따라서 이 도의 LOFI는 $\frac{365}{400} \times 100 ≒ 91\%$이므로 독립적인 시장으로 볼 수 있다.

오답분석

ㄱ. A도의 소주 생산량은 300이며, 외부 유출량은 75, 외부 유입량은 35이므로 총소비량은 260임을 알 수 있다. 따라서 A도는 소주의 생산량이 소비량보다 더 많으므로 옳지 않은 내용이다.

ㄷ. C도의 소주 생산량은 100이며, 외부 유출량은 25, 외부 유입량은 15이므로 총소비량은 90임을 알 수 있다. 그런데 이 중 15는 다른 도에서 생산된 소주이므로 자도에서 생산된 소주 소비량은 75임을 알 수 있다. 따라서 이 도의 LOFI는 $\frac{75}{100} \times 100 = 75\%$이므로 독립적인 시장으로 볼 수 있다.

20

정답 ③

영업전 20무와 과부에게 지급하는 구분전 30무, 장애가 있는 아들의 구분전 40무를 합쳐 90무를 경작할 수 있으므로 옳지 않은 내용이다.

오답분석

① 상속받은 영업전 20무와 17세 미만 호주에게 지급되는 구분전 40무를 합쳐 60무를 경작할 수 있으므로 옳은 내용이다.
② 영업전 20무와 구분전 40무(60세가 넘어 절반이 환수된 상태)를 합쳐 60무를 경작할 수 있으므로 옳은 내용이다.
④ 영업전 20무와 구분전 80무를 합쳐 100무를 경작할 수 있으므로 옳은 내용이다.
⑤ 영업전 20무와 구분전 80무, 두 아들의 구분전 160무(80무×2명)를 합쳐 260무를 경작할 수 있으므로 옳은 내용이다.

2023 최신판 NCS 문제해결능력(상황판단)
in PSAT+무료NCS특강

개정3판1쇄 발행	2023년 06월 30일 (인쇄 2023년 04월 26일)
초 판 발 행	2020년 09월 10일 (인쇄 2020년 07월 17일)
발 행 인	박영일
책 임 편 집	이해욱
편 저	NCS직무능력연구소 김현철 외
편 집 진 행	김재희 · 김미진
표지디자인	조혜령
편집디자인	김지수 · 장성복
발 행 처	(주)시대고시기획
출 판 등 록	제10-1521호
주 소	서울시 마포구 큰우물로 75 [도화동 538 성지 B/D] 9F
전 화	1600-3600
팩 스	02-701-8823
홈 페 이 지	www.sdedu.co.kr
I S B N	979-11-383-5084-6 (13320)
정 가	24,000원

NCS의 체계적 학습비법! NCS 합격노트 시리즈

NCS 이게 전략이다! NCS 마스터 시리즈

PSAT로 NCS 고난도 돌파! NCS in PSAT 시리즈

※도서의 이미지 및 구성은 변동될 수 있습니다.

SD에듀가 합격을 준비하는 당신에게 제안합니다.

성공의 기회! **SD에듀**를 잡으십시오.

성공의 Next Step!

결심하셨다면 지금 당장 실행하십시오.
SD에듀와 함께라면 문제없습니다.

기회란 포착되어 활용되기 전에는
기회인지조차 알 수 없는 것이다.

– 마크 트웨인 –